Ein Ort für Gott und Mensch

Stephan Haering OSB (Hg.)

Ein Ort für Gott und Mensch

1250 Jahre Benediktinerabtei Metten

Verlag Friedrich Pustet

Das Erscheinen dieses Buches wurde dankenswerterweise unterstützt durch:

Diözese Regensburg
Sparkasse Deggendorf
Lions-Club Deggendorf
Allianz Generalvertretung Fischer, Plattling

Die Abbildung auf Seite 2 zeigt den sogenannten Wessobrunner Stab der Abtei Metten, ursprünglich für Abt Beda Schallhammer (1743-1760) von Wessobrunn gefertigt.

Bibliografische Information der Deutschen Nationalbibliothek
Die Deutsche Nationalbibliothek verzeichnet diese Publikation in der Deutschen Nationalbibliografie; detaillierte bibliografische Daten sind im Internet über http://dnb.d-nb.de abrufbar.

www.verlag-pustet.de
ISBN 978-3-7917-2760-8

Umschlag- und Buchgestaltung: grafica – Astrid Riege
Druck und Bindung: Friedrich Pustet, Regensburg
Printed in Germany 2016

Inhaltsverzeichnis

Vorwort

Stephan Haering OSB

Das im Jahr 2016 anstehende Jubiläum der Abtei Metten hat im Vorfeld den Gedanken entstehen und reifen lassen, durch eine Publikation den Freunden des Klosters und allen Interessierten einen neuen Einblick in den reichen Kosmos dieses ehrwürdigen benediktinischen Gotteshauses zu eröffnen. Als Gemeinschaftswerk mehrerer Autoren sollte ein schönes, gefälliges Buch zum Lesen und Schauen entstehen, welches die vielen Seiten und Aspekte der Abtei in ihrer 1250-jährigen Geschichte und in der Gegenwart lebendig werden lässt. Ein streng wissenschaftlicher Anspruch oder gar der Ehrgeiz, neue Forschungserkenntnisse darzubieten, stand dabei nicht im Zentrum. Abt Wolfgang M. Hagl OSB hat die Verantwortung für die Herausgabe des Werks dem Unterzeichneten übertragen.

Das nun vorliegende Buch ist ein echtes Mettener Produkt, nicht nur seines Gegenstandes wegen, sondern auch aufgrund der Zusammensetzung der Autorenschaft. Sechs der acht Beiträger gehören dem Konvent der Abtei Metten an. Die anderen beiden Autoren haben einst am St.-Michaels-Gymnasium Metten ihr Abiturzeugnis erworben und sind damit nicht nur Sympathisanten, sondern stehen als Altmettener in einer urkundlich verbürgten Verbindung zu unserem Kloster.

Der Dank des Herausgebers gilt zuerst den Autoren, die sich bereitwillig und engagiert auf das Vorhaben eingelassen und ihre Beiträge rechtzeitig geliefert haben. Der individuell geprägte Zugang zu den einzelnen Themen, den die Verfasser jeweils gewählt haben, darf als eine willkommene Bereicherung dieses Bandes gelten.

Herr Verleger Fritz Pustet hat das ihm vorgestellte Mettener Projekt ohne Zögern aufgegriffen und das Entstehen dieses Werks mit sehr großem persönlichen Einsatz begleitet und betreut. Dafür ist der Herausgeber besonders dankbar. Frau Astrid Riege zeichnet für die grafische Gestaltung verantwortlich. Zusammen mit Herrn Pustet hat auch sie wesentlichen Anteil am Zustandekommen dieses Buchs. Pater Norbert Pfeiffer OSB sei für seine wertvollen Hilfen gedankt.

Ein herzlicher Dank gilt nicht zuletzt allen, die das Entstehen dieses Buchs durch die nötige finanzielle Unterstützung ermöglicht haben. Der Herausgeber weiß die Förderung durch die Diözese Regensburg, die Sparkasse Deggendorf, den Lions-Club Deggendorf und die Allianz Generalvertretung Fischer in Plattling sehr zu schätzen.

Mögen viele Leser durch dieses Buch mit dem Kloster Metten als einem „Ort für Gott und Mensch“ vertraut werden und damit zugleich einen Hinweis auf Kraft und Segen des christlichen Glaubens erhalten, der über Jahrhunderte hin die Mönche dieser Abtei bewegt und erfüllt hat.

Metten, am Hohen Pfingstfest, 15. Mai 2016

In Gemeinschaft Gott suchen nach der Regel des heiligen Benedikt

Abt Wolfgang M. Hagl OSB

Was ist eine Gemeinschaft? Verstehen wir darunter eine bestimmte Mannschaft, die Freude am gleichen Sport hat, eine Truppe, die der Kampf gegen den gemeinsamen Feind eint, ein Lehrerkollegium, das junge Menschen erziehen und unterrichten will? Oder gleicht sie eher einer Pension, einem Hotel, in denen Menschen wohnen, die außerhalb arbeiten?

Was ist eine klösterliche Gemeinschaft, die sich müht, eine Gemeinschaft in Jesus Christus zu sein?

Es ist nicht einfach mit dem gemeinsamen Leben. In keiner Ehe scheint täglich die Sonne. Und jeder, der in Familie, Schule und Beruf gelernt hat, andere Meinungen zu tolerieren und mit Kompromissen zu leben, kennt die Schwierigkeiten im Umgang mit dem Mitmenschen. Heute Beziehung glückend zu leben, ist eine der großen Herausforderungen unserer Zeit. Vielleicht kann der heilige Benedikt mit seiner Klosterregel Hilfen anbieten, die nicht nur für das Zusammenleben in einer klösterlichen Gemeinschaft zutreffend und dienlich sind.

Abendländische Werte

Ohne die Grenze der Bescheidenheit zu überschreiten, darf man sagen, dass Mönchsgemeinschaften generell eine tragende Säule christlichen Lebens darstellen. Bricht sie weg, fehlt dem gesellschaftlichen wie kulturellen Anspruch christlich-abendländischen Denkens das wertebegründende Fundament. Papst Benedikt XVI. sagte in seiner großen Rede vor Intellektuellen und Kulturschaffenden am 12. September 2008 anlässlich seines Pastoralbesuches in Paris: „Zunächst und als erstes ist ganz nüchtern zu sagen, dass es nicht ihre [der Mönche] Absicht war, Kultur zu schaffen oder auch eine vergangene Kultur zu erhalten. Ihr Antrieb war viel elementarer. Ihr Ziel hieß: *quaerere Deum*. In der Wirrnis der Zeiten, in der nichts standzuhalten schien, wollten sie das Wesentliche tun – sich bemühen, das immer Gültige und Bleibende, das Leben selber zu finden. Sie waren auf der Suche nach Gott. Sie wollten aus dem Unwesentlichen zum Wesentlichen, zum allein wirklich Wichtigen und Verlässlichen kommen. Man sagt darüber, dass sie ‚eschatologisch' ausgerichtet waren. Aber das ist nicht in einem zeitlichen Sinn zu verstehen, als ob sie auf das Ende der Welt oder auf ihren eigenen Tod hingeschaut hätten, sondern in einem existentiellen Sinn: Sie suchten das Endgültige hinter dem Vorläufigen. Quaerere Deum: Weil sie Christen waren, war dies nicht eine Expedition in eine weglose Wüste, eine Suche ins völlige Dunkel hinein. Gott hatte selbst Wegzeichen ausgesteckt, ja, einen Weg gebahnt, den zu finden und zu gehen die Aufgabe war. Dieser Weg war sein Wort, das in den Büchern der heiligen Schriften vor den Menschen aufgeschlagen war."[1]

Blick auf Kloster Metten vor waldreichem Hintergrund

Eine benediktinische Gemeinschaft ist also eine Weggemeinschaft auf der Suche nach Gott. Dieser Weg führt über Täler und Höhen und ist anspruchsvoll, gelegentlich mühsam, aber stets lohnend. Gleichwohl befindet sich das Leben in der klösterlichen Gemeinschaft nach der Regel des heiligen Benedikt in einer dynamischen Zeit der Krise und des Umbruchs. Gerade im deutschen Sprachraum mussten Klöster schließen, weil der Nachwuchs fehlt.

In der Öffentlichkeit wird teils heftig bedauert, was dadurch verlorengeht.

- Unsere Heimat sei nicht denkbar ohne die Klöster.
- Klöster seien Orte der Kultur und der Bildung.
- Sie seien das kulturelle Gedächtnis und werden als Kulturspeicher bezeichnet.
- Sie seien Zentren der Nächstenliebe in Krankenhäusern und Altenheimen und sie engagieren sich für die Umwelt.

Mit Papst Benedikt können wir sagen: Dieses Bedauern trifft nicht den Kern, sondern gewissermaßen das Nebenprodukt der Gottsuche,

Uttostab, ältester Abtstab des Klosters, Anfang des 13. Jahrhunderts

ihre äußere Manifestation. Darum wollen wir fragen: Was macht die geistliche Kunst des Miteinanders einer klösterlichen Gemeinschaft aus? Und: Welchen anderen Formen christlicher Gemeinschaft begegnen wir?

Gemeinsames Leben bei Benedikt

Die klösterliche Gemeinschaft nach der Vorstellung Benedikts ist ein Ort des Friedens. Sie folgt damit aber nicht etwa der Utopie einer heilen Welt. Innerer Frieden ist ein Prozess, der beständig und geduldig von allen Mönchen mitgestaltet werden muss.

„Benedikt ist Realist genug, um nicht von einer heilen Welt im Kloster auszugehen. Er sieht Konflikte, benennt sie und will sie auf keinen Fall verdrängen. Sicher geht es ihm um Konfliktvermeidung, wichtiger aber noch ist die Suche nach Konfliktlösungen. So stellt er seine Gemeinschaft unter das Motto: ‚Suche Frieden und jage ihm nach!' (RB Prol. 17) Mit diesem Wort aus Ps 34,14 macht er das Bemühen um Frieden zu einem zentralen Thema benediktinischen Gemeinschaftslebens, dem alle verpflichtet sind. Das Schriftwort macht klar, dass der Friede immer wieder gefährdet ist und alle Anstrengung fordert. ... Da ein Leben ohne Verletzung der Eintracht jedoch kaum möglich ist, mahnt Benedikt zur Friedenspflicht: ‚Nach einem Streit vor Sonnenuntergang zum Frieden zurückkehren' (RB 4,73).“[2]

Wenn der Friede auch kein Dauerzustand ist, so sollen die Mönche doch alles versuchen, immer wieder „zum Frieden zurückzukehren“. Im zentralen Demutskapitel der Regel sagt Benedikt in der sechsten Stufe der Demut: „Der Mönch ist zufrieden“ (RB 7,49).

Zufriedenheit heißt, den inneren Frieden, die innere Balance gefunden zu haben, die tiefe innere Zustimmung zur eigenen Lebensentscheidung, zu den Menschen auf dem gemeinsamen Weg, zur Aufgabe, die einem gestellt ist. Zufriedenheit ist ein nicht zu unterschätzender hoher Wert, er ist gleichsam das sichere Fundament, das festen Stand verleiht, um die übertragenen Aufgaben erfüllen zu können, ohne sich ständig in Frage stellen zu müssen. Wir unterschätzen heute vielfach die Zufriedenheit und sehnen uns stark nach dem Glück des Lebens. Das Glück aber ist nicht machbar und planbar. Es überkommt uns einfach, wird uns geschenkt. Ich denke immer, Glück ist wie ein Aperitif des Ewigen, wie eine Vorausschau auf das Kommende und Bleibende, uns geschenkt, um unverdrossen den Weg des Lebens weiterzugehen.

Die Regel ermöglicht eine gemeinsame Lebensform nach der Weisung des Evangeliums. Die koinobitische Tradition des Zusammenlebens verlangt einerseits die Selbstzucht, die Disziplin des Einzelnen: „Keiner darf im Kloster dem Willen seines eigenen Herzens folgen" (RB 3,8). Andererseits gilt es, in der Gemeinschaft übertriebene Strenge zu vermeiden, „denn niemand soll verwirrt und traurig werden im Haus Gottes" (RB 31,19).

Mönchwerden muss man lernen. Darum verwendet Benedikt für sein Kloster das Bild von der Schule des Herrendienstes, ein sehr tröstliches Bild; denn ein Schüler ist ein Lernender und er darf es ein Leben lang bleiben. Die Mitte der Gemeinschaft ist der auferstandene Christus; er erfüllt das ganze Haus und jeden Bewohner. Um wahrhaftig Gott zu suchen, verspricht der Mönch Bindung an die Gemeinschaft *(stabilitas)*, die stetige Einübung in die Grundhaltungen des geistlichen Lebens *(conversatio morum)* und den Gehorsam *(oboedientia)*.

Der Umgang der Brüder untereinander

„Die Mönche sollen einander in gegenseitiger Achtung zuvorkommen" (RB 72,4). Danach „sollen die Jüngeren die Älteren ehren, die Älteren die Jüngeren lieben" (RB 63,10). In Ehrerbietung und gegenseitiger Achtung ihrer Würde sollen die Brüder sich gegenseitig übertreffen. Damit ist kein ehrgeiziger Wettbewerb ausgerufen, sondern es wird an das Verantwortungsgefühl jedes Einzelnen appelliert, im Hinblick auf unterschiedliche Überzeugungen und Eigenarten stets den ersten Schritt zu tun. Wenn dies auch nicht gegenüber jedem Mitbruder mit derselben Intensität geschehen kann, so doch aus der Überzeugung, dass in jedem Bruder Jesus Christus selbst anwesend ist.

Als Ebenbild Gottes sind alle Menschen gleich. Es kann daher keine gesunde Gemeinschaft geben, die diesen Gleichheitsgrundsatz verletzt. Wir treffen hier auf die Unantastbarkeit der göttlichen Würde, die jedem Menschen geschenkt ist, weil wir Kinder Gottes sind. Das monastische Verständnis gemeinsamen Lebens führt durch das von der Liebe getragene Grundverständnis vom anderen Menschen zu einem Leben, das eben nicht unterhalb der Würde des Einzelnen stattfindet. Benedikt lässt sogar dem einzelnen Novizen, der noch die endgültige Profess vor sich hat, die Freiheit der Entscheidung, das zu tun, was er selbst im Innersten für richtig hält: „Siehe das Gesetz, unter dem du dienen willst; wenn du es beobachten kannst, tritt ein, wenn du es aber nicht kannst, gehe in Freiheit fort" (RB 58,10). Die Ehrfurcht vor der Würde desjenigen, der aus dem Kloster austritt, begleitet ihn auch auf seinem Weg außerhalb der Gemeinschaft.

Die klösterliche Gemeinschaft erhebt einen hohen ethischen Anspruch. Dazu zählen Verlässlichkeit, Zuverlässigkeit und das Grundvertrauen aufeinander. Die Brüder sollen nicht nur dem Abt gegenüber Gehorsam leisten, sondern auch einander, in wechselseitigem Gehorsam sozusagen. In welcher Situation und unter welchen Rahmenbedingungen wer wann in welchem Maße auf wen hört – darin besteht die Kunst des gemeinsamen Lebens. Insofern muss der hohe ethische Anspruch an die Brüder um die Fähigkeit der Empathie erweitert werden. Dieses Einfühlungsvermögen ist zwar nicht jedem von vornherein in demselben Maße gegeben. Es kann aber jeder lernen, wenn er wirklich in einen echten Dialog mit seinen Mitbrüdern eintreten will, in dem Bewusstsein, dass im Bruder hier und jetzt, im vielleicht schwierigen Gespräch, Jesus Christus begegnet.

Der heilige Benedikt beginnt seine Klosterregel mit dieser Aufforderung: „*Ausculta, o fili!* – Höre, mein Sohn!" (RB Prol. 1). Nur der Mensch, der in die Stille geht, kann die Stimme Gottes und die Stimme seiner Geschöpfe, der Menschen, hören.

Seit 17. Mai 1714 singen die Mönche das tägliche Gotteslob in diesem Chorgestühl

Der Takt des klösterlichen Lebens

Benedikt macht das Stundengebet zum sinngebenden Rahmen des klösterlichen Lebens, es gibt gleichsam den Takt vor. Es strukturiert den gesamten Tagesablauf, indem es die Zeiten für die Arbeit, das Gebet, die Lesung und die Ruhe festlegt. Insgesamt trägt das Stundengebet auch zum Wachstum des Volkes Gottes durch ein Tun bei, das in geheimnisvoller Weise apostolisch fruchtbar wird.

In dieses Geheimnis der Liebe des Herrn immer weiter vorzudringen, so weit, dass die Freude des ewigen Lobpreises zum eigentlichen Lebenssinn wird – darin liegt das besondere Charisma einer Mönchsgemeinschaft. Für einen Mönch gibt es „keine Grenze zwischen Liturgie und Leben".[3]

Christus gar nichts vorziehen

Im 72. Kapitel seiner Klosterregel über den guten Eifer der Mönche fasst Benedikt seine Vorstellungen vom gelingenden gemeinsamen Leben zusammen: „Wie es einen bitteren und bösen Eifer gibt, der von Gott trennt und zur Hölle führt, so gibt es den guten Eifer, der von den Sünden trennt, zu Gott und zum ewigen Leben führt. Diesen Eifer sollen also die Mönche mit glühender Liebe in die Tat umsetzen, das bedeutet: Sie sollen einander in gegenseitiger Achtung zuvorkommen (Röm 12,10); ihre körperlichen und charakterlichen Schwächen sollen sie mit unerschöpflicher Geduld ertragen; im gegenseitigen Gehorsam sollen sie miteinander wetteifern; keiner achte auf das eigene Wohl, sondern mehr auf das des anderen; die Bruderliebe sollen sie einander selbstlos erweisen; in Liebe sollen sie Gott fürchten; ihrem Abt seien sie in aufrichtiger und demütiger Liebe zugetan. Christus sollen sie überhaupt nichts vorziehen. Er führe uns gemeinsam zum ewigen Leben."

Aus dieser zentralen Stellung Jesu Christi erklärt sich auch das Charisma der Gastfreund-

„Im Angesicht der Engel will ich dir Lob singen."
Ps 138,1

schaft. Benedikt hatte dabei das Wort aus dem Matthäusevangelium im Sinn: „Ich war fremd und ihr habt mich aufgenommen" (Mt 25,35). Oft kommen Gäste aus einem Umfeld, in dem wie selbstverständlich Kritik geäußert und eingesteckt wird. Die hohe Wertschätzung des Gastes erschließt sich auch in einem Zugeständnis, das Benedikt in seiner Regel macht. Übt ein Gast mit Bedacht Kritik an der Gemeinschaft, „erwäge der Abt klug, ob ihn der Herr nicht gerade deswegen geschickt hat" (RB 61,4).

Hinter dem Schweigen der Mönche darf das heilende Gespräch untereinander nicht zu kurz kommen. Einander wirklich zu kennen, darin liegt der Schlüssel zur Annahme verschiedener Eigenarten. Das Aufeinanderzugehen erschöpft sich natürlich nicht darin, dass sich die Mönche gegenseitig nach dem Wecken ermutigen, zur Matutin zu eilen (vgl. RB 22,6). Gespräche miteinander sollten tatsächlich dem einzelnen Wunsch nach Austausch entsprechen, auch wenn solche Gespräche einen unvermuteten Verlauf nehmen und das Ergebnis unvorhersehbar bleibt. Nachhaltiges Zuhören nimmt immerhin mehr als vierzig Prozent eines Kommunikationsprozesses ein. Gegenseitiges Vertrauen reift aber nur durch das gewollte Eingehen auf den anderen.

Ziel bleibt es sicher immer, in der heilenden Atmosphäre der Stille die Sorgen des Mitbruders wahrzunehmen. In voller Menschlichkeit soll einer den anderen so nehmen, wie er ist, wie Gott ihn gewollt hat.

Omnis humanitas – die volle Menschlichkeit (RB 53,9)

In der weisen Menschlichkeit *(humanitas)* liegt die Anerkennung der Person, in der Jesus Christus Heimat gefunden hat. Die Menschlichkeit muss als das zentrale Anliegen der Benediktusregel verstanden werden. Bereits im Prolog zeigt sich die Menschlichkeit der Regel darin, dass sie nichts „Hartes und Schweres festlegen" will (RB Prol. 46), um den Einzelnen nicht zu überfordern. Michaela Puzicha betont, wie wichtig es Benedikt ist, der Menschlichkeit die Fähigkeit zur klugen Unterscheidung *(discretio)* an die Seite zu stellen.[4] Solange Maß und Mitte gewahrt bleiben, lassen sich auch Härten ertragen, die im Einzelfall als solche empfunden werden. Der Mönch lebt mit seiner Gemeinschaft im Hier und Jetzt. Im Kloster bestimmt das Leben im Hier und Jetzt die tägliche, von der *humanitas* getragene Realität.

Das Ausgeliefertsein an sich selbst ist die eigentliche existentielle Bedrohung des Menschen. Gleichwohl eröffnet Benedikt Freiräume – Freiräume für den Einzelnen in der Gemeinschaft. Diese Freiräume kann es nur geben, solange der Eigenwille den Mitbruder nicht beherrscht. Der Eigenwille ist das Ego, das fordernde Ich. An mehreren Stellen der Regel sagt Benedikt, was er vom Eigenwillen hält. Der Mönch soll „den Eigenwillen hassen" (RB 4,60). „Von deinem Eigenwillen wende dich ab!" (RB 7,19). „Der Mönch liebt nicht den Eigenwillen und hat deshalb keine Freude daran, sein Begehren zu erfüllen" (RB 7,31). Vom Eigenwillen unterscheidet Benedikt den eigenen Willen. Der eigene Wille entspringt dem Verlangen des Menschen, der Gott begegnen will. Dieser Wille entspricht der persönlichen Gehorsamskraft, der Einsichtsfähigkeit, sich Gottes Willen zu fügen. Aus der persönlichen Einsicht heraus betet der Mönch zum Beispiel das Stundengebet auch dann, wenn er außerhalb des Klosters unterwegs und jeder Kontrolle entzogen ist. Den eigenen Willen in Selbstverantwortung gilt es zu stärken. Jesus Christus soll ja aus dienender Hingabe geliebt werden. Der Mönch kommt dann wirklich los von dem ängstlichen Kreisen um sich selbst, wenn sein eigener Wille mit dem Willen Gottes verschmilzt. Dieses unbeschreibliche Glück erlebt er schon im Diesseits. Benedikt selber drückt das deutlich im Prolog zu seiner Regel aus: „Wir wollen also eine Schule für den Dienst des Herrn einrichten. Bei dieser Gründung hoffen wir, nichts Hartes und nichts Schweres festzulegen. Sollte es jedoch aus wohlüberlegtem Grund etwas strenger zugehen, um Fehler zu bessern und die Liebe zu bewahren, dann lass dich nicht sofort von Angst verwirren und fliehe nicht vom Weg des Heils; er kann am Anfang nicht anders sein als eng. Wer aber im klösterlichen Leben und im Glauben fortschreitet, dem wird das Herz weit, und er läuft in unsagbarem Glück der Liebe den Weg der Gebote Gottes" (RB Prol. 45–49).

Verantwortung für die Brüder

Soziologisch betrachtet, bildet eine klösterliche Gemeinschaft eine Gruppe mit dem Anspruch auf starken inneren Zusammenhalt. Die gemeinsame Berufung, die innere Überzeugung des Glaubens ist es, die eine klösterliche Gemeinschaft über das weltliche Schema einer identitätsstiftenden Gruppe erhebt. Das Stundengebet setzt einen gemeinsamen Rahmen, der dem aus Gebet und Arbeit bestehenden Leben eine Struktur gibt.

In einem Kloster vollzieht sich etwas völlig Unspektakuläres. Es scharen sich Menschen umeinander, die wahrhaft Gott suchen. Mönche eint kein gemeinsames Interesse, sondern eine gemeinsame Berufung. Die klösterliche Gemeinschaft leitet ein Abt, der die „schwierige und mühevolle Aufgabe hat, Menschen zu führen und der Eigenart vieler zu dienen" (RB 2,31). Gerade wegen der Eigenarten und um den gelegentlich aufflammenden Eigenwillen zu besänftigen, muss er Hilfen geben, „dem einen mit gewinnenden, dem anderen mit tadelnden, dem dritten mit überzeugenden Worten" (RB 2,31). Dabei berücksichtigt er auch, wer mehr oder weniger braucht, und begrenzt nach dem Maßstab von Maß und Mitte alles, was zu viel ist. Das Ziel seines erzieherischen Wirkens besteht in der inneren Überzeugung des Einzelnen, Grenzen und Zurechtweisungen aus Einsicht mitzutragen.

Der Mönch fügt sich in die Gemeinschaft aus Liebe zu Jesus Christus ein. Darin liegt sein spiritueller Halt. Diese Liebe kann nicht vom Verstand oder aus Berechnung für das persönliche Wohlergehen genährt werden, sondern ausschließlich aus der kontemplativen Verbindung mit Gott. Eine weltliche Gemeinschaft mag an eine gemeinsame Sache glauben. Dies wird sogar in den meisten Fällen ihren Zusammenhalt garantieren. Der Mönch glaubt aber nicht an eine gemeinsame Sache, auch nicht an ein Ideal. Er glaubt an den auferstandenen Jesus Christus, der in der Mitte seiner brüderlichen Gemeinschaft anwesend ist.

Wege zur christlichen Gemeinschaft

Menschen sehnen sich heute nach Gemeinschaftserfahrungen, auch nach dem Gefühl, auf der Suche nach Gott nicht allein zu sein. Einen regelrechten Boom erlebt die Wallfahrtsbewegung. Pilgerwege, Jakobswege sind stark im Kommen. Sie führen gläubige Menschen zueinander, sozusagen zu einer Gemeinschaft auf Zeit, die sich, nach dem Sinn unseres Lebens suchend, einträchtig nebeneinander zum Beispiel nach Santiago de Compostela aufmachen, um nur die bekannteste Wallfahrt zu nennen. Unmittelbar an unserem Kloster führt die „Via Nova" vorbei, ein neu geschaffener Pilgerweg, der auf dreihundert Kilometern zwischen Deutschland und Österreich Gottsucher in Wandergruppen verbindet.

Auch der evangelische Pastor Dietrich Bonhoeffer hat sich in seiner Schrift „Gemeinsames Leben" intensiv mit den Voraussetzungen befasst, die für das Gelingen christlichen Zusammenlebens notwendig sind. Er selbst hat in den Jahren von 1935 bis 1937 Gemeinschaftserfahrung in Finkenwalde bei Stettin gemacht. Er wollte dort mit den künftigen Vikaren Leben und Lehre einüben und nicht nur theologisches Fachwissen vermitteln.

In seinem Buch „Gemeinsames Leben" schreibt er: „Die leibliche Gegenwart anderer Christen ist dem Gläubigen eine Quelle unvergleichlicher Freude und Stärkung. ... Der Christ in der Zerstreuung erkennt in der Nähe des christlichen Bruders ein leibliches Gnadenzeichen der Gegenwart des dreieinigen Gottes. ... Gott hat gewollt, dass wir sein lebendiges Wort suchen und finden im Zeugnis des Bruders, im Menschenmund. Darum braucht der Christ den Christen, der ihm Gottes Wort sagt, er braucht ihn immer wieder, wenn er ungewiss und verzagt wird; denn aus sich selbst kann er sich nicht helfen, ohne sich um die Wahrheit zu betrügen. Er braucht den Bruder als Träger und Verkündiger des göttlichen Heilswortes. Er braucht den Bruder allein um Jesu Christi willen. Der Christus im eigenen Herzen ist schwächer als der Christus im Worte des Bruders."[5]

Der Christ verlangt nach einer Gemeinschaft, die nicht dem Wandel gefühlsbetonter Regungen folgt, und seien sie noch so fromm, sondern die einzig und allein „Gemeinschaft durch und in Jesus Christus" ist. „Auf dieser Voraussetzung" beruht nach Auffassung Bonhoeffers „alles, was die Schrift an Weisungen und Regeln für das Zusammenleben der Christen gibt."[6] Er sehnt sich nach der christlichen Gemeinschaft, die sich nicht von gefühlsbetonter Frömmigkeit leiten lässt. Dies hält er für Träumerei, eine Eigenschaft, die man oft bei Christen finde, die der Liebe zu Jesus Christus oberflächlich zugeneigt seien.

Oft, so schreibt Bonhoeffer, verwechsle eine christliche Gemeinschaft die Liebe zu den an-

Gotische Apsis der Kirche mit Sakristei und Mönchschor

Im Kreuzgang des Klosters

deren mit der Christusliebe. In der gelebten Wirklichkeit zerbrechen diese Gemeinschaften wieder, und zwar daran, dass sie den anderen eben nicht einfach so nehmen, wie Gott ihn geschaffen habe, sondern indem der eine den anderen aus falsch verstandener Liebe in seinem Sinne zu ändern versuche, ihn also letztlich, auf sein eigenes Ich bedacht, so haben wolle, wie er allein ihn sich vorstelle.

Dietrich Bonhoeffer gibt wichtige Hinweise: Er macht deutlich, dass christliche Gemeinschaft nicht das Ergebnis menschlicher Bemühungen ist, sondern eine von Gott geschenkte Wirklichkeit. Er schreibt: „Was einer als Christ ist, in all seiner Innerlichkeit und Frömmigkeit, vermag unsere Gemeinschaft nicht zu begründen, sondern was einer von Christus her ist … Unsere Gemeinschaft besteht allein in dem, was Christus an uns beiden getan hat … Wir haben einander nur durch Christus, aber durch Christus haben wir einander auch wirklich … Das gibt allem trüben Verlangen nach Mehr von vorne herein den Abschied.“[7]

Bonhoeffer zeigt auf, dass vielfach egoistische Wünsche und heimliche Idealvorstellungen wahre Gemeinschaft untergraben. „Unzählige

Male ist eine ganze christliche Gemeinschaft daran zerbrochen, dass sie aus einem Wunschbild heraus lebte."[8]

Diese Träume und Wunschbilder müssen zerstört werden. „Gott lässt es aus lauter Gnade nicht zu, dass wir auch nur wenige Wochen in einem Traumbild leben. ... Denn Gott ist nicht ein Gott der Gemütsregungen, sondern der Wahrheit. Erst die Gemeinschaft, die in die große Enttäuschung hineingerät mit all ihren unerfreulichen und bösen Erscheinungen, fängt an zu sein, was sie vor Gott sein soll, fängt an, die ihr gegebene Verheißung im Glauben zu ergreifen. Je bälder die Stunde dieser Enttäuschung über den einzelnen und über die Gemeinschaft kommt, desto besser für beide. ... Jedes menschliche Wunschbild, das in die christliche Gemeinschaft mit eingebracht wird, hindert die echte Gemeinschaft und muss zerbrochen werden, damit die echte Gemeinschaft leben kann."[9]

Und er fährt fort: „Wer seinen Traum von einer christlichen Gemeinschaft mehr liebt als die Gemeinschaft selbst, wird zum Zerstörer jeder christlichen Gemeinschaft, ob er es persönlich noch so ehrlich, noch so ernsthaft und hingebend meint. – Gott hasst die Träumerei; denn sie macht stolz und anspruchsvoll. Wer sich das Bild einer Gemeinschaft erträumt, der fordert von Gott, von anderen und von sich selbst die Erfüllung."[10]

Gemeinschaft ist Geschenk in Christus. „Wir treten als Dankende und Empfangende in das gemeinsame Leben mit anderen Christen ein. Wir danken Gott für das, was er an uns getan hat. Wir danken Gott, dass er uns Brüder gibt, die unter seinem Ruf, unter seiner Vergebung, unter seiner Verheißung leben."[11]

Durch unser Versagen und das Versagen der anderen will Gott uns zeigen, wie sehr wir Jesus Christus und seine Vergebung brauchen. Es gilt zu einem realistischen Bild von christlicher Gemeinschaft und zum Danken zu kommen. „Wo die Frühnebel der Traumbilder fallen, dort bricht der helle Tag christlicher Gemeinschaft an ... Es geht in der christlichen Gemeinschaft mit dem Danken, wie sonst im christlichen Leben. Nur wer für das Geringe dankt, empfängt auch das Große."[12]

Dietrich Bonhoeffer ermutigt die christliche Gemeinschaft zum Gebet: „Es bleibt in allem unserem Beten immer nur das Gebet Jesu Christi, das Verheißung hat und das uns von heidnischem Geplapper befreit."[13] Ähnlich wie Benedikt sieht er eine untrennbare wechselseitige Beziehung zwischen Arbeit und Gebet. „Ohne die Last und Arbeit des Tages ist das Gebet nicht Gebet und ohne das Gebet ist die Arbeit nicht Arbeit. ... Das Gebet in der Frühe entscheidet über den Tag. Vergeudete Zeit, deren wir uns schämen, Versuchungen, denen wir erliegen, Schwäche und Mutlosigkeit in der Arbeit, Unordnung und Zuchtlosigkeit in unseren Gedanken und im Umgang mit anderen Menschen haben ihren Grund sehr häufig in der Vernachlässigung des morgendlichen Gebets."[14]

Das Gebet ist eine fundamentale Erfahrung, die das Verhältnis des Einzelnen zu Gott berührt, die aber auch eine Gemeinschaft prägt. Es gibt eine Vielzahl neuer geistlicher Bewegungen, die das gemeinsame Gebet in ihren Mittelpunkt stellen. Dieser lebendige Traum von einer Gemeinschaft mit Gott zeigt uns, welche Sehnsucht nach Gott und erlebbarer Menschlichkeit auch in der Gegenwart vorhanden ist. Ob in diesem Wandel zu neuen Gemeinschaften ein Aufbruch zu postmonastischen Strukturen aufscheint, wissen wir nicht.

Miteinander reden

Man hinge Träumen nach, wollte man bewusst darüber hinwegsehen, dass es auch innerhalb von Mönchsgemeinschaften problematische Beziehungsgeflechte geben kann, die man überall dort, wo Menschen zusammenleben, vorfindet. Es kommt darauf an, diese Probleme zu erkennen, sich ihnen wahrhaftig zu stellen und sie gemeinsam zu lösen. Gemeinsam bedeutet, das von Benedikt zu Recht gefürchtete „Murren“ aufzugeben und miteinander in den offenen Dialog einzutreten. Am Arbeitsplatz kennt man das Phänomen der inneren Kündigung. Sie setzt entweder dann ein, wenn die Suche nach Sinn in einer Sackgasse endet oder wenn sich persönliche Aversionen so weit verselbständigt haben, dass kein Gespräch mehr stattfindet. In Gemeinschaften, in denen das offene Gespräch nachhaltig ist und die verborgenen Nöte des Einzelnen auch tatsächlich ausgesprochen werden können, weil ein Bruder dem anderen im Sinne des Verstehens zuhört, kann eine Gemeinschaft wachsen. Dort, wo das Feuer einer benediktinischen Mönchsgemeinschaft aus der Gnade selbstloser Menschlichkeit brennt, ist ein Gast gut aufgehoben.

„Ave Maria, gratia plena“

Es gibt keinen Grund zur Angst vor Auseinandersetzungen, auch nicht im Kloster. Wir sind Menschen mit unterschiedlicher Prägung und persönlicher Biographie. Da ist Streit um sachliche Dinge und Einschätzungen eine Selbstverständlichkeit. Oft wird erst in der Auseinandersetzung die beste gemeinsame Lösung gefunden. Nicht der Streit ist eine Katastrophe im Zusammenleben, sondern die Unversöhnlichkeit. Es sollte aber bei allen Differenzen in und außerhalb des Klosters darauf geachtet werden, dass stets die menschliche Würde gewahrt bleibt.

Weisheit und Sanftmut der Gottesfurcht (RB 66,4)

Im ersten Kapitel seiner Klosterregel stellt der heilige Benedikt die verschiedenen Arten von Mönchen vor: die Koinobiten, die Anachoreten, die Sarabaiten und die Gyrovagen. Die Sarabaiten und Gyrovagen nennt er ganz widerliche Arten von Mönchen, jene, „die nie zur Ruhe und zur Reife kommen, sich nirgends engagieren, weil sie es (innerlich) nirgendwo aushalten, die trotz äußerer Anwesenheit ein Leben lang – *tota vita sua* immer unstet sind – *semper vagi*, niemals beständig, niemals bei sich selbst – *numquam stabiles*, die nie standhalten, sondern immer flüchten“[15]. Auch die Sarabaiten seien hier genannt, Vorfahren ungebremster Eigenliebe, welche die Unverbindlichkeit zum Maßstab aller Dinge erklärten. Den Gegenpol dazu markiert die Menschlichkeit.

Im Kapitel 66 seiner Regel präsentiert St. Benedikt dann als das Idealbild eines Mönches den Pförtner des Klosters. Er ist „ein weiser, älterer Bruder, der Bescheid zu empfangen und zu geben weiß und den seine Reife daran hin-

Beratung im Musikzimmer

dert, sich herumzutreiben. Der Pförtner soll seine Zelle neben der Pforte haben, damit alle, die ankommen, dort immer einen antreffen, von dem sie Bescheid erhalten. Sobald jemand anklopft oder ein Armer ruft, antworte er: ‚Dank sei Gott' oder ‚Segne mich'. Mit der ganzen Sanftmut eines Gottesfürchtigen und mit dem Eifer der Liebe gebe er unverzüglich Bescheid" (RB 66,1–4).

Der Pförtner ist gleichsam das Aushängeschild und das Scharnier zwischen Kloster und Welt. Er ruht in Jesus Christus, ist ganz erfüllt von ihm und kann sich so mit großer innerer Freiheit seiner Aufgabe widmen, armen, suchenden, verzweifelten Menschen das Tor zu öffnen und in ihnen nicht nur keine Ablenkung vom klösterlichen Leben zu sehen, sondern vielmehr überzeugt zu sein, in ihnen Jesus Christus selber aufzunehmen. Der Pförtner ist präsent und er ist kompetent, Bescheid zu geben und zu empfangen. Er lebt die *humanitas*, die volle Menschlichkeit, mit der jeder Gast, insbesondere der Arme aufgenommen wird. Der Pförtner wartet förmlich auf Ankommende, denn sein erstes Wort heißt „*Deo gratias* – Dank sei Gott!" Gäste sind niemals Störende, sondern vielmehr die ersehnte Möglichkeit, mit Jesus Christus in Berührung zu kommen. Der weise, ältere Bruder an der Pforte ist erfüllt von der ganzen Sanftmut der Gottesfurcht und vom Eifer der Liebe.

Wenn wir auf die innere Lage unserer Gemeinschaften schauen, drängt sich die Frage auf, inwieweit heute ein Kloster Ort gelebter Weisheit und Gottesfurcht ist. Was verstehen wir überhaupt unter Weisheit und unter Gottesfurcht? Wie unterscheiden sich Denken und Handeln des Weisen von dem des Wissenden? Im Psalm 33 beten wir: „Kommt, ihr Söhne, hört mir zu! Die Furcht des Herrn will ich euch lehren" (Ps 33,12).

Der heilige Hilarius von Poitiers schreibt dazu in seinem Psalmenkommentar: „Die Gottesfurcht muss also gelernt werden, da sie ja gelehrt wird. Sie beruht nicht auf dem Schrecken, sondern auf der Einsicht in die Lehre. Der Zugang zu ihr ist nicht ein Erzittern unserer Natur, sondern Beobachtung der Gebote; es sind Taten eines schuldlosen Lebens und Erkenntnis der Wahrheit. Für uns besteht die Gottesfurcht in der Liebe, und die vollkommene Liebe vollendet die Furcht, die noch in unserer Liebe ist. Es ist die ureigenste Aufgabe unserer Liebe zu Gott, seine Mahnungen zu befolgen, seine Gebote zu halten und auf seine Verheißungen zu vertrauen.“[16]

„Den Sinn der Gottesfurcht und ihre Vollendung ersehen wir in den Sprüchen Salomos: ‚Wenn du nach der Weisheit rufst, zur Einsicht deine Stimme erhebst, wenn du sie suchst wie Silber, nach ihr forschst wie nach Schätzen: dann wirst du die Gottesfurcht begreifen.‘ (Spr 2,3–5).“[17]

Macht nicht erst die Furcht, die Ehrfurcht, den Wissenden zum Weisen? An anderer Stelle sagen uns die Psalmen, dass die Gottesfurcht selig macht: „Selig, die Gott fürchten“ (Ps 127,1). Es fehlt uns womöglich ein wenig das Bewusstsein, dass die Gottesfurcht den Anfang der Weisheit begründet. Beinahe könnten wir sagen: „Im Anfang ist die Gottesfurcht“, was sich jedoch aus dem Grund verbietet, dass im Anfang das Wort war. Doch welchen Nutzen bringt das göttliche Wort, wenn wir nicht voller Ehrfurcht auf dieses Wort hören, um darin Jesus Christus zu erkennen? In Gottesfurcht leben heißt, Ja zu sagen zur Hoffnung auf die Liebe Jesu Christi. Unsere Gottesfurcht ist der Anfang der Weisheit. Sie markiert den Beginn eines tiefgehenden gegenseitigen Verstehens, es bedeutet, dass wir Mönche uns auf den Beistand des Herrn verlassen, weil wir wissen, dass er bei uns ist, wenn wir ehrlich und ernstlich ihn suchen, bei allem, was wir denken, tun und im Mitbruder sehen. Noch während wir gottesfürchtig auf das Wort hören, noch während wir im Gebet vor ihm stehen, werden wir IHN erkennen, der er uns sagen wird: „Siehe, da bin ich.“

Der Kitt, der uns zusammenhält

„Da bin ich“, das sagt uns auch der Mitbruder jeden Morgen, wenn er zur Matutin in den Chor kommt. Er spricht durch sein Dasein. Da ist Jesus Christus, er ist im Chorgestühl neben uns, vor uns, hinter uns. Wir beginnen den Tag mit den Worten: „Herr, öffne meine Lippen, damit mein Mund dein Lob verkünde.“ Wir könnten auch beten: „Herr, öffne meine Lippen, damit der Mitbruder hören und spüren kann, dass du, Jesus Christus, unter uns bist, damit wir in ihm deine Liebe erkennen, in ihm deine Barmherzigkeit begreifen, die du uns geschenkt hast.“ Was uns zusammenhält, ist nicht allein das Wissen um die Liebe. Es ist unsere Weisheit, voll auf die Liebe zu vertrauen. Die Weisheit wiederum wächst aus unserem unerschütterlichen Glauben.

Die meisten Menschen fürchten sich davor, alles auf eine Karte, auf Jesus Christus zu setzen, so wie das ein Mönch tun will. Vielfach sind wir von dem Misstrauen oder der Sorge erfüllt, Gott könnte es nicht gut mit uns meinen. Erst, wenn wir alles auf eine Karte setzen, erst, wenn wir mit vollem Einsatz spielen, werden wir erleben, dass Gott gut und treu und groß ist und uns niemals im Stich lässt. Wir gleichen vielfach einem Trainer, der in knöcheltiefem Wasser oder in der Badewanne jemandem das Schwimmen beibringen will. Es kann nicht gelingen. Wir machen Schwimmbewegungen mit den Händen und Füßen, tun so als ob, wagen es jedoch kaum, uns wirklich dem Wasser auszuliefern, ins Wasser hineinzuspringen, um so die Erfahrung zu machen, dass das Wasser wirklich trägt. Dabei dürfen wir größtes Zutrauen haben, denn „in ihm leben wir, bewegen wir uns und sind wir“ (Apg 17,28).

Wir spüren jedoch, wie groß die Sehnsucht der Menschen nach einem Leben ist, das diese Radikalität der Hingabe lebt und so den inneren Frieden, die eigene Balance gefunden hat. Menschen, die zu uns kommen und für eine Weile mit uns leben, sind größtenteils fasziniert von diesem Leben, wenn auch oft die letzte Bereit-

Zu Besuch bei Papst em. Benedikt XVI. im Februar 2016

schaft fehlt, dieses Leben zu teilen. Wir sehen eine Aufgabe darin, mit der Kraft des Gebetes das Feuer der Liebe für die Liebe zu entfachen; denn im Gebet haben wir Jesus Christus vor Augen, der in allen anderen Menschen genauso gegenwärtig ist wie in uns.

Wir erleben immer wieder, wie groß die Erwartungshaltung der Menschen an eine klösterliche Gemeinschaft ist, die in innerer Einheit lebt. Dieser hohen Erwartung müssen wir gerecht werden. Der Pförtner gebe „mit der ganzen Sanftmut der Gottesfurcht und mit dem Eifer der Liebe unverzüglich Bescheid“ (RB 66,4).

Die Gottesfurcht macht demnach nicht nur selig und weise, sie schenkt uns auch Sanftmut. Das besondere Augenmerk des sanftmütigen Bruders an der Pforte liegt bei den Armen, die ohne Reichtum sind: „Vor allem bei der Aufnahme von Armen und Fremden zeige man Eifer und Sorge, denn besonders in ihnen wird Christus aufgenommen. Das Auftreten der Reichen verschafft sich ja von selbst Beachtung“ (RB 53,15). Doch von welcher Armut sprechen wir? Von der Armut der Flüchtlinge oder anderer Mittel- und Obdachloser in den großen Städten dieser Welt, denen das Schicksal alles aus den Händen gerissen hat? Ihnen gilt unsere Liebe, unser Erbarmen. Gerade wer nichts hat, verdient die Aufmerksamkeit unseres Herzens. Es geht uns aber auch um eine andere Armut, nämlich um die Armut als Gegenpol zum Reichtum der Gottesfurcht.

Wer die klösterliche Gemeinschaft sucht, wird sich nicht unmittelbar nach der Gottesfurcht sehnen. Mittelbar tut er es aber doch, denn er sucht nach der Frucht der Gottesfurcht, nach der Liebe. Vielfach haben die Menschen in unserer Zeit Angst vor Jesus Christus. Er ist für die meisten so unerreichbar in die Ferne gerückt, dass die Ungewissheit, ihn jemals im Gebet zu erreichen, größer ist als der mutige Schritt, sich ihm voller Vertrauen zu übergeben. Das tut der Mönch, der im Gast Jesus Christus erkennt. Wir müssen diese gelebte Gottesfurcht aber auch zeigen, indem wir in uns gegenseitig Jesus Christus erkennen. Erst dann können wir auch mit dem gottsuchenden Gast in Wahrheit Jesus Christus aufnehmen. Die Armut, von der wir umgeben sind, zeigt sich nicht nur in der materiellen Mittellosigkeit, nicht nur in der Heimatlosigkeit oder in der Unbehaustheit der Menschen. Die Armut zeigt sich auch in der Schwachheit dessen, der dauerhaft in seiner Sündhaftigkeit verstrickt bleibt, weil er womöglich noch nie die Erfahrung der Barmherzigkeit gemacht hat.

Wir in den klösterlichen Gemeinschaften sind es, die diesen Weg der Umkehr und der Barmherzigkeit gemeinsam gehen wollen bis zum Tod. Tun wir das wirklich? Sind wir uns tatsächlich bewusst, was das jeden Tag für unseren Umgang miteinander bedeutet? Die Gottesfurcht in der Liebe ist der Kitt, der unsere Gemeinschaft zusammenhält. Die Freude an der gegenseitigen Hingabe können wir nicht aus Lehrbüchern lernen. Sie überkommt uns auch nicht rein zufällig beim bloßen Blick auf das Kreuz. Die Freude, die aus der Hingabe entsteht, muss wieder zum Charisma werden. Nur in einer von Gottesfurcht und von der daraus wachsenden Sanftmut der Liebe findet der Arme, der an der Pforte anklopft, was er sucht: Gott. Der die Liebe sucht, verlangt zunächst nach dem Unspektakulären. Im Kloster wird das Unspektakuläre des Zusammenlebens zum Wesentlichen.

Jeder hat seinen von Gott geschenkten Wert als Mensch. Sein Wert liegt allein im Menschsein. Daher hat die Bewertung eines Menschen nach den geläufigen Kategorien von Stellung, Besitz, Ansehen keinerlei Grundlage. Die Weisheit der Gottesfurcht zeigt sich, indem wir mit unserer Liebe alles Trennende, alles Misstrauen, jede Abgrenzung gegenüber fremden Menschen überwinden – um in ihnen Gottes Herrlichkeit zu sehen. Bevor wir zum eigentlichen Kern der christlichen Botschaft vordringen und unsere Feinde lieben, müssen wir erst einmal damit beginnen, das Trennende zwischen uns Brüdern aufzuheben und in die Einheit, das stärkste Zeichen der Anwesenheit Jesu Christi in einer Gemeinschaft, zu verwandeln.

Der Weg der Umkehr

Wir alle brauchen eine ständige Aufforderung zur Umkehr, weil unser Leben in der brüderlichen Gemeinschaft darauf ausgerichtet ist, dass „nicht mehr ich lebe, sondern Jesus Christus lebt in mir“ (Gal 2,20). Dieses Leben ist ständige, tägliche „Bekehrung“ (RB 58,17) zu dem Leben Jesu Christi in uns. Diese Bekehrung führt uns hin zum wahren Menschsein. Die klösterliche Gemeinschaft gibt der Welt Zeugnis davon, dass Gott in uns ist. Manchmal kann man den Eindruck gewinnen, wir Mönche wüssten gar nicht, wie sehr wir in dieser zentralen Frage auf dem Dauerprüfstand kritischer Beobachtung stehen.

Manche Mönche meinen, sie seien spätestens mit der feierlichen Profess bei Jesus Christus angekommen. Zu bekehren gebe es da offenbar nichts mehr, mit der Profess sei Gott sozusagen gefunden, der Prozess der Suche abgeschlossen. Einige denken eher, es gäbe Mitbrüder, die es bitter nötig hätten, demütig den Weg der Umkehr zu gehen. Sich selbst sehen sie auf diesem Weg aber nicht mehr. Oder sie sehen sich gar schon am Ziel angekommen, frühvollendet, verwechseln das jedoch mit der Selbstliebe oder dem Selbstbetrug, in den sie sich hineingeflüchtet haben.

Diese ständige Bereitschaft zur Umkehr schildert uns sehr eindrucksvoll das Gleichnis vom barmherzigen Vater und vom verlorenen Sohn (Lk 15,11–32). Der jüngere Sohn geht fort, trennt sich von seinem Vater und landet

St. Michael
wacht über
Kloster, Schule
und Pfarr-
gemeinde

Benediktsäule (2007) von Joseph Michael Neustifter im Prälatengarten. St. Benedikt schreibt mit seiner Rechten die Regel und übergibt sie mit seiner Linken im Sternenkranz den Völkern Europas

schließlich unter den Schweinen. Er ist unglücklich, nur die Erinnerung an die Liebe des Vaters gibt ihm Mut zu Aufbruch und Umkehr.

Auch der ältere Sohn ist nicht glücklich. Er sucht sein Glück in der äußeren Veränderung, im Feiern von Festen, in der Ablenkung durch kurzlebige Freuden. Die wahre Freude aber kann der ältere Sohn nur in der Veränderung seines Lebens, in der Freude an der Liebe seines Vaters sehen, die dieser dem heimgekehrten Sohn entgegenbringt: „Mein Kind, du bist immer bei mir." So ist auch der wahre Grund unserer Freude das Beim-Vater-Sein.

Die Bereitschaft zur beständigen Umkehr hängt von dem ab, was mein Herz höherschlagen lässt. Wenn ein Sportler im Marathonlauf das höchste seiner Ziele und seine größte Freude sieht, wird er nicht auf halber Strecke seinen Lauf abbrechen, sondern bis zum ersehnten Ziel sich durchkämpfen.

Wenn Jesus Christus und die Gemeinschaft mit ihm meine größte Freude ist, werde ich ihm durch die Höhen und Tiefen meines Lebens folgen im Wissen, dass der Weg „am Anfang nicht anders sein kann als eng. Wer aber im klösterlichen Leben und im Glauben fortschreitet, dem wird das Herz weit, und er läuft in unsagbarem Glück der Liebe den Weg der Gebote Gottes" (RB Prol. 48–49).

Zusammenfassend drückt das Wesen der geistlichen, der monastischen Gemeinschaft am besten das Konzilsdekret über die zeitgemäße Erneuerung des Ordenslebens *Perfectae caritatis* aus, das heute so aktuell ist wie vor 50 Jahren: „Das Leben in Gemeinschaft nach dem Beispiel der Urkirche, in der die Menge der Gläubigen ein Herz und eine Seele war (vgl. Apg 4,32), soll, genährt durch die Lehre des Evangeliums, durch die heilige Liturgie, vor allem die Eucharistie, in Gebet und Gemeinsamkeit des Geistes beharrlich gepflegt werden (vgl. Apg 2,42). Die Ordensleute sollen als Glieder Christi im brüderlichen Umgang einander mit Achtung zuvorkommen (vgl. Röm 12,10); einer trage des anderen Last (vgl. Gal 6,2). Denn durch die Liebe Gottes, die durch den Heiligen Geist in den Herzen ausgegossen ist (vgl. Röm 5,5), erfreut sich eine Gemeinschaft, die wie eine wahre Familie im Namen des Herrn beisammen ist, seiner Gegenwart (vgl. Mt 18,20). Die Liebe aber ist die Erfüllung des Gesetzes (vgl. Röm 13,10) und das Band der Vollkommenheit (vgl. Kol 3,14); in ihr wissen wir, dass wir aus dem Tod in das Leben hinübergeschritten sind (vgl. 1 Joh 3,14). Ja die Einheit der Brüder macht das Kommen Christi offenbar (vgl. Joh 13,35; 17,21), und es geht von ihr eine große apostolische Kraft aus" (PC 15).

Anmerkungen

1 Benedikt XVI., Ansprache bei der Begegnung mit Vertretern aus der Welt der Kultur. Paris, Collège des Bernardins, 12. September 2008: http://w2.vatican.va/content/benedict-xvi/de/speeches/2008/september/documents/hf_ben-xvi_spe_20080912_parigi-cultura.html [Zugriff: 16.03.2016].
2 Michaela Puzicha, Benedikt von Nursia begegnen, Augsburg 2004, S. 102.
3 Vgl. Michaela Puzicha, Der Regel als Lehrmeisterin folgen, St. Ottilien 2013, S. 57 ff.
4 Vgl. ebd.
5 Dietrich Bonhoeffer, Gemeinsames Leben, 27. Aufl., Gütersloh 2004, S. 16, 17, 19 f.
6 Ebd., S. 21.
7 Ebd., S. 22.
8 Ebd., S. 23.
9 Ebd., S. 23 f.
10 Ebd., S. 24.
11 Ebd.
12 Ebd., S. 25.
13 Ebd., S. 43.
14 Ebd., S. 59 f.
15 Puzicha, Der Regel als Lehrmeisterin folgen (wie Anm. 3), S. 460.
16 Hilarius von Poitiers, Tractatus in Psalmum 128(127),1 2.3 (Corpus scriptorum ecclesiasticorum latinorum 22, S. 628 f.).
17 Ebd.

Haus Gottes für die Menschen

Ein Streifzug durch die 1250-jährige Geschichte des Klosters Metten

Stephan Haering OSB

Klosterwappen an der Außenfassade des Festsaals

In der monastischen Tradition werden nicht nur Kirchengebäude, sondern auch die Klöster als solche „Gotteshäuser" genannt. Auch heute kann man gelegentlich den Ausdruck noch in diesem Sinne gebraucht hören oder lesen. Doch ist es für Christen überhaupt angemessen, bestimmte Stätten so zu bezeichnen? Ist Gottes Gegenwart denn exklusiv an besondere Orte gebunden? Die Antwort ist leicht zu geben: Keineswegs lässt sich die Anwesenheit Gottes auf die sakralen Orte verschiedenen Typs begrenzen, denn „der Geist weht, wo er will" (Joh 3,8).

Dennoch gilt, dass das Christentum nicht einfach ein abstraktes religiöses Bekenntnis zu einer transzendenten Gottheit ist, sondern es bleibt wesentlich durch seinen geschichtlichen und orthaften Charakter geprägt. Jesus von Nazareth, der Christus und Erlöser, hat zu einer bestimmten historischen Stunde und an konkreten geographischen Orten gelebt und gewirkt. Nach dem Tod und der Auferstehung Jesu Christi haben die Apostel das Zeugnis davon verkündet. In verschiedenen Städten haben sie Gemeinden gegründet, in denen die frohe Botschaft bewahrt und weitergegeben wurde. So sind das Bekenntnis zu Christus und der Glaube an seine Erlösungstat bis heute in konkreten, lokal verankerten Kirchen beheimatet und lebendig.

Ein Kloster ist zwar keine Kirche im vollen theologischen Sinne, d. h. ein Teil des Gottesvolkes mit einem Bischof als Hirten an der Spitze, aber man nennt es zu Recht ein Gotteshaus – ein Haus Gottes für die Menschen. Das gilt auch für das Kloster Metten, das seit nunmehr zwölfeinhalb Jahrhunderten ein geistlicher Ort mit wechselvoller Geschichte ist. An diesem Ort sind über einen außergewöhnlich langen Zeitraum zahlreiche Mönche ihrer besonderen Berufung als Christen gefolgt, Gott in einem Leben nach der Regel des heiligen Benedikt zu suchen und so Gott die Ehre zu geben.

Die Umstände und Bedingungen, unter denen dies geschah, sind uns heute nicht mehr für alle Phasen der Geschichte des Klosters im

Kartusche über dem Zugang zur Bibliothek

Detail greifbar. Weite Strecken der Entwicklung Mettens im Mittelalter liegen mangels entsprechender Quellen im Dunkeln. Auch in der Neuzeit fließt die historische Überlieferung in unterschiedlicher Dichte und gestattet keine völlig gleichmäßige Wahrnehmung der Ereignisse. Das darf uns aber nicht daran hindern, die Geschichte des Klosters Metten, eines Hauses Gottes für die Menschen, in einem Streifzug durch die Jahrhunderte allgemein vorzustellen. Andere Beiträge dieses Buches tun dies konzentrierter für ihren speziellen Interessenbereich.

Von den Anfängen des Klosters Metten bis zum Hochmittelalter

Im Unterschied zu vielen anderen Klostergründungen des 8. Jahrhunderts, welche auf die Initiative von Königen oder Herzögen zurückgehen und in unserem geographischen Raum als Fundationen der Karolinger oder der Agilolfinger begegnen, ist das Kloster Metten ein Sippenkloster. Es verdankt seine Existenz der Stiftung des Priesters und Gutsherrn Gamelbert, der seinen Sitz im nahen Michaelsbuch südlich der Donau hatte. Dieser fromme Pfarrer überließ seinem Erben Utto Besitzungen zur Gründung eines Klosters. Diese erfolgte jenseits des Flusses, auf dem nördlichen Donauufer, am Rande des Bayerischen Waldes.

Das errechnete ungefähre Gründungsjahr 766 ergibt sich aus der Nennung des ersten Mettener Abtes Utto in zeitgenössischen Quellen. In der Liste der Teilnehmer der Synode von Dingolfing (um 770), die chronologisch nach Übernahme ihres Amtes aufgeführt werden, begegnet Utto nach dem Namen des Abtes Atto von Scharnitz, der ab 764/65 amtierte. Nachgewiesen ist Utto als Abt von Metten auch im Salzburger Verbrüderungsbuch (784).

Die urkundliche Überlieferung zur Geschichte des Klosters Metten ist nicht umfangreich. Dennoch lassen sich aus dem verfügbaren Material manche Erkenntnisse gewinnen, etwa in früher Zeit über einen Kontakt des Klosters mit dem Frankenkönig Karl dem Großen (747/48–814). Dieser übertrug dem Kloster Metten Besitzungen im Bayerischen Wald. Spätere monastische Generationen haben diesen historischen Anhaltspunkt dazu genützt, Karl den Großen zum Gründer des Klosters zu stilisieren und damit natürlich auch die Bedeutung des eigenen Hauses zu heben. Das Mettener Wappen, das die Motive des Reichsadlers und der französischen Lilien aufgreift, bildet bis heute eine Anspielung auf die Gestalt Karls des Großen und auf seine Rolle in der Klostergeschichte.

Das Kloster Metten war in verschiedenen Regionen des bairischen Herzogtums begütert. Neben dem Rodungsgebiet im nahen Bayerischen Wald sind Besitzungen im niederbayerischen Vilstal und in der Ostmark, d. h. im heutigen Niederösterreich, sowie im Raum von Eichstätt historisch greifbar.

Figur Kaiser Karls des Großen auf der Brunnensäule

Ölgemälde mit Heinrich Jasomirgott

Das Klosterverzeichnis der Aachener Synode von 817 nennt Metten als Kloster der dritten Kategorie. Damit wurde ihm einerseits die Verpflichtung zum Gebet für Kaiser und Reich auferlegt, andererseits stand es unter Königsschutz und war abgabenfrei. Der Status als „königliches Kloster“ bedeutete indes auch eine beständige Gefahr, vom König als Kommende vergeben und damit einer wirtschaftlichen Nutzung durch Dritte ausgeliefert zu werden. Dieses Schicksal ereilte auch Metten. In der Folge wurde es nötig, die Vermögenssubstanz dadurch aufzubessern, dass in Metten Kanoniker, die Besitz mitbrachten, die Mönche ersetzten. Auch die Verleihung des Marktrechtes 1051 hat zweifellos zu einer merklichen Verbesserung der wirtschaftlichen Situation des ausgelaugten Klosters beigetragen.

Herzog Heinrich II. Jasomirgott (1107–1177), ein Babenberger, sorgte als Vogt des Klosters im Jahr 1157 dafür, dass wieder Benediktinermönche nach Metten zurückkehren konnten; es handelte sich wohl um Vertreter der Hirsauer Reformrichtung. Jedenfalls kommt diesem Herzog das Verdienst einer „zweiten Gründung“ Mettens als Mönchskloster zu, auch wenn die Ausstattung mit Gütern nicht mehr das Maß der karolingischen Zeit erreicht hat. Eine neue Phase des Aufbaus konnte beginnen.

Vom Mittelalter zur Neuzeit

Im 13. Jahrhundert fielen für den künftigen Status des Klosters wichtige Entscheidungen. Mit dem Erlöschen des Geschlechts der Babenberger im Jahr 1246 fand die bisherige Schutzherrschaft über das Kloster Metten ihr Ende. Die Abtei bemühte sich um die Stellung der Reichsunmittelbarkeit, nicht zuletzt unter Hinweis auf die historische Beziehung zu Kaiser Karl dem Großen, drang mit ihrem Begehren aber letztlich nicht durch. Auch das Bestreben, eine kirchliche Exemtion von der bischöflichen Gewalt zu erhalten, blieb erfolglos. So entwickelte Metten sich zu einem landständischen Kloster, erhielt aber immerhin 1275 einen besonderen päpstlichen Schutzbrief, welcher seinen selbständigen kirchlichen Status festigte. Das Recht der Pontifikalien wurde den Mettener Äbten im 15. Jahrhundert verliehen, zunächst 1439 beim Konzil von Basel; eine Bestätigung dieses Rechts durch Papst Pius II. (1458–1464) erfolgte im Jahr 1463.

In vieler Hinsicht war das späte Mittelalter für Metten eine Zeit des Aufbruchs und der Erneuerung. Infolge eines verheerenden Brandes im Jahr 1236, der das Kloster weitestgehend zerstört hat, wurde ein Neuaufbau der Kirche und der übrigen Gebäude erforderlich; 1264 konnte die Weihe erfolgen. Der wirtschaftlichen Entwicklung kam die Gewährung des

Rechts zum Bierbrauen durch die niederbayerischen Herzöge 1322 sehr zugute. Dies war das Gründungsjahr der Mettener Klosterbrauerei, die mehr als sechs Jahrhunderte, bis 1970, Bestand hatte und ein weithin geschätztes Bier erzeugte.

Für die kulturelle und künstlerische Güter erzeugenden schöpferischen Kräfte, die sich im Kloster entwickeln konnten, steht die „Schreibschule“ des frühen 15. Jahrhunderts. Unter Abt Petrus I. (1389–1427) entstanden in Metten kostbare Handschriften, von denen eine auf uns gekommene Handschrift der Klosterregel des heiligen Benedikt und die Biblia pauperum (1414/15) zu nennen sind, die heute in der Bayerischen Staatsbibliothek in München verwahrt werden (Clm 8201 und 8201d). Die kunsthistorische Forschung beurteilt sie als die bedeutendsten erhaltenen Leistungen bayerischer Buchmalerei jener Zeit. Auch um die Wende des 15./16. Jahrhunderts erfuhr die Bibliothek nochmals besondere kreative Aufmerksamkeit und Pflege. Dafür steht exemplarisch das 1519 erstellte Mettener Rituale (Clm 8203).

Mettener Klosterbier

Wirren der Reformation und erneute Konsolidierung

Die vom Wittenberger Augustinermönch Martin Luther (1483–1546) im Jahr 1517 initiierte reformatorische Bewegung stellte die bisherige kirchliche Lehre und Praxis in vieler Hinsicht ernstlich in Frage und löste tiefgreifende Erschütterungen aus. Davon war nicht zuletzt das vom Reformator Luther abgelehnte Ordensleben betroffen. In den evangelisch gewordenen Territorien verschwanden die Klöster. Doch auch in den anderen Gebieten erlebten sie im 16. Jahrhundert vielfach Zeiten einer tiefen Krise.

Dies galt auch für die Abtei Metten. Zahlreiche Mönche gaben ihren Ordensberuf auf und verließen das Kloster. Die Abtei litt in dieser Zeit auch in wirtschaftlicher Hinsicht erheblich. Bemühungen um eine Besserung der Verhältnisse, die von den katholischen Herzögen als Landesherren durch Vermittlung personeller Hilfe aus anderen Klöstern unterstützt wurden, führten über eine lange Zeit nicht zum erwünschten Erfolg.

Erst mit der Wahl des Abtes Johannes Nablas (1595–1628) trat an der Wende des 16./17. Jahrhunderts die ersehnte Erneuerung der schwierigen Verhältnisse ein. Nablas war aus dem Kloster St. Emmeram in Regensburg, wo er als Ökonom gewirkt hatte, nach Metten geholt worden. Ihm gelang es, sowohl die klösterliche Disziplin wieder zur Höhe zu führen als auch die wirtschaftliche Lage zu konsolidieren. Das Kloster nahm unter Nablas, der während seiner mehr als drei Jahrzehnte währenden Leitungstätigkeit auch den Bau des neuen Konventgebäudes veranlasst hat, einen merklichen Aufschwung.

Farbiger Schlussstein im Konventbau mit Hinweis auf den Erbauer, Abt Johannes Nablas

Sein Nachfolger, Abt Christoph Guetknecht (1628–1645), suchte das Werk im gleichen Sinne fortzuführen, hatte in seiner Amtszeit jedoch besonders unter jenen schweren Lasten zu leiden, die der Dreißigjährige Krieg in den deutschen Landen verursachte. 1633 waren Abt und Konvent gezwungen, aus dem Kloster zu flüchten und es der Plünderung preiszugeben. Einzelne Mönche gerieten in feindliche Gefangenschaft und erfuhren üble Behandlung. Abt Christoph und seine Mönche konnten 1634 zwar nach Metten zurückkehren, doch bald wütete die Pest in den eigenen Reihen und raffte zehn Konventualen dahin. 1641 waren Abt und Konvent erneut gezwungen, Metten vorübergehend zu verlassen. Schließlich wurde 1648, nun unter Abt Maurus Lauter (1645–1651), der Konvent zum dritten Mal zur Flucht aus Metten veranlasst. Mit dem Westfälischen Frieden, der im selben Jahr von den Kriegsparteien geschlossen wurde, gingen die Jahrzehnte der furchtbaren Auseinandersetzungen in Mitteleuropa zu Ende. Der Krieg hatte im ganzen Land zahllose Verwüstungen hinterlassen und die gesamte Bevölkerung um rund ein Drittel oder mehr dezimiert.

Zeit des Barocks und der Aufklärung

In den folgenden Jahrzehnten war dem Kloster Metten eine Phase relativ ruhiger Fortentwicklung gegönnt. Gleichwohl wirkten sich auch nun immer wieder kriegerische Ereignisse, etwa der Spanische Erbfolgekrieg (1701–1714) oder der Österreichische Erbfolgekrieg (1740–1748), und die damit verbundenen Belastungen hemmend auf manche Initiativen aus.

Der Festigung und Förderung des Ordenslebens in den Benediktinerklöstern sollte gemäß der Weisung des Konzils von Trient (1545–1563) die Bildung von Kongregationen benachbarter Abteien dienen. Nach verschiedenen früheren Versuchen der Kongregationsbildung kam dieses Vorhaben für Kurbayern erst 1684 mit der Errichtung der Bayerischen Benediktinerkongregation durch Papst Innozenz XI. (1676–1689) zum Abschluss. Die Kongregation wurde unter das Patronat der heiligen Schutzengel gestellt und erhielt das Privileg der Exemtion. Die Abtei Metten blieb jedoch, wie nur wenige andere bayerische Benediktinerklöster, abseits und schloss sich diesem Verband nicht an. Für diese Entscheidung war vor allem der Umstand maßgeblich, dass die exemte Kongregation von bischöflicher Seite nicht gern gesehen wurde.

Für das späte 17. und das 18. Jahrhundert ist in Metten und in den Pfarreien, die dem

Kloster zugeordnet waren, eine rege Bautätigkeit zu verzeichnen. Den Anlass dazu gab vor allem ein natürlicher Erneuerungs- und Erweiterungsbedarf, denn an vielen Gebäuden war im Laufe der Zeit die Baufälligkeit eingetreten. In Metten selbst ging vor allem Abt Roman Märkl (1706–1729) ans Werk. 1712 begann man damit, die 1479 geweihte gotische Klosterkirche im barocken Stil der Zeit umfassend zu erneuern. Dieses große Vorhaben kam mit der im Jahr 1729 gefeierten Kirchweihe zum glücklichen Abschluss. Während der 1720er-Jahre wurde die Bibliothek im Erdgeschoss des Konventbaus mit der barocken Ausstattung versehen, der sie ihre heutige internationale Bekanntheit verdankt. Der Bau des großen Festsaals wurde 1734 unter Abt Augustin Ostermayer (1730–1742) begonnen und konnte schließlich 1755 unter dessen zweitem Nachfolger, Abt Adalbert Tobiaschu (1752–1770), zur Vollendung geführt werden.

Die Aufmerksamkeit der Mettener Benediktiner konzentrierte sich im 18. Jahrhundert aber nicht nur auf das Errichten oder Erneuern

Klosterhof mit Karlssäule

Erinnerungstafel für Abt Cölestin Stöckl

von Gebäuden, sondern es waren auch viele andere Aufgaben zu erfüllen. Die Seelsorge in den klösterlichen Pfarreien wurde nun weitestgehend durch die Mönche selbst besorgt. Immer wieder wurden einzelne Mettener Konventualen für eine Lehrtätigkeit an einer auswärtigen Hochschule, etwa an der Universität in Salzburg oder am Lyzeum in Freising, benötigt und dafür zur Verfügung gestellt. Das im Konvent vorhandene Interesse an geistigen Fragen fand in der erwähnten Erneuerung des Bibliothekssaals und in einer sorgsamen Pflege des Bücherbestandes seinen sichtbaren Ausdruck. Am Ende des 18. Jahrhunderts hatte das Kloster Metten offensichtlich einen soliden, wenn auch im Vergleich mit anderen Klöstern nicht erheblich überdurchschnittlichen Bibliotheksbestand aufzuweisen.

Die Sorge um das Kloster in geistlicher und zeitlicher Hinsicht erforderte freilich zu jeder Zeit die nötigen Bemühungen seitens der Äbte und ihrer engsten Mitarbeiter. Nicht jeder von ihnen konnte allen Anforderungen und Erwartungen – sei es aufgrund der äußeren Umstände oder der je eigenen Grenzen – umfassend gerecht werden. Abt Cölestin Stöckl (1790–1803) sah sich in seiner Amtszeit vor die schwierige Aufgabe gestellt, vorgefundene Probleme zu lösen und das Kloster in wirtschaftlicher Hinsicht wieder auf eine gesicherte Basis zu stellen. Am Beginn des 19. Jahrhunderts präsentierte sich das Kloster Metten innerlich und finanziell insgesamt gefestigt.

Gewaltsames Ende durch die Säkularisation 1803

Das allgemeine geistige Klima und die konkreten politischen Umstände waren um die Wende des 18./19. Jahrhunderts nicht günstig für den Fortbestand der Klöster. Von manchen radikalen Aufklärern genährte Zweifel an der Sinnhaftigkeit und Berechtigung der klösterlichen Lebensform sowie staatliche Begehrlichkeiten hinsichtlich der Kirchengüter markieren Gefährdungen aus verschiedenen Richtungen. Den Abschluss der Entwicklung bildete die politische Entscheidung, dem Klosterleben im Kurfürstentum Bayern, wie auch in anderen Territorien, ein Ende zu bereiten. Die rechtliche Basis dafür wurde mit einem Reichsgesetz, dem Reichsdeputationshauptschluss vom 25. Februar 1803, geschaffen.

Die Auflösung des Klosters Metten wurde am 21. März 1803 durch einen kurfürstlichen Kommissar vollzogen. Die Gebäude, die Liegenschaften und das Inventar gingen in Versteigerungen zugunsten der Staatskasse. Die „Leutkirche“ St. Martin wurde abgebrochen und die bisherige Klosterkirche als Pfarrkirche der 1805 eingerichteten Pfarrei Metten zugewiesen. Die Konventualen zerstreuten sich in verschiedene Richtungen und übernahmen überwiegend Aufgaben in der Pfarrseelsorge oder auch im Unterrichtswesen. Nur einige ältere oder gesundheitlich beeinträchtigte Mönche konnten in Metten verbleiben, darunter der bisherige Abt Cölestin Stöckl († 1807).

Die Säkularisation der Klöster hatte, unter dem formalen Anschein der Legitimität, tief in die Lebensgeschichten zahlreicher Ordensleute eingegriffen und in den ländlichen Regionen Bayerns die bisher bestehenden Infrastrukturen der Wirtschaft, der Bildung und der Kulturpflege nachhaltig gestört oder ersatzlos beseitigt. Der schädlichen Wirkungen des Gewaltakts der Klosterauflösungen wurde man sich jedoch erst mit zeitlicher Verzögerung bewusst.

Schwieriger Neubeginn ab 1830

Der Wiener Kongress (1814/15) hat nach der Niederlage Napoleons eine Neuordnung der europäischen Staatenverhältnisse vollzogen. Im Anschluss daran wurde in vielen Staaten eine Neuorganisation der Kirche und der Staat-Kirche-Beziehungen in Angriff genommen, da die noch bestehenden Reststrukturen der untergegangenen Alten Reichskirche für die Zukunft nicht tauglich waren. Für das Königreich Bayern schuf das Konkordat mit dem Heiligen Stuhl vom 5. Juli 1817 die rechtliche Grundlage, worauf die neue Ordnung aufgebaut werden konnte. In seinem Artikel VII sah dieses Konkordat die Wiedererrichtung einiger Klöster vor, die in Unterricht, Seelsorge und Krankenpflege wirken sollten.

Die Bestimmung des Konkordats über die Klöster blieb zunächst unbeachtet. Erst nach dem Regierungsantritt König Ludwigs I. (1825–1848) wurde das Thema tatsächlich aufgegriffen und die Umsetzung dieses Punktes entschlossen angegangen. Metten war dann das erste Benediktinerkloster in Bayern, das wiedereröffnet wurde. Entscheidend begünstigt wurde die Entwicklung zugunsten Mettens durch die Tatsache, dass sich die Mettener Klostergebäude zu einem großen Teil in der Hand des Herrn Johann von Pronath auf Offenberg (1757–1839) befanden und dieser, sowohl aus wirtschaftlichen als auch aus religiösen Motiven, die Bereitschaft zeigte, das Objekt abzugeben. Auch die Förderung durch den Regensburger Bischof Johann Michael Sailer (1829–1832) trug dazu bei, dass die Entscheidung für Metten fiel.

Mit der Findung eines für den Wiederbeginn passenden Klosterkomplexes war es freilich nicht getan. Für einen klösterlichen Neuanfang war vor allem geeignetes Personal erforderlich. Die Suche unter den ehemaligen Benediktinern erwies sich, bald drei Jahrzehnte nach der Auflösung der Klöster, wenig erfolgreich. Viele dieser Geistlichen waren bereits verstorben, andere alt oder kränklich, wieder andere dem Klosterleben nach derart langer Zeit gänzlich entfremdet oder an ihre jetzige Aufgabe so fest gebunden, dass eine Teilnahme nicht in Frage kam. Tatsächlich zogen bei der Eröffnung des Priorats Metten nur zwei Ex-Benediktiner dort ein, nämlich P. Ildephons Nebauer (1768–1844), der vor der Säkularisation dem Kloster Andechs angehört hatte, und der ehemalige Mettener Pater Roman Raith (1778–1856).

Die Anfangsphase war überaus schwierig. In den ersten Jahren fanden sich keine geeigneten Ordenskandidaten für die Gründung. Dies besserte sich zwar ab 1832, als gute Nachwuchskräfte eintraten, doch nun schien die Existenz Mettens zugunsten anderer Benediktinerklöster, St. Stephan in Augsburg und Scheyern, gefährdet. Vorübergehend bestand das Kloster Metten nur als abhängiges Priorat von St. Stephan.

Mit Beharrlichkeit wurden die diversen Schwierigkeiten überwunden. 1840 nominierte der König den bisherigen Mettener Prior P. Gregor Scherr (1804–1877) zum Abt und verbesserte die finanzielle Ausstattung des Klosters. Damit war die Selbständigkeit auf die Zukunft hin gesichert und eine Periode des kontinuierlichen Aufbaus konnte beginnen.

Wappen von Kardinal Augustinus Mayer in der Klosterkirche

Fruchtbare Jahrzehnte des 19. und 20. Jahrhunderts

Als Metten 1840 wieder Abtei wurde, besorgte das Kloster bereits die Führung einer Lateinschule und die Seelsorge in mehreren Pfarreien. Damit wurden wichtige Erwartungen erfüllt, die König Ludwig I. mit der Wiederbegründung der Benediktinerklöster verknüpft hatte, nämlich dass diese in Wissenschaft, Unterricht und Seelsorge wirken sollten. Die Schule entwickelte sich günstig und wurde zu einem Gymnasium ausgebaut; 1851 konnte die erste Abiturprüfung durchgeführt werden.

Neben dem inneren, geistigen Aufbau des Klosters, der immer wieder neu geleistet werden muss, wurden die Mettener Mönche im 19. Jahrhundert auch, über Schul- und Seelsorgearbeit hinaus, durch eine erhebliche Wirksamkeit nach außen in Anspruch genommen. Hier ist zunächst die Mitwirkung am Aufbau anderer bayerischer Klöster zu nennen. Nicht nur in Augsburg und in Scheyern, sondern auch in Weltenburg sowie in München-St. Bonifaz mit dem zugehörigen Andechs und später auch in Schäftlarn haben Patres aus Metten, teils über lange Zeit, verschiedene Aufgaben wahrgenommen. Der unternehmungsfreudige P. Bonifaz Wimmer (1809–1887) ging 1846 in die USA und gründete in Latrobe (Pennsylvania) das erste Benediktinerkloster des Landes. Von dort aus erfolgten weitere Klostergründungen in den Vereinigten Staaten, so dass das Kloster Metten von vielen Abteien der USA als ihre „Großmutter" betrachtet wird. Bonifaz Wimmer wirkte schließlich als Erzabt und Präses der Amerikanisch-Cassinesischen Benediktinerkongregation.

In Bayern selbst wurde durch Papst Pius IX. (1846–1878) im Jahre 1858 aus den wiedererrichteten Klöstern ein Verband gebildet und die Bayerische Benediktinerkongregation erneuert. In der Kongregation übernahmen Mettener Äbte auch leitende Verantwortung und übten das Amt des Präses aus (Utto Lang 1858–1870, Benedikt Braunmüller 1885–1891, Leo Mergel 1904–1905, Augustinus Mayer 1968–1971). Papst Leo XIII. (1878–1903) schloss die Kongregationen der Benediktiner im Jahr 1893 zu einer Konföderation zusammen und schuf in der Primatialabtei Sant'Anselmo auf dem Aventin in Rom den Benediktinern ein sichtbares Zentrum. An den Anliegen der Konföderation nahmen auch das Kloster Metten und seine Äbte Anteil, nicht zuletzt durch die Bereitstellung von Professoren für die römische Ordenshochschule.

Die Übernahme kirchlicher Verantwortung über den engeren Bereich des Klosters Metten hinaus beschränkte sich aber nicht auf die genannten Funktionen im Benediktinerorden. Drei Mettener Äbte wurden im 19. und 20. Jahrhundert in das bischöfliche Amt berufen.

Den Anfang machte Abt Gregor Scherr, der von 1856 bis 1877 als Erzbischof von München und Freising amtierte. Leo Mergel, der in den Jahren 1898 bis 1905 Abt von Metten war, wirkte danach bis 1932 als Bischof von Eichstätt. Im Unterschied zu Scherr und Mergel nicht als Diözesanbischof, sondern als hoher Beamter der Römischen Kurie war Augustinus Mayer (1911–2010) tätig. Nach fünf Jahren als Abt in Metten (1966–1971) wurde er zum Sekretär der Kongregation für die Ordensleute und die Säkularinstitute berufen und zum Titularerzbischof geweiht. 1984 übernahm er die Leitung der beiden Kongregationen für den Gottesdienst und die Sakramentenordnung und wurde 1985 durch Papst Johannes Paul II. (1978–2005) zum Kardinal ernannt.

Die günstige Entwicklung, die das wiedererrichtete Kloster Metten im 19. Jahrhundert genommen hatte, setzte sich im frühen 20. Jahrhundert fort. 1917, also während des Ersten Weltkriegs (1914–1918), entschloss man sich unter Abt Willibald Adam (1906–1929), die Wiederbesiedlung der großen Nachbarabtei Niederaltaich zu beginnen. Während der Zwanziger- und Dreißigerjahre strömte der Ordensnachwuchs so zahlreich nach Metten, dass um die Mitte der 1930er-Jahre mit über hundert Professen der personelle Höchststand in der gesamten Geschichte des Klosters erreicht wurde; etwa ein Drittel der Mönche machten damals die Laienbrüder aus.

Mit dem Wachstum des Konvents gingen viele bauliche Erweiterungen und Verbesse-

Refektorium

Tafel „Ehemaliges Sudhaus“

rungen einher, die hier nicht im Einzelnen aufzuzählen sind. Bereits im 19. Jahrhundert hatte der Konventbau ein weiteres Stockwerk erhalten. 1904/05 wurde die Einführung des elektrischen Stroms im Kloster beschlossen und ein eigenes Elektrizitätswerk eingerichtet. Abt Corbinian Hofmeister (1929–1966) hat im Jahr 1931 das Refektorium vergrößern lassen. Für die Landwirtschaft des Klosters, deren Gebäude 1930 durch einen Brand erheblich zerstört worden sind, wurde ein groß angelegter neuer Ökonomiebau am Fuße des Himmelbergs geschaffen.

Der politische Umschwung und die Machtübernahme durch die kirchenfeindlichen Nationalsozialisten im Jahr 1933 wirkten sich für das Kloster Metten in vieler Hinsicht schädlich aus. Die kirchlich getragene Bildungs- und Erziehungsarbeit und der damit verbundene Einfluss von Geistlichen auf die Jugend war den neuen Machthabern ein besonderer Dorn im Auge. Durch verschiedene administrative Maßnahmen wurde 1939 die Schließung des blühenden klösterlichen Gymnasiums erzwungen, aus dem Generationen tüchtiger, gebildeter Männer hervorgegangen waren, von denen viele in Kirche, Staat und Gesellschaft wichtige Funktionen ausübten. Mit Beginn des Zweiten Weltkriegs (1939–1945) wurden viele jüngere Mönche zum Kriegsdienst eingezogen. Einige von ihnen sind im Krieg umgekommen. Abt Corbinian Hofmeister wurde wegen seiner Gegnerschaft zum Regime von 1943 bis 1945 in Gestapo- und KZ-Haft genommen. Zu einer Aufhebung der Abtei Metten durch die Staatsgewalt, wie es bei anderen Klöstern der Fall war, ist es indes nicht gekommen.

Nach dem Zweiten Weltkrieg

Die Abtei Metten hat in den Jahren des sogenannten Dritten Reichs und des Zweiten Weltkriegs in vieler Hinsicht gelitten. Der Konvent wurde durch die Kriegsverluste und fehlende Neueintritte personell dezimiert. Manche Räume und Gebäude des Klosters waren zweckentfremdet. Durch Flüchtlinge aus dem Osten, die nach Metten kamen, unter ihnen Abt und Mönche der nordostböhmischen

Wirtschaftshof am Himmelberg

Abtei Braunau, haben sich neue Probleme und Herausforderungen ergeben.

Während Gebet und Gotteslob auch während jener dunklen Jahre ohne Unterbrechung fortgeführt wurden und auch die seelsorglichen Funktionen weitestgehend wahrgenommen werden konnten, traf dies für andere Aufgaben des Klosters nicht zu. Hier galt es nun wieder neu anzufangen, besonders was die Bildungsarbeit in Gymnasium und Internat betraf. Denn gerade zu jener Zeit bestand ein erhebliches Bedürfnis nach einem geordneten Schulbetrieb, weil in der Endphase des Krieges in den zerstörten Städten vielfach gar kein Unterricht mehr stattgefunden hatte. Bereits 1946 wurde in Metten die Schule wiedereröffnet, trotz der schwierigen Umstände und Bedingungen; viele nötige Dinge standen damals noch nicht oder nicht in genügender

Weise zur Verfügung. Im Jahr 1948 erhielten die ersten Mettener Nachkriegsabsolventen ihr Reifezeugnis.

Abt Corbinian Hofmeister leitete nach Kriegsende das Kloster noch rund zwei Jahrzehnte bis zu seinem Tod im Jahr 1966. Auf ihn folgte Abt Augustinus Mayer, der in seiner fünfjährigen Amtszeit viele Dinge neu in Angriff genommen hat. In Rom hatte Mayer das Zweite Vatikanische Konzil (1962–1965) als Sekretär einer Kommission aus nächster Nähe verfolgt. Als Abt ging es ihm nun darum, die vom Konzil ausgegangenen Impulse zu einer soliden monastischen Erneuerung auch in Metten zur Geltung zu bringen.

Auch an der Weiterentwicklung von Gymnasium und Internat zeigte er großes Interesse. Für das Internat, das unter erheblicher Raumnot litt, wurde ein Neubau geplant und errichtet. Im Hinblick auf das Gymnasium fiel die Entscheidung, künftig auch Mädchen in die bisher nur für Jungen zugängliche Schule aufzunehmen (1969); dies bedeutete auch eine Abkehr vom überkommenen Grundsatz der reinen Internatsschule. Was den Bereich der klösterlichen Wirtschaft angeht, bleibt der Name Mayers mit der Schließung der Klosterbrauerei (1970) verbunden. Personelle und wirtschaftliche Gegebenheiten machten diese Entscheidung damals erforderlich.

Als Nachfolger Mayers wirkte Abt Emmeram Geser (1971–1989). Er setzte die eingeleitete geistlich-liturgische Erneuerung im Konvent konsequent und zugleich behutsam fort. Abt Emmeram nahm sich aber auch zahlreicher baulicher Maßnahmen an. Namentlich sei als großes Projekt die St.-Benedikt-Sporthalle genannt, die 1979 errichtet wurde und mit ihrem Namen an die 1500-Jahr-Feier des heiligen Benedikt von Nursia 1980 erinnern will. Klösterlicher Nachwuchs fand sich in jenen Jahren vergleichsweise zahlreich in Metten ein, doch blieben nicht alle Kandidaten im Kloster. Manche von ihnen verließen den Konvent nach kürzerer oder längerer Dauer der Zugehörigkeit wieder.

Die Abtei Metten in der Gegenwart

Abt Wolfgang M. Hagl übernahm 1989 die Leitung des Klosters Metten und hat sie bis zur Gegenwart inne. In diesem runden Vierteljahrhundert, in das die Millenniumswende gefallen ist, hat sich innerhalb und außerhalb des Klosters vieles ereignet und verändert. Kirche, Staat und Gesellschaft waren mit erheblichen Entwicklungen konfrontiert, die ihre Spuren hinterlassen haben.

Im Lehrerkollegium des St.-Michaels-Gymnasiums waren die weltlichen Lehrer zwar schon seit den 1970er-Jahren keine Ausnahmeerscheinung mehr, doch hat nach dem plötzlichen Tod von Oberstudiendirektor P. Rupert Fischer (1939–2001) in der Person von Oberstudiendirektor Walter Matl erstmals seit Gründung des Gymnasiums kein Mönch, sondern ein weltlicher Lehrer für einige Jahre die Schulleitung ausgeübt. Mit P. Prior Erhard Hinrainer als gegenwärtigem Mettener Gymnasialdirektor steht wieder ein Benediktiner an der Spitze der Schule.

Dieser exemplarische Hinweis auf die personelle Zusammensetzung des Lehrerkollegiums, das gegenwärtig rund 450 männliche und weibliche Schüler in acht gymnasialen Jahrgangsstufen unterrichtet, spiegelt die Situation des – jedenfalls im Vergleich zu den Zahlen des 20. Jahrhunderts – erheblich kleiner gewordenen Konvents wider. Die Mitglieder der starken Mettener Noviziatsjahrgänge der Zwanziger- und Dreißigerjahre des letzten Jahrhunderts sind inzwischen ausnahmslos verstorben. Der kontinuierliche personelle Rückgang in den vergangenen Jahrzehnten hat auch dazu beigetragen, dass manche bisherige Tätigkeiten aufgegeben wurden. Dies gilt für die Pfarrseelsorge in Aufhausen, Edenstetten und Neuhausen ebenso wie für das zuletzt auch weniger nachgefragte und damit auch wirtschaftlich nicht mehr tragbare Internat, dessen Schließung bevorsteht.

Torbogen zum Hof mit Benediktuskreuz

Gegenwärtig zählt der Konvent 14 Mönche. Er ist zu einem Priesterkonvent geworden, aus dem das Element des Laienmönchtums, das zumindest während des 20. Jahrhunderts in Metten gut vertreten war, zuletzt verschwunden ist. Rund 90 angestellte Mitarbeiter tragen im Gymnasium und in den Betrieben die verschiedenen Aufgaben des Klosters mit. Die Tätigkeitsfelder der Konventualen sind, neben dem liturgischen Gotteslob, vor allem der Unterricht am Gymnasium und die Seelsorge in der Pfarrei Metten und im Pfarrverband Michaelsbuch/Stephansposching. Dazu kommen Aufgaben in der Seelsorge für bestimmte Gruppen, in der Ausbildung des eigenen Nachwuchses und im administrativen Bereich. Welche Arbeit der Einzelne tut, ist jedoch im Grunde sekundär, weil es zuerst um ein Leben unter Führung des Evangeliums und der Gottsuche nach der Regel des heiligen Benedikt geht.

Ausblick

Wo liegt die Zukunft des Klosters Metten nach 1250 Jahren? Darüber im Einzelnen zu spekulieren ist müßig, aber es ist gewiss, dass diese Zukunft nicht nur vom geistlichen Selbstverständnis benediktinischen Mönchtums, sondern auch vom Umfeld, in dem das Kloster existiert, mitbestimmt sein wird.

In der deutschen Gesellschaft haben sich, wie in vielen anderen westlichen Ländern, in der jüngeren Vergangenheit erhebliche Veränderungen vollzogen. In religionssoziologischer Perspektive lassen sich vor allem die Stichworte Säkularisierung und religiöse Pluralisierung nennen. Christentum und Kirche haben an gesellschaftlicher Bedeutung abgenommen, während andere Religionen und Weltanschauungen eine stärkere Präsenz gewonnen haben. Auch in traditionell katholisch geprägten ländlichen Regionen Bayerns kann man heute keineswegs mehr bei allen Zeitgenossen voraussetzen, dass sie halbwegs mit dem christlichen Glauben vertraut sind oder die Botschaft der Kirche wirklich kennen und recht zu bewerten wissen. Die Symbolsprache der Liturgie und die Aussagen sakraler Kunst oder Architektur sind vielen fremd; deshalb sind sie kaum in der Lage, die dahinterstehende Botschaft aufzunehmen.

Andererseits sind bei nicht wenigen Menschen ein beachtliches Bedürfnis nach Orientierung und Beständigkeit sowie eine diffuse Sehnsucht nach Transzendenz zu erkennen. Viele verdrängen zwar die Frage nach dem Woher und Wohin des menschlichen Daseins oder stehen ihr ratlos gegenüber, tragen dann aber doch daran, dass eine Leerstelle im Leben bleibt. Die Frage nach Gott wird niemals überwunden sein. In diesem geistigen Umfeld kann das Kloster für die Zeitgenossen einen Hinweis darauf bedeuten, wo wahre Quellen für das eigene Leben zu finden sind.

Im Wissen um Wert und Bedeutung der Gaben, die sie erhalten haben, nämlich den christlichen Glauben und die monastische Berufung, und die zugleich eine große Aufgabe bedeuten, können die Mettener Mönche in die Zukunft gehen. 1250 Jahre nach ihrer Gründung durch die Seligen Gamelbert und Utto bleibt die Abtei Metten in ihrem Wesenskern jene Einrichtung, die einst gestiftet worden ist: ein Haus Gottes für Menschen, die Gott loben und sich nach ihm ausstrecken – im „Geist der Kraft, der Liebe und der Besonnenheit“ (2 Tim 1,7).

Literaturhinweise

Michael Kaufmann, Metten, in: Die Männer- und Frauenklöster der Benediktiner in Bayern, bearb. von Michael Kaufmann, Helmut Flachenecker, Wolfgang Wüst und Manfred Heim. Redaktion: Maria Hildebrandt, St. Ottilien 2014 (Germania Benedictina 2), S. 1117–1150.

Ders., Chronik der Abtei Metten 766–2016, St. Ottilien 2016.

Diese beiden aktuellen Titel dokumentieren in breiter Weise die historische Literatur und die Quellen zur Geschichte des Klosters Metten und erschließen so einen leichten Zugang zum aktuellen Stand der Bearbeitung der Klostergeschichte.

„Schon ist die Stunde da, vom Schlafe aufzustehen!“

Kloster Metten und der benediktinische Neuaufbruch im „langen“ 19. Jahrhundert

Ernst Schütz

„Der Tag ist die Grenze unseres Sorgens und Mühens. Er ist lang genug, um Gott zu finden oder zu verlieren, um Glauben zu halten oder in Sünde und Schande zu fallen. Darum schuf Gott Tag und Nacht, damit wir nicht im Grenzenlosen wanderten, sondern am Morgen schon das Ziel des Abends vor uns sähen.“[1]

Was Pastor Dietrich Bonhoeffer, der 1945 hingerichtete christliche Märtyrer und Mitstreiter des Mettener Abtes Corbinian Hofmeister (1929–1966), in wenige Worte zu fassen verstand, das findet sich auch im Prolog der Regel des heiligen Benedikt: Jeder begonnene Tag soll seinen Gefolgsleuten unter der Leitung des Evangeliums Augen und Ohren öffnen für einen Neuaufbruch in der Schule des Herrendienstes, weshalb sich die Mönche jeden Morgen aufs Neue mit Glauben und Eifer in guten Werken umgürten mögen. Aber nicht nur in der tatsächlichen Morgenstunde, sondern auch im übertragenen Sinne ist immerdar „die Stunde da, vom Schlafe aufzustehen“ (Röm 13,11/RB Prol.).

Neuanfänge sind verheißungsvoll und geben Hoffnung, manchmal sogar weitaus mehr, als sie zu verwirklichen imstande sind. Sie sind folglich ebenso oft unausgegoren und flatterhaft; sie brechen nur allzu gern mit traditionellen Wegen, auf dass ihre Akteure nicht straucheln auf dem Pfad der Gerechten, der ihnen durch göttlichen Ruf nun einmal vorgezeichnet ist. Und gerade darin liegt ihr Zauber: Niemand braucht ein täglich grüßendes Murmeltier. Fast zwangsläufig ist deshalb auch die Geschichte des Benediktinerstifts Metten gespickt mit Neuanfängen. Sie wurden hier, genauso wie andernorts, mit stets wechselndem Geschick und unterschiedlichem Erfolg entweder bei den Hörnern gepackt oder doch eher widerwillig hingenommen, zumal sie ihren Ursprung nicht immer innerhalb der klösterlichen Gemeinschaft hatten.

Ein allmorgendlicher Blickfang: aus dem Dunkel des Torbogens ins Licht des Klosterhofs

Nur ganz nebenbei sei etwa erinnert an die Umwandlung in ein Kanonikerstift im 10. Jahrhundert und die später vollzogene Restitution unter dem als „zweitem Gründer“ verehrten Herzog Heinrich „Jasomirgott“, aber auch an die im auslaufenden Mittelalter vom Landesherrn aufoktroyierten Reformen nach dem Reichenbacher Modell, an die unfreiwillige Auseinandersetzung mit den Folgen der Reformation, die so manche Ordensgemeinschaft von innen her aufzufressen drohte, oder aber auch an den schwierigen wirtschaftlichen Neuaufbruch unter Abt Johannes Nablas (1595–1628), der hierfür seinerseits erst aus dem Reichskloster St. Emmeram in Regensburg „importiert“ hatte werden müssen. Durch die enge Verknüpfung dieses vorgeblich „verschlossenen Gartens“ mit der Welt im Rahmen des seit Jahrhunderten geltenden Reichskirchensystems wurde das ideale Prinzip einer organischen Evolution von innen heraus, basierend auf einer zwischen Demut, Verantwortung und Selbstkritik sich bewegenden Nabelschau, wieder und wieder von ungefragt übergestülpten Fakten eingeholt – ohne dass das Kloster daran aber jemals ganz zerbrochen wäre. Unabhängig davon, ob man die damit einhergehenden Veränderungen nun vorrangig als widersinnig, schmerzhaft oder als doch wenigstens im Nachhinein als glücklich betrachten will, so belegen sie allesamt eines doch in aller Deutlichkeit: Unbeugsamkeit ist meist nicht der Weisheit letzter Schluss, denn wenn alles bleiben soll, so wie es ist, dann muss sich – frei nach Lampedusa – eben immer wieder alles ändern.

Gilt diese Betrachtung nun aber auch für den Vorgang der Auflösung der landständischen bayerischen Benediktinerabtei Metten im Jahre 1803, für die darauffolgende 27-jährige Zeit der Desolation und die unter unvorhergesehenen Umständen erfolgte Wiedergründung unter den Auspizien einer modernen, ständelosen, wirtschaftsliberalen und zunehmend aufgeklärten Gesellschaft? Wie viel Kontinuität und wie viel Neubeginn trafen hier aufeinander, und wie wollte man den um eine ganze Generation verspäteten Aufbruch ins „lange“ 19. Jahrhundert doch noch meistern? Romantische Verklärung und knallharte Münchner Realpolitik disharmonierten einträchtig miteinander, als am 1. Juni 1830 die ersten beiden wiedergewonnenen Benediktinermönche hoffnungsfroh und faltenreich in die einstige Abtei Metten einzogen, um dort das tägliche Chorgebet offiziell wieder aufzunehmen.

„Eigentlich nie ganz ausgestorben": Das Ende des Dornröschenschlafs

Die Säkularisation der bayerischen Klöster im Jahre 1803 war von ihren Verfechtern und von den beteiligten Akteuren als eine endgültige Lösung gedacht. Dies mussten auch die Betroffenen unumwunden anerkennen und sich mangels Alternative vor der Staatsmacht beugen. Nur wenige Unverzagte, wie etwa der Prüfeninger Abt Rupert Kornmann oder P. Amand Höcker von Oberaltaich, taten sich schwer mit dem Gedanken, die Kirche und ihre Diener auf ewig dem Staate untergeordnet zu wissen, die neue Zeit in ihrer für sie so schmerzlichen letzten Konsequenz gutzuheißen. Für Maximilian Graf Montgelas, des Königs ersten Minister, waren die Geistlichen indes nichts weiter mehr als zweckgebundene Staatsdiener, deren Stellen innerhalb der durch die Staatsgrenzen abgesteckten Landeskirche vom König zu vergeben waren. Manche von ihnen waren mitunter vielleicht klammheimlich sogar froh über ihre Befreiung von einem Gelübde, das sie entweder ihren Eltern zuliebe abgelegt hatten oder dessen geistige Grundlage sie, vom aufgeklärten Zeitgeist infiziert, schlicht und ergreifend revidiert hatten. Die Aufklärung hatte ganz augenscheinlich Schluss gemacht mit einem Kapitel der Geschichte, dessen Zeit nun einmal abgelaufen war. Kein einziger ehemaliger Angehöriger eines Prälatenklosters klopfte deshalb hastig an der Pforte des königlichen Palastes zu München, als 1817 im gerade abgeschlossenen Konkordat zwischen dem Heiligen Stuhl und dem Königreich Bayern die Wiederherstellung einiger aufgelöster Klöster in Aussicht gestellt wurde. Finanziell meist abgesichert, in der Mitte oder in der späten Blüte ihres Lebens stehend, konnten sich der Herr Pfarrer, der Herr Professor oder auch der Herr Kommorant eine Rückkehr in ihr altes Leben kaum mehr vorstellen – und wie sollte das auch funktionieren? Wovon sollte man leben, bar jeden Vermögens, beraubt aller Besitzungen und Privilegien von einst?

Als König Ludwig I. 1825 seinem Vater auf dem Thron nachfolgte und bereits im Jahr darauf eine Umfrage unter den noch lebenden Ex-Benediktinern bezüglich eines möglichen Wiedereintritts veranlasste, musste das Ergebnis deshalb ernüchternd ausfallen: Von den befragten 293 Individuen wollten sich nur elf zu einer Wiederanknüpfung an ihre monastische Vergangenheit entschließen, und auch dies wohlweislich unter Vorbehalt. Die meisten Vertreter der Politik äußerten sich gleichfalls skeptisch über des Königs Wunsch, wie beispielsweise das Mitglied der bayerischen Kammer der Abgeordneten, Freiherr von Aretin; kurz und nüchtern fragte er sich in seinem Tagebuch: „Können Mönche jetzt noch, wo alle Bibliotheken und gelehrte Apparate von den Klöstern entfernt sind, als Gelehrte Nutzen schaffen oder Gelehrte werden?"[2] Nicht nur ihm schwirrte dabei offensichtlich noch das Bild einer Abtei des 18. Jahrhunderts im Kopf herum.

Doch Ludwig wusste genau, was er wollte: Die Benediktiner als Angehörige des von ihm hochgeschätzten Ordens sollten als Lehrer und Erzieher der Jugend von morgen dienen und dem liberalen Zeitalter, das es aus der Sicht des Romantikers von Gottes Gnaden mit der Vernunft etwas übertrieben hatte, wieder einen menschlichen Anstrich geben. Etwas bedrückt konstatierte er: „Inhuman in unserer als human par excellence sich nennenden Zeit ist es, sie vernichtet zu haben."[3] Übermütig und autokratisch indes, wie es eben sonst in seiner Art lag, erwartete er also von der Realität, dass sie sich seinen königlichen Vorstellungen anpasste – und siehe da: Sie tat es.

Verbunden durch die gemeinsame Aufgabe: König Ludwig I. von Bayern, Bischof Johann Michael Sailer von Regensburg, Minister Eduard von Schenk und Johann Baptist von Pronath, Schlossherr zu Offenberg

Alles, was es hierzu noch brauchte, war eine glückliche Kombination von Umständen und Personen. Da war zum einen Ludwigs Vertrauter und Lehrer, der Regensburger Dompropst und künftige Bischof Johann Michael Sailer, der seinen Landesherrn zur Tätigkeit ermunterte, sowie zum anderen Ludwigs Kultus- bzw. Innenminister Eduard von Schenk, der die Trennung von Staat und Religion weitaus weniger konsequent zu handhaben wusste als sein Vorgänger im Amt, der nahe Metten begüterte Joseph Ludwig Graf von Armansperg zu Egg. Gemeinsam verstand es das prominente promonastische Dreigestirn, ihr Restitutionsprojekt auch gegen einen öffentlich artikulierten Widerstand durchzusetzen und Dornröschen wachzuküssen. Den Schlüssel zur Turmkammer lieferte der Halbbruder des vorletzten Abtes des aufgelösten Benediktinerklosters zu Prüfening, der sich im nahen Offenberg sowohl ein Schloss als auch einen Adelstitel hatte sichern können. Sein Name: Johann Baptist von Pronath. Der einstige Landschaftsverordnete, der ironischerweise auch gleichzeitig ein Vetter des für Metten zuständigen Aufhebungskommissärs von einst war, hatte seit 1803 nach und nach den Großteil der Gebäude der säkularisierten Abtei Metten aufgekauft und bot sie nun dem König zur Wiedererrichtung eines ersten Benediktinerklosters in Bayern an. Ludwig zeigte sich hocherfreut und nahm das Anerbieten am 4. Juli 1826 in einem eigenhändigen Schreiben an Pronath an.

Die Zeit hatte bisher für Pronath und für den König gearbeitet. Von den am Ort verbliebenen Ex-Konventualen war in Metten der letzte erst 1822 verstorben, und seit 1817 residierte mit Ignaz Hönig, dem Inhaber der 1806 errichteten Pfarrei, ausgerechnet ein ehemaliger Benediktiner des Klosters Tegernsee in Metten – das somit im Grunde nie ganz zur „benediktinerfreien Zone“ geworden war. Auch Schenk hielt das Vorhaben des Königs für nur allzu natürlich, nachdem man der Welt hier „nicht ein neu begründetes oder in seiner Regel abgeändertes religiöses Institut, sondern nur ein restauriertes, eigentlich nie ganz ausgestorbenes“ übergeben wolle.[4] Damit war das „Modell Metten“[5] geboren: „Mit der Restauration dieses Klosters dürfte der Anfang gemacht werden“, schrieb Schenk an den König[6], der danach fortfahren könne, nach besagtem Muster und mit klaren Vorgaben für „seine“ Mönche Kloster für Kloster wieder bespielen zu lassen.

Der königliche Wille gibt den Ausschlag: Schreiben König Ludwigs I. an Pronath vom 4. Juli 1826

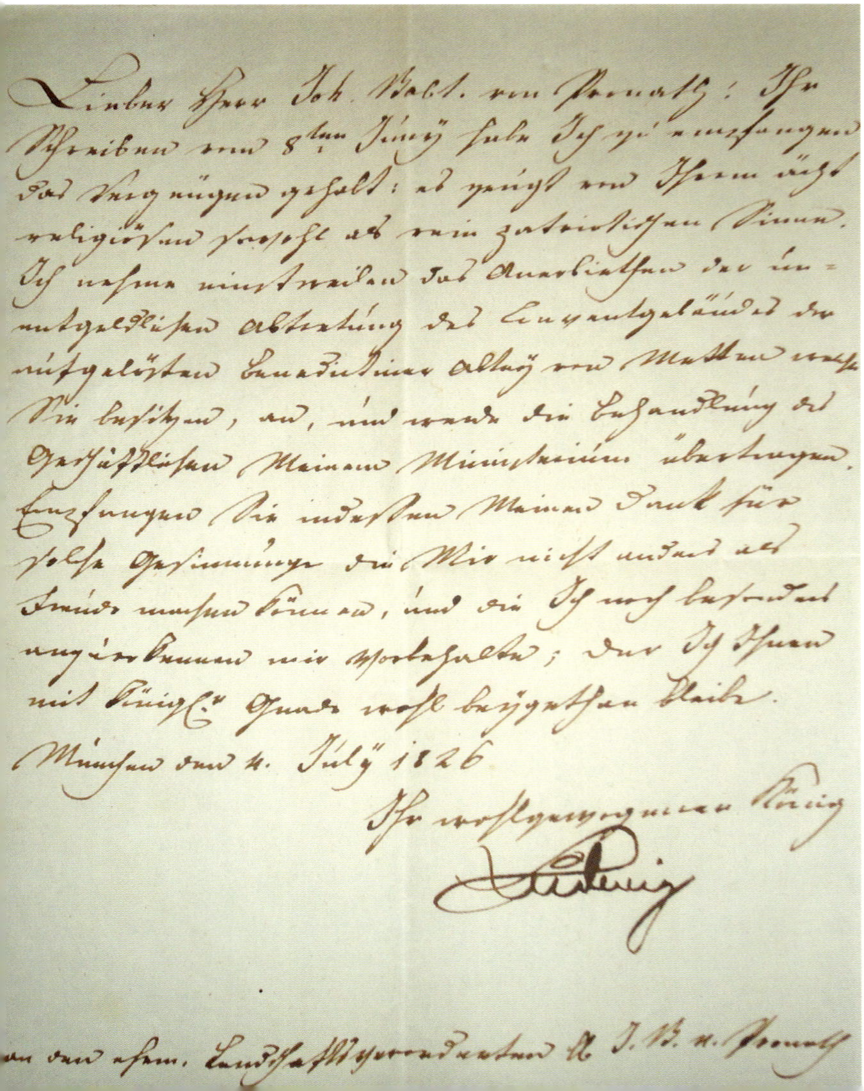
Lieber Herr Joh. Bapt. von Pronath: Ihr Schreiben vom 8ten Juny habe Ich zu empfangen das Vergnügen gehabt: es zeugt von Ihrem ächt religiösen sowohl als rein patriotischen Sinne. Ich nehme mit Freuden das Anerbieten der unentgeldlichen Abtretung des Conventgebäudes der aufgelösten Benediktiner Abtey von Metten, welche Sie besitzen, an, und werde die Behandlung des Geschäftlichen Meinem Ministerium übertragen. Empfangen Sie indessen Meinen Dank für solche Gesinnungen die Mir nicht anders als Freude machen können, und die Ich noch besonders anzuerkennen mir vorbehalte; der Ich Ihnen mit Königl. Gnade wohl beygethan bleibe.

München den 4. July 1826

Ihr wohlgewogener König

Ludwig

an den ehem. Landschaftsverordneten H. J. B. v. Pronath

Der „Klosterfrühling“ bricht sich Bahn

Wohl mit etwas Enttäuschung dürfte der Monarch deshalb den Neustart beobachtet haben: Nur zwei Mann war der Orden des heiligen Benedikt im Königreich Bayern stark, als sich P. Ildefons Nebauer und P. Roman Raith an das erst nach langen, durch die Behörden immer wieder torpedierten Verhandlungen zustande gekommene Unternehmen wagten. Nur P. Roman hatte vor 1803 dem Mettener Konvent angehört, während P. Ildefons seine Profess im Kloster Andechs abgelegt hatte, welche er also nach Metten „transferieren“ musste. Spätestens seit der Pariser Julirevolution des Jahres 1830 (gerade einmal einen Monat nach der Wiedereröffnung) dürfte dies dem König jedoch als zweitrangig erschienen und jedes noch so fragile Bündnis zwischen Thron und Altar recht gewesen sein – solange es auch ausbaufähig war. Die liberale Regierungsphase des Wittelsbachers war vorbei, so dass Ludwig von jetzt an mit einer Mischung aus Kalkül und heiligem Eifer einen regelrechten monastischen Frühling lostrat, wie er sich zeitgleich auch in anderen Ländern Europas Raum verschaffte, namentlich in England (Downside), in Frankreich (Solesmes) und in der Schweiz (Einsiedeln). Metten war hierfür als Basislager auserkoren.

Es musste deshalb ein Aufbruch mit enormen Hindernissen werden: Eben weil der König die neue bayerische Klosterlandschaft mit seinem ihm eigenen Idealismus schnellstens aus dem Hut zaubern wollte, konnte sich die neue klösterliche Gemeinschaft keinesfalls in Ruhe entwickeln, geschweige denn konsolidieren, mussten ständig neue Pläne geschmiedet und andere wieder verworfen werden. Auch der Personalstand war anfangs noch viel zu gering,

Die Aussaat des bayerischen Klosterfrühlings: P. Ildefons Nebauer und P. Roman Raith

als dass sogleich Wunder zu erwarten gewesen wären. Zwar hätte der neue Konvent bereits wenige Tage nach seiner Errichtung ganze 40 Personen umfassen können, hätte P. Ildefons als Prior nicht strengste Auslese unter den sich rasch einstellenden Kandidaten getroffen, doch auch die sechs Erwählten erwiesen sich nicht unbedingt als ein Glücksgriff.

Erst die Novizen der „zweiten Stunde"[7] sollten leisten, was denen der ersten Stunde nicht gelingen wollte: Mit den bereits zu Priestern geweihten P. Rupert Leiß, P. Bonifaz Wimmer, P. Franz Xaver Sulzbeck und P. Gregor Scherr konnte man sich 1833 endlich frisch ans Werk machen, mit dem darauf folgenden neuen Schub an Novizen vom Schlage eines P. Willibald Freymüller und eines P. Utto Lang das Werk beherzt fortsetzen. Unter P. Gregor Scherr, der seit 1838 als Prior und seit 1840 als neu installierter Abt die Geschicke des Hauses leitete, verdreifachte sich die Anzahl der geweihten Konventualen auf die stattliche Anzahl von 39. Gevatter Tod ließ sich im Gegenzug allerdings ebenso großzügig entschädigen: Bemerkenswert viele ausgerechnet der jüngsten Mitbrüder gingen in dieser Phase binnen kürzester Zeit mit dem Tode ab. Weil chronisch Kranke, die auf dem Wege eines Ordenseintrittes noch rechtzeitig mit dem Jenseits anbandeln wollten, kaum zu den Gelübden zugelassen worden wären, musste dies als der unergründliche Wille Gottes gelten und die Last der kommenden Jahre doppelt schwer wiegen, überforderte doch die über sie hereinbrechende Gründungswelle auch die gesündesten Mönche.

Zusätzlich hatte man 1835 eine durch den neuen Innenminister Ludwig Fürst zu Oettingen-Wallerstein erzwungene „Versetzung" der jüngsten Konventualen nach St. Stephan in Augsburg hinnehmen müssen, für welche der König als neuerlicher Gründer selbstherrlich einen Abt eingesetzt hatte, der aber noch einer

Der Neuaufbruch in Bayern: Die Klöster St. Stephan in Augsburg (oben), Scheyern, (unten), St. Bonifaz in München (oben rechts) und Weltenburg

Kleinigkeit entbehrte: eines eigenen Konvents. Erst durch viele Eingaben an den König und mit viel Unterstützung von außen konnten die Mettener Professen durchsetzen, dass ihr Kloster nicht als ständiges Priorat der Abtei St. Stephan unterstellt blieb, sondern 1836 endgültig zu seiner ihm zugedachten Mission aufbrechen konnte. So machte man sich auf jeweils königlichen Wink hin an die Wiederbesiedlung mehrerer Häuser, zuvorderst des dem Wittelsbacher Ludwig am Herzen gelegenen Klosters Scheyern im Jahre 1838.

Trotz der hauchdünnen Personaldecke und der für die Weiterexistenz des eigenen Konvents damit verbundenen Risiken wurde noch im selben Jahr bei der Errichtung von St. Bonifaz in München Schützenhilfe geleistet sowie ein weiteres Mal acht Jahre später bei der Angliederung von Andechs an St. Bonifaz in München. Im gleichen Jahr 1840, in dem das Kloster Metten wieder zur Abtei erhoben wurde, musste der

Postkarte von Abt Norbert Weber von St. Ottilien aus Deutsch-Ostafrika an Abtpräses Dr. Leo Mergel in Metten aus dem Jahre 1905: „Euer Gnaden sende ich von Kigonsera 3 Tagreisen vom Nyassa aus entfernt die besten Grüße u. bitte Sie u. die ganze Communität von Metten ums Gebet. Wir stecken mitten im Gebiet, wo der Aufstand loszugehen droht. Norbertus OSB, Abt". Gemeint ist der als Maji-Maji-Aufstand bekannte Kolonialkrieg, der die ottilianische Gründung in Peramiho (heute Tansania) vorübergehend vernichtete

Konvent zudem das königliche Erziehungsinstitut für Studierende und das Neue Gymnasium in München (nachmals Ludwigs-Gymnasium) im Rahmen einer „Abordnung" übernehmen. 1842 war die Restitution des Klosters Weltenburg an der Reihe. Vier weitere Jahre später schließlich schaffte es der Mettener „Projektemacher" P. Bonifaz Wimmer, in den Vereinigten Staaten mit St. Vincent ein erstes Benediktinerkloster zu gründen, welches nach Mettener Vorbild als Basis für weitere Neugründungen diente und schon 1855 zum Zentrum der neuerrichteten Amerikanisch-Cassinensischen Benediktinerkongregation wurde. Damit aber war der Zenit vorerst erreicht. Endlich konnten und mussten die Mettener Patres sich – mehr oder weniger – darauf beschränken, die zahlreichen übernommenen Aufgaben und Verpflichtungen zu bewältigen und ihre Gemeinschaft zu konsolidieren. Auch das war allerdings noch Aufgabe genug, wie sich bald herausstellen sollte. Mehr oder minder zufrieden mit dem Erreichten konnte man nun erstmals Rückschau halten: Man hatte wirklich alles geleistet, was zumutbar war, und noch vieles darüber hinaus. Noch mehr war der jungen Gemeinschaft einfach nicht abzuverlangen, zumal die benediktinischen Frühlingsblüten mittlerweile ohnehin nicht mehr ausschließlich auf Mettener Mutterboden sprossen. Der bereits abgedankte König Ludwig wurde kurz vor seinem Tod nochmals als privater Klostergründer in Schäftlarn tätig, und der M.A.N.-Besitzer sowie Klostermäzen Theodor Freiherr von Cramer-Klett jun. war maßgeblich bei der Wiedererrichtung der Benediktinerklöster Ettal und Plankstetten aktiv.

Der Beuroner Mönch P. Andreas Amrhein wiederum gründete im aufgehobenen Kloster Reichenbach eine benediktinische Missionsgemeinschaft, mit der er 1887 nach St. Ottilien übersiedelte. Die nach diesem Ort benannte und von ihm ins Leben gerufene Benediktinerkongregation errichtete in den folgenden Jahren das Kloster Schweiklberg und das Kloster Münsterschwarzach sowie zahllose Tochtergründungen in aller Welt – und zwar als echte Neugründungen. Trotz der seitherigen Aufteilung der „bayerischen" Benediktiner (oder besser gesagt der Benediktiner in Bayern) in zwei voneinander getrennte Kongregationen waren sie doch wenigstens im Gebet aufs Engste untereinander verbunden.

Die 1803 erloschene Bayerische Benediktinerkongregation hatte hierzu jedoch erst wiederbelebt werden müssen. Anders als bei ihrer Erstgründung im Jahre 1684, als das Kloster konsequent seinen Beitritt zur Kongregation ausgeschlossen hatte, übernahm diesmal Abt Utto Lang 1858 die Leitung als erster Präses nach der Säkularisation (sowie nach ihm außerdem die Äbte Benedikt Braunmüller und Leo Mergel), wodurch die wegen der zahlreichen „Versetzungen" und Übertritte der vergangenen Jahrzehnte sowie der gemeinsam verbrachten Studienzeiten engen Kontakte zwischen

Sant'Anselmo in Rom: Studien- und Lehrort zahlreicher Mettener Mönche seit 1893

den einzelnen Abteien endlich auch institutionalisiert wurden. Über die 1893 auf Wunsch von Papst Leo XIII. gegründete internationale Benediktinische Konföderation mit Sitz in Sant'Anselmo in Rom wurde dieses Prinzip auf ein globales Level übertragen und das klassische benediktinische Prinzip der Autonomie der Einzelklöster zusehends relativiert. Beispielhaft ergibt sich dies aus den Beziehungen Mettens nach Solesmes und nach Beuron, dessen erster Erzabt Maurus Wolter sich 1871 auch in Metten blicken hatte lassen. Auslöser für diese engen Kontakte dürfte die Feier des 1400. Geburtstages des Ordensgründers gewesen sein, zu der sich im Jahr 1880 die Äbte des Ordens auf dem Montecassino versammelten – und zwar nicht zuletzt auf die Initiative des einstigen Mettener Konventualen Bonifaz Wimmer.

Mönche mitten in der Welt: Das Kloster als „eierlegende Wollmilchsau"?

Neben diesem gigantischen Pionierwerk, dessen Gelingen im Nachhinein so manchen Ausruf der Verwunderung rechtfertigt, sollte die Abtei Metten aber auch ihren Dienst an derjenigen Welt nicht vergessen, der ihre Konventualen mit ihrem Klostereintritt eigentlich absterben wollten. Der Wunsch des Königs war hierfür zwar Grund genug, doch mag darin auch ein Stück weit die Erkenntnis zu finden sein, dass „weltlose Religion" leicht zum „Wegbereiter gottloser Welt" werden und damit ihre „inkarnatorische Kraft" verlieren könne.[8] Der durch die Aufklärung geweckte und seither nicht mehr verstummende Nützlichkeitsgedanke, der Ludwig I. bei seinen Restitutionsplänen maßgeblich

Geschichtskonventionstaler König Ludwigs I. aus dem Jahr 1835: „Den Benediktinern wieder eine Lehranstalt übergeben“

geleitet hatte, musste jedenfalls sein Pendant in der Praxis finden. Die Heilsgeschichte sollte sich künftig nicht mehr vornehmlich über eine sakrale, barocke Selbstdarstellung erfüllen, sondern über die Bewährung mitten im Leben und als Teil der Gesellschaft des Landes.

Bereits im Jahr 1831 war deshalb die Einrichtung einer Lateinschule mitsamt Seminar in Angriff genommen worden, und zwar in Übereinstimmung mit einem königlichen Erlass vom 26. April 1827, wo es in Artikel III heißt: „Dieses Kloster soll in Gemäßheit des VII. Artikels des Konkordates nebst der Verbindlichkeit zur seelsorglichen Aushilfe und zum Betriebe wissenschaftlicher Forschungen auch die Bestimmung haben, ein Seminar zu unterhalten, in welchem fähige Knaben in der Musik und den Anfangsgründen der lateinischen Sprache gegen mäßige Verpflegungskosten zu unterrichten und für die öffentlichen Schulen vorzubereiten sind.“ Ein Dutzend Schüler wurden bereits im ersten Jahr seines Bestehens unterrichtet. Nach seiner vorübergehenden Auflösung 1835 wurde es 1837 erneut eröffnet und erhielt wiederum zwei Jahre später eine zweite Abteilung für die Söhne minderbemittelter Eltern. Doch damit nicht genug: Durch die Einrichtung eines dritten, eines Bischöflichen Seminars innerhalb der Mettener Schulmauern im Jahr 1844, die sich Bischof Valentin von Riedel zur Sicherung des Priesternachwuchses gewünscht hatte, ergab sich die Notwendigkeit eines Ausbaus zum Vollgymnasium für alle drei Seminare. Nachdem einige Mettener Patres den Studienbetrieb schon am Münchener Neuen Gymnasium kennengelernt hatten und seit 1850 außerdem am Gymnasium und im Seminar von St. Bonifaz aushalfen, konnte immerhin auf Erfahrungen von dort zurückgegriffen werden, so dass im August 1851 die erste Absolutorialprüfung ohne besondere Vorkommnisse abgenommen wurde. Über 260 „Studenten“ galt es mittlerweile im Vertrauen auf Gottes Gnade zu managen, allem Personalmangel und aller Ressourcenknappheit zum Trotz.

Der Fächerkanon des Gymnasiums war bemerkenswert breit: Neben der Lektüre der heidnischen „Klassiker“ in den Fächern Latein und Griechisch, zu denen man sich in Metten nach anfänglichen Reibungen innerhalb der Professorenschaft bekannt hatte, war auch Französisch verpflichtend. Italienisch, Englisch und Hebräisch kamen fakultativ hinzu. Für die Naturwissenschaften wurden Sammlungen und ein eigenes physikalisches Kabinett angelegt. Die Pflege der Musik bedeutete eine Selbstverständlichkeit, und mit Konventualen wie P. Utto Kornmüller, der sich bereits als Komponist und als Mitglied des Allgemeinen Cäcilien-Vereins einen Namen gemacht hatte, standen stets versierte Musiklehrer zur Verfügung. In Fr. Lukas Schraudolph – dessen leiblicher Bruder unter anderem den Dom zu Speyer und den königlichen Palast in Athen mit ausgemalt hatte – verfügten die Schüler über einen begnadeten Künstler, der auch die kreativen Erziehungsaufgaben nicht zu kurz kommen ließ.

Spätestens mit der Einrichtung des Ordensseminars der Bayerischen Benediktinerkongregation in Metten im Jahre 1893 ergab dies ein buntes Potpourri an Studenten, Zuständigkeiten und Zielsetzungen, die im Kern aber dennoch allesamt durch eines zusammengehalten wurden: die Pflege des religiösen Lebens. Der tägliche Besuch der heiligen Messe, aufgeteilt auf die beiden Studienkapellen und die Stiftskirche und geprägt durch das Gebet für die königliche Familie, Kreuzweg, Rosenkranz und Litanei sowie nicht zuletzt die jährlichen Exerzitien prägten das Dasein der den Patres anvertrauten Zöglinge, denen keine eifernde Indoktrination, sondern lediglich das Vorbild ihrer Lehrer zuteilwerden sollte. P. Bernhard Ponschab kleidete diese Praxis galant in die weisen Worte: „Wir pflanzen und bewässern, Gott bleibt das Gedeihen anheimgestellt.“[9]

Einen besonders „dramatischen“ Bestandteil dieses Reifungsprozesses bildete das Schultheater. Gleich ob als bewusster Rückgriff auf die Mettener Theatertradition des 18. Jahrhunderts oder doch eher als lustiger Zeitvertreib, scheinen die Pädagogen im Habit jedenfalls selbst dabei ihre Freude am Dichten und Schauspielern entdeckt zu haben. Wiewohl man immer gerne auf klassische Vorlagen oder auf die Bühnenstücke des P. Gall Morell von Einsiedeln zu-

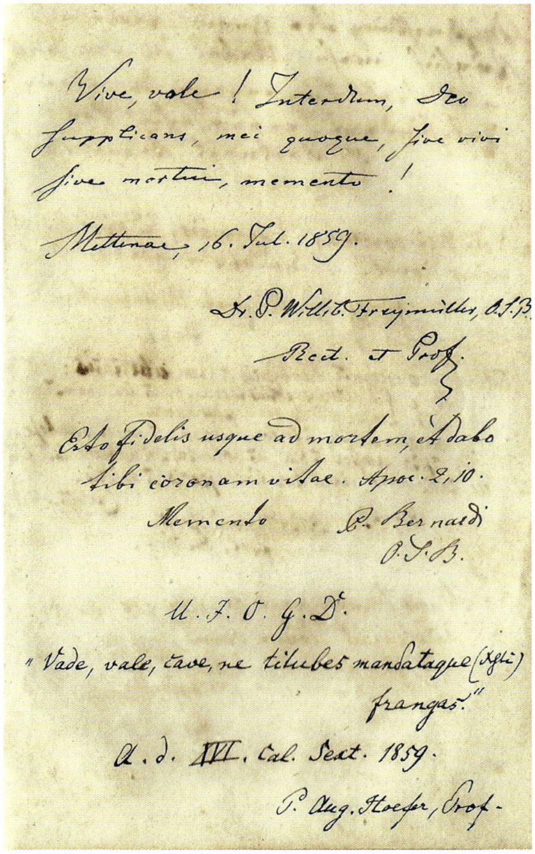
Vive, vale! Interdum, Deo
supplicans, mei quoque, sive vivi
sive mortui, memento!

Mettenae, 16. Jul. 1859.

Dr. P. Willib. Freymiller, O.S.B.
Rect. et Prof.

Esto fidelis usque ad mortem, et dabo
tibi coronam vitae. Apoc. 2,10.
Memento P. Bernardi
O.S.B.

U. I. O. G. D.

„Vade, vale, cave, ne titubes mandataque (Xsti)
frangas.“

A. d. XVI. Cal. Sept. 1859.

P. Aug. Hoefer, Prof.

Die guten Wünsche ihrer Professoren begleiteten sie: Auszug aus dem „Liber Amicorum“ eines Altmetteners des Abiturjahrgangs 1859

Das „Kleine Museum“ des Bischöflichen Seminars zur Zeit des Ersten Weltkriegs. Der Absender kennzeichnete für den Empfänger „seine“ Plätze mit jeweils einem Kreuzchen

Von der Schulbühne in den Abteistock: Der nachmalige Abt Corbinian Hofmeister (links) 1910 als „Macbeth“

Das Tüpfelchen auf dem „i“ in puncto Jugendfürsorge: Das Mettener Waisen- und Mädchenschulhaus

rückgriff, übten sich etliche der Mettener Konventualen als Stückeschreiber für ihre Zöglinge, wie etwa P. Gregor Höfer, P. Matthäus Lipp, P. Placidus Brill und nicht zuletzt Abt Benedikt Braunmüller selbst. Ob er wohl, wenn er länger gelebt hätte, den kleinen Alexander Hofmeister in der Rolle des Macbeth als einen seiner Nachfolger im Amt erkannt hätte?

Aber auch ganz existenziell dringliche Aufgaben mussten im Dienst der christlichen Nächstenliebe und der Seelsorge im weitesten Sinne gelöst werden. 1896 veranlasste der Konvent die Gründung der Mettener Waisenhausstiftung, die vom Kloster geleitet werden sollte und zuerst von Mallersdorfer Schwestern betreut wurde. Dreizehn Jahre später berief der Stiftungsrat dann die Armen Schulschwestern mit dem Ziel nach Metten, in naher Zukunft auch noch eine Schule für Mädchen aus den fünf Klosterpfarreien zu unterhalten. Auf Klostergrund wurde deshalb unter immensem Kostenaufwand das große Mädchenschulhaus mitsamt Kindergarten erbaut. Ein Rückzug auf das Gebiet der Heranbildung künftiger Eliten war damit zwar buchstäblich verbaut, das klösterliche Aufgabenfeld hingegen nochmals um eine wichtige Facette der Nachfolge Jesu erweitert.

Nicht zuletzt fungierte das Kloster natürlich auch und beinahe zwangsläufig als Unternehmer, als Immobilienkäufer und als Bauherr („**O**h, **S**ie **B**auen!“) und damit als Wirtschaftsfaktor und Arbeitgeber für eine erkleckliche Anzahl von Menschen aus der näheren Umgebung. Im Klosterforst, in der geschäftigen Klosterbrauerei oder auch in den zahlreichen Handwerksbetrieben galt gleichermaßen: Die Abtei musste sich und andere ernähren können. Dass dabei wiederholt Probleme weltlichster Natur zu regeln waren, konnte gar nicht ausbleiben, selbst wenn sie „nur“ im Umgang mit der bis 1841 mitten im Kloster- bzw. Seminarhof angesiedelten Klosterschänke bestünden oder aus der anonymen Drohung, dass Abt Utto und sein Cellerar P. Virgil Buchner erschossen würden, sollte der den Ausgaben angepasste Bierpreis der Brauerei nicht sofort wieder von 7 auf 6 Kreuzer gesenkt werden.

Den größten Auftrag außerhalb der Klausur übernahmen die Patres jedoch auf den ihnen übertragenen Pfarrstellen. Die neuerrichtete Pfarrei Metten wurde von Anfang an betreut; 1833 gesellte sich die ebenfalls neuerrichtete Pfarrei Edenstetten hinzu. Seit 1837 waren außerdem die Pfarreien Neuhausen, Stephansposching und die für die Gründungsüberlieferung

Um den Hopfen in gutem Zustande zu erhalten, ist es nöthig, die Ballen bei Empfang zu öffnen, und auf trockenes Lager zu bringen.
Ausstellungen können nur dann berücksichtigt werden, wenn solche mir spätestens 14 Tage nach Empfang der Waare zukommen.

Fol. 274 Fürth in Bayern den 2. Nov. 185

Hochwürden Herr Pater Virgilius in Metten Soll

an W. L. Mailaender

Sandte Ihnen nach Ihrem gefälligen Auftrage und für Ihre werthe Rechnung durch Vermittlung d. H. M. Schwaighofer in Deggendorf frei ab Deggendorf

Ziel Monate od. bei sogleich baarer Zahlung Abzug

1 Ballen feinsten Spalter Hopfen

„Feinsten Spalter Hopfen“ ließ sich P. Virgil aus Fürth liefern. Eine richtige Kalkulation war deshalb auch damals das A und O für eine gesunde Kassenlage

des Klosters so wichtige Pfarrei Michaelsbuch zu betreuen. Als Pfarrherren hatten sich die Mönche damit auch dem einfachen Schulbetrieb vor Ort zu widmen, insbesondere in ihrer Funktion als Lokalschulinspektoren, die im Auftrag des Staates die Unterrichtsqualität zu beurteilen und zu sichern hatten – ein Leichtes, möchte man meinen. Monastisch indes keineswegs.

Anders als noch vor der Säkularisation waren diese Pfarreien dem Kloster zudem nicht inkorporiert und wirkten sich durch ihre zeitliche Beanspruchung mit Sicherheit nachteilig auf die klösterliche Gemeinschaft aus, da die jeweiligen Pfarrherren am gemeinsamen Leben nur noch bedingt teilnehmen und teilhaben konnten. Die Ordensregel des heiligen Vaters Benedikt sieht für die Mönche eine Arbeit in der Seelsorge zumindest nicht vor.

War dies nun tatsächlich der Weg, der den Mönchen von Gott vorgezeichnet war? Wo blieb die Kontemplation, wo die Mortifikation, wo die Zeit für das gemeinschaftliche Gebet? Welcher Novize würde sich künftig für einen Lebensentwurf entscheiden, der mit einem Bein innerhalb der Klausur und mit einem anderen direkt „vor den Mauern" verwirklicht werden sollte? Die Gegenreaktion ließ nicht lange auf sich warten. Bei einigen Mitbrüdern zeigte sich ein starkes Verlangen nach einem mehr nach innen gerichteten Alltag ohne äußere Tätigkeit und ohne staatliche Vorgaben, etwa nach dem Muster der nach mittelalterlichem Vorbild aufgebauten klösterlichen Gepflogenheiten von Beuron oder von Solesmes, wohin man zeitweilig auch einige Novizen zu schicken gedachte. So manche gefühlte Berufung musste an diesen eindeutig nicht idealen Umständen von vornherein scheitern – vielfach vielleicht aber auch zum Besseren der Gemeinschaft. Seit den gewohnt spektakulären Enthüllungen eines Hubert Wolf, der den bekannten Begründer der Neuscholastik in seinen *Nonnen von Sant' Ambrogio* in einem Bild erscheinen lässt, welches schlicht menschliche Abgründe offenbart, muss man in Metten wohl froh darüber sein, dass Joseph Kleutgens Gesuch um Aufnahme hier nicht weiterverfolgt wurde.

Und dennoch: Der gefühlte Reformbedarf innerhalb des Konvents war groß. P. Rupert Mittermüller rügte die Angewohnheit der Anrede unter den Mitbrüdern mit ihrem Amtstitel sowie die stiefmütterliche Behandlung des aus Zeitmangel immer eingeschränkteren Choralgesangs. Einen Verbündeten fand er in seinem Novizen P. Benedikt Braunmüller, der die Arbeit im Schulbetrieb und auf den Pfarreien für mit der Regel so gut wie unvereinbar hielt. Geradeheraus prangerte er die durch den Personalmangel vorherrschende Überbeanspruchung der Mönche auf Kosten der gemeinsamen Gebetszeiten oder doch zumindest der darin herrschenden Andacht an und stellte kurzum fest: „Mönche sind wir nicht, sondern allenfalls Regularkleriker, die nicht ganz nach eigener Willkür leben!"[10] 1859 wurde er konsequenterweise zur Unterstützung des monastischen Neuanfangs in Österreich in die Reformabtei Lambach geschickt, wo der starke Arm des Staates im Erziehungswesen zugunsten der klösterlichen Tugenden zurückgedrängt werden sollte und die Patres ihren De-facto-Status als Staatsbeamte loszuwerden gedachten.

Was in der Praxis aber auch dort nicht gelingen wollte, versuchte P. Benedikt mit Hilfe einiger Mitbrüder zuletzt wenigstens in normativer

Eine Unterschrift sagt mehr als tausend Worte: „P. Ildephons Nebauer, Pfarrvikar, und k[öniglicher] Lokalschulinspektor" – daneben das Papiersiegel der Mettener Lokalschulinspektion mit dem königlichen Wappenschild, das verdeutlicht, in wessen Dienst der Benediktinermönch hier tätig ist

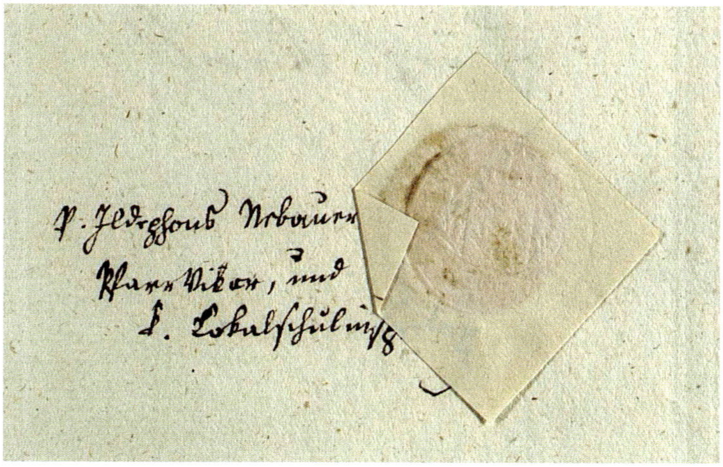

Hingebungsvolle Seelsorge in (vor-)bildlicher Ausführung: Kreuzwegstation von Fr. Lukas Schraudolph für die Mettener Pfarrkirche und Hochaltarbild von P. Wolfgang Maier für die Neuhausener Pfarrkirche

Form festzuhalten. Zwischen 1858 und 1860 erschien ein vierbändiges *Ascetisches Handbuch für Ordensleute*. Es bildet sozusagen die immer dringlicher werdende Schablone für eine wirklich monastische Corporate Identity des Mettener Konvents, der sich darüber hinaus in der Person P. Edmund Schmidts an der Erneuerung der Statuten der Bayerischen Benediktinerkongregation nach Vorgabe der Beuroner Kongregation beteiligte. Immerhin war man damit in beiden Sphären präsent, so lange, bis sich die Rahmenbedingungen für ihre klösterlichen Ideale vielleicht ändern würden.

Das Kloster während des „Kulturkampfs“

Ironischerweise musste das Kloster in den folgenden drei Jahrzehnten diese seine monastischen, ja überhaupt seine katholischen Ideale mehr denn je gerade durch die Verfolgung seiner weltlichen Aufgaben verteidigen. In der Erfüllung ebenjener Erziehungsaufgaben, die den Mönchen von König Ludwig I. aufgebürdet worden war, gerieten sie nämlich zunehmend in die weltanschaulichen Konfrontationen der kommenden Generation hinein, die bereits von ihren Zeitgenossen als „Kulturkampf“ bezeichnet wurden und später unter ebenjenem Namen auch in die Geschichtsbücher eingingen. Die ersten Vorboten dieser Entwicklung hatten sich zwar bereits mit dem Regierungsantritt König Maximilians II. angekündigt, dessen Regierungszeit einen echten Systemwechsel hin zum nationalen Liberalismus erlebte und zeitgleich mit der Veröffentlichung des *Syllabus Errorum* zu Ende ging, doch dauerte es noch bis zum gewaltsamen Ende des Deutschen Bundes im Jahr 1866, als man im Königreich Bayern tatsächlich erstmals Farbe bekennen musste: Wie würde man es mit einer sich am Horizont abzeichnenden politischen Einigung „Deutschlands“ unter preußischer Führung halten, und wie würde man sich mit einem dann liberalen, protestantisch geprägten Nationalstaat arrangieren?

Nun ist landläufig bekannt, dass vor allem der politische Katholizismus sowie insbesondere der Jesuitenorden in seiner starken Ausrichtung nach Rom gewisse Schwierigkeiten mit dieser Aussicht verbanden und sich eine Auseinandersetzung zwischen diesen und dem Staat beinahe anbahnen musste. Warum aber sollte sich diese Großwetterlage auch auf benediktinische Einrichtungen wie das Mettener Gymnasium und seine Seminare auswirken? Die Benediktiner zeichnen sich vor allem durch ihre Bodenständigkeit, ihre *stabilitas* und ihre *discretio* aus und haben noch nie zu den (politischen) Eiferern gehört. Einmal mehr war es der geschätzte und aufrechte P. Rupert Mittermüller, dem die Geschichte die Rolle zugedacht hatte, auch diesen Stein ins Rollen zu bringen.

P. Rupert war damals in katholischen Kreisen bereits weithin als Historiker bekannt und geschätzt und war deshalb wie selbstverständlich seit 1849 am Gymnasium als Geschichtsprofessor eingesetzt. Und da die Hoheit über die Geschichtsdeutung immer auch eine Hoheit über die Deutung der Gegenwart beinhaltet und wie kein anderes Fach zu ideologischen Grabenkämpfen neigt, mussten die Divergenzen zwischen der bayerischen Regierung und dem Mettener Schulträger auf ebendiesem Gebiet einsetzen. Am 26. September 1869 wurde Mittermüller auf Weisung des Ministers für Kirchen- und Schulangelegenheiten seines Postens enthoben, nachdem er es gewagt hatte, ein bereits elf Jahre zuvor veröffentlichtes Lehrbuch in dritter Auflage unter dem Titel *Grundlinien der bayerischen Geschichte für Latein- und Gewerbsschulen* ohne vorhergegangene Approbation herauszubringen, in dem die Herren Staatsvertreter „eine einseitig kirchliche Auffassung und Darstellung" zu erkennen glaubten sowie „insbesondere eine gehässige und unwürdige Skizze über die Regierungszeit Seiner des höchstseligen Königs Maximilian

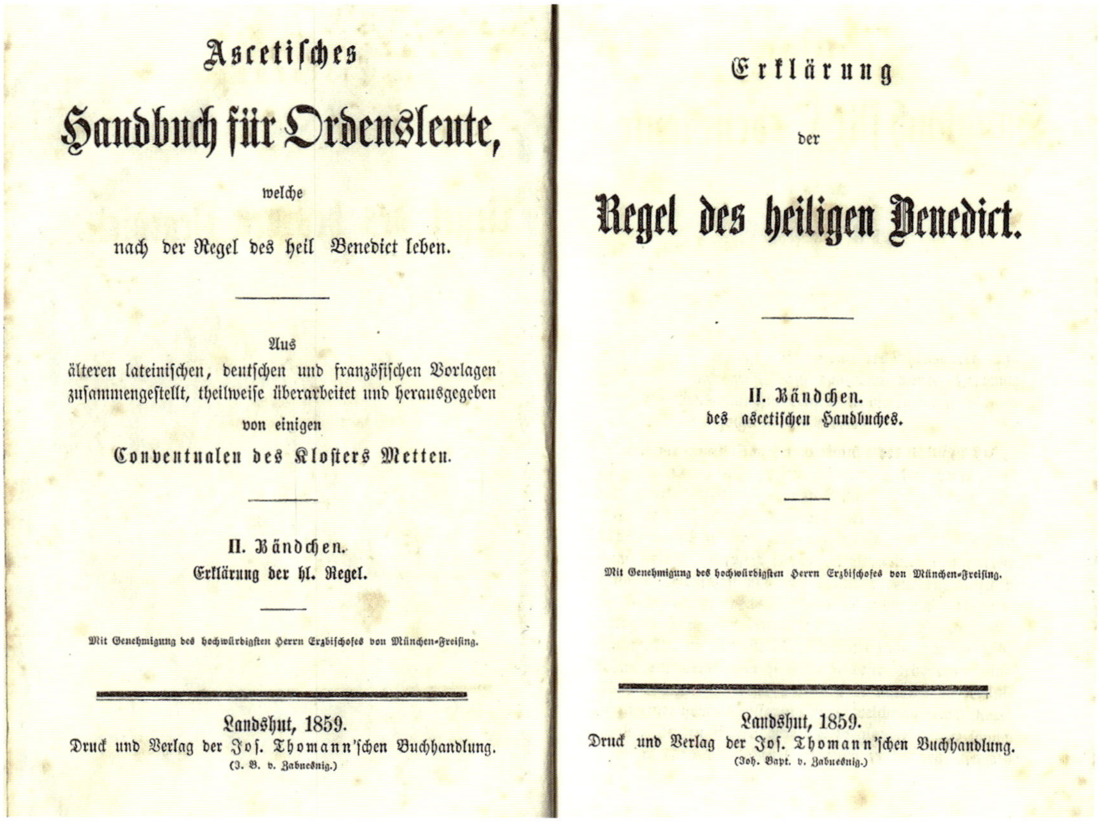
Ascetisches
Handbuch für Ordensleute,
welche
nach der Regel des heil Benedict leben.

Aus
älteren lateinischen, deutschen und französischen Vorlagen
zusammengestellt, theilweise überarbeitet und herausgegeben
von einigen
Conventualen des Klosters Metten.

II. Bändchen.
Erklärung der hl. Regel.

Mit Genehmigung des hochwürdigsten Herrn Erzbischofes von München-Freising.

Landshut, 1859.
Druck und Verlag der Jos. Thomann'schen Buchhandlung.
(J. B. v. Zabuesnig.)

Erklärung
der
Regel des heiligen Benedict.

II. Bändchen.
des ascetischen Handbuches.

Mit Genehmigung des hochwürdigsten Herrn Erzbischofes von München-Freising.

Landshut, 1859.
Druck und Verlag der Jos. Thomann'schen Buchhandlung.
(Joh. Bapt. v. Zabuesnig.)

Das „Ascetische Handbuch für Ordensleute", federführend verfasst von P. Benedikt Braunmüller und „einigen Conventualen des Klosters Metten"

II. Majestät".[11] Eine Verteidigung des Inhalts blieb wirkungslos.

Warum aber griff die oberste Kultusbehörde ausgerechnet jetzt ein, Jahre nach der Erstveröffentlichung? An dem schlagfertigen Pater sollte wohl ein Exempel statuiert werden, und zwar im Rahmen der Bestrebungen des Ministeriums, die weitere Dispensation von der staatlichen Lehramtsprüfung bei den Mettener Professoren, der man sich hier über so viele Jahre hinweg aus finanziellen wie aus Gründen des Klausurhaltens erfolgreich widersetzt hatte, für die Zukunft kategorisch auszuschließen. Abgesehen davon prallten aber auch in anderer Hinsicht zwei Ideenwelten aufeinander: Da gab es auf der einen Seite die Überzeugung von der kirchlichen Sendung und der damit einhergehenden Lehrfreiheit, wie sie Mittermüller vertrat, auf der anderen die vom staatlichen Monopol im Bildungssektor, welches man in München durchzusetzen gewillt war.

Dass Mittermüller zu alledem auch noch über enge Kontakte zum im benachbarten Deggendorf aufkeimenden *Bayerisch-Patriotischen Bauernverein* verfügte, der in starker Opposition zur Regierung stand und im Begriff war, eine schlagkräftige katholische Presselandschaft auf die Beine zu stellen, ließ aus Regierungssicht im Grunde keine andere Reaktion mehr zu – und riskierte damit eine Auflösung des staatlicherseits durchaus benötigten Gymnasiums. Rektor P. Willibald konnte sich nur knapp gegen den resignierenden Teil seiner Mitbrüder durchsetzen, die eine Schließung befürworteten. „In einer Zeit", so argumentierte er, „wo die Glaubenslosen alles aufbieten, um der Kirche allen Einfluß auf den Unterricht und die Erziehung der Jugend zu nehmen, sollen doch Ordensleute nicht die Hand hiezu bieten und wegen einiger vielleicht übertriebener Schwierigkeiten mattherzig das Feld räumen."[12] Erst als die Regierung sich mit der Drohung eines staatlich nicht anerkannten Gymnasiums außerhalb seiner amtlichen Reichweite bei gleichzeitiger Überfüllung der staatlichen Gymnasien konfrontiert sah, gab sie der Schulleitung nach und suspendierte ein weiteres Mal von der staatlichen Lehramtsprüfung. Letztlich konnte damit aber nur eine Schlacht gewonnen werden, der Krieg selbst ging verloren: 1877 musste der erste weltliche Lehrer angestellt werden, welchem später viele weitere folgten – umrahmt von staatlich geprüften Konventualen.

Doch wollen wir der Entwicklung nicht vorausgreifen. Mit der Reichsgründung des Jahres 1871 richtete sich der Blick der soeben erschaffenen „Deutschen" erstmals flächendeckend nach Berlin, derjenige der treuen Katholiken dagegen wieder zunehmend nach Rom – lateinisch: *ultra montes* –, wo der Papst schon seit der italienischen Nationalstaatsgründung an einer Gegenbewegung zum Primat des Staates arbeitete.

Während also die deutschen Fürsten am 18. Januar 1871 im Spiegelsaal von Versailles eine deutsche Kaiserwürde begründeten, war Abt Utto erst seit kurzem aus Rom zurückgekehrt, wo er als Präses der Bayerischen Benediktinerkongregation (unter anderem gemeinsam mit Abt Bonifaz Wimmer als Präses der Amerikanisch-Cassinensischen Benediktinerkongregation und mit seinem Vorgänger im Amt, Abt Gregor Scherr als Erzbischof von München und Freising) am Ersten Vatikanischen Konzil teilgenommen hatte, der wohl berühmtesten Reaktion auf die kirchenfeindlichen Maßnahmen der liberalen Nationalstaaten in Europa. Die dort beschlossene Unfehlbarkeit des Papstes lieferte denn auch die Vorlage für die ersten gesetzlichen Maßnahmen der deutschen Reichsregierung unter ihrem eisernen Kanzler Otto von Bismarck gegen die sogenannten Ultramontanen, denen (vielfach vielleicht auch zu Recht) Illoyalität gegenüber Kaiser und Reich vorgeworfen wurde. Dies beinhaltete nicht zuletzt Repressionen gegen die klösterlichen Gemeinschaften im Deutschen Reich, zuvorderst gegen die Häuser der Jesuiten, die 1872 mit einem Federstrich des Landes verwiesen wurden.

An den Bischof in Regensburg adressierter Brief des ehemaligen Abtes, Erzbischof von Scherr, dort neu frankiert und readressiert mit dem Vermerk: „zur Zeit in Metten“

Am 6. September 1873 mussten auch die Benediktiner von Metten ihre Regel und ihre Statuten beim königlichen Bezirksamt einreichen, damit sie auf ihre geistige Verwandtschaft mit den Jesuiten hin überprüft würden. Abt Utto verhandelte bereits mit Abt Bonifaz Wimmer zwecks Übersiedlung des Mettener Konvents nach Amerika – nur für den Fall. Denn auch das vielgelobte Benediktinerkloster Beuron wurde 1874 aufgehoben, ähnlich seinem großen Vorbild Solesmes, aus dem die Mönche gleich mehrmals hintereinander vertrieben wurden. Bezeichnenderweise ließ die Antwort des Bezirksamts, welches die Waffe der Abstumpfung gnadenlos anzuwenden verstand, lange auf sich warten. Was gerade in dieser Zeit deshalb wohl am schmerzhaftesten empfunden werden musste, war das nicht immer einfache Verhältnis des Konvents zu seinem Diözesanbischof. Ignatius von Senestréy war ein Mann von streitbarem Gemüt, von dem keine uneingeschränkte Unterstützung zu erwarten war. Er war 1858 gegen den Widerstand seines Metropoliten Gregor von Scherr ernannt worden und vertrat stets seine eigene Linie, was ihn unter anderem sogar dazu verleitete, einen seiner berühmtesten Vorgänger im Amt des Bischofs, den in Metten hochverehrten Johann Michael Sailer, ex post bei der römischen Inquisition der Ketzerei zu bezichtigen. Zwar war er, vor allem wegen des hier angesiedelten Bischöflichen Seminars, durchaus ein Gönner des Klosters, welches er immer wieder gerne aufsuchte, dafür aber auch unmissverständlich zu seinem Machtbereich zählte. Durch unliebsame Einmischung machte er sich nicht bei jedem Konventualen oder gar bei jedem Abt zum Freund, so dass auch diese Beziehung bis zu seinem Tode einer von (zu) vielen Balanceakten blieb, in ohnehin schwieriger Zeit.

Im weiteren Umgang mit dem Kulturkampf legte man sich in Metten in den folgenden Jahren deshalb einige verschiedene Strategien zu, die auch ohne den Bischof von Regensburg tragfähig erschienen. An erster Stelle war dies eine Politik des „Gib dem Kaiser, was des Kaisers ist, und Gott, was Gottes ist“ (Lk 20,25). In der Hoffnung auf ein gutes Mit- oder noch besser auf ein Nebeneinander hatte man deshalb gleich 1871 an der Deggendorfer „Friedensfeier“ anlässlich des Sieges der mit Preußen verbündeten Truppen über Frankreich und, viel mehr noch, der in Versailles beschlossenen Reichsgründung teilgenommen. Nur zwei Tage später beteiligte man sich unverdrossen an einem vergleichbaren Spektakel zu Hause, wobei ganz besonders der von der Gemeinde organisierte Fackelzug und das Feuerwerk im Klosterhof allgemeine Bewunderung erregten. Trotz der fehlenden Beleuchtung der Klostergebäude – statt derer man lieber 200 Gulden dem Mettener Krankenhaus übermacht hatte – war es wohl doch ein symbolisches Friedensangebot an die neuen Verhältnisse. So feierte man auch künftighin nicht nur kirchliche Anlässe wie etwa das große 25-jährige Jubiläum des kampferprobten Pontifikats Papst Pius' IX., sondern wie selbstverständlich auch sämtliche Namens- und Regierungsjubiläen der bayerischen Wittelsbacher und der kaiserlichen Familie in Berlin. Falls es zu weiteren Verstimmungen kommen sollte, würde es jedenfalls nicht am Kloster liegen!

Dessen ungeachtet betätigte sich zeitgleich eine Anzahl Mettener Konventualen im Bereich der apologetischen Publizistik. Zahlreiche Beiträge in verschiedenen katholischen Organen, sei es nun in Hülskamps *Zeitgemäßen Broschüren* oder im Mainzer *Katholik*, zeugen von dem brennenden Wunsch, sich wenigstens innerhalb katholischer Kreise ausführlich zu artikulieren. Am rührigsten war hierbei wiederum der nachmalige Abt P. Benedikt Braunmüller: Gemeinsam mit dem Deggendorfer Stadtpfarrer Dr. Konrad Pfahler, Reichstagsabgeordnetem und Kämpfer für die katholische Kultur par excellence, gründete er den *Deggendorfer Donauboten*, womit auch die katholische Partei in der regionalen Presselandschaft endlich eine eigene Stimme erhielt. Nach Pfahlers Tod dachte Braunmüller sogar daran, sich selbst um ein Reichstagsmandat zu bewerben. Dort im Reichstag würde er dann im Schutze der Reichsverfassung dem Kanzler persönlich gegenüberstehen und reden können. Sein Konvent wird es ihm aber wohl – aus begreiflichen Gründen – wieder ausgeredet haben.

Drittens erblickte man vor allem in der Wissenschaft ein geeignetes Instrument, sich kritisch mit den nur allzu oft historisch daherkommenden Argumenten der protestantisch-liberalen Kulturkämpfer auseinanderzusetzen. Dies musste umso leichter gelingen, als man sich dabei auf den königlichen Auftrag von einst berufen konnte, der da lautete: „Bey den Benediktinern, diesem eigentlich wissenschaftlichen […] Orden, nebstdem was von jedem Priester zu fordern ist, muß streng auf Wissenschaft gesehen werden."[13] Insbesondere der Bereich der historisch-kritischen Kirchengeschichtsschreibung, auf welchem man sich sowohl im Inland als auch über die Reichsgrenzen hinaus mit benediktinischen Mitbrüdern verbinden konnte, bot sich zu diesem Zwecke an.

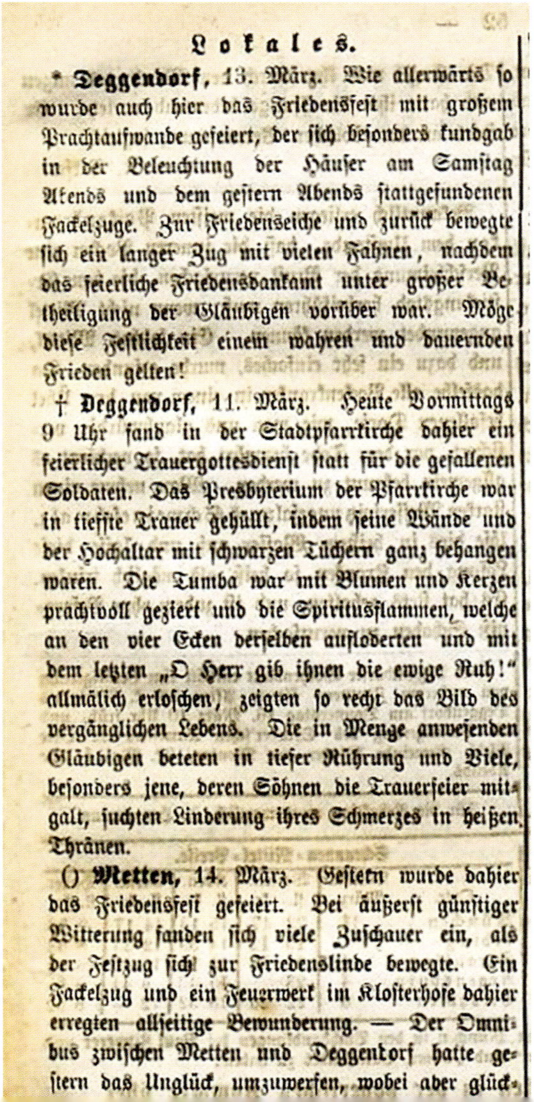

Lokales.

* **Deggendorf**, 13. März. Wie allerwärts so wurde auch hier das Friedensfest mit großem Prachtaufwande gefeiert, der sich besonders kundgab in der Beleuchtung der Häuser am Samstag Abends und dem gestern Abends stattgefundenen Fackelzuge. Zur Friedenseiche und zurück bewegte sich ein langer Zug mit vielen Fahnen, nachdem das feierliche Friedensdankamt unter großer Betheiligung der Gläubigen vorüber war. Möge diese Festlichkeit einem wahren und dauernden Frieden gelten!

† **Deggendorf**, 11. März. Heute Vormittags 9 Uhr fand in der Stadtpfarrkirche dahier ein feierlicher Trauergottesdienst statt für die gefallenen Soldaten. Das Presbyterium der Pfarrkirche war in tiefste Trauer gehüllt, indem seine Wände und der Hochaltar mit schwarzen Tüchern ganz behangen waren. Die Tumba war mit Blumen und Kerzen prachtvoll geziert und die Spiritusflammen, welche an den vier Ecken derselben aufloderten und mit dem letzten „O Herr gib ihnen die ewige Ruh!" allmälich erloschen, zeigten so recht das Bild des vergänglichen Lebens. Die in Menge anwesenden Gläubigen beteten in tiefer Rührung und Viele, besonders jene, deren Söhnen die Trauerfeier mitgalt, suchten Linderung ihres Schmerzes in heißen Thränen.

() **Metten**, 14. März. Gestern wurde dahier das Friedensfest gefeiert. Bei äußerst günstiger Witterung fanden sich viele Zuschauer ein, als der Festzug sich zur Friedenslinde bewegte. Ein Fackelzug und ein Feuerwerk im Klosterhofe dahier erregten allseitige Bewunderung. — Der Omnibus zwischen Metten und Deggendorf hatte gestern das Unglück, umzuwerfen, wobei aber glück-

Der „Deggendorfer Donaubote" berichtet: Die Mettener Seminaristen feiern den Sieg über Frankreich mit

P. Benedikt Braunmüller, der sich schon als Student bei der Beerdigung Joseph von Görres' als Pferdeführer und Sargträger beteiligt hatte, engagierte sich demgemäß natürlich auch bei der Gründung des *Historischen Jahrbuchs der Görres-Gesellschaft* im Jahr 1880 sowie bei den zur selben Zeit begonnenen *Studien und Mitteilungen zur Geschichte des Benediktinerordens*, in denen bis heute profunde Beiträge zur historischen Forschung publiziert werden. Auch in anderen anerkannten Fachorganen erschienen zahlreiche, vor allem mediävistische Fachaufsätze Braunmüllers sowie Dutzende Artikel weiterer Mettener Konventualen in *Wetzer und Welte's Kirchenlexikon* (einem Vorläufer des heutigen *Lexikons für Theologie und Kirche*). Zu Letzteren zählte beispielsweise P. Roman Sachs, der 1867 Mittermüller als Geschichtsprofessor nachgefolgt war und wie kein Zweiter in seinem Unterricht betonte, dass es 1871 keine „Erneuerung der deutschen Kaiserwürde" gegeben habe, weil man korrekterweise nichts erneuern könne, was vorher nicht existiert habe. So manches heiße Eisen der kleindeutschen „Geschichtsbaumeisterei" wurde in diesem Zuge angepackt und ausgefochten. Was von den protestantischen und preußischen Historikern als „romhörig" und „undeutsch" deklariert wurde, sollte rehabilitiert, ja sogar als heilsgeschichtlich bedeutsam herausgestellt werden, wie etwa Bischof Pilgrim von Passau († 991), dem seit einigen Jahren der Vorwurf der Urkundenfälschung anhaftete. Umgekehrt musste aber auch dort eingegriffen werden, wo sich die „deutschen" Historiker des unkritischen Umgangs mit der Person Kaiser Friedrichs II. schuldig machten, den man in Berlin aus Gründen der Herrschaftslegitimation nur allzu gern zum Vorgänger Kaiser Wilhelms I. deklarierte. Das Studium der Geschichte war somit zum Stellvertreterkrieg geworden.

Historiker im Gewande des heiligen Benedikt: P. Benedikt Braunmüller (links) und P. Roman Sachs

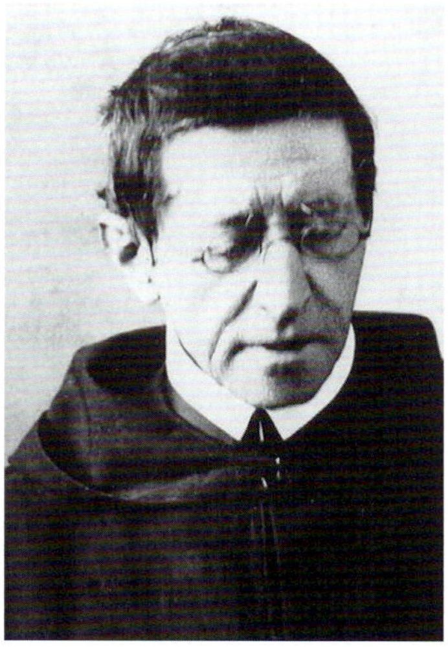

Dass man mit einer (noch dazu regierungskritischen) Geschichtsauffassung wie dieser keinen überragenden Einfluss auf die politischen Geschehnisse erlangen konnte, war den Autoren zwar wohl bewusst, doch dürfte sich zumindest P. Benedikt noch gut an das überregionale, wenn nicht gar landesweite Aufsehen erinnert haben, das seine 1857 anonym erschienene Streitschrift anlässlich einer Darstellung des renommierten kleindeutschen Geschichtsprofessors Heinrich von Sybel *über das Verhältniß der ersten Christen zu Staat und Gesellschaft im römischen Reiche* erregt hatte. Durchsetzen hatte sich damals freilich nur Letzterer können, aber Aufgeben war nun einmal keine Option im Dienste der Wahrheit!

Gleichermaßen bedeutsam, wenn nicht gar noch wichtiger für das klösterliche Selbstverständnis während des Kulturkampfs dürfte außerdem die damals im eigenen Hause einsetzende Regelforschung gewesen sein. 1880 edierte Mittermüller in seiner Funktion als Novizenmeister das zweite Buch der Dialoge Gregors des Großen, und noch im selben Jahr veröffentlichte P. Edmund Schmidt die erste textkritische Ausgabe der Regel des heiligen Benedikt überhaupt, ebenso wie den älteren Regelkommentar des Hildemar von Montecassino auf der Grundlage der ältesten 15 Handschriften. Schmidt gilt damit als Vater der modernen Regula-Forschung, die den in der Nachfolge von Sybels entstandenen textkritischen Arbeiten eines Wilhelm von Giesebrecht von der Universität München in nichts nachsteht.

Ein Meilenstein in der Textkritik: P. Edmund Schmidts „Regula Sancti Patris Benedicti" in einer Ausgabe von 1892

Fünftens und letztens bediente sich der Konvent in der Auseinandersetzung mit der Welt des Kulturkampfs ganz prononciert einer spezifisch marianisch geprägten Frömmigkeit, wie sie der Ordenstradition und der geistigen Haltung des Katholizismus jener Tage entsprach und wie sie durch die eigene Seelsorgepraxis auch in der Bevölkerung nachhaltig verankert wurde. Die durch das Dogma der Unbefleckten Empfängnis Mariens (1854) ausgezeichnete Gottesmutter steht an der Seite der Patres unter dem Kreuz und wird nicht preisgegeben: *Ut in omnibus glorificetur Deus et beatissima Virgo Maria – Auf dass in allem Gott verherrlicht werde und die selige Jungfrau Maria!*

Im gleichen Jahre 1867, in dem P. Rupert vom Ministerium abgesetzt worden war, hatte man in Metten die von den Jesuiten im gegenreformatorischen 16. Jahrhundert begründete Marianische Kongregation unter dem Titel „Regina Apostolorum" eingeführt. Die Schüler bzw. „Studenten" begegnen in ihr dem Prinzip der Sodalität, d. h. der eigenverantwortlichen Gemeinschaft in Christus, wodurch der katholische Glaube für die kommende Generation gestärkt werden sollte. Dass dies auch in außerordentlicher Weise gelingen konnte, dafür sorgte wiederum der (diesmal katholische) Zeitgeist selbst: Erst 1858 nämlich waren die Erscheinungen von Lourdes bekannt geworden und kirchlicherseits auch approbiert worden. Mit dem Anschluss Lourdes' an das Eisenbahnnetz, der Verbreitung zahlloser Lourdes-Devotionalien und entsprechender Literatur war es im gesamten katholischen Europa zu einem engen Schulterschluss zwischen Volk und Papsttum gekommen, das in den Erscheinungen der Bernadette Soubirous eine himmlische Bestätigung des Dogmas von

Propaganda als Teil der Sendung in Welt und Zeit: Medaille und Broschüre zu den Erscheinungen von Mettenbuch, 1878

1854 erblickte. Die bekannte Darstellung des P. Laurenz Hecht von Einsiedeln über *Maria von La Salette* wurde 1871 nach über 30 Jahren neu aufgelegt und auch in Metten gelesen, wo darüber hinaus die Marienerscheinungen vom Sommer 1876 im rheinpreußischen Marpingen durch die Presse mit Sicherheit bekannt waren.

Es muss also vielleicht nicht unbedingt verwundern, dass im Winter desselben Jahres vorgeblich Selbiges innerhalb der eigenen Pfarrei Metten geschah: In einer Waldschlucht bei Mettenbuch wollten einige örtliche Seherkinder mehrmals Zeugen von Marienerscheinungen gewesen sein, die Zigtausende von Pilgern aus nah und fern – darunter Dutzende von (benediktinischen) Ordensleuten – anzogen und wundersame Heilungen hervorbrachten. Trotz der hier ebenso wie in Marpingen eintretenden Anfeindungen von Seiten der weltlichen Organe und der liberalen Presse entschlossen sich vor allem Pfarrer P. Johann Evangelist Anglhuber und sein mehrfach genannter Mitbruder P. Benedikt Braunmüller, ein bekennender „andächtige[r] Verehrer der jungfräulichen Gottesmutter Maria“[14], die Erscheinungen als einen „gewaltige[n] Feldzug […] gegen den materialistischen Zeitgeist“[15] zu verteidigen und im Volk zu propagieren. Wie einen Blitzschlag durchzuckte es deshalb den Konvent,

Kurzer Bericht
über die
Erscheinungen
U. L. Frau
bei
Mettenbuch.
Von P. Benedikt Braunmüller.
O. S. B.
Vierte vermehrte Auflage.
Mit einem Situationsplane.
Zum Besten des Kirchenbaues in Neuhausen.

Deggendorf 1878,
Verlag von J. Pfeiffer.

als ausgerechnet ihr Bischof Ignatius von Senestréy, einer der Hauptakteure des bayerischen Ultramontanismus, 1879 per Hirtenbrief verlauten ließ, dass die Erscheinungen seinen Untersuchungen zufolge nur erlogen seien. Braunmüllers Einsatz sollte somit ein weiteres Mal vergeblich sein: Nicht auszudenken, was es für Metten, die Laienfrömmigkeit innerhalb der katholischen Kirche und natürlich nicht zuletzt auch für das die Wallfahrt betreuende Kloster Metten bedeutet hätte, wäre aus Mettenbuch ein niederbayerisches Lourdes geworden! All dies musste Episode bleiben; 1891 gestand das letzte der Seherkinder, sich die Erscheinungen nur ausgedacht zu haben. Da war es allerdings schon längst wieder ruhig geworden um den „Kulturkampf" und um Mettenbuch …

Aus Alt mach Neu, aus Neu mach Alt: Die Etablierung neuer Traditionen

Mettenbuch hatte ein Symbol werden sollen. Ein Symbol für den göttlichen Heilsplan, für die Kraft der Fürsprache Mariens, für die Wahrheit der Lehren der katholischen Kirche, für die Sündhaftigkeit der gottes- und menschenverachtenden Doktrin des nationalliberalen Staates. Mettenbuch hätte neue Traditionen begründen können, die weit über Gewohnheit, Brauch oder Sitte hinausgegangen wären und damit genau den Nerv der Zeit getroffen hätten. Das 19. Jahrhundert nämlich war ein Zeitalter der Symbolik und der „erfundenen", oder besser gesagt der „neu entdeckten" Traditionen. Wo Liberalismus und Industrialisierung nach dem Zusammenbruch des Ständewesens eine Lücke hinterlassen hatten, wo an die Stelle von stabiler ideologischer Zugehörigkeit ein blutleerer bürgerlicher Pragmatismus getreten war, da musste sich die Gesellschaft langfristig ein Ventil suchen, um, in den Worten Oswald Spenglers, den ziel- und seelenlosen Zufall auszuschalten, denn wo keine gemeinsamen Traditionen vorhanden sind, da fehlt der soziale Kitt, da fehlt der *esprit de corps* und damit auch jegliches Gemeinschaftsgefühl. Wie gut also, dass diesem Zustand im Zuge eines durchdachten *social engineering* mit relativer Leichtigkeit abgeholfen werden konnte! Getreu dem Motto „Je älter, desto besser!" musste es eben nur gelingen, Kontinuität zu heucheln (bzw. sich selbst einzureden) und längst überkommene Symbole wieder mit neuem, in die gewünschte Richtung gelenktem Leben zu erfüllen. Dies war zwar vornehmlich und zuvorderst das Erfolgsrezept des sich im letzten Viertel des Jahrhunderts intensivierenden National- und Kaiserkults, der sich unter anderem im Hermanndenkmal, in der Berliner Siegessäule oder auch in der Reichs(kriegs)flagge Ausdruck verschaffte, die selbstbewusst die Weltmeere zieren sollte.

Was aber für die eine Seite funktionierte, musste auch für den kirchlich-katholischen Raum gelten und somit nicht zuletzt auch für den engeren „benediktinischen" Raum der Abtei Metten mitsamt seiner *familia*. Im Grunde musste man sich lediglich darüber eins werden, auf welcher Art von „Tradition" man hier aufbauen wollte: auf der *traditio* der patristisch-mittelalterlichen Theologie im Sinne einer theologischen Überlieferung, auf den *traditiones* der liturgisch-rituellen Gewohnheiten, wie sie vielleicht die liturgischen Erneuerungsbemühungen der Beuroner Mitbrüder hätten nahelegen können, oder vielleicht doch eher auf dem Traditionsbegriff der theologischen Romantik des 19. Jahrhunderts. Für Letztere ist „Tradition" schlicht gleichbedeutend „mit der ganzen christlichen Wirklichkeit, wie sie sich in Predigt, Frömmigkeit und Leben der Kirche manifestiert. […] Ein solcher Traditionsbegriff ist zutiefst zweideutig; er kann ebenso zu einem starr konservativen, alles Bestehende sanktionierenden Denken führen, wie in einen schrankenlosen Dynamismus umschlagen, weil er jegliche historische Rückbindung unnötig erscheinen läßt, denn die jeweils gegenwärtige Kirche bürgt ja für sich selbst."[16]

P. Bonifaz Wimmer, ein amerikanischer Erzabt aus Metten

Alles deutet darauf hin, dass die Mettener Mönche doch Kinder ihrer Zeit waren und letzterem Konzept den Vorzug gaben – ganz gleich ob nun auf wirklich bewusste Weise oder doch eher intuitiv. Die sich bisher scheinbar widersprechenden Konzepte von Wiedergründung und Neuaufbruch bildeten jedenfalls plötzlich keinen Widerspruch mehr, sondern wurden fortan als die zwei Seiten ein und derselben Medaille aufgefasst. Weder rückwärtsgewandt der Vergangenheit verhaftet noch geschichtslos konnte man sich so ein zeitloses Selbstbild zurechtrücken, das sich am couragiertesten und am vorausblickendsten in dem am 8. November 1845 in der *Augsburger Postzeitung* erschienenen Beitrag P. Bonifaz Wimmers unter dem Titel „Über die Missionen" niederschlägt. Die eben erst wiedererstandenen Benediktiner, so der Verfasser, seien am besten geeignet, dem drückenden Mangel an katholischen Geistlichen vor allem bei den deutschen Auswanderern in den USA abzuhelfen. Schließlich seien es schon einmal fast ausschließlich Benediktiner gewesen, die einst als Pioniere Europa auf Dauer für das Christentum gewonnen hatten, und was hier funktionierte, das müsse auch dort zum Ziele führen. Die Alleinstellungsmerkmale der Benediktiner nämlich seien seither die gleichen geblieben, allen voran die *stabilitas loci* und die Zweckfreiheit des Ordens. Durch die Kultivierung von Grund, Boden und Volk, verbunden mit einer auf Gottvertrauen gründenden Anpassungsfähigkeit im Bereich des Broterwerbs sowie der Kontemplation, sei damals in der Alten Welt gelungen, was nunmehr förmlich nach einem erneuten Auftrag für die Neue Welt rieche: Europäisches Mittelalter und eine unterm schwarzen Habit versteckte Wildwest-Mentalität reichten sich bei Wimmer voller Zuversicht die Hände, „waren doch seines Wissens mehrere Priester der neuerstandenen bayerischen Benediktinerklöster in edler Begeisterung für die Mission bereit mit Hand an den Pflug zu legen, klopften doch in wenigen Jahren an der Pforte eines einzigen bayerischen Benediktinerklosters 200 brave junge Männer, um die Aufnahme als Laienbrüder zu begehren"[17].

Gesagt, getan: Mit wahrlich amerikanischem Gründergeist packte Wimmer die Sache an, auch gegen den vorläufigen Willen seines Abtes, und wurde so zum Begründer nicht nur des ersten Benediktinerklosters auf US-amerikanischem Boden, sondern etliche Jahre später auch gleich der ersten Benediktinerkongregation auf dem nordamerikanischen Kontinent.

Wimmers in Bayern verbliebene Mitbrüder mögen nicht ganz so großräumig gedacht haben wie er und sich eher auf den jeweils nächsten Schritt besonnen haben, doch mit der Zeit war es eben auch hier nicht mehr genug, mit Maurus Gandershofers Werk *Die Verdienste der Benediktiner von Metten um die Pflege der Wissenschaften und Künste* (1841), mit P. Fortunat Brauns *De pristinis Benedictinorum scholis* (1845), mit Mittermüllers *Das Kloster Metten und seine Aebte* (1856) oder mit P. Matthäus Lipps *Erinnerungen an Prof. Dr. Anselm Thadd. Rixner* (1865) auf vergangenen Ruhm hinzuweisen. Er musste zu einem zeitlosen werden, der vor allem die jeweilige Gegenwart legitimierte und festigte.

Dafür bot sich ganz selbstverständlich zuvorderst die Etablierung neuer kirchlicher Feiertage an, die mehr oder minder ausschließlich in Metten begangen wurden und zusätzlich zu den ohnehin zahlreichen solennen Anlässen wie Priesterweihen, Professen oder Hochfesten des kirchlichen Jahreslaufs anstanden. Dazu gehörten die altetablierten Patrozinien des Ordensgründers (21. März und 11. Juli), des heiligen Erzengels Michael als Kloster- und Pfarrpatron (29. September) und der heiligen Schutzengel als Patrone der Bayerischen Benediktinerkongregation (2. Oktober), ebenso wie die Gedenktage für die Heiligen und Verstorbenen des Benediktinerordens (13. und 14. November) sowie in jüngerer Zeit sogar der Namenstag des Schulleiters P. Willibald Freymüller (7. Juli). Der heilige Wolfgang (31. Oktober) war zum Patron des Bischöflichen Seminars erkoren worden, so dass sich auch für ihn noch ein Feiertag herausbildete, der über seine übliche Würdigung als Diözesanpatron hinausging. Dazu kamen insbesondere die Marienfeste des Jahreslaufs, die natürlich der Marianischen Kongregation am Herzen liegen mussten, und auch Karl der Große als ursprünglich angenommener Klostergründer (28. Januar) sowie der dankbar anerkannte Wiedergründer Ludwig I. (25. August), getrennt durch 1000 Jahre, wurden Seit' an Seit' in die liturgische Memoria der Mönche eingeschlossen. Im 1858 sorgsam erstellten *Proprium Mettenense* wurden diese „Traditionen" schriftlich fixiert.

Weitaus weitreichender als jene war jedoch die mit dem Eintritt der ersten ehemaligen Absolventen des Gymnasiums in Kirchen- oder Beamtenlaufbahnen zu beobachtende Netzwerkbildung zwischen der Alma Mater Mettenensis und den noch jungen „Altmettenern". 1876, also mitten im Kulturkampf und ein Vierteljahrhundert nach Ablegung der ersten „Absolutorialprüfung", fand in Metten das erste Studiengenossenfest statt. Von diesem nach dem zeitgenössischen Vorbild der angelsächsischen *Old Boys* oder der *Alten Herren* deutscher Universitäten gestalteten Anlass erhoffte man sich einen starken Impuls für die intergenerationelle Stabilität und Kontinuität einer neuen Corporate Identity. Altmettener Väter würden ihre Söhne nach Metten schicken, Altmettener Priester ihre besten Schäfchen. Diejenigen, die es zu Amt und Würden in Kirche oder Staat gebracht hätten, würden sich ihrer Loyalitätspflicht stets entsinnen. Bald sollte das eigens verfasste „Mettener Gaudeamus" unausgesprochen die Funktion einer eigenen Hymne erfüllen, und ein eigens veröffentlichtes Verzeichnis aller Absolventen bzw. Teilnehmer würde fortan jedes dieser in 25-jährigem Rhythmus stattfindenden Feste begleiten – niemand sollte außen vor gelassen werden. Der erste aus dem Mettener Gymnasium hervorgegangene Abt des Hauses, P. Willibald Adam (Absolvia 1892), findet sich darin beispielsweise neben seinen Klassenkameraden P. Benno Aichinger OFMCap und P. Emmeram Glasschröder OFMCap wieder, Ersterer mittlerweile Provinzial der nordamerikanischen, Letzterer der bayerischen Kapuzinerprovinz.

Eine wiederum gänzlich andere Tradition bildet die Verwendung der Benediktusmedaille. Was ihren symbolischen Gehalt angeht, bildete sie eine Art benediktinisches Pendant zum großen Reichswappen. Schon seit dem 17. Jahrhundert in ovaler Form unter dem Namen „Benediktspfennig" verbreitet, erlangte sie gegen Mitte des 19. Jahrhunderts durch die geistliche PR der französischen Abtei Solesmes, spätestens aber anlässlich des 1400. Geburtstages des Ordensgründers weltweite Verbreitung. Der Abt des benediktinischen Stammklosters hatte sie 1880 in jener runden Form neu prägen lassen, in der sie bis heute zirkuliert. Die Mettener waren sich der engen Verbindung dieser Medaille mit der Geschichte des eigenen Hauses sehr wohl bewusst, Abt Gregor Scherr hatte sie bereits 1856 in sein erzbischöfliches Wappen aufgenommen. Sie dürfte deshalb hier ein Instrument nicht nur zur Selbstvergewisserung und zur Gewinnung von Ablässen gewesen sein, sondern auch ein „besonderes Schutzmittel gegen alle Nachstellungen und schlimmen Einflüsse des bösen Feindes“. Ein Schelm, wer dabei an den bayerischen Kultusminister oder an den schnauzbärtigen Katholikenfresser aus der Altmark denkt!

Einen gewaltigen letzten Schub in der Mettener Traditionsbildung im gleich doppelten Sinne bewirkte die päpstliche Kultanerkennung der Seligen Utto und Gamelbert, für die man sich spätestens seit den 1890er-Jahren in Metten eingesetzt hatte. So vollzog der Apostolische Stuhl am 25. August 1909 den formalen Akt und gestattete förmlich deren liturgische Verehrung als Selige. Das im Namen Papst Pius' X. vom Präfekten der Römischen Ritenkongregation, Kardinal Sebastiano Martinelli, unterzeichnete Dekret hält fest, dass der öffentliche Kult der beiden Seligen seit „undenklicher Zeit“ bestünde und dass er auch in Zukunft seinen Platz in der Glaubenspraxis der Menschen haben werde. Die Namen der beiden Bekenner konnten fortan bei der Taufe und bei der Profess der Mönche als Patrone fungieren, ihre Bilder und Reliquien durften öffentlich aufgestellt und verehrt werden. Nicht nur eigene Feste, Symbole und Rituale standen nun also dem Kloster zur Verfügung, sondern darüber hinaus auch noch ein Gründungsmythos, der tatsächlich und nachweislich in die Zeit vor dem ersten Kaiser des Abendlandes fiel. War dies vielleicht sogar ein versteckter Wink an die Hohenzollern?

„Mettener Gaudeamus“

Gaudeamus igitur
omnes Mettenenses!
Almus dedit centies
nobis et quinqagies
Dominus sex menses.

Vivat ante omnia
Patria dilecta!
Dum stant montes ardui,
cives sint praecipui
prisca fide recta!

Vivat coetus optimus
nigra veste splendens,
indefesse quod saluti
est dilectae iuventuti
curans et impedens.

Vivant condiscipuli
nobis pace uniti,
tam qui adsunt quam qui absunt,
tam qui praesunt quam qui subsunt,
semper laetabundi!

Vivant et Mons Coelicus,
fluvius amoenus,
Silva Boica umbrosa
sed imprimis speciose
Pascua Vitulorum!

Vivant et carentia
pulpitique arrestum
dura quondam, metuenda,
nunc memoria fovenda:
nam sunt superata.

Vivat mater iubilans,
arx, quae lata videt
florem omnium Musarum
ille angulus terrarum
praeter omnea ridet.

Vivat, crescat, floreat,
ut queant cantare
posteri et congregati
aeque hilares et grati
carmen saeculare!

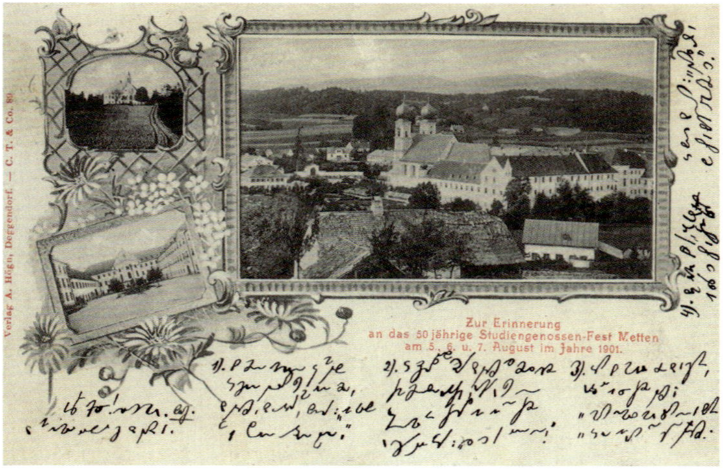

Symbole, Traditionen und Publicity: Das „Mettener Gaudeamus“ und eine Postkarte zum Studiengenossenfest des Jahres 1901

Benediktus-
medaille,
Vorder- und
Rückseite

Exkurs:
Die Medaille des heiligen Benedikt

Die Medaille zeigt auf ihrer Vorderseite das Bild des heiligen Vaters Benedikt, in der Rechten das Kreuz haltend, durch dessen Kraft er Wunder wirkte, und in der Linken die Regel, die ihre Befolger durchs Kreuz zum Licht führt. Zu den Füßen des Heiligen befindet sich linker Hand der Rabe der Benediktsvita sowie rechter Hand der ebendort überlieferte Giftkelch, aus dem die Viper entweicht und der durch die Kraft des Tischsegens gesprengt worden war. Rings um die Abbildung befindet sich die Inschrift EIUS IN OBITU NOSTRO PRAESENTIA MUNIAMUR (Mögen wir bei unserem Tode durch seine Gegenwart beschützt werden), daneben links und rechts die Inschrift CRUX S. PATRIS BENEDICTI (Kreuz des heiligen Benedikt). Das Zentrum der Rückseite bildet das vom Wort PAX (Friede) gekrönte Benediktuskreuz, umrahmt von dessen Initialen CSPB. Auf dem Stamm des Kreuzes findet sich von oben nach unten bzw. von links nach rechts der Pentameter C.S.S.M.L. (CRUX SACRA SIT MIHI LUX – Das heilige Kreuz sei mein Licht), N.D.S.M.D. (NON DRACO SIT MIHI DUX – Der Drache sei mein Führer nicht).

Die kryptisch anmutende Umschrift V•R•S••N•S•M•V – S•M•Q•L••I•V•B sollte gegen Mitte des 17. Jahrhunderts – und dies ausgerechnet durch eine Handschrift aus der Abtei Metten – zu allgemeiner Bekanntheit gelangen, nachdem bei einem (historisch allerdings nicht verbürgten) Hexenprozess durch aus Natternberg stammende „Hexen“ verlautbart worden sei, ihr Zauber wirke aus unbegreiflichen Gründen über dieses Kloster nicht. Die vermeintliche Auflösung dieses Mirakels fand man schließlich in einem als „Mettener Codex“ bezeichneten Kompendium diagrammatischer Symbolik aus dem Jahr 1414 (heute verwahrt in der Bayerischen Staatsbibliothek zu München unter der Signatur clm 8201), der dort über zwei Jahrhunderte lang seiner Entdeckung geharrt hatte. Er enthielt eine Abbildung, in der man den Ordensgründer erblickte, der zusammen mit folgendem Bannspruch dargestellt war: VADE RETRO SATANAS, NUMQUAM SUADE MIHI VANA (Weiche, Satan, verleite mich nie zu Nichtigem!) – SUNT MALA QUAE LIBAS, IPSE VENENA BIBAS (Du kredenzt nur Böses, trink dein Gift selbst!). Flugs wurde diese Formel für die offensichtliche Unversehrtheit der Abtei verantwortlich gemacht. Die fortan fleißig geprägte Medaille mit Benediktuskreuz „verbreitete sich seit diesem Jahre“, wie Abt Willibald Adam wohl nicht ganz zufällig während der Wirren des Ersten Weltkrieges festhält, „in kürzester Zeit über das ganze katholische Europa“. Seit einigen Jahren ziert sie übrigens wiederum, in Granit gemeißelt, den Torbogen zum Klosterhof.

Möglich gemacht hatte dies jedenfalls die ausgezeichnete historische Studie P. Bernhard Ponschabs über die Ursprünge des Klosters, die der bisher gültigen Mär von der Gründung durch Karl den Großen endlich den Garaus machte. P. Ildephons Poll nahm es auf sich, diese wissenschaftlichen Ergebnisse im *Deggendorfer Donauboten* in einfacher Darstellung volkstauglich zu machen und in die nun noch ältere, knapp 1150-jährige Gesamtgeschichte des Klosters einzubetten. P. Edmund hinwieder konnte stolz seine 1911 erschienene Neuauflage der Regula dem *seligen* Utto als erstem Abt seines altehrwürdigen Klosters widmen, der nun standesgemäß auch einen neuen, goldenen Sarkophag erhielt. Auch wenn sie nicht nebeneinander platziert wurden, so passen der neue Utto-Schrein und das 1877 von Bischof von Senestréy neu gefasste Ostensorium mit der Reliquie des heiligen Ordensgründers Benedikt, welches nach der Säkularisation von Tegernsee nach Metten gelangt war, doch wie Zwillinge zusammen. Unter dem gleichen Dach der neuerstandenen Abtei, einem bescheidenen zweiten Montecassino, flüstern sie seither jedem, der es hören will, gleichsam zu: *Succisa viresecit – Abgehauen grünt er neu!*

„Seid stark im Krieg!" – Aber in welchem?

Estote fortes in bello – Seid stark im Krieg, so lautet der Text einer Motette für die Hochfeste der Apostel und der Evangelisten, der auch im Metten des ausgehenden 19. Jahrhunderts häufig zitiert wurde. Der Krieg galt der alten Schlange, die sich natürlich in vielerlei Gestalt manifestieren konnte, wie die ersten beiden Mönchsgenerationen nach der Säkularisation bereits bemerkt hatten. Deshalb konnte es auch um den geistlichen Kampfeswillen der Mettener nicht gleich geschehen sein, als Papst Leo XIII. am 23. Mai 1887 den Kulturkampf offiziell für beendet erklärte. Zwar folgte unter Kaiser Wilhelm II. erst einmal eine Generation der Ruhe, die in einer Mischung aus eitlem Anerkennungsbedürfnis und staatsmännischer

Harmonisch vereint in Metten: Die Gebeine des seligen Abtes Utto in einem Sarkophag (links) und des heiligen Ordensgründers Benedikt in einem Ostensorium (rechts), einer Goldschmiedearbeit der Kaiserzeit

Schulleiter, Priester und Mönch: P. Godehard Geiger

Schläue auf Seiten des Kaisers den katholischen Glauben mit dem Nationalstaatsgedanken zu versöhnen wusste. Sie verstand es sogar geschickt, den neuen Herrscher als Bauherrn des Kölner Doms und als Gönner der Benediktiner von Maria Laach zu inszenieren. Doch lauert der Teufel eben überall und wartet auf seinen Moment.

Nach all den Strapazen der vergangenen Jahrzehnte war es also längst an der Zeit, eine erneute Standortbestimmung vorzunehmen und sich einmal mehr auf das Wesentliche zu besinnen. Wo lagen die wahren Wurzeln des Christentums und der Kirche sowie und insbesondere des Ordenslebens? Hatte man den letzten Kampf mit den rechten Mitteln geführt, war man dem Vorbild Jesu Christi wenigstens ansatzweise gerecht geworden, oder hatte man sich „im Laufe der Zeit fast ganz auf das Gebiet der praktischen Tätigkeit herüberziehen“ und damit letztlich doch korrumpieren lassen?[19] Schulleiter P. Godehard Geiger wandte sich in seinem 1903 veröffentlichten Werk *Zurück zu dem armen, demütigen, gekreuzigten Heiland Jesus Christus!* in deutlichen Worten an die Priester der katholischen Kirche, zu denen er auch sich selbst und seine Mitbrüder zählte: „Es ist eine drangvolle und anscheinend trostlose Lage, in der unsere heilige Kirche gegenwärtig kämpft und leidet. Allgemein herrscht das Gefühl, daß wir am Vorabend einer gewaltigen Erschütterung stehen, die, wie es scheint, ganz besonders den Bestand der katholischen Kirche bedroht. Alle Mächte der Welt und der Hölle, Unglaube und Häresie, politische Gewalt und Weltweisheit, der Mammon und die Kunst scheinen sich vereinigt zu haben zum gemeinsamen Sturmangriff auf sie, um sie teils mit brutaler Gewalt, teils mit den alten und doch immer wieder wirksamen Waffen der Lüge und Verleumdung und der Aufstachelung der menschlichen Leidenschaften endlich zu vernichten. Immer mehr sieht sich die Kirche der irdischen Waffen und Hilfsmittel zu ihrer Verteidigung beraubt, in immer breitere Schichten des Volkes dringt der Weltgeist und weiß, ausgerüstet mit dem blendenden Schein von Wissenschaft und mit verlockenden Verheißungen irdischen Glückes, Tausende von Seelen der Kirche und der heiligen Religion zu entfremden.“

„Da erfaßt gar manche treue Kinder der Kirche Angst und Bestürzung, ja selbst manche Priester suchen in solcher Lage ängstlich nach neuen Waffen zum Kampfe für die Kirche oder bieten selbstbewußt ihr solche an, die sie von der anscheinend siegreichen Welt, ihrer Wissenschaft und Weisheit entlehnt haben. Sie scheinen nur darin das Heil für die Kirche zu finden, daß diese der Welt und ihren Kulturinteressen

Neue Assoziationen: Ist es noch der richtige Krieg?

Eine leise Anklage gegen die Unmenschlichkeit: die Kreuzchen auf der Absolviatafel des Jahres 1917

sich dienstbar mache und so die Welt gewinne. Sie sehen in ihrer Glaubensschwäche nicht mehr, daß die heilige Kirche eine ganz andere Aufgabe hat als den irdischen Interessen zu dienen und die Welt zu gewinnen, und daß sie zur Lösung ihrer wahren Aufgabe alles besitzt, was sie braucht: Jesus Christus, den Gottmenschen, der gesagt hat: *Ego vici mundum*, als ihren Grundstein und ihr Haupt und den Heiligen Geist als ihr göttliches Lebensprinzip und unsterbliche Lebenskraft. Was braucht sie mehr? *Tene quod habes!*“

Fast prophetisch wirken diese – wie der Verfasser festzustellen glaubt – zu wenig beachteten Worte, wenn man sie im Nachhinein betrachtet. Nichts anderes als die Welt sollte nämlich gewonnen werden, als 1914 die ersten Mettener Konventualen, Studenten und Altmettener freudig, widerwillig oder vielleicht auch beides zugleich in den großen Krieg zogen. „Estote fortes in bello“ steht jedenfalls im Kriegsjahr 1915 auf der Absolviakarte der Abiturienten zu lesen; mit dem „Krieg“ ist jedoch erkennbar bereits ein ganz anderer gemeint. Statt für den Sieg gegen den Verführer war nun für den Sieg einer vermeintlich gerechten Sache zu beten, für die Mitbrüder und Schüler im Felde und nicht zuletzt auch für den Kaiser – hatte sich doch Wilhelm II. in den vergangenen Jahren als Freund des Ordens erwiesen, ebenso wie dessen treuer Waffenbruder Franz I. Josef von Österreich, der Protektor der Beuroner Benediktinerkongregation in harter Zeit.

Was mag in den Köpfen der Mönche vorgegangen sein? Dachte oder sprach der Konvent mit einer Stimme, oder war doch beides präsent, der „verlockende Sog der herrschenden Meinung und der leise Widerstand der Selbstdenker“? Unter P. Godehards Nachfolger im Amt des Schulleiters immerhin schreiben die Schüler der siebten Klasse einen Aufsatz über Theodor Körners Diktum „Zum Opfertod für die Freiheit und für die Ehre seiner Nation ist keiner zu gut“.[20] Warum auch sollte man nicht beides sein: gut katholisch, ja benediktinisch, und doch treu dem Vaterland? Es wäre allerdings ein trauriges Ende des „langen" 19. Jahrhunderts gewesen, hätte sich das, was man damals den „Geist von Metten" nannte, in den üblichen Phrasen seiner Zeit erschöpft. Wie dem auch sei – die vielen Kreuzchen auf den Absolviatafeln der Kriegsjahre legen beredtes Zeugnis davon ab, dass sich das einmal entfachte Trommelfeuer ohnehin von keiner „Mettener" Gesinnung, wie auch immer eine solche ausgesehen haben könnte, beeindrucken ließ.

Das geistige Erbe des „langen" 19. Jahrhunderts

Während draußen in Flandern, in Verdun und andernorts dem Weltenbrand noch unentwegt Kanonenfutter verabreicht wird, während eine Todesnachricht nach der anderen zum Gebet für Sieg oder Frieden mahnt, wird im Mettener Konvent bereits wieder an einem Projekt gefeilt. Was die Politik und was die Welt nicht schaffen, das wollen ein paar wackere Mönche in die Tat umsetzen: einen lange geplanten Neuanfang unter der Leitung Jesu Christi und der Fürsprache des heiligen Benedikt, dessen Regel sie befolgen wollen. Seit der Priester Franz Xaver Knabenbauer 1888 zum ersten Mal hier angeklopft hatte mit der Absicht, die Mettener zur Neubesiedelung des säkularisierten Klosters Niederaltaich zu bewegen, sind zwar schon viele Jahre vergangen, doch ausgerechnet der Krieg hat jetzt Fakten geschaffen, die nicht mehr ignoriert werden können: Der Besitzer der Niederaltaicher Klosterbrauerei ist 1914 verstorben, sein einziger Sohn drei Jahre später gefallen. Die Witwe hat ihre Verkaufsabsichten bekannt gegeben, das Vermögen Knabenbauers zur Finanzierung der Restitution liegt bereit. Ein Wink Gottes? Am 15. Juni 1918 wird der Kaufvertrag unterzeichnet, am 24. September die Regierungsgenehmigung zur Errichtung des Klosters erteilt. Am 10. Dezember, kurz nach Kriegsende, unterschreibt auch Papst Benedikt XV. das Apostolische Breve, welches das neue Stift Niederaltaich als selbstständige, der Bayerischen Benediktinerkongregation angeschlossene Abtei wiederherstellt. Das „lange" 19. Jahrhundert endet für Metten paradoxerweise beinahe so, wie es begonnen hat.

Das neue demokratische Zeitalter tut sich deshalb begreiflicherweise noch besonders schwer mit diesem Mettener Kosmos. Er ist ein Hort des patriarchalischen Geistes zwischen Autorität und Pietät, der der Weimarer Republik vorerst nicht viel abzugewinnen vermag. Es besteht Bedarf an moralischer und religiöser Rückversicherung, vielleicht sogar mehr denn je. Das dritte Studiengenossenfest des Jahres 1926 wird zur Geburtsstunde von *Alt und Jung Metten*, einer bei ihren zahlreichen Lesern von Anfang an heißbegehrten „Zeitschrift für Altmettener und Freunde der Abtei Metten".

In der Abiturrede des darauffolgenden Jahres wählt stud. phil. H. Maier folgende, von dem Streben nach eindeutigen, normativen Werten geprägte Worte für die neuen Herausforderungen seiner Generation: „Es ist benediktinischer Geist, den wir hier eingesogen haben. Bleiben wir diesem treu, so ist das die sicherste Gewähr dafür, daß wir am modernen Subjektivismus nicht scheitern werden, sondern ein gut Teil zur Wiedergesundung unserer Zeit beitragen können. Der Moderne in ihrer Hast und Unruhe, in ihrem Genuß und Komfort, in ihrem entwurzelten Kosmopolitismus im ganzen Geistesleben, wie er sich im Großstadtgetriebe der modernen Zeit zeigt, tut die patriarchalisch schlichte Beschränkung not, wie sie in der Regel des heiligen Benedikt niedergelegt ist und von den Benediktinern in Lebensführung, Wissenschaftsbetrieb und Erziehung der Jugend an ihren Anstalten praktiziert wird. Extreme, verstiegene Ideen und subjektivistische Sonderbestrebungen liegen ihnen ferne. Das *ora et labor*a und die *stabilitas loci* sind nicht nur meisterliche Psychologie – ist klare, erdgewachsene Aristokratie des Geistes und Lebens. Gelehrte, unfruchtbare Spekulation finden wir ebenso wenig wie faustischen Schaffensdrang. Die romanische Basilika in ihrer markanten, kraftvollen Einfachheit und Selbstbeschränkung möchte ich ein Symbol nennen dieses Geistes, der die modernen Menschen nicht verstehen kann, wie sie Wege gehen, die nur für den Augenblick von Wert und Nutzen sind. [...] Klassisch konservativ, ohne weltfremd die bleibenden Errungenschaften der modernen Zeit abzulehnen, kann gerade dieser Orden uns Menschen des 20. Jahrhunderts das geben, was uns fehlt und wonach gerade die besten unter uns immer wieder rufen. Was Wunder, wenn wir uns mit all den anderen Studiengenossen begeistert als Schüler des Benediktiner Gymnasiums Metten bekennen."[21] Der Redner hält sein Leben lang an dieser Begeisterung fest, so lebensnah oder -fern sie auch gewesen sein mag. In den letzten Kriegstagen des Jahres 1945 wird Domprediger Dr. Johann (Hans) Maier in Regensburg von den Nationalsozialisten hingerichtet. Doch dies ist eine andere Geschichte.

Zu guter Letzt

Eingebettet in die weltliche und in die Ordensgeschichte liegt sie nun also vor uns, die Geschichte des benediktinischen Neuaufbruchs in Metten. Wie viel „eigene Geschichte" aber steckt in ihr, wie viel Zeitumstände und wie viel Selbstbestimmung? Hätte nicht vielleicht vieles ganz anders kommen können? Führt man sich die Akteure dieser Epoche vor Augen, fällt immerhin eines in aller Deutlichkeit auf: Auch im benediktinischen (Reform-)Mönchtum des 19. Jahrhunderts sind es vor allem die schillern-

Neubeginn in Zeiten der „Urkatastrophe": Kloster Niederaltaich den, charismatischen, deshalb aber nicht immer einfachen Persönlichkeiten, die im Rahmen der gegebenen Möglichkeiten neue Wege aufzeigen oder alte neu entdecken. Was ein Dom Prosper Guéranger oder die Gebrüder Wolter von St. Paul/Rom in Solesmes oder Beuron aufbauen, was ein Andreas Amrhein von Beuron in St. Ottilien bewirkt, das kann in Metten nur ein Bonifaz Wimmer leisten, der bajuwarisch-bockschädelige Projektemacher amerikanischen Zuschnitts. Markante Gestalten wie P. Rupert Mittermüller und Abt Benedikt Braunmüller sind aus der Entwicklungsgeschichte der modernen Abtei nicht wegzudenken. Gleichzeitig wäre es aber verfehlt, denjenigen, die hier im Dienste der Wissenschaft und der Demut die eher leisen Töne pflegten, ihren Anteil an dieser Geschichte abzusprechen. Alle zusammen waren sie Protagonisten, einzigartig in ihrem Handeln und Denken, weitaus mehr als ein bloßer Abklatsch der Weltgeschichte. Und nichtsdestotrotz waren sie, ob sie es nun wollten oder nicht, Kinder ihrer Zeit – an der man im Übrigen auch scheitern konnte. Als prominentestes Beispiel für Letzteres mag der bekannte P. Benno Müller gelten, Bruder des Bischofs von Münster. Als ewig Suchender verließ er zuletzt Metten, um bei den Trappisten von Oelenberg endlich seinen vermeintlichen Frieden zu finden.

Unterm Strich bleibt aber dennoch ein zeitloser, typisch benediktinischer Eindruck haften, nämlich der Eindruck eines bewundernswerten Pragmatismus, der wahrlich nicht nur der Zweckfreiheit der „Trademark O.S.B." geschuldet war. Die Klostergemeinschaft war monarchisch gesinnt und dem bayerischen Königshaus treu ergeben, gleichzeitig aber auch ultramontan und über den landeskirchlichen Tellerrand erhaben. Sie versuchte stets eine echt monastische Gemeinschaft zu sein, ohne sie aufgrund ihrer teilweise übermenschlichen Aufgaben wirklich immer sein zu können. So war sie schließlich auch eine „ultramonastische" Gemeinschaft, die sich ihr täglich Brot in einer Ära des Utilitarismus zu sichern hatte. Erzwungenermaßen flexibel und gemäßigt aus Überzeugung, verstand sie es manchmal mehr, manchmal weniger, all diese Gegensätze glaubwürdig so miteinander zu verbinden, dass sie gerade dadurch als eigentlich liberal gelten muss: Bei allen Versuchen, eigene Interessen durchzusetzen, verhielt sie sich niemals dogmatisch oder apodiktisch, und niemals forderte sie von anderen eine Anpassung an ihre Überzeugungen, wie dies der politische Liberalismus des 19. Jahrhunderts, besonders in seiner nationalistischen Übersteigerung, durchaus gerne tat. Eingebettet zwischen Aufbruch und Beständigkeit konnte in Metten deshalb immer wieder, und allen Einflüsterungen zum Trotz, etwas in die Tat umgesetzt werden, das dem Ordensmotto in aller Menschlichkeit gerecht wird, nämlich der Vorsatz, „dass in *allem* Gott verherrlicht werde".

Abbildung des Seligen Utto auf einem Gebetsandenken

Literatur und Leseempfehlungen

Karl Bosl, Die Wiedererrichtung der Benediktiner-Abtei Metten (1830) und die christlich-humanistische Erneuerung im bayerischen Vormärz – Geist, Religion, Kirche, Staat. König Ludwig I. und Johann Michael Sailer, in: Ders. (Hg.), Land an der bayerischen Donau. Geist, Religion, Kirche und Kultur an der bayerischen Ostgrenze, Passau 1987, S. 31–45.

Eric J. Hobsbawm (Hg.), The Invention of Tradition, Cambridge 1983 (zahlreiche Neuauflagen).

Michael Kaufmann, Benedikt Braunmüller OSB (1825–1898), Abt von Metten, in: Georg Schwaiger (Hg.), Lebensbilder aus der Geschichte des Bistums Regensburg (Beiträge zur Geschichte des Bistums Regensburg 23/24), Regensburg 1989, S. 774–784.

Ders., Säkularisation, Desolation und Restauration in der Benediktinerabtei Metten (1803–1840), Metten 1993.

Ders., Episcopus et custos. Bischof Ignatius von Senestréy und die Benediktinerabtei Metten, in: Beiträge zur Geschichte des Bistums Regensburg 43 (2009), S. 257–274.

Ders., Chronik der Abtei Metten 766–2016, St. Ottilien 2016.

Anton Landersdorfer, Gregor von Scherr 1804–1877. Erzbischof von München und Freising in der Zeit des Ersten Vatikanums und des Kulturkampfes, München 1995.

Paul Mai, Das Tagebuch des Mettener Abtes Utto Lang über das Erste Vatikanische Konzil, in: Studien und Mitteilungen zur Geschichte des Benediktinerordens und seiner Zweige 84 (1973), S. 286–382.

Hanns O. Münsterer, Die süddeutschen Segens- und Heiligenkreuze, in: Bayerisches Jahrbuch für Volkskunde 1954, S. 90–122.

Jerome Oetgen, An American Abbot. Boniface Wimmer, O.S.B., 1809–1887, Washington D.C. [2]1997.

Philibert Schmitz, Geschichte des Benediktinerordens, Bd. IV: Die äußere Entwicklung des Ordens vom Konzil von Trient bis zur Mitte des 20. Jahrhunderts, Einsiedeln 1960.

Adam Seigfried, Die Seherkinder von Mettenbuch. Vom schwebenden „Adventslichtlein“ zum niederbayerischen Lourdes (1876–1878), in: Beiträge zur Geschichte des Bistums Regensburg 43 (2009), S. 493–513.

Anmerkungen

1 Otto Dudzus/Jürgen Henkys (Hg.), Illegale Theologenausbildung: Finkenwalde 1935–1937, München 1996, S. 871.

2 Karl Bosl, Die Wiedererrichtung der Benediktiner-Abtei Metten (1830) und die christlich-humanistische Erneuerung im bayerischen Vormärz – Geist, Religion, Kirche, Staat. König Ludwig I. und Johann Michael Sailer, in: Ders. (Hg.), Land an der bayerischen Donau. Geist, Religion, Kirche und Kultur an der bayerischen Ostgrenze, Passau 1987, S. 31–45, hier 31.

3 Signat König Ludwigs I. von Bayern aus dem Jahr 1835 (ohne Datum und Signatur), gedruckt in: Andreas Kraus (Hg.), Signate König Ludwigs I., Bd. 2: 1832–1835 (Materialien zur bayerischen Landesgeschichte 2), München 1989, S. 720.

4 Eduard von Schenk an Johann Michael von Sailer, München 20. Mai 1830, in: Tobias Appl/ Bernhard Lübbers (Hg.), Die Briefe Johann Michael von Sailers an Eduard von Schenk (Beiträge zur Geschichte des Bistums Regensburg, Beiband 23), Regensburg 2014, S. 195 f.

5 Bosl, Die Wiedererrichtung (wie Anm. 2), S. 32.

6 Eduard von Schenk an Ludwig I., München 15. September 1826, in: Max Spindler (Hg.), Briefwechsel zwischen Ludwig I. von Bayern und Eduard von Schenk 1823–1841, München 1930, S. 13.

7 Michael Kaufmann, Säkularisation, Desolation und Restauration in der Benediktinerabtei Metten (1803–1840) (Entwicklungsgeschichte der Benediktinerabtei Metten IV), Metten 1993, S. 312.

8 Vgl. Alfons Auer, Zur theologischen Grundlegung einer christlichen Laienfrömmigkeit, in: Theodor Filthaut/Josef Andreas Jungmann (Hg.), Verkündigung und Glaube, Freiburg i. Br. 1958, S. 307–326.

9 Bernhard Ponschab, Geschichte des humanistischen Gymnasiums im Benediktinerstifte Metten. Beilage zum Jahresberichte des humanistischen Gymnasiums Metten für das Schuljahr 1900/1901, Landshut 1901, S. 61.

10 Michael Kaufmann, Benedikt Braunmüller OSB (1825–1898), Abt von Metten, in: Georg Schwaiger (Hg.), Lebensbilder aus der Geschichte des Bistums Regensburg (Beiträge zur Geschichte des Bistums Regensburg 23/24), Regensburg 1989, S. 774–784, hier 776.

11 Ponschab, Geschichte des humanistischen Gymnasiums (wie Anm. 9), S. 30.

12 Ponschab, Geschichte des humanistischen Gymnasiums (wie Anm. 9), S. 32.

13 Signat König Ludwigs I. (wie Anm. 3), S. 720.

14 Benedikt Braunmüller, Sossau, seine Kirche und Wallfahrt, Straubing 1877, S. VI.

15 Benedikt Braunmüller, Kurzer Bericht über die Erscheinungen U. L. Frau bei Mettenbuch, Deggendorf 1878, S. 17 f.

16 Walter Kasper, Glaube und Geschichte, Mainz 1970, S. 167 f.

17 Willibald Mathäser, König Ludwig I. von Bayern und die Gründung der ersten bayerischen Benediktinerabtei in Nordamerika, in: Studien und Mitteilungen zur Geschichte des Benediktinerordens und seiner Zweige 43 (1925), S. 123–182, hier 126 f.

18 Willibald Adam, Die Benedictusmedaille, in: Theologisch-praktische Monatsschrift 25 (1915), S. 792–797, hier 795.

19 Hierfür und für das Folgende siehe Godehard Geiger, Zurück zu dem armen, demütigen, gekreuzigten Heiland Jesus Christus! Ein Wort an die Priester der katholischen Kirche, Donauwörth 1903, S. 10 u. 5 f.

20 Christian Feldmann, Der Domprediger. Dr. Johann Maier – ein Leben im Widerstand, Regensburg 1995, S. 18.

21 H(ans) Maier, Abschiedsworte des Sprechers der Absolvia 1927, in: Alt und Jung Metten 1 (1926/27), S. 119 f.

„Wenn nicht der Herr das Haus baut …“

Baugeschichte und Wirtschaftsführung

Markus Haering OSB

Inneres des Ökonomiestadels am Himmelberg

Die Regel des heiligen Benedikt vereint Gebet und Arbeit zur Aufgabe der Mönche. Dies hat verschiedene Gründe, die bis heute in gleicher Weise aktuell sind: Den Müßiggang kennzeichnet Benedikt als Einfallstor des Lasters und damit kontraproduktiv für das Grundziel des klösterlichen Lebens, die Suche nach Gott. Die Mönche sollen deshalb auch von ihrer Hände Arbeit leben, damit erwirtschaftet werden kann, was für ihren Unterhalt notwendig ist. Damit ist auch eine Basis gegeben für die weiteren Aufgaben eines Klosters, wie die Aufnahme von Gästen, die Hilfen für Bedürftige oder auch das, was heute an gemeinnützigen Zwecken im Gesetz vorgegeben ist, wie beispielsweise den Denkmalschutz. Wer selbst ein Haus zu erhalten hat und vor der über die Jahrhunderte gewachsenen Klosteranlage in Metten steht, der hat eine Vorstellung davon, was allein der Erhalt der vorhandenen Gebäude Jahr für Jahr an Aufwand erfordert. Der dazu notwendige Finanzbedarf ist, wie vor dem Einschnitt durch die Säkularisation (1803), vom Kloster selbst aufzubringen.

Die bauliche Entwicklung des Klosters ist eng verbunden mit den wirtschaftlichen Möglichkeiten und den Erfordernissen. Dazu gehören neben den Räumen für den Gottesdienst der ordensgemäße Wohnbereich der Mönche, die Einrichtungen für die klösterlichen Betriebe und auch der notwendige Raum zur Ausübung des Bildungsauftrages. In den 1250 Jahren der Klostergeschichte war die wirtschaftliche Basis nie besonders üppig. Kluge Äbte mit Energie und Tatkraft verstanden sich auf das Konsolidieren und Zusammenhalten des überschaubaren Besitzes, durch andere ging wieder verloren, was zuvor mühsam erwirtschaftet worden war. Diese Darstellung der Baugeschichte beschränkt sich auf die Klosteranlage selbst und die unmittelbar damit zusammenhängenden Bauten. Die wirtschaftlichen Aktivitäten des Klosters oder Kreditaufnahmen liefern dafür die Voraussetzung. Weitere Liegenschaften in der Verantwortung des Klosters, beispielsweise die Kirchen in Michaelsbuch, Stephansposching, Loh und Rettenbach oder verpachtete Anwesen, können im gegebenen Rahmen nicht berücksichtigt werden.

Das Rodungskloster

Die Wirtschaftsform des Hochmittelalters bis etwa 1250 war die Autarkie, aufgebaut auf das Lehenswesen, den Besitz von Grund und Boden. Auf diesem wurde eine reine Agrarwirtschaft betrieben. Dieser Grundbesitz stellte im mittelalterlichen Feudalwesen eine wichtige Einnahmequelle dar. Grund und Boden wurden verpachtet, die Pächter leisteten den Pachtzins oder den Zehent oder waren zu Gilten und Schardienst verpflichtet. Um diese Einkünfte gab es immer wieder Auseinandersetzungen und Schiedssprüche; nicht immer wurden diese Abgaben auch konsequent eingetrieben. Ein Kloster ohne ausreichenden Besitz konnte weder seinen geistlichen Verpflichtungen nachkommen noch ein apostolisches Leben führen. Deshalb wurden Klöster schon bei der Gründung mit Besitz ausgestattet, aus dessen Ertrag den Mönchen eine gesicherte Existenz möglich war. In dieses Wirtschaftsgebaren war auch das Kloster Metten eingebettet.

Die hochherzige Stiftung des seligen Gamelbert, Pfarrherrn in Michaelsbuch, im Jahr 766

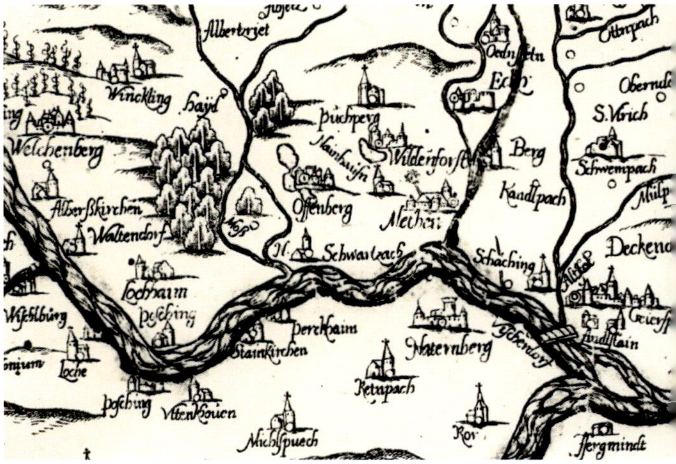

Holzschnitt von Philipp Apian (1531–1589) aus dem Jahr 1562 für die „Chorographia Bavariae“, ausgeführt in 24 Landtafeln von Jost Amman (1539–1591)

stand am Anfang des Mettener Klosters. Durch die Eigentumsübertragung an seine Stiftung war für Abt Utto (766–829) und seine Mönche eine erste wirtschaftliche Basis gegeben, um ein Leben der Gottsuche überhaupt möglich zu machen. Sicherlich musste neben die Stiftungsabsicht Gamelberts auch die Zustimmung oder Duldung durch den bayerischen Herzog treten.

Die Lage des Klosters im Waldgebiet nördlich der Donau machte den Herzog zum Eigentümer, denn die Wälder waren herzoglicher Besitz. Das Kloster unterstand damit nicht der geistlichen Behörde in Regensburg, sondern der weltlichen Gewalt. Daraus ergab sich auch als Gründungsaufgabe des Klosters, das ausgedehnte Waldgebiet zwischen Donau und Regen zu roden und der Kultur zu erschließen. Herzog Tassilo (748–788) erweiterte deshalb Gamelberts Waldbesitz nördlich der Donau bis an den Kohlbach und zur Schwarzach. Der Herzog und später auch der Kaiser hatten ein finanzielles Interesse an der Erschließung des Waldgebietes, weil sich daraus neue Steuerquellen ergaben. Die wirtschaftliche Voraussetzung zur Erfüllung dieser Aufgabe nördlich der Donau für das Kloster bildete das urbare Kulturland Gamelberts südlich der Donau, etwa vier- bis fünftausend Tagwerk Ackerland und die Isarauen als Weide für das Vieh.

Abt Utto gründete das Kloster Metten am Perlbach, auf einer hochwasserfreien Anhöhe der nördlichen Donauseite. Das Trinkwasser kam aus einer schwachen Spaltquelle. Zur Verbesserung der Qualität wurde aus dem Wasser wohl Bier gebraut, um ein keimfreies Getränk zu haben. Neben der Landwirtschaft und anderem Handwerk wurde deshalb auch eine Brauerei betrieben. Die Ernährung gewann man aus den Acker- und Weidegründen. Die Mettener Mulde war durch eiszeitlichen Löss und auf den Höhen durch tertiären Lehm für den Getreideanbau geeignet. Im Osten, Norden und Westen war die Mulde durch Höhenzüge geschützt, die ein mildes Klima schufen. So wurde bald an den Südhängen mit dem Weinbau begonnen und am Perlbach und Sulzbach Wildhopfen für die Brauerei angebaut. Im Gegensatz zu den fränkischen Klöstern spielten im Süden die Laien eine wichtige Rolle in den Wirtschaftsbetrieben. Dies trug zur Entwicklung einer Dorfsiedlung bei.

Angaben zur ersten Klosteranlage wurden verschiedentlich versucht und bleiben dennoch weiterhin in mancher Hinsicht fraglich. Im Jahr 1236 vernichtete ein Klosterbrand das Archiv mit den ältesten Urkunden, neue Quellen sind nicht bekannt. Es darf davon ausgegangen werden, dass das Kloster an der heutigen Stelle gegründet wurde, die heutige Klosterkirche an der Stelle der ersten Kirche steht und die Klosteranlage sich aus dieser Urzelle entwickelt hat. Auf der Basis von Grabungserkenntnissen unternahm Karl Schmotz den Versuch einer Rekonstruktion der alten Kirche. Von P. Wilhelm Fink ist als Grundschema der St. Gallener Plan herangezogen worden. Aus dem Baubestand und den dortigen Idealangaben konnte so eine Klosteranlage (Kirche, Kreuzgang und anschließende Gebäude) von 50 m Länge in Ost-West-Richtung und 55 m Breite in Nord-Süd-Richtung entwickelt werden.

Unter dieser Voraussetzung bestand die erste Kirche aus einem Mittelquadrat von 22 m Seitenlänge. Für die Zugänge vom Kloster im Norden und von der südlichen Außenseite wurde diese Baulinie überschritten. Im Osten und Westen schloss jeweils eine Apsis die Kirche ab. Im Westen besaß die Kirche zwei Rundtürme. In der Mitte der Kirche befand sich der Kreuzaltar, der noch in einer Urkunde aus dem Jahr 1337 an dieser Stelle angegeben wurde. Die Sakristei (heute Wintersakristei) lag nördlich der Chorapsis und wurde erst bei der Barockisierung der Kirche an die heutige Stelle verlegt. Auf der gegenüberliegenden Südseite war nach dem Plan von St. Gallen die Bibliothek. Der Steinbau der Kirche diente als Brandschutz. Wie im Plan von St. Gallen schloss sich östlich an die Kirche die „alte Kapelle“ an. Sie wurde vermutlich als erster Gebetsraum der Mönche noch vor der Klosterkirche errichtet und war der Gottesmutter geweiht. Um den Kreuzgang wurden die Konventgebäude angeordnet: an der Ostseite der Kapitelsaal und darüber das Dormitorium, im Norden Küche und Refektorium, auf der Westseite gab es Keller- und Vorratsräume. Die Wohnung des Abtes dürfte nach dem St. Gallener Plan an der Südseite der Ostapsis gewesen sein. Abgerückt vom Klostergebäude im Norden war Platz für die Wirtschaftsgebäude, etwa an der Stelle der späteren Klosterbrauerei (heute Sudhaus).

Nach der Absetzung Herzog Tassilos durch Karl den Großen (768–814) auf dem Reichstag zu Ingelheim 788 trat dieser Herrscher in die Geschichte des Klosters. Karl der Große erwartete von den Klöstern einen Beitrag zur Landeserschließung. Dieser Erwartung entsprachen die Mönche mit ihrer Kolonisationsleistung, unterstützt von ihren Dienstleuten. Als Beleg für die erfolgreiche Rodungsarbeit des Klosters im vorderen Bayerischen Wald konnte die Schenkung Karls des Großen an das Kloster im inneren Wald gesehen werden, der sogenannte Karolingerwald (*Monumenta Boica* XI, 431), und auch die Tatsache, dass der Kaiser das Kloster nach der Eroberung des Awarenreiches zur Erschließung der neuen Gebiete im heutigen Österreich herangezogen hat. Die Schenkung Karls des Großen am Vogelsang und Hirschenstein wurde 880 in einer Urkunde Karls des Dicken (879–888) bestätigt (*Monumenta Boica* XI, 431).

Abt Utto erlangte 817 auf dem Reichstag zu Aachen die Befreiung seines Klosters von allen Lasten und Abgaben an das Reich und trug damit zur wirtschaftlichen Absicherung bei. 837 bestätigte Ludwig der Deutsche in einem Schutzbrief für Abt Nithard (829–851) die von Karl dem Großen verliehenen Privilegien: Königsschutz, Immunität, freie Abtwahl und die Landschenkungen. 868 übertrug Ludwig der Deutsche dem Kloster 34 Tagwerk Ackerland und Wiesen in Plattling und Lailling, ein Lehen in Drousinendorf (= Drasdorf an der Perschling in Niederösterreich) und Besitzungen an der Altmühl. Im Jahr 880 wurden die Mettener Fluren in Richtung Zeitldorf (Honig und Wachs) und Kleinschwarzach erweitert. Der Streubesitz stellte eine Belastung für die Wirtschaftsführung dar und das Kloster bemühte sich um eine Verknüpfung durch Zwischenglieder. Insgesamt war das Kloster mit Gütern nie besonders reich ausgestattet. Kaiser Arnulf (887–899) nennt Metten eine „Abbatiuncula", ein Klösterlein. Im Klosterverzeichnis von 817 wurde Metten in der dritten Abteilung geführt, also unter jenen Klöstern, welche lediglich die Pflicht hatten, für Kaiser und Reich zu beten.

Durch die Rodungsarbeit entstanden fast 2000 Tagwerk neue Ackerflächen. Damit verbesserten sich die Ernährungslage und die Vorausssetzungen für die Besiedlung und eine gewisse Bevölkerungsdichte, die dann im 11. Jahrhundert zur Gründung von Pfarreien führte. Die Dreifelderwirtschaft wurde eingeführt, und technische Entwicklungen wie der Räderpflug erhöhten den Ertrag. Dieser Pflug verlangte ein Gespann mit mindestens zwei Ochsen, die sich ein kleiner Bauer nicht leisten konnte, was aber in den Grundherrschaften möglich war.

Rekonstruierter Grundriss der Klosteranlage im 8. Jahrhundert

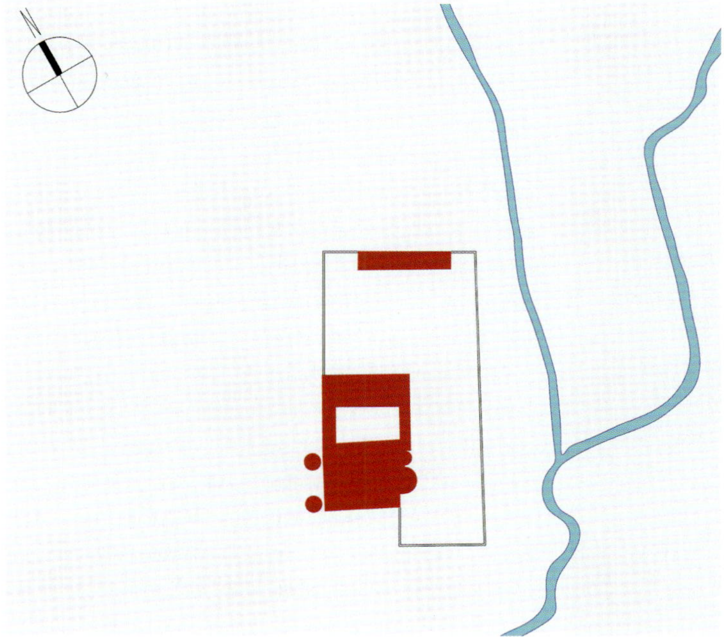

Um den Mettener Grundbesitz vor 907 (Ungarneinfall und darauf folgende Arnulf'sche Säkularisation) zu beschreiben, bleiben angesichts der dürftigen Quellenlage die Urkunde Kaiser Karls III. vom 19. Juli 882 (*Monumenta Boica* XI, 431), in der die Mettener Besitzungen im Bayerischen Wald bestätigt wurden, und als relativ unsichere Quelle die Ortsnamen. Zur Verwaltung ihres Besitzes legte die Abtei Meierhöfe an, die zu Wirtschaftszentren für die umliegenden Gebiete wurden. Zwischen den Verwaltungshöfen und dem Kloster wurde das Gebiet mit einem Netz von Straßen überzogen. Der Ausbau des Koloniallandes in der Donauniederung erfolgte durch die Trockenlegung des versumpften Niederungsgebietes und Rodung des Auwaldes, um Ackerland und Viehweiden zu gewinnen. Wirtschaftlich genutzt wurde dieses Gebiet in Form der Dreifelderwirtschaft mit dem Anbau von Roggen, Hafer, Weizen und Gerste. Daneben gab es Grünland für die Viehzucht: Ochsen wurden als Zugtiere benötigt, Kühe für die Gewinnung von Milch, die meist zu Käse verarbeitet wurde, Schafe lieferten Wolle und Fleisch; auch Schweine und Geflügel gehörten zur Landwirtschaft. Gärten dienten der Versorgung mit Obst, Gemüse und verschiedenen Kohlarten.

Zur Aufbesserung der Pfründe erhielt das Kloster am 16. August 1051 in Passau von Kaiser Heinrich III. (1046–1056) das Marktrecht. An Pfingsten und an Michaeli durfte jeweils drei Tage lang ein Markt veranstaltet werden. Dazu kam das Recht, Zölle zu erheben sowie Zwing und Bann auszuüben.

Salbuch von 1547–1549

Das landständische Kloster

Durch Heinrich II. Jasomirgott, Herzog von Bayern, wurde 1157 in Metten wieder die benediktinische Observanz eingeführt. Er stattete das Kloster auch mit Gütern aus. Diese wirtschaftliche Basis war ausreichend für den Unterhalt von zwölf Mönchen, deren Aufgabe nach den Hirsauer Statuten die würdige Feier des Gottesdienstes und das Studium waren. Der Aufgabenschwerpunkt der Mönche lag nun in der Pflege der Liturgie und der Seelsorge. Für die schweren Handarbeiten gab es Laienbrüder, die Konversen. Entsprechend den gottesdienstlichen Bedürfnissen wurde auf den alten Grundmauern eine romanische Kirche mit hohem Mittelschiff erbaut. Der Kreuzgang wurde zum umgrenzten Garten hin verbreitert, um die nötige Breite für würdige Prozessionen zu erhalten. Der Westtrakt des Klosters erhielt ein neues Obergeschoss für die Wohnung des Abtes. Im Erdgeschoss darunter wurde die Pforte eingerichtet. Dazu kamen im Norden des Klosterbereichs die Wirtschaftsbetriebe: Mühle, Bä-

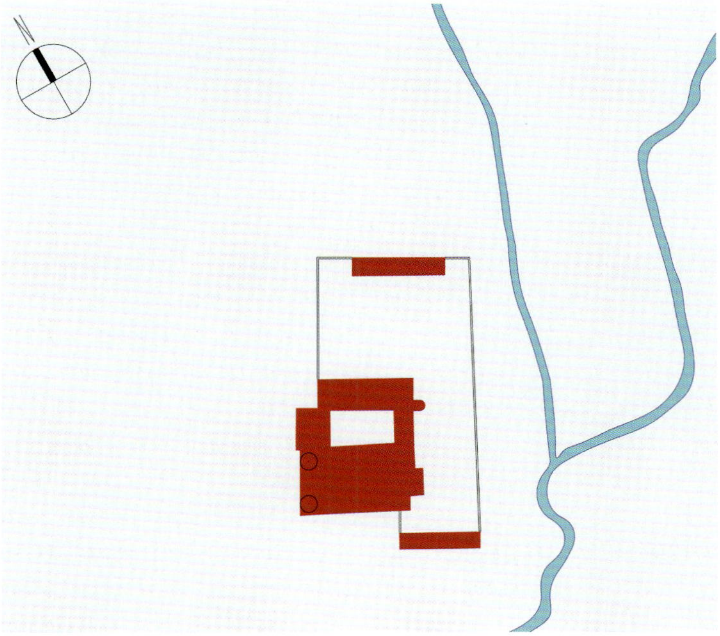

Grundriss der Klosteranlage im 13. Jahrhundert

ckerei und Brauerei. Wegen der Beschäftigung von Laien und der Bevölkerung im Dorf nahm sich das Kloster einer weiteren Aufgabe an: Zur Pflege der Kranken wurde im Südosten der Kirche 1201 ein Krankenbau errichtet. Dazu wurde das Kloster mit festen Mauern ringsum gesichert, so dass der Eindruck einer Gottesburg entstand.

In der Amtszeit von Abt Bernold (1232–1240) traf 1236 eine verheerende Brandkatastrophe das Kloster und zerstörte die Anlage bis auf die Grundmauern. Bei der üblichen Fachwerkbauweise fand das Feuer genügend Nahrung und mit den tragenden Balken stürzten die gesamten Gebäude zusammen. Noch im 20. Jahrhundert fand sich in drei Meter Tiefe Brandschutt dieser Katastrophe. Der bayerische Herzog Otto II. (1231–1253) unterstützte den Wiederaufbau. Dennoch entstand für das Kloster eine große Schuldenlast. Es dauerte fast dreißig Jahre, bis unter Abt Albert I. (1242–1268) am 5. Juni 1264, einem Pfingstdienstag, der Regensburger Bischof Leo Thundorfer (1262–1277) die neue Kirche weihen konnte. Die Verehrung des ersten Abtes Utto nahm um die Mitte des 14. Jahrhunderts zu. Deshalb wurden seine Reliquien in den Chorraum der Kirche verlegt. Unter einer auf Metallpfosten ruhenden Granitplatte, die den Abt im Pontifikalornat zeigt, war der Schrein mit den Gebeinen sichtbar. Dieser zog Pilger an, die nicht nur die seelsorgliche Tätigkeit der Mönche in Anspruch nahmen, sondern auch für ihre leibliche Versorgung dem Kloster Einkünfte brachten.

Schon im 12. Jahrhundert setzte eine Veränderung in der wirtschaftlichen Organisationsform ein. Frondienste und Naturalabgaben wurden durch Zinsleistungen abgelöst, Bauernstellen wurden verpachtet. Der Grundbesitzer konnte mit Bargeldeinnahmen aus den Pachtverträgen rechnen, die man auch für nichtagrarische Produkte ausgeben konnte. Die bisher bestehende Verbundenheit zwischen dem Kloster und den wirtschaftenden Bauern, die sich aus für beide Seiten guten oder schlechten Wirtschaftsjahren ergab, wurde durch eine rein finanzielle Verbindung abgelöst. Es war der Geldkreislauf, der das Feudalsystem mit seinen Naturalabgaben und Arbeitsleistungen ablöste. In diese Veränderung war Metten eingebunden. Das Kloster lebte auch von den Renten, die seine Besitzungen abwarfen. In der folgenden Zeit wurden die Äbte deshalb immer wieder in Streitigkeiten verwickelt. Die Erträge aus Landbesitz waren oftmals mit einer direkten Zweckbestimmung verbunden, etwa für die Infirmerie, die Kustodie oder die Sakristei. Neben der Gewinnung von Einkünften versuchten die Äbte auch Ausgaben zu vermeiden. So führten sie immer wieder Verhandlungen mit dem jeweiligen Bischof von Passau und den österreichischen Herzögen um Mautfreiheit für den Warentransport von den österreichischen Besitzungen nach Metten.

Nach 1246 gab es in Metten Bestrebungen, die Reichsunmittelbarkeit zu erlangen, um mehr Bewegungsfreiheit gegenüber dem Regensburger Bischof zu erreichen – allerdings ohne Erfolg. Metten blieb ein kleines landständisches Kloster mit Hofmarksgerechtigkeit.

Nordteil des gotischen Kreuzgangs nach Westen, abgebrochen 1881

Statt der Exemtion konnte Abt Friedrich II. (1272–1277) von Papst Gregor X. (1271–1276) in Lyon 1275 für das Kloster einen Schutzbrief zur Absicherung gegenüber der bischöflichen Gewalt erwirken; das päpstliche Dokument bestätigte alle Immunitäten und Besitzungen. Die Urkunde beschrieb den Besitz von Gütern und Zehentrechten.

Weitere Einnahmequellen waren die niedere Gerichtsbarkeit in Metten und Eisenreich-Dornach, das Fischrecht in der Donau von Wischlburg bis Deggendorf und die Mühlgerechtigkeit in Wischlburg und Roggensdorf. Dazu wurde die Pfarrei Neuhausen dem Kloster inkorporiert, und in Michaelsbuch hatte Metten das Patronatsrecht über die Kirche samt Zehent, Meierei und Kirchensatz. Durch den Regensburger Bischof Heinrich von Rotteneck (1277–1296) wurde 1294 die Pfarrei Michaelsbuch dem Kloster inkorporiert. Metten konnte also dem Bischof den Pfarrer vorschlagen und dieser musste jährlich den Zins aus seinen Pfründen an das Kloster zahlen. Die Einkünfte aus Michaelsbuch waren für das Krankenhaus des Klosters bestimmt.

Zu diesen Einnahmequellen kamen als weiteres Standbein die Seelsorgsdienste des Klosters. Vermögende Bürger stifteten Seelenmessen – oft durch Grundschenkungen und die daraus zu erzielenden Einnahmen finanziert – für das eigene Seelenheil oder das ihrer Angehörigen. Für ihr Begräbnis hatten sich 1291 die Herren von Wildenforst links vom Kircheneingang die Andreaskapelle erbaut. Die Degenberger begründeten 1335 mit dem Bau der Laurentiuskapelle an der rechten Seite ihr Familienbegräbnis. Solche Begräbnisstätten waren mit religiösen Vermächtnissen verbunden. Bald nach 1300 wurde für die Bevölkerung der Hofmark, die inzwischen auf 50 bis 60 Häuser

Das Kloster Metten 1619 in der „Monasteriologia" von Karl Stengel. Die gotische Kirche flankiert von den beiden Grablegen der Wildenforster und Degenberger. Links davon die von Abt Oswald II. (1548–1569) erbaute Abtei mit Erkertürmchen, im Anschluss daran die von Abt Johannes III. (1595–1628) 1613 errichtete Abtei mit Toreinfahrt, rechts die Infirmerie (Krankenbau) südöstlich der Kirchenapsis

angewachsen war, westlich der Klosterkirche eine 9 m breite und 11 m lange Seelsorgskirche gebaut und dem heiligen Martin geweiht. Die Familie der Ecker war dem Kloster in gleicher Weise verbunden und wählte diese Kirche als Begräbnisstätte. Ulrich von Eck war 1310 der Erste, der hier begraben wurde. Ein späterer Ulrich von Eck vermachte 1393 dem Kloster aus seinen Huben in Pankofen erneut jährlich ein halbes Pfund Regensburger Pfennige zu einem Jahrtag für seinen verstorbenen Vater Albrecht und fügte 1399 einen zweiten Hof in Pankofen dazu, damit auch für seine Frau ein Jahrtag gehalten werde. Im Jahr 1410 gab Weimar der Ecker zu Saldenburg einen Hof in Pamling für zwei Jahrtage an das Kloster. Neben den genannten Familien waren dem Kloster durch religiöse Vermächtnisse auch die Frauenberger, die Taufkirchner, die von Falkenstein, Montfort und Törring verbunden; auch der Regensburger Bischof Friedrich Sigmund von Fugger hatte einen Jahrtag in Metten.

Die Instruktionen für die Visitation der Benediktinerklöster in der Diözese Regensburg unter dem heiligen Bischof Albert II., dem Großen (1260–1262), zeigen, dass in den Klöstern Bier das übliche Getränk war. Deshalb gab es auch in Metten eine Brauerei für den Eigenbedarf; der Hopfen kam aus den Besitzungen im Altmühltal. Wegen der Veränderungen in der Wirtschaft seit dem 12. Jahrhundert bemühte sich das Kloster im frühen 14. Jahrhundert beim Landesfürsten um die Gewährung des Schankrechts. Am 2. Februar 1322 erhielt das Kloster vom niederbayerischen Herzog Heinrich XIV. (1310–1339) dieses Recht für das eigene Wirtshaus sowie das Recht, allzeit Bier zu brauen und ausschenken zu dürfen, auch wenn es sonst im Lande aus irgendwelchen Gründen verboten wäre. Die Brauerei wurde damit vom Eigenbetrieb zu einem regelrechten Gewerbebetrieb. Lieferten bisher Lehensleute und Pächter Waren an das Kloster, so konnte es nun selbst als Lieferant von Bier tätig werden. Die Handelsrichtung hatte sich damit umgekehrt. In Metten gab es die Hoftaferne und weitere Tafernen in Michaelsbuch und Wischlburg. Immer wieder wurde in den kommenden Jahrhunderten die wirtschaftliche Bedeutung der Brauerei für die Äbte Anlass zu Baumaßnahmen, um diesen Erwerbszweig zu pflegen und zu sichern.

Unter Abt Petrus I. (1389–1428) blühte nicht nur die Schreibstube des Klosters; auch die Bautätigkeit ruhte nicht. Im Ostflügel der Klosteranlage wurde eine Kapelle gebaut und den Heiligen Johannes, Katharina, Margareta und Ursula geweiht. Die alte Marienkapelle wurde abgebrochen und 1407 ebenfalls im Ostflügel neu errichtet. Sie war zweigeschossig aus massivem Stein erbaut und nahm wegen der dadurch reduzierten Brandgefahr im Obergeschoss Schreibstube und Bibliothek auf. Besondere Wohltäter versetzten Abt Petrus in die Lage, im Hof des Klosters (Kreuzgarten?) eine Kapelle zu Ehren der Krone, des Leidens und der Leidenswerkzeuge Christi und zu Ehren der Barmherzigkeit und Gerechtigkeit des Herrn zu errichten. Diesem Kirchlein und der Marienkapelle im Kreuzgang wurde 1412 von Bischof Albert III. (1409–1421) von Regensburg ein besonderer Ablass gewährt.

Die gotische Klosteranlage auf dem Grabdenkmal für die Familie des Wirtes Kaspar Müller von Weibing über dem Eingang zur Sakristei der Filialkirche in Berg. Ansicht von 1611

In den Jahren 1451–1455 begannen unter Abt Petrus II. Vältl (1446–1459) Arbeiten an der Klosterkirche, die sich über fast vierzig Jahre hinzogen. Nicht nur die Freude am neuen Stil der Gotik, sondern auch statische Gründe veranlassten diese Aktivitäten. Die Erneuerung begann im Chor der Kirche. Nach dem Abbruch von Apsis und südlichem Seitenschiff wurde der Chorraum mit drei Seiten eines halben Sechsecks abgeschlossen. Noch heute zeugen die gotischen Streben von dieser Bauperiode. Die Sakristei wurde zur Benediktuskapelle umgebaut und darüber entstand die Abtkapelle, die sich vorher im Westwerk der Kirche befunden hatte. Der Chor erhielt einen neuen Hochaltar und ein gotisches Chorgestühl. Diese Baumaßnahme wurde mitfinanziert durch einen Ablassbrief des Kardinals Nikolaus von Kues (1401–1464).

Die Visitation des Klosters im Jahr 1452 beendete die getrennten Kassen des Klosters für Abt, Konvent, Krankenhaus, Gusterei und Marienkapelle. Es gab nur noch eine Kasse, die durch den Abt verwaltet wurde. Der Nachfolger, Abt Johannes I. Höpfl (1460–1478), musste 1461 nicht nur den baufällig gewordenen Krankenbau von 1201 erneuern, er konnte auch mit dem Umbau des Langhauses der Kirche beginnen. Das Mittelschiff wurde in seiner Breite dem Chor angepasst und mit einem mächtigen Gewölbe überdeckt. Auf der Südseite der Kirche waren die Strebepfeiler an der Außenseite, im Norden waren sie eingezogen. Die Rundtürme wurden im Viereck ummauert und erhielten spitze Turmhelme. In einem gewölbten Vorbau befanden sich die Kapellen der Degenberger und Wildenforster. Die neue Kirche wurde 1479 geweiht, die Innenausstattung konnte aber erst unter Abt Oswald I. Mayr (1495–1515) vollendet werden.

Abt Petrus II. war es 1459 auf dem Landtag in Straubing – dort wurde von den niederbayerischen Äbten eine Steuer zur Ausstattung von zwei herzoglichen Prinzessinnen

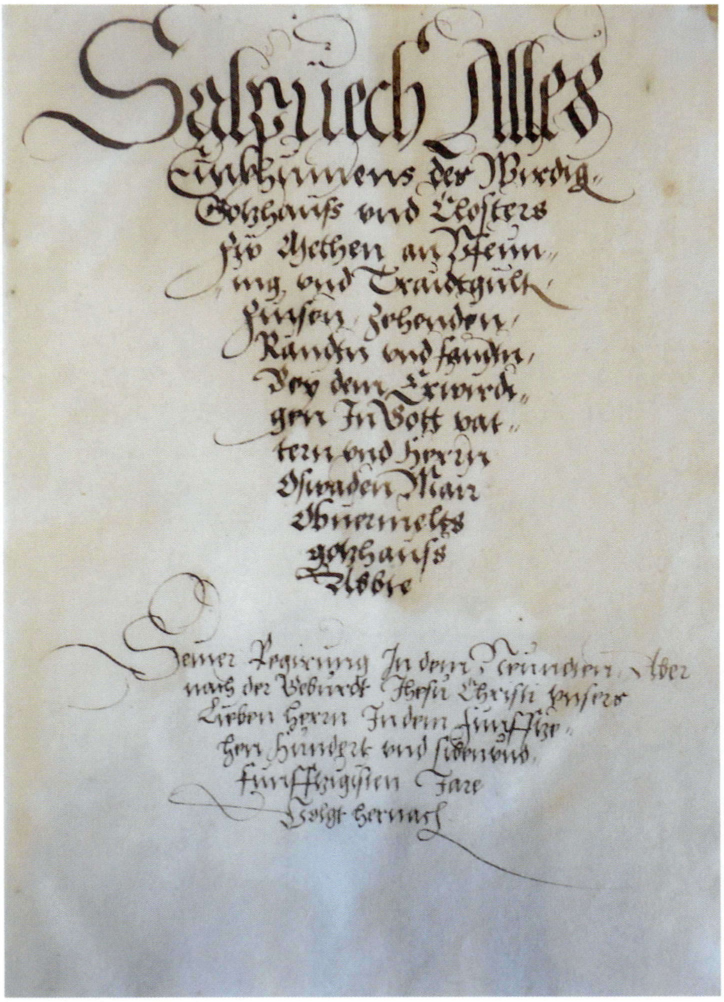

Salbuch von 1557–1560

zugesagt – noch gelungen, einen Schadlosbrief zu erhalten, damit aus seinem Zugeständnis kein Präjudiz für die Zukunft erfolge. Dazu bestätigte der Bischof von Passau erneut die Mautfreiheit des Klosters für seinen Warenverkehr mit den österreichischen Besitzungen. Einen ähnlichen Bestätigungsbrief für diese Besitzungen stellte auch Erzherzog Albrecht VI. von Österreich (1458–1462) am 19. November 1459 aus. Ebenso bestätigte Kaiser Friedrich III. (1452–1493) die Vorrechte des Klosters für seinen Besitz in Österreich mit der Bemerkung, dass er den geistlichen Personen, die zum Dienst Gottes besonders verordnet sind, deshalb gerne Zeitliches mitteile, damit er ihres Gebetes und ihrer guten Werke für das ewige Leben teilhaftig werde. Das noch vorhandene Salbuch des Klosters über die österreichischen Besitzungen beginnt 1473 und schließt 1491. Daraus geht hervor, dass der Güterstand dort nicht unbedeutend war und jährlich ein Konventuale dorthin geschickt wurde, um Einnahmen und Ausgaben zu besorgen, Verpachtungen und neue Belehnungen vorzunehmen, die Winzer zu bezahlen, einen Teil des geernteten Weins zu verkaufen und dafür andere Weine einzukaufen. Das Kloster erzielte Einkünfte aus den Weinbergen, aus dem Ökonomiebetrieb, aus Zehnten, Pacht, Stift und Gilten. Jedoch zehrten die Ausgaben, die dafür bestritten werden mussten, die Einnahmen nahezu auf.

Abt Oswald I. Mayr (1497–1515) baute zur Stärkung der Einkünfte aus der Klosterbrauerei eine Gastschenke und verbesserte die Pflege des Weingartens am Himmelberg. Dennoch stand es um die Klosterfinanzen nicht gut. Für die Zeit von Abt Karl Dorn (1535–1537) gibt das Salbuch von 1536 Auskunft über die Erträge des Klosters: Aus mehr als hundert Orten erhielt es Zehnten, Gilten, Zinse und andere Dienste. Zur Aufbesserung der Finanzen wurde 1536 die Tafernwirtschaft des Klosters neu verpachtet und wurden Verbesserungen an der Brauerei vorgenommen. Abt Johann Oedmayer (1544–1548) erwirkte 1547 beim bayerischen Herzog die Bewilligung zur Aufnahme von 800 Gulden Kapital, die der Herzog kraft landesherrlicher Gerechtsame erteilte. Daran wurde nicht nur die steigende Abhängigkeit des kirchlichen Bereichs von der weltlichen Herrschaft deutlich. Diese Schuldaufnahme stellte auch eine Weise der klösterlichen Finanzierung dar, die bisher nicht vorgekommen war, in der Folgezeit aber fast beständige Begleitung in der Wirtschaftsführung des Klosters wurde.

Die bedeutendste Veränderung der Klosteranlage im 16. Jahrhundert ist wohl die Anlage einer neuen Abtei in einem Erweiterungsbau unter Abt Oswald II. Mayr (1548–1569). Der Nordtrakt des Klosterbereichs wurde dazu nach

Westen fortgeführt (heute Chemie-Übungsraum). Auf der Nordseite erhielt das Gebäude ein Erkertürmchen mit einer Zwiebelkuppel. Die Baumaßnahme war nur durch die erneute Aufnahme von Schulden und die Verpfändung von Klostergütern möglich. Unter seinem persönlich integren Nachfolger, Abt Sebastian Kastner (1569–1577), gelang eine Sanierung der Klosterfinanzen nicht. Bis zur Wahl eines neuen Abtes 1581 wurde der klägliche Zustand des Klosters durch den Landesherrn und Administratoren verwaltet. Abt Markus Besch (1581–1592) bemühte sich redlich, konnte aber doch das Kloster zu keiner wirtschaftlichen Gesundung führen.

Erst unter Abt Johannes III. Nablas (1595–1628) kam die Wende. Er wurde nach Metten postuliert, um dem Kloster aus seiner wirtschaftlichen und geistlichen Not zu helfen. Zuvor war er Ökonom in seinem reichsunmittelbaren Professkloster St. Emmeram in Regensburg gewesen. Ab 1596 wurden die Gilten und Abgaben an das Kloster konsequent eingetrieben. Am 4. Mai 1599 bestätigte der Regensburger Bischof Sigmund Friedrich von Fugger (1598–1600) die Einverleibung der Pfarrei Michaelsbuch durch das Kloster und bewilligte die Besetzung der Pfarrei mit einem Mönch. Die Einkünfte aus dieser Pfarrei standen ab 1599 dem Kloster zur Verfügung, als mit P. Georg Turnhueber der erste Konventuale seinen Dienst als Pfarrer antrat. 1602 sagte Bischof Wolfgang II. von Hausen (1600–1613) dem Kloster den Zehent in Mattenhofen zu und leitete die Übergabe der Pfarrei Stephansposching an das Kloster ein. 1604 trat das Kloster in das Benefizium in Eck ein und 1613 konnte schließlich auch die Inkorporation der Pfarrei Stephansposching und deren Besetzung mit einem Mönch vom Regensburger Bischof erlangt werden. Am 4. Juni 1616 bestätigte Bischof Albert IV. von Toerring (1613–1649) die Übertragung dieser Pfarrei an das Kloster Metten. Mit P. Josef Dopfner übernahm 1617 der erste Mönch diese Pfarrstelle. Dem Abt gelang es auch, 1621 von Herzog Maximilian I. (1597–1651, ab 1623 Kurfürst) die Erneuerung des alten Braurechts zu erhalten. So konnte die Brauerei als Einnahmequelle ausgebaut werden. Nun war Abt Johannes in der Lage, entscheidend in die Entwicklung der baulichen Anlagen eingreifen. Um die Kosten dieser Bauten zu bestreiten, durften mit Bewilligung des Bischofs und des bayerischen Herzogs von den Gotteshäusern in Michaelsbuch und Rettenbach 3000 Gulden Kapital entliehen und ratenweise wieder zurückgezahlt werden.

Schon 1602 wurde in der Kirche eine Westempore eingezogen und 1604 eine neue Orgel aufgestellt. 1607 baute der Abt eine neue Prälatenkapelle mit einem Fenster zur Klosterkirche. Nachdem es Abt Johannes gelungen war, die wirtschaftlichen Verhältnisse des Klosters zu sichern, errichtete er 1613 im Anschluss an die unter Abt Oswald angelegte Abtei eine neue Prälatur in Richtung Norden und gab so dem Klosterhof im Westen seinen Abschluss. Mit der Toreinfahrt entstand so eine äußere Pforte, die während der Nacht geschlossen wurde. Die Klosterpforte befand sich bisher im Westtrakt des Kreuzgangs (jetzt Benediktuskapelle); sie

Grundriss der Klosteranlage im 16. Jahrhundert

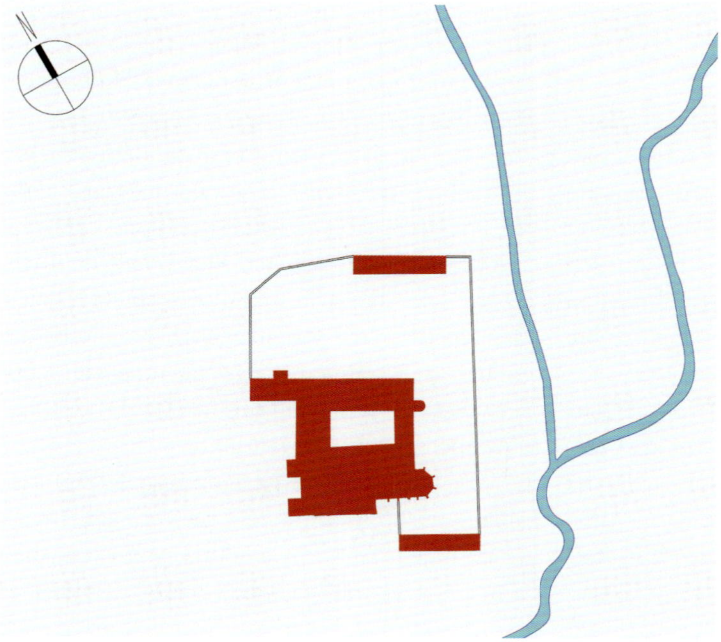

wurde 1614 in den Nordtrakt verlegt und zur inneren Pforte mit Zugang zur Klausur. 1624 ging der Abt daran, einen völlig neuen Trakt als Konventgebäude zu bauen. In der Verlängerung des Nordtraktes nach Osten entstanden im Erdgeschoss Refektorium und Küche, darüber ein neues Sommerrefektorium. Der in Richtung Süden angrenzende 70 m lange neue Ostflügel bot im Erdgeschoss Raum für eine groß angelegte Bibliothek und das Skriptorium. Darüber lag das neue Dormitorium, zwanzig Zimmer mit einem Gang in der Mitte. Der frühere Schlafsaal wurde zum Kapitelsaal. Weil zur Ausführung dieses Vorhabens die Marienkapelle abgerissen werden musste, ging das Kloster die Verpflichtung ein, später wieder eine der Gottesmutter geweihte Kapelle zu errichten. Zunächst wurde ein Steinreliefbild angebracht, das die Krönung Mariens durch die Heilige Dreifaltigkeit zeigt und an die eingegangene Verpflichtung erinnern sollte.

In Sorge um die finanzielle Absicherung des Klosters widmete der Abt sein Interesse auch den Wirtschaftsgebäuden des Klosters. Mühle, Bäckerei und Brauerei wurden in den Jahren 1613 bis 1615 erneuert und vergrößert. Abt Johannes III. war 1623 auch zum Abt von St. Emmeram in Regensburg gewählt worden und verzichtete 1628 endgültig auf Metten. Was er nicht mehr vollenden konnte, brachte sein Prior und Nachfolger, Abt Christoph Guetknecht (1628–1645), zum Abschluss.

1629 wurde die im Jahr zuvor zurückgekaufte Dorfmühle repariert und das Wörth am Berger Weg erneuert. Für die Landwirtschaft legte Abt Christoph 1631 gegen Norden einen großen Bau mit Wohnräumen, Stallungen und Vorratslagern an, der mit seinen Bogengängen heute noch den Hof begrenzt. Die Fläche davor erhielt 1632 einen steinernen Brunnen. 1639 folgte die westliche Begrenzung mit Schafstall und Pferdestall, die den Hofcharakter herstellte. 1640 baute der Abt eine neue Mühle. Ebenso erneuerte er das Innere der Kirche, richtete die Bibliothek ein und tilgte die Schulden des Klosters. Dies war möglich, weil Abt und Konvent einfach und sparsam lebten und alle Einnahmequellen ausgeschöpft wurden. Die Brauerei als wichtige Ertragsquelle machte den Deggendorfer Brauern Konkurrenz, was 1647 zu einer Klage bei Kurfürst Maximilian I. führte.

Nordteil des gotischen Kreuzgangs nach Osten, abgebrochen 1881

Von Unglücksfällen blieb die Abtei nicht verschont: 1633 und 1641 plünderten die Schweden das Kloster und 1634 raffte eine Seuche zehn Mönche dahin. Immer wieder machte sich Abt Christoph unverdrossen an sein Tagewerk. Mit dem Jahr 1639 beginnen die ökonomischen Register, die sich ziemlich vollständig bis zum Jahr 1732 erstrecken. Neben der Ökonomie in Metten gab es das Gut Holzschwaig bei Stephansposching, einen Hof in Wischlburg und ein Gut in Haunkofen, die in Eigenregie des Klosters bewirtschaftet wurden. Eine Folge des Schwedenkrieges war aber auch, dass unter Abt Maurus Lauter (1645–1651) viele Lehen des Klosters, die bisher als Leibgedinge veräußert waren, nun in Erbrechte umgewandelt werden mussten, um nach der Brandschatzung deren Wiederherstellung zu ermöglichen. Kein Wunder, dass die Schuldenlast des Klosters wieder anstieg. Dennoch erfolgte 1650 eine Erneuerung des Krankenbaues.

Ökonomisches Register von 1648

Abt Roman I. Schäffler (1668–1686) musste 1671 zur Behebung von Bauschäden für sein armes, heruntergekommenes Metten bei der Filialkirche Rettenbach eine Anleihe von 1000 Gulden aufnehmen. 1679 waren am Chorgewölbe der Kirche Reparaturen notwendig und in den Jahren 1680/81 wurde der Südturm der Klosterkirche neu gebaut. Mit Bewilligung von Papst Innozenz XI. (1676–1689) musste das Kloster zudem eine bedeutende Summe als Türkensteuer an Kurfürst Max II. Emanuel (1679–1726) abführen.

In seiner Totenrotel, der Mitteilung über seinen Heimgang an andere Klöster, wurde Abt Benedikt Ferg (1686–1706) Wiederhersteller der Gebäude und Liebhaber der Wissenschaften genannt. Er erbaute 1687 das Streichwehr am Berger Steg und ließ den Mühlbach erneuern, zum Vorteil der beiden Klostermühlen. Ebenso erneuerte er das Sommerhaus beim Weingarten am Himmelberg und baute beim Kloster einen kleinen Festsaal mit Theater im Obergeschoss des neuen Pferdestalls. Die baufällige Infirmerie erhielt ab 1693 eine Renovierung und 1696 wurde der Nordturm der Kirche an die Gestaltung des Südturms angeglichen. Im gleichen Jahr erwarb der Abt vom bayerischen Kurfürsten Max II. Emanuel die vogteiliche Gerichtsbarkeit über viele Untertanen in den Gerichten Natternberg und Deggendorf und brachte deren Geldleistungen ans Kloster. Am 30. Juni 1699 legte er den Grundstein für das der Gottesmutter geweihte Kirchlein in Uttobrunn, das als Ersatz für die abgebrochene Marienkapelle gebaut wurde, und benedizierte das Gotteshaus 1701. Trotz der auf Bauten und Wissenschaften verwendeten Mittel gelang es Abt Benedikt, die Schuldenlast des Klosters zu senken.

Mit Abt Roman II. Märkl (1706–1729) kam der Mann in die Leitungsverantwortung, der nach Abt Johannes Nablas das Kloster zu seiner heutigen baulichen Erscheinungsweise führte. Schon 1707 begann er mit dem Bau eines neuen Brauereikellers, der 1709 vollendet wurde. Zum Leidwesen des Abtes lag dieser Keller jedoch außerhalb des Klosterbezirks. 1713 wurde der Krankenbau des Klosters abgebrochen und an das Konventgebäude der Südflügel des Klosters angebaut, der im Erdgeschoss Infirmerie und Apotheke und im Obergeschoss das Seniorat aufnahm. 1714 war diese Maßnahme abgeschlossen. 1712 nahm Abt Roman den barocken Umbau der Kirche in Angriff, um ihr die Gestalt zu geben, die sie heute zeigt. Die Arbeiten begannen mit dem Abbau des Chortürmchens und der Erneuerung des Chorgewölbes. Die Sakristei wurde in den Ostteil des Chores der Kirche verlegt und eingewölbt, darüber entstand der Mönchschor. Im erneuerten Chor versammelten sich die Mönche erstmals am 17. Mai 1714 zum Choralgesang. Die Abtkapelle neben der Kirche wurde 1715 erneuert. Um den Südturm der Kirche, in dem sich das Archiv des Klosters befand, abtragen zu können, wurde in einem ersten Schritt ein neuer Archivturm gegen Süden an die von Abt Johannes Nablas errichtete Abtei angebaut. Um während der Neugestaltung des Kirchenschiffes eine Ausweichmöglichkeit zu haben, wurde 1719 die Martinskirche renoviert. Für den Umbau des Langhauses legte Abt Roman am 16. Juli 1720 den Grundstein; für die Erneuerung der Seitenkapellen beim Kircheneingang taten dies Prior und Subprior am 28. und 30. März 1721. Schon am 14. Dezember 1720 war die Kirche unter einem neuen Dachstuhl eingedeckt und am 3. September 1721 hatte die Kirche ihr neues Gewölbe. Im Mai 1723 begann der Stuckateur Franz Joseph Holzinger in der Kirche seine Arbeit, die Fresken schuf Wolfgang Andreas Heindl. Zur Ausstattung der Kirche fertigte der Straubinger Schreiner Jakob Schöpf den Hochaltar, für den Cosmas Damian Asam 1715 das Bild gemalt hatte, und Franz Mozart aus Augsburg schnitzte dazu die Figuren des heiligen Benedikt und Karls des Großen.

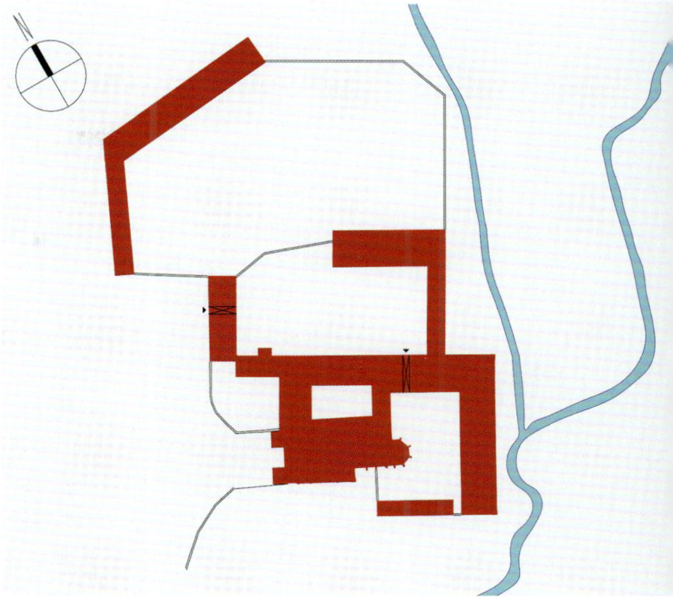

Grundriss der Klosteranlage im 17. Jahrhundert

1724 war der Kirchenbau vollendet und zum Weihnachtsfest 1726 erklang erstmals die neue Orgel. Aber erst am 31. Mai 1729 erhielt die Kirche durch Weihbischof Gottfried Langwerth von Simmern (1717–1741) die Konsekration. In der Amtszeit von Abt Roman wurde 1724 auch die Bibliothek durch den Maler Innozenz

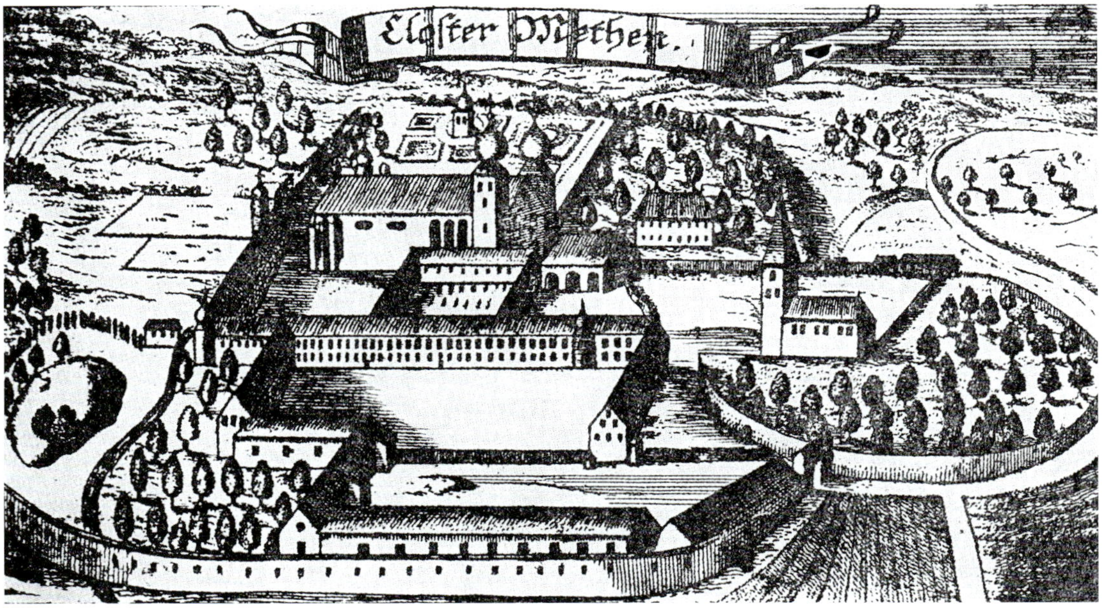

Das Kloster Metten um 1690 auf einem Kupferstich von Johann Ulrich Kraus (1655–1719), enthalten im „Churbaierischen Atlas“ von Anton Wilhelm Ertel (1654–ca. 1715), Nürnberg 1690

Waräthi und den Stuckateur Franz Joseph Holzinger barock ausgestaltet. Neben der Kirche gab es eine Anzahl von weiteren Arbeiten, wie die Renovierung des Winterrefektoriums 1721 oder Maßnahmen in den klösterlichen Liegenschaften und den betreuten Pfarreien. Ohne Augenmerk auf die Wirtschaftsführung konnte eine derartige Leistung nicht durchgeführt werden. 1725 begann der Bau einer neuen Mühle, Bäckerei und Brauerei. Noch vor dem Amtsverzicht von Abt Roman konnte 1729 die neue Brauerei in Betrieb genommen werden. Die Brauerei wurde zur wichtigen Einnahmequelle im 18. Jahrhundert, was zu Konkurrenzneid bei der Brauerei im benachbarten Egg führte.

Abt Augustin II. Ostermayer (1730–1742) war der zweite Nachfolger von Abt Roman in der Leitung des Klosters. Mit dem Festsaalbau und den anschließenden Seitenflügeln als Verbindung zwischen Konventbau und Brauerei nahm er 1733 eine große Erweiterung in Angriff, die allerdings in seiner Amtszeit nicht abgeschlossen werden konnte. Abt Columban Gigl (1744–1752) baute an diesem Erweiterungstrakt weiter, schaffte 1744 für den Klosterhof einen neuen Karlsbrunnen an, bei dem die schon vorhandene Statue Karls des Großen wieder Verwendung fand, errichtete aber auch für die Klosterschmiede und die Wagnerei den Trakt zwischen äußerer Pforte und Schafstall, der 1958 durch die neue Klosterverwaltung ersetzt wurde. Erst Abt Adalbert Tobiaschu (1752–1770) konnte den Festsaalbau zum Abschluss bringen. Das Deckengemälde mit der Wiederkunft Christi schuf Martin Speer im Jahr 1755. Unter Abt Adalbert wurde auch das Schlösschen auf dem Himmelberg erbaut. Die Fresken der Pauluskirche dort malte wiederum Martin Speer. Am 5. Oktober 1760 wurde diese Kirche konsekriert. 1762 erhielt der Konventhof einen neuen Brunnen. Abt Adalbert galt als kundiger Ökonom, der die Ställe des Klosters

Kirche und Kloster zur Zeit des Abtes Roman II. Märkl. Ansicht von Michael Wening (1645–1718) in „Historico-topographica descriptio Bavariae“, 1726. Die Kirche hat noch das gotische Langhaus, der Senioratstrakt ist errichtet

Grundriss der Klosteranlage im 18. Jahrhundert

Ökonomisches Register von 1732

mit Pferden, Ochsen und Kühen füllte und viele Schulden tilgte.

Unter seinem Nachfolger Abt Lambert Kraus (1770–1790) geriet die Wirtschaft des Klosters wieder in Verfall. 1776 ließ der kunstsinnige Abt und Komponist für den Hochaltar der Klosterkirche einen dreiteiligen Tabernakel anfertigen und gab beim Augsburger Goldschmied Johann Ignaz Kaspar Bertold eine Monstranz in Auftrag. Er kaufte liturgische Geräte und Ornate, stattete Abtei und Gästezimmer neu aus und schaffte Pretiosen an. Der Prälatengarten im Westen der Klosteranlage wurde 1777 mit einer Mauer eingefriedet und zu einem Ziergarten gestaltet. Weitere Maßnahmen seiner Amtszeit waren die neue Wasserleitung

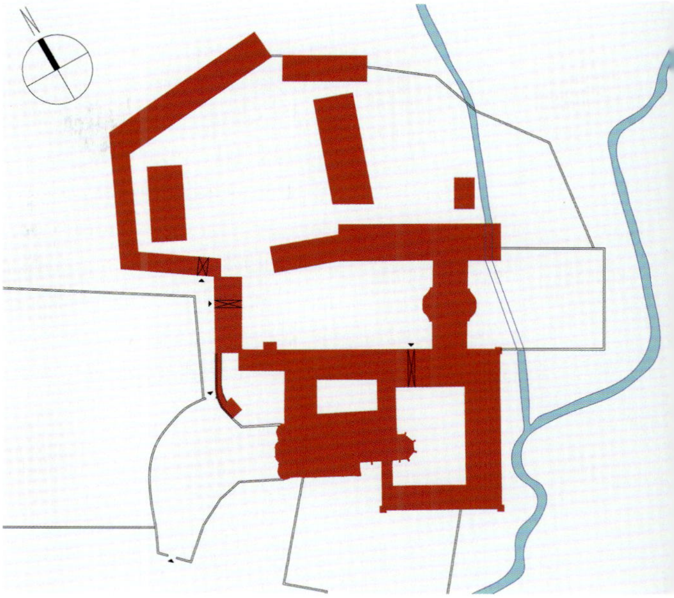

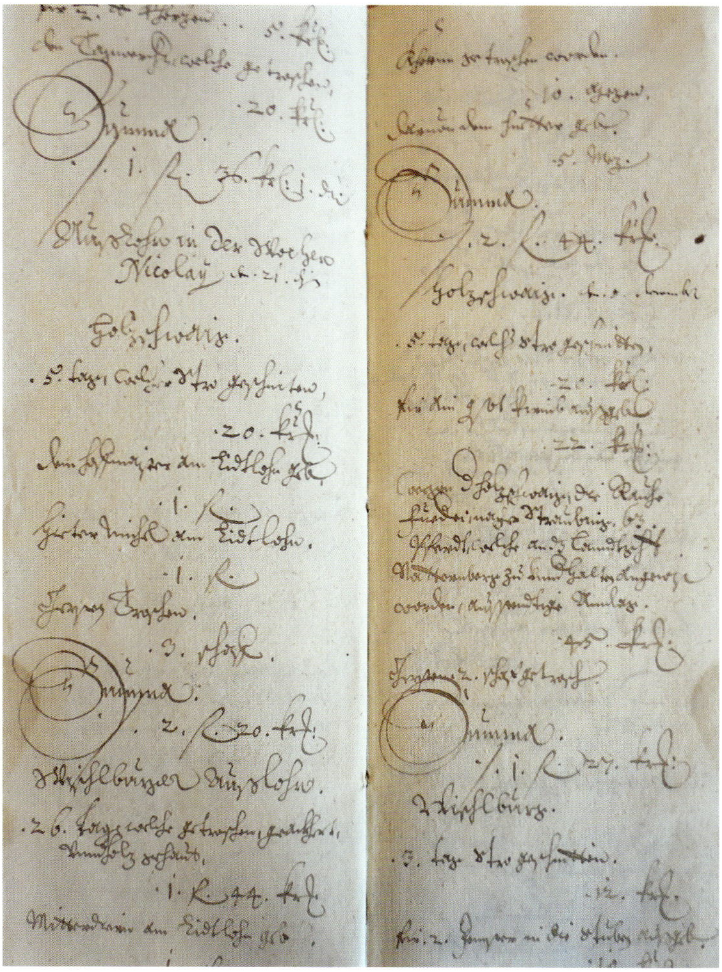

von Uttobrunn nach Metten, die Ausschmückung des Sommerrefektoriums mit Malereien, die Befestigung der Straße vom Donauufer in den Ort, die Anschaffung von drei Feuerspritzen und der Kauf einer kupfernen Dörre für die Brauerei. Aber der Abt mutete der Klosterkasse mehr zu als sie leisten konnte. Auch der Besitz des Klosters im österreichischen Eisenreich-Dornach ging 1787 verloren und ein Rückkauf war wegen der notorischen Schulden des Abtes nicht möglich. Am Ende seiner Amtszeit hatte das Kloster eine Schuldenlast von über 30000 Gulden.

Unter dieser Voraussetzung machte sich Abt Cölestin Stöckl (1790–1803) an die Arbeit und konnte Jahr für Jahr die Klosterschulden mindern. Vor allem stützte er sich dabei auf die vier durch das Kloster selbst bewirtschafteten Ökonomien in Metten, Michaelsbuch, Stephansposching und Holzschwaig und auf die Klosterbrauerei. Das Brauwesen war schon bisher eine der besten und sichersten Einnahmequellen gewesen, und der Abt versuchte, diesen Betrieb weiter zu verbessern. 1793 ließ er den von Abt Adalbert angelegten Prälaten-Ziergarten zu einem Hopfengarten umwandeln, um die

Ausgaben für den Hopfenankauf zu senken. Auf den Klosterfeldern gedieh der Weizen vorzüglich. Da der Weizen höher im Preis stand als die Gerste, beendete er den Gerstenanbau, verkaufte jährlich um vier- bis fünftausend Gulden Weizen und deckte um rund 3000 Gulden den Gerstenbedarf der Brauerei. Gegen den Widerstand der Mitbrüder und Angestellten ließ er in der Brauerei, der Brennerei und der Wäscherei die Öfen nach dem Sachtleben'schen System umbauen und brauchte künftig nur mehr die Hälfte des früher nötigen Brennholzes. Zu Beginn des Jahres 1801 konnte Abt Cölestin feststellen, dass die 33000 Gulden Schulden, die er bei seinem Amtsantritt hatte übernehmen müssen, bis auf einen Rest von 5000 Gulden getilgt waren. Jahr für Jahr hatte er ansehnliche Rückzahlungen geleistet. Die Hälfte davon war durch die Brauerei erwirtschaftet worden: In den Jahren 1793–1802 brachte sie einen Überschuss von 16392 Gulden.

Ein anderes Rückgrat der Wirtschaftsführung stellte der Bauhof (= Ökonomie) in Metten dar, der unter Abt Christoph Guetknecht (1628–1645) neu errichtet worden war. Diese Gebäude waren einsturzgefährdet und Abt Cölestin musste 1800 die schwerwiegenden Bauschäden beseitigen lassen. In der sehr großzügigen Anlage waren Schaf-, Schweine-, Pferde-, Ochsen- und Kuhstall untergebracht, daneben Heustadel und Getreidespeicher. Für die Angestellten gab es eine eigene Bauhofküche und eine kleine Kapelle. Neben der Bewirtschaftung landwirtschaftlicher Flächen, die der Selbstversorgung mit Frischprodukten dienten, kam es zu Einkünften aus verpachtetem Grundbesitz und Zehntgerechtigkeit; hier handelte

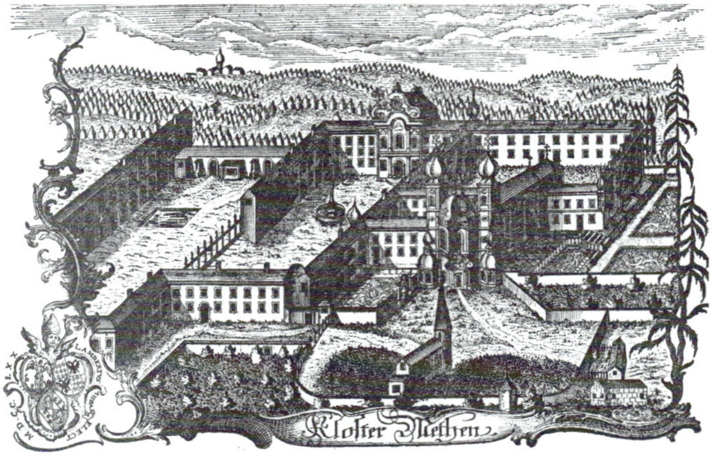

Kupferstich von Kloster Metten aus dem Jahr 1770

Das Schlösschen Himmelberg nach Norden. Fotografie nach 1851

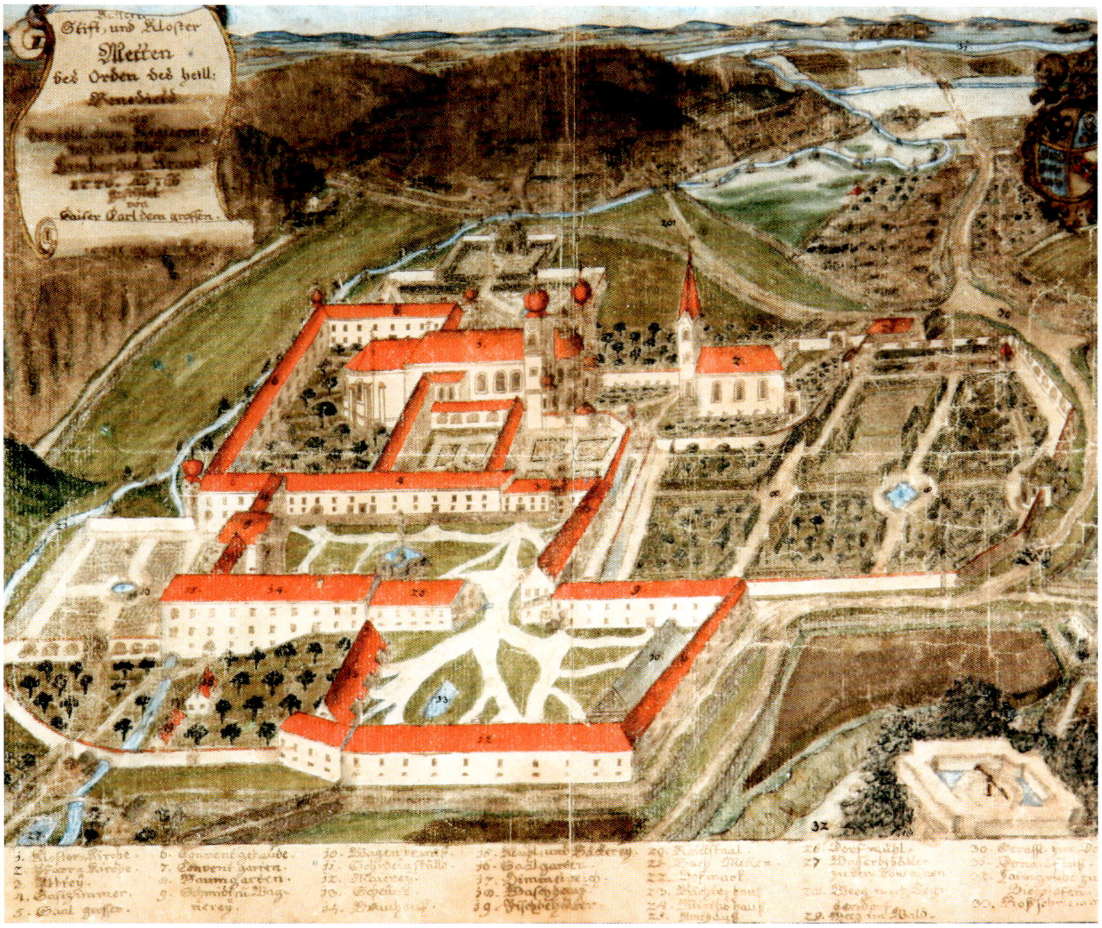

Aquarell der Klosteranlage von 1776 mit der überraschenden Beschriftung „gegründet 766“

es sich zum größten Teil um Naturalabgaben. An einer prosperierenden Landwirtschaft bestand großes Interesse, weil dadurch auch die Zehnterträge stiegen. Bei der Säkularisation des Klosters zeigte sich allerdings, dass diese Abgabenpflichten vom Kloster vernachlässigt worden waren.

Am 21. März 1803 war das Ende der alten Abtei gekommen. Der Deggendorfer Gerichtsschreiber Franz Wilhelm Eckert vereinnahmte als Aufhebungskommissar die Klosteranlage und den gesamten Klosterbesitz für den Staat, um ihn nach Möglichkeit zu veräußern. Die vom Kloster errichtete Kirche wurde zur Pfarrkirche, die bisherige Dorfkirche St. Martin wurde 1807 abgerissen. Damit war die Kirche dauerhaft vom Kloster getrennt und oblag zunächst der Baulast des Staates, bis 1894 die Pfarrei Metten gegen eine Abfindung die Baupflicht für die vom Staat vernachlässigte Pfarrkirche St. Michael über-

Intarsien-Ansicht des Klosters nach Westen um 1780

nahm. Zum Zeitpunkt der Säkularisation 1803 bewirtschaftete das Kloster in eigener Regie 849 Tagwerk (= 289 ha) ertragfähigen Grund und Boden (Klosterökonomie, Gut Holzschwaig, Pfarrökonomien in Michaelsbuch und Stephansposching). Die Klosterwälder, insgesamt 681 Tagwerk (= 232 ha), sind darin zum Teil eingerechnet.

Einer glücklichen Fügung war es zu verdanken, dass der damalige Schlossherr von Offenberg, Johann von Pronath (1757–1839), enge Beziehungen zum Benediktinerorden hatte. Er kaufte 1803 das Schlösschen auf dem Himmelberg und Teile der Ökonomie, 1810 die Brauerei, 1815 den Klausurbereich des Klosters, erhielt 1817 den Refektoriumsstock und den Kreuzgarten zugesprochen und erwarb 1824 den Ochsenstall. 1825 bot er diese Liegenschaft König Ludwig I. (1825–1848) zur Wiedererrichtung des Klosters an.

Series Abbatum, von Abt Cölestin Stöckl (1791–1803)

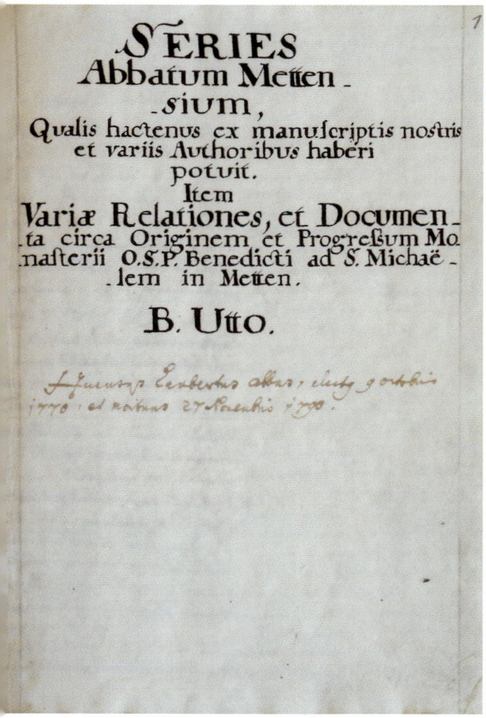

SERIES
Abbatum Metten-
-sium,
Qualis hactenus ex manuscriptis nostris
et variis Authoribus haberi
potuit.
Item
Variae Relationes, et Documen-
-ta circa Originem et Progressum Mo-
-nasterii O.S.P. Benedicti ad S. Michaë-
-lem in Metten.
B. Utto.

Das neue Kloster ab 1830

Die Klosteranlage, welche die Mönche des am 21. März 1803 aufgehobenen Klosters verlassen mussten, war zwar erhalten, aber in der Zwischenzeit an viele neue Besitzer verkauft worden. Bei der Wiedererrichtung 1830 wurden durch König Ludwig dem Kloster die Leitung einer Schule, die Seelsorge und wissenschaftliche Betätigung als Aufgaben gestellt (Regulativ für die Benediktinerstifte vom k. Staatsministerium 20.11.1836). Zu deren Bewältigung und für die materielle Existenz des Klosters musste eine wirtschaftliche Basis geschaffen werden; die ehemalige Ökonomie stand jedoch nicht mehr zur Verfügung. Im Rahmen der Säkularisation war der Bauhof (= Ökonomie) des Klosters durch abschnittsweisen Verkauf an viele verschiedene Eigentümer gekommen. So war, ganz nach der Regel Benedikts, vor allem der Arbeitseinsatz der Mönche gefordert. Der als Prior eingesetzte P. Ildephons Nebauer (1830–1836) übernahm 1831 die Pfarrei Metten. 1833 wurde dem Kloster auch die Pfarrei Edenstetten anvertraut, 1837 folgten die Pfarreien Neuhausen und Stephansposching und schließlich übernahm Metten 1839 auch die Pfarrei Michaelsbuch. Bereits 1831 waren von König Ludwig I. aus den Überschüssen von Kirchenstiftungen 10000 Gulden angewiesen worden, die aber teilweise wieder zu erstatten waren. Mit Hilfe einer angekündigten königlichen Schenkung und weiterer Stiftungen wurde am 3. Februar 1837 mit Johann von Pronath ein Kaufvertrag geschlossen über die Brauerei, den von ihm erworbenen Teil des Bauhofes mit landwirtschaftlichen Flächen und den Klostergarten. Die Zahlung erfolgte erst 1840, nach dem Eintreffen der Dotation von 50000 Gulden, dann allerdings an den Schwiegersohn des 1839 verstorbenen Pronath, Graf Philipp von Hundt.

Um den Erwerbszweig der Brauerei zu sichern, wurde 1837 die dafür dienende Wasserleitung erneuert und 1838 die Schänke im Klosterbereich (heutige Pforte) an einen Pächter vergeben. P. Gregor Scherr (Prior 1838–1840, Abt 1840–1856) konnte mit Hilfe der königlichen Dotation 1840 Mühle und Bäckerei erwerben. 1841 wurde die Bierschänke aus dem Kloster- und Schulbereich in den Hopfenpoint verlegt und zur Absatzsteigerung 1842 eine Wirtschaft in Neuhausen gekauft. 1852 konnte in Metten der Gasthof zur Post am Marktplatz erworben werden und in der Brauerei, die zur wichtigen Einnahmequelle geworden war, wurden Erneuerungsarbeiten durchgeführt. Je nach Möglichkeit wurde ab 1840 Teil um Teil der ehemaligen Klosterökonomie erworben. Erst 1970 befand sich wieder der ganze ehemalige Ökonomiebereich im Besitz des

Das Kloster im unteren Rest eines Bildes von Lukas Schraudolph in der Studienkirche, vom Großbrand 1942 beschädigt

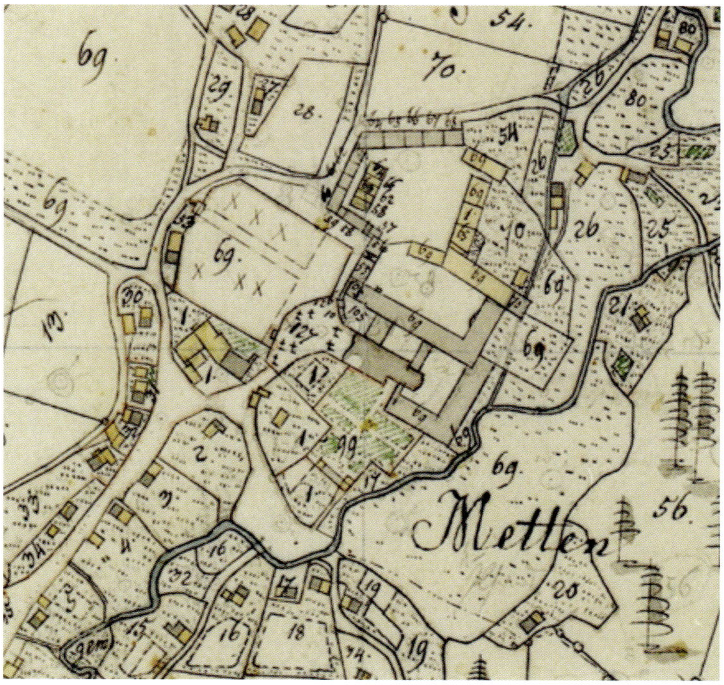

Die Klosteranlage im bayerischen Urkataster (1808–1864), vor 1844

Klosters. Schrittweise ging man nun daran, die bestehenden Gebäude durch Ausbau und Anbau den jeweiligen Erfordernissen anzupassen. Erste Baumaßnahmen waren 1830 der Wiederaufbau des südlichen Kreuzganges, der in der Zeit der Säkularisation abgebrochen worden war, und Vorbereitungen für ein Knabenseminar. Neben dem bestehenden Studienseminar war 1844 durch die Diözese Regensburg das Bischöfliche Knabenseminar errichtet worden. Für das Internat und den Unterricht mussten die notwendigen Räume geschaffen werden. 1844 wurde dafür der Festsaal zur Studienkirche umgewidmet. Das alte Schulhaus auf der Nordseite der Tordurchfahrt zum Klosterhof wurde erworben und abgerissen. Ebenso wurde die von Abt Johannes Nablas erbaute Prälatur auf der Südseite der Tordurchfahrt niedergelegt und der Westtrakt des Klosterhofes zweistöckig erbaut. Der nächste Erweiterungsschritt folgte 1847 durch den Erwerb der von Abt Oswald II. Mayr errichteten Prälatur, über die noch nicht voll verfügt werden konnte, weil die bisherigen Eigentümer lebenslanges Wohnrecht behielten. Die nötige Erweiterung des Bischöflichen Knabenseminars wurde 1849 durch einen zweistöckigen Verbindungsbau auf der Nordwestseite des Klosterhofs zur Brauerei hin gelöst, für den der kleine Festsaal und der Pferdestall weichen mussten. Der Klosterhof erhielt dadurch seine geschlossene Form. Der Konventbau bekam 1851 über der heutigen Abtei ein weiteres Stockwerk und das Sommerrefektorium wurde zur Abtwohnung umgebaut.

Die gestiegene Zahl der Konventualen veranlasste Abt Utto II. Lang (1856–1884), den Ostflügel des Konventtraktes 1862 um ein Stockwerk zu erhöhen. Der alte Dachstuhl des Gebäudes von 1624 wurde dazu abgebaut und dann wieder auf das erhöhte Gebäude gesetzt. Für das Klosterseminar ließ Abt Utto 1860 die 1847 erworbene alte Abtei (heute Chemie- und Physik-Bereich) von Grund auf neu bauen. 1880 wurde der Verbindungsbau zur Kirche (Westtrakt am Kreuzgang) aufgestockt, ebenso 1881 der Pfortentrakt, der für das Gymnasium adaptiert wurde. Über der Durchfahrt in den Konventhof wurde ein Theatersaal geschaffen. Im Zuge dieser Umbauarbeiten musste der noch bestehende gotische Kreuzgang weichen und erhielt die Fassade des Pfortentraktes ihre klassizistische Gestalt. 1882 konnte die ehemalige Klosterschmiede erworben werden (heute ein Teil Klosterverwaltung), die ehemaligen Eigentümer blieben jedoch Pächter. Auf der Nordseite der Straße nach Egg wurde 1883 für das Gymnasium die erste Turnhalle gebaut.

Abt Benedikt III. Braunmüller (1884–1898) wird als der Vater des Klosterwaldes bezeichnet. Diesem Erwerbszweig schenkte er seine besondere Aufmerksamkeit und sein Engagement. Auf dem Tauschweg kamen 1890 der Archivturm des früheren Klosters und der Verbindungsgang dazu an das Kloster. Beide Bauwerke wurden 1894 abgebrochen, um für das Bischöfliche Studienseminar einen Anbau nach Süden zu schaffen, der im zweiten Obergeschoss das Oratorium St. Wolfgang des Seminars erhielt. Zur Sicherung der Wasserversorgung für Brauerei und Seminare wurde 1895 ein Quellgebiet in Obermettenwald mit den Wasserrechten gekauft und die Wasserleitung entsprechend verlängert.

Der Nachfolger Abt Leo Mergel (1898–1905) war 1899 mit dem bedenklichen Zustand des Dachstuhls der Brauerei konfrontiert. 1901 wurde der Dachstuhl abgebrochen, das Gebäude um ein Stockwerk erhöht und wieder eingedeckt. Seit dieser Zeit hat der Klosterhof seine heutige zweigeschossige Gestalt. Im gleichen Jahr konnten zur Arrondierung des Klosterareals die Dorfmühle und der künftige Hühnerhof in Norden des Klosterbereichs erworben werden. Der Südflügel des Klausurbereichs wurde 1904 aufgestockt und dabei ein beheizbarer Winterchor geschaffen. 1905 wurde ein Elektrizitätswerk gebaut und dafür die alte Holzschupfe niedergelegt. Nach Ankauf eines größeren Waldes für Stau- und Turbinenanlage und Vorliegen der behördlichen Genehmigungen ging die „elektrische Kraftanlage“ 1906 in Betrieb.

Auf Abt Leo, der am 31. Oktober 1905 die Ernennung zum Bischof von Eichstätt erhielt, folgte Abt Willibald Adam (1905–1929). Den klösterlichen Betrieben schenkte er seine besondere Aufmerksamkeit. Zur Unterstützung der Brauerei baute Abt Willibald 1908 an der Straße nach Neuhausen den „Gasthof zum Kloster Metten“ mit Fremdenzimmern, Wirtsgarten und Kegelbahn. Im gleichen Jahr wurde das Wirtshaus in Finsing gekauft und verpachtet. Ebenfalls 1908 wurde eine neue Wäscherei an der nördlichen Klostergrenze errichtet. 1910 stand eine Erneuerung im Sudhaus an und 1911 bekam der Ökonomiehof einen neuen Stadel. Für Sudhaus und Mälzerei musste 1912 die Wasserleitung von Obermettenwald erneuert werden. In diesem Zusammenhang wurde eine Anzahl neuer Quellen zugekauft. 1920 wurde

Die Klosteranlage von Metten um 1855

eine Buchdruckerei eingerichtet und 1923 der Abtei-Verlag gegründet. 1926 musste zur Vorbereitung einer Modernisierung der Brauerei dafür die Wasserversorgung erweitert werden. Das Kloster beteiligte sich dabei an einem Vorhaben des Ortes zur Sicherung der Wasserversorgung aus der Uttoquelle. Gleichzeitig erhielt die Brauerei ein neues Kühlhaus und eine Abfüllanlage für Flaschenbier. Der alte Sommerkeller von 1709, der das im Winter geschnittene Eis bis in den Oktober hinein gehalten hatte, verlor damit seine Bedeutung für die Brauerei. Den Bierabsatz unterstützte ab 1927 das Wirtshaus in Simmling. Im gleichen Jahr erhielt die Bäckerei einen neuen Dampfbackofen und wurde die Metzgerei neu ausgestattet. Schließlich erhielt 1929 der Mettener Bach ein begradigtes Bett.

Für die Wirtschaftsführung des Klosters war und ist der Arbeitseinsatz der Mitbrüder entscheidend. Die Priestermönche brachten ihre Fähigkeiten ein auf dem Gebiet der Seelsorge, als Lehrer am Gymnasium, als Erzieher im Internat, als Schriftsteller oder in wissenschaftlicher Tätigkeit. Daneben kam den Laienmönchen ein entscheidender Beitrag zu. Als Schneider, Mechaniker, Schreiner, Buchbinder, Koch, Uhrmacher, Gärtner, Schuhmacher, Krankenpfleger, Braumeister, Buchdrucker, Landwirt, Müller, Glaser, Elektriker, Spengler, Metzger, Wagner und Bäcker, an der Klosterpforte und in der Sakristei oder in der Sorge um die Sauberkeit im Haus leisteten seit der Wiedererrichtung die Brüder ihren Dienst für das Kloster. Fleiß, Kompetenz und ein persönlich anspruchsloser Lebensstil verhalfen zu den Einkünften, die zur Bewältigung der gestellten Aufgaben, zum Erwerb der Liegenschaften und dem Unterhalt der Klostergemeinschaft notwendig waren.

Abt Corbinian Hofmeister (1929–1966) begann die Baumaßnahmen seiner Amtszeit mit der Vergrößerung des Refektoriums und der Unterkellerung dieses Bereiches, um die erforderlichen Küchenräume zu schaffen. Am 5. Februar 1931 konnte die neue Küche den Betrieb aufnehmen. In der Ökonomie des Klosters wütete am 23. August 1930 ein Großbrand, dem der gesamte Dachstuhl über den Stallungen an der Nordseite zum Opfer fiel. Von dem Plan, am Fuß des Himmelbergs ein neues Zentrum für die klösterliche Landwirtschaft zu bauen,

Der Festsaal nach dem Brand in der Nacht vom 19. auf den 20. November 1942

wurde nur ein Teil ausgeführt. Denn schon 1931 konnten das Schloss und die dazugehörende Ökonomie in Egg erworben werden. Der Kauf erfolgte als Ersatz für die südlich der Donau gelegenen Liegenschaften in Mettenufer, die wegen des Dammbaus an der Donau aufgegeben wurden. Das Schloss in Egg wurde 1938 wieder verkauft, die Ökonomiegebäude dienten jedoch weiterhin der klösterlichen Landwirtschaft. Mit einer zweiten Brandkatastrophe wurde Abt Corbinian am 19. und 20. November 1942 konfrontiert. Das Dach über dem Festsaal und weite Teile der angrenzenden Gebäude wurden zerstört. Zunächst ließ man über den betroffenen Gebäuden ein Notdach errichten. Zug um Zug wurde in den kommenden Monaten dann die endgültige Instandsetzung vorgenommen. Die Wirtschaftsgebäude der Ökonomie in Egg waren durch Kriegseinwirkungen zerstört worden. 1946 wurden sie wieder aufgebaut.

Im Mai 1946 konnte das unter der nationalsozialistischen Herrschaft 1939 geschlossene Gymnasium wieder eröffnet werden. Dies forderte weitere Investitionen. 1950 wurde im Nordtrakt des Klosterhofes eine zentrale Heizanlage für Schule und Internat eingebaut und an den Donauwiesen wurden neue Sportplätze angelegt. In den Jahren 1951 bis 1953 erhielt das Internat im Erdgeschoss des 1849 errichteten Verbindungsbaues an der Nordseite des Klosterhofes neue Speisesäle und eine neue Küche. 1951 konnte die ehemalige Wagnerei des Klosters angekauft werden. Dort wurde 1958/59 ein neues Gebäude errichtet, das die Klosterverwaltung, die Krankenabteilung des Internates und die Chemieabteilung des Gymnasiums aufnahm. Ab März 1962 konnte die neue Turnhalle des Gymnasiums für den Unterricht benutzt werden. Für diesen Bau musste der bisherige große Ökonomiestadel abgebrochen werden. 1964 verlor der in die Klosteranlage integrierte Ökonomiehof seine Bedeutung für die Landwirtschaft. Die Viehhaltung wurde in den 1931 erworbenen Gutshof Egg verlegt. Inzwischen ist die Viehhaltung aufgegeben worden und die klösterliche Landwirtschaft auf den Ackerbau konzentriert. Die unter Abt Christoph Guetknecht erbauten Ökonomiegebäude werden seitdem nicht mehr von der Landwirtschaft genutzt. Auf der frei gewordenen Fläche vor den Ökonomiegebäuden wurde 1966 mit dem Bau eines Freibades (abgebrochen 2007) und von Sportanlagen für die Schüler begonnen. Die Fertigstellung erlebte Abt Corbinian nicht mehr.

Abt Augustin III. Mayer (1966–1971) führte die begonnenen Baumaßnahmen 1967 zu Ende. Dann machte er sich an eigene Vorhaben. 1968 wurden die Klosterküche neu eingerichtet, die Klosterpforte umgebaut und Sprechzimmer angelegt. Im Südflügel des Konventbaus wurde das Lesezimmer eingerichtet. Von 1969 bis 1971 konnte der neue Erweiterungsbau für das Internat durchgeführt werden. Eine umfangreiche Neugliederung im Baubestand des Gymnasiums wurde so 1970 möglich. Am 31. Dezember 1970 war der letzte Tag der Klosterbrauerei gekommen. Über Jahrhunderte bildete sie einen wichtigen Bestandteil der Wirtschaftsführung des Klosters. Das Fehlen eines jüngeren Mönchs, der die Leitung dieses Betriebes hätte übernehmen können, und das Auslaufen der bisherigen Kooperation mit der Klosterbrauerei Andechs legten diesen Schritt nahe.

Abt Augustin war 1971 von Papst Paul VI. zum Sekretär der Religiosenkongregation ernannt worden und musste sein Amt in Metten niederlegen. Der Nachfolger Abt Emmeram Geser (1971–1989) begann 1972 mit dem Abbruch des Abfüllgebäudes der Brauerei. In den ehemaligen Lagerkellern wurden Musikräume für die Schüler eingerichtet. 1972/73 erhielt das Gymnasium eine neue Chemieabteilung, der bisherige Chemiesaal im Verwaltungsgebäude diente dann dem Biologieunterricht. Auch der Freiflächengestaltung widmete sich der Abt: 1973 erhielt der Saalgarten nach langer Vernachlässigung wieder den Charakter eines Ziergartens, 1975 wurde der Klosterhof neu strukturiert mit Rasenflächen, Straßenführung und Parkplätzen. Auch der Karlsbrunnen wurde wieder in Betrieb genommen. Schließlich wurde 1979 der Kreuzgarten zur Trockenlegung der Mauern abgegraben und neu angelegt.

Wohl als Spätfolge des Großbrandes von 1942 musste in den Jahren 1972 bis 1974 der Festsaal renoviert werden. Die Fassade erhielt dabei die heutige Farbgebung. Für Mitarbeiter des Klosters wurde 1974 in der Verlängerung der Turnhalle nach Norden ein Wohnheim gebaut. Dafür musste der barocke Ochsenstall des Klosters weichen. Im gleichen Jahr wurde im Konventbau die Wasser- und Abwasserinstallation umfassend erneuert. Der Mönchsfriedhof vor der Pfarr- und Klosterkirche erhielt 1977 eine neue Gestaltung. Eine große Baumaßnahme – neben der beständigen Instandhaltung der Gebäude – war die 1979 begonnene Errichtung der St.-Benedikt-Sporthalle an der Riedfeldstraße. Dafür mussten zwei bestehende Gebäude abgebrochen werden. 1980 konnte diese Sporthalle ihrer Bestimmung übergeben werden.

Seit 1989 leitet Abt Wolfgang III. Hagl das Kloster. Unter ihm wurde der vorhandene Baubestand umfassend saniert. Umstrukturierungen führten zu einer Konzentration verschiedener Aufgabenbereiche und schufen Möglichkeiten effektiver Wirtschaftsführung. In den Jahren 1990 bis 1992 wurde die Klosterküche als künftige Zentralküche für Kloster und Internat grundlegend modernisiert. Gleichzeitig entstanden im Kellergeschoss des Festsaalbaus und in der angrenzenden ehemaligen Klostermetzgerei nach der Entfernung von Einbauten und Trockenlegung der Mauern neue Speisesäle für das Klosterseminar. Die 1951/53 eingerichtete Seminarküche mit Speisesälen wurde aufgegeben. Das Erdgeschoss des Festsaalbaus wurde 1994 renoviert und zu einem Tagungsbereich umgebaut. Die Klostergärtnerei erhielt 1996 ein neues Verkaufsgebäude. Im gleichen Jahr wurde das Freigelände zwischen Internatsbau und Turnhalle neu gestaltet. Dabei wurden die ehemaligen Brauereikeller beseitigt und eine neue Treppenanlage gebaut. Dieses Freigelände erhielt 1997 durch den Bau eines Garagengebäudes, das als nördlicher Abschluss dient, den Charakter eines Hofes. Im seit 1964 nicht mehr genutzten Ökonomiegebäude waren bisher die Kraftfahrzeuge des Klosters untergebracht. Um die Ökonomie für eine künftige Nutzung besser verwerten zu können, erhielten die Autos so einen neuen Einstellplatz.

Voll Freude konnte der Abt am 4. Dezember 1997 die Benediktuskapelle benedizieren. Sie war im ältesten bestehenden Bauteil des Klosters im Westflügel des Kreuzgangs eingerichtet worden und brachte dem Konvent einen neuen beheizbaren Gottesdienstraum. Das Werkstättengebäude für Elektrizitätswerk, Maler, Schreiner und Schneider wurde 1998 an die zentrale Heizungsanlage angeschlossen und das Gebäude dabei umfassend renoviert. Die Buchbinderei des Klosters, bisher in einem Haus am Marktplatz, wurde in das sanierte Gebäude verlegt. Das nun freie Anwesen beim Aufgang zur Kirche am Marktplatz konnte in den Jahren 1999 und 2000 erneuert werden und wurde zum verpachteten Café am Kloster mit Gästezimmern. Im Jahr 2001 folgte eine Gesamtrenovierung im „Gasthof zum Kloster Metten", der ebenfalls verpachtet blieb. Der bisherige Bäckereibereich wurde von Einbauten befreit, für den Tagungsbetrieb adaptiert und ein Foyer für den Festsaal geschaffen. In den Jahren 1998 bis 2002 wurde der Konventbau umfassend modernisiert. Die Mönchszellen wurden jeweils mit einer Nasszelle ausgestattet. Zur günstigeren Gestaltung der Energieversorgung ging im November 2005 eine Biomasseheizung in Betrieb, die im Norden des Klostergeländes errichtet worden war. Zur Ergänzung der Energieversorgung wurde 2013 im Keller unter dem Sudhaus ein Blockheizkraftwerk in Betrieb genommen. Die deutlichen Einsparungen bei den Kosten für die Elektrizität führten 2014 zur Einrichtung eines weiteren Blockheizkraftwerkes.

Das Gymnasium war mittlerweile baulich in die Jahre gekommen und benötigte eine Generalsanierung. Bisher war je nach Notwendigkeit und Möglichkeit da und dort ein Raum für die Schule adaptiert worden. Dies brachte eine Streuung über die ganze Anlage mit sich. Dazu kamen Veränderungen in der Didaktik, eine gestiegene Schülerzahl und ein erweiterter Betreuungsbedarf der Schüler über die Unterrichtszeit hinaus. Ebenso waren die amtlichen Anforderungen an den Gebäudebrandschutz gestiegen. Bei den Planungen für die Generalsanierung ging es deshalb neben dem Brandschutz um eine Zusammenführung der im Haus verstreuten Räume zu einer geschlossenen Einheit und um eine bessere Trennung der Bereiche Gymnasium, Internat und Kloster. Diese Maßnahme war eine Herausforderung für Schüler und Lehrer, weil der Unterricht während der Bauzeit fortgeführt werden musste. Das Unternehmen Generalsanierung begann 2005 mit dem Bereich der Ganztagsbetreuung. Für Mittagessen und Betreuung wurden die barocken Brauereikeller saniert und das 1729 errichtete Sudhaus von Zwischendecken und späteren Einbauten befreit, um für Veranstaltungen genutzt zu werden. 2007 wurde dieser erste Abschnitt abgeschlossen. Die Bauarbeiten hatten sich in der Zwischenzeit bereits weitere Bereiche erobert. Die seit 1992 leeren Speisesäle des Internats und die Internatsküche mit den darunter liegenden Kellerräumen wurden zu einer Bibliothek für Kloster, Schule und Bevölkerung umgebaut. Dabei wurde besonders auf den Brandschutz geachtet. Das Kompaktmagazin und der Lesesaal mit seiner künstlerischen Gestaltung konnten am 29. Juli 2009 ihrer Bestimmung übergeben werden. Abschnitt um Abschnitt und Stockwerk um Stockwerk schritt die Generalsanierung der Schule voran. Bei der Freilegung des Bodens im Verbindungsbau zur Kirche über der Benediktuskapelle kamen Mauern der Abtei aus dem 13. Jahrhundert zutage.

Bis auf Kleinigkeiten in der Ausstattung war dieses große Sanierungswerk 2012, den Planungen von 2005 entsprechend, abgeschlossen. Wegen der Kosten war der Chemiebereich weitgehend aus dieser Sanierung herausgehalten worden. Die Angliederung der naturwissenschaftlich-technologischen Ausbildungsrichtung an das Gymnasium im Jahr 2010 stellte aber an diesen Bereich neue Anforderungen. So wurde in den Jahren 2013/14 der

Metten 1957 nach Südosten, im Vordergrund der Ökonomiehof, rechts daneben das Abfüllgebäude der Brauerei, dann der Holzplatz mit Sägewerk und das Werkstätten-Gebäude

Chemiebereich komplett saniert. Die Schule erhielt noch ein weiteres neues Gebäude: Aufgrund der weltweiten Wirtschaftskrise im Jahr 2008 hatte die Bundesregierung zur Unterstützung der Konjunktur ein Förderprogramm zur energetischen Sanierung öffentlicher Einrichtungen aufgelegt. In die Förderung durch dieses Konjunkturpaket war die 1962 fertiggestellte Turnhalle aufgenommen worden. Nach den Berechnungen zeigte sich ein Ersatzbau als kostengünstigere Lösung. Die Turnhalle mit Schulbühne aus dem Jahr 1962 wurde deshalb 2009 abgebrochen und in den Jahren 2010/11 völlig neu errichtet. Zu ebener Erde unter der Turnhalle wurden Parkplätze für Autos geschaffen, als Ersatz für die im Klosterhof weggefallenen Parkmöglichkeiten.

Bei der Gestaltung weiterer Freiflächen um das Kloster war der Abt nicht untätig. Schon 2005 wurde die Nutzung des ehemaligen Prälaten- und späteren Hopfengartens, dann Produktionsfläche der Gärtnerei, bis 31. Dezember 2056 an den Markt Metten übergeben. Dieser gestaltete die Fläche wieder als Prälatengarten, der seit 2007 der Öffentlichkeit zur Verfügung steht. In den Jahren 2007/08 konnte der Be-

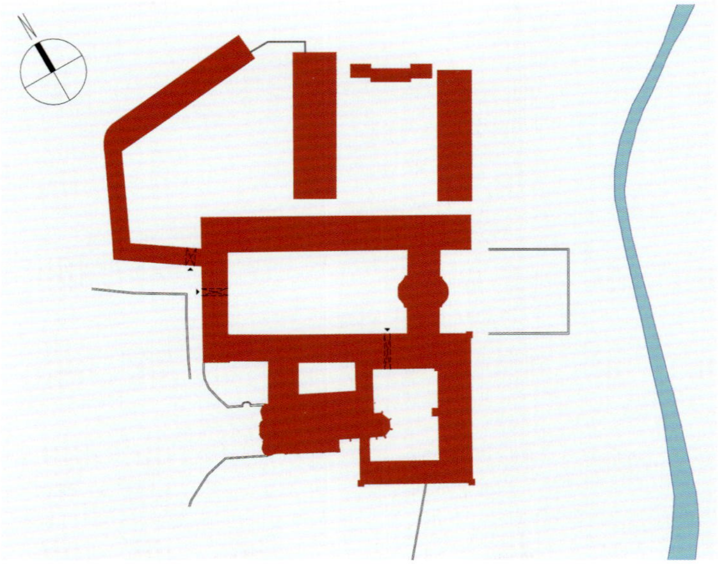

Grundriss der Klosteranlage im Jahr 2004

reich östlich der St.-Benedikt-Sporthalle und der Werkstätten mit Freisportanlagen für das Gymnasium ausgestattet werden. Im Jahr 2011 wurde der Klosterhof neu angelegt. Die Grünflächen wurden neu gegliedert, die Parkflächen entfernt und der Hof so zu einem ruhigen und autofreien Eingangsbereich für das Kloster, den Festsaal und die Bibliotheken. Der Ökonomiehof, der seit 1967 als Sportgelände Verwendung fand, wurde 2013/14 mit Grünflächen und einem Brunnen ausgestattet. Das barocke Brunnenbecken wurde aus dem ehemaligen Konventgarten, der jetzt von der Gärtnerei genutzt wird, in den neu gestalteten Hof übertragen.

Seit 1992 suchte der Abt nach einer geeigneten Verwendung für die Gebäude der ehemaligen Ökonomie. Alle bisherigen Vorhaben hatten sich zerschlagen. Am 9. September 2014 fasste das bayerische Kabinett nun den Beschluss, eine neue Fakultät für Gesundheitswissenschaften der Fachhochschule Deggendorf in diesen Gebäuden einzurichten. Seitdem gilt es, die Finanzierung dieses umfangreichen Vorhabens zu sichern, ein Prozess, der zurzeit noch nicht abgeschlossen ist.

Bei sich bietenden Gelegenheiten konnten in einem Zeitraum von 177 Jahren (1837–2014) immer wieder Landwirtschafts- und Forstflächen erworben werden, die einen land- und forstwirtschaftlichen Grundbesitz von ca. 567 ha bilden und durch das Kloster bewirtschaftet werden. Neben diesen Flächen waren auch die Gärten wichtige Faktoren für die Versorgung des Klosters und der Schüler in den Seminaren, ebenso der 1975 stillgelegte Stall für Hühner, Enten und Gänse. Heute dient die Land- und Forstwirtschaft des Klosters neben der über 1200 Jahre geübten Pflege einer Kulturlandschaft dem Erhalt der denkmalgeschützten Bausubstanz des Klosters und der Finanzierung der weiterhin bestehenden Aufgaben: Schule, Seelsorge und Wissenschaft.

Zu keiner Zeit verfügte Metten über Reichtümer. Die Arbeitsfreude und Einsatzbereitschaft der Mönche und die Wohltätigkeit von Gönnern hielt das Kloster in schwierigen Zeiten über Wasser, bis es sich wieder wirtschaftlich emporgearbeitet hatte. Die Versorgung der Mönchsgemeinschaft und die Bewältigung der Aufgaben waren nur möglich durch Arbeitseinsatz, persönliche Anspruchslosigkeit und die kluge Ausnutzung der zur Verfügung stehenden Kräfte und Mittel. Auch heute ist das Kloster wie vor der Säkularisation finanziell auf sich selbst gestellt. Die Leistungen der Gläubigen an ihre Kirche in Form der Kirchensteuer erhalten die Diözesen. Was diese davon an die Orden weitergeben, geschieht in Form von freiwilligen Leistungen, ohne Rechtsanspruch der Ordensgemeinschaft. Die von Verständnis geprägte Zusammenarbeit mit der Diözese Regensburg ist hilfreiche Unterstützung und ermöglicht Notwendiges. Neben den in den Betrieben, in Landwirtschaft und Forst, durch Vermietung und Verpachtung erwirtschafteten Einkünften ist weiterhin der Arbeitseinsatz der Mitbrüder wesentlicher Beitrag zur Erfüllung der Aufgaben. Ohne die Zuschüsse der öffentlichen Hand, für die Schule nach den gesetzlichen Vorgaben und für anstehende Maßnahmen nach Antrag und den jeweiligen Förderprogrammen, wäre der Erhalt der Klosteranlage heute nicht möglich.

Quellen und Literatur

Alt und Jung Metten. Zeitschrift für Altmettener und Freunde der Abtei Metten [AJM], 1926 ff.

Benedikt Busch, Baugeschichte des Klosters Metten, in: AJM 32 (1965/66), S. 150–165.

Wilhelm Fink, Entwicklungsgeschichte der Benedictinerabtei Metten. II. Teil: Das königliche Kloster, München 1928.

Ders., Entwicklungsgeschichte der Benedictinerabtei Metten. III. Teil: Das Landständische Kloster, München 1930.

Godehard Geiger, Die Abtei Metten, in: Sebastian Brunner, Ein Benediktinerbuch. Geschichte und Beschreibung der bestehenden und Anführung der aufgehobenen Benediktinerstifte in Oesterreich-Ungarn, Deutschland und der Schweiz, Würzburg 1880, S. 507–519.

Gudrun Gleba, Klosterleben im Mittelalter, Darmstadt 2004.

Markus Haering, Baubericht 1993–1995, in: AJM 62 (1995/96), S. 58–65; ders., Baubericht 1995–1997, in: AJM 64 (1997/98), S. 81–88; ders., Baubericht 1997–2000, in: AJM 67 (2000/01), S. 54–62; ders., Baubericht 2000–2002, in: AJM 69 (2002/03), S. 71–79; ders., Baubericht 2002–2004, in: AJM 71 (2004/05), S. 85–90; ders., Baubericht 2004–2006, in: AJM 73 (2006/07), S. 94–103; ders., Baubericht 2006–2008, in: AJM 75 (2008/09), S. 109–117; ders., Baubericht 2008–2010, in: AJM 77 (2010/11), S. 95–101; ders., Baubericht 2011, in: AJM 78 (2011/12), S. 105–112; ders., Baubericht 2011–2015, in: AJM 82 (2015/16), S. 80–87.

Michael Kaufmann, Chronik der Abtei Metten 766–2016, Sankt Ottilien 2016.

Ders., Memento mori. Zum Gedenken an die verstorbenen Konventualen der Benediktinerabtei Metten seit der Wiedererrichtung 1830, Metten 2008.

Ders., Metten, in: Die Männer- und Frauenklöster der Benediktiner in Bayern, St. Ottilien 2014, S. 1117–1150.

Ders., Säkularisation, Desolation und Restauration in der Benediktinerabtei Metten (1803–1840), Metten 1993.

Dietrich Lucas, Der Anteil der Klöster Niederaltaich und Metten an der Kulturlandschaft des Baierischen Waldes, München 1954.

Rupert Mittermüller, Das Kloster Metten und seine Äbte, Straubing 1856.

Monumenta Boica, Bd. XI, München 1771, S. 431 ff.

Ildephons Poll, Das Brauwesen des Benediktinerklosters Metten, Berlin 1937.

Bernhard Ponschab, Liebfrauenchronik von Metten, Deggendorf 1902.

Karl Schmotz, Die Mettener Klosterkirche im Mittelalter, in: Deggendorfer Geschichtsblätter 22 (2001), S. 31–77.

Archiv der Abtei Metten.

„Made in Metten“

Die Benediktinerabtei Metten als Stätte der Bildung und Erziehung

Erhard Hinrainer OSB

So tritt Metten als wahre ‚*mater filiorum laetans*' ins 13. Jahrhundert seines Bestehens. Das Alter hat es gezeichnet. Der Gebäudekomplex ist breit und behäbig geworden und beherbergt in seinen Mauern außer dem Konvent noch 400 Heimschüler. Neue Aufgabengebiete sind der wachsenden Abtei zugewachsen. In sechs Pfarreien betreut sie in ordentlicher Seelsorge über 13000 Seelen; und seit 1851 entsendet sein Humanistisches Gymnasium Jahr für Jahr 20 bis 30 junge Männer, ausgerüstet mit dem Reifezeugnis und der Charakter-Etikette ‚Made in Metten', hinaus in den Berufskampf des Lebens. Wird das neue Jahrhundert neue Aufgaben bringen? – Wir stehen bereit. Metten bleibt Metten."[1]

Mit diesen Worten beendete Abt Corbinian Hofmeister im Jahr 1966 sein Vorwort zum Heft „1200 Jahre Abtei Metten". Zu diesem Zeitpunkt konnten das Kloster und die Schule bereits auf eine lange Geschichte zurückblicken, in der viele ehemalige Schüler die „Charakter-Etikette ‚Made in Metten'" erhalten hatten. Fünfzig Jahre sind seit diesem Jubiläumsjahr vergangen und so fordert uns heute das Jubiläum „1250 Jahre Abtei Metten" auf, wiederum zurückzuschauen und Erinnerungen wachzurufen sowie – ausgehend von der Geschichte der Schule und des Internates – die Benediktinerabtei Metten als Stätte der Bildung und Erziehung aus dem Blickwinkel des Jahres 2016 heraus zu betrachten.

Historischer Rückblick

Die Singknabenschule

Auch wenn die eigentliche pädagogische Tätigkeit der Mettener Mönche erst begann, als König Ludwig I. Metten im Jahr 1830 als erstes Benediktinerkloster nach der Säkularisation wiedererrichtete, gehörten die Bereiche Erziehung und Unterricht schon vor der Aufhebung des Klosters im Jahr 1803 zu den Aufgaben des Konventes der Abtei zum heiligen Erzengel Michael.

P. Rupert Mittermüller weist zwar darauf hin, dass es „eine Sing- oder Kloster-Schule, d. h. ein Knaben-Seminar … ohne Zweifel schon in den ersten Zeiten des Bestandes der Abtei in Metten und vermuthlich auch später allzeit gegeben"[2] hat, und auch P. Benedikt Busch meint, dass wir das Bestehen einer Klosterschule „gemäß der Anweisung der Ordensregel von Anfang an voraussetzen dürfen"[3], Jahreszahlen und Namen lassen sich aber erst ab dem 14. Jahrhundert benennen. So schreibt P. Godehard Geiger in seinem Beitrag über die Abtei Metten, den das im benediktinischen Jubiläumsjahr 1880 erschienene „Benediktinerbuch" enthält: „Wie an jedem Benediktinerkloster des Mittelalters bestand auch in Metten eine Klosterschule. Sie wird zuerst im Jahre 1301 unter Abt Ulrich I. erwähnt. Später erscheint sie unter dem Namen Singschule, weil sie neben dem vorbereitenden Unterricht zu den höheren Studien besonders auch die Heranbildung von Chorknaben bezweckte. Abt Maurus [sic!] Besch[4] führte an derselben die Figuralmusik ein, und brachte sie zu solchem Rufe, dass sie bis zur Klosteraufhebung für die beste Bildnerin trefflicher Musiker galt."[5]

In dieser Singknabenschule, die in der Regierungszeit von Abt Roman II. Märkl (1706–1729) wiederhergestellt wurde[6] und aus der das Kloster hauptsächlich seinen Nachwuchs erhielt[7], übernahmen Patres die Aufgaben des Lehrers und Erziehers. So waren u. a. die späteren Äbte Lambert Kraus als „Direktor des Klosterseminars und Lehrer der Sängerknaben"[8] und Cölestin Stöckl als „stellvertr. Direktor des Klosterseminars und Lehrer der Sängerknaben"[9] tätig. Die Musik stand an erster Stelle unter den Fächern, die gelehrt wurden; daneben wurde auch Unterricht in Latein, Deutsch und Religion erteilt[10], so dass den Schülern eine der Zeit entsprechende Allgemeinbildung vermittelt wurde. Darüber hinaus nahmen damals mehrere Patres Lehrkanzeln an der Universität Salzburg und am Lyzeum Freising ein.[11]

Schülerinnen und Schüler im Lesesaal der neuen Bibliothek

Durch die Aufhebung des Klosters, die der Deggendorfer Gerichtsschreiber Franz Wilhelm Eckert als staatlicher Kommissär am Benediktusfest, dem 21. März 1803, erklärte,[12] fand dieses pädagogische Wirken der Mönche zunächst ein Ende.

Von der Lateinschule zum Gymnasium

Die Gelegenheit, an diese Tätigkeit anzuknüpfen,[13] ergab sich für König Ludwig I. bei der Wiedererrichtung des Klosters durch die Form der Betätigung, die er in Ausführung des Konkordates von 1817 dem Kloster zuwies. So heißt es in einem königlichen Erlass vom 26. April 1827: „Dieses Kloster soll in Gemäßheit des VII. Artikels des Konkordates nebst der Verbindlichkeit zur seelsorglichen Aushilfe und zum Betriebe wissenschaftlicher Forschungen auch die Bestimmung haben, ein Seminar zu unterhalten, in welchem fähige Knaben in der Musik und den Anfangsgründen der lateinischen Sprache gegen mäßige Verpflegungskosten zu unterrichten und für die öffentlichen Schulen vorzubereiten sind."

Streichorchester (im Jahr 1903)

Es war freilich ein bescheidener Anfang: Zwölf Knaben genossen im Schuljahr 1831/32 in zwei Kursen Unterricht;[14] 1834 wurde eine dritte Klasse angefügt. Aber schon im nächsten Jahr wurde diese Schule wieder aufgelöst. Nach den Plänen des bayerischen Ministers des Inneren, des Fürsten zu Oettingen-Wallerstein, sollten die als Lehrkräfte geeigneten Konventualen in die neu errichtete Abtei St. Stephan in Augsburg übersiedeln. Zwei Jahre lang war deshalb die Lage für Metten sehr ungewiss.

Durch dringende Vorstellungen kirchlicher und weltlicher Behörden, besonders des Regensburger Bischofs Franz Xaver Schwäbl, sowie durch eine Bittschrift Mettener Konventualen wurde der König dazu geführt, gegen die Pläne seines Ministers einzuschreiten. Auf ausdrücklichen königlichen Befehl wurde im Oktober 1837 die Schule in Metten wiedererrichtet,[15] und zwar als eine den staatlichen Anstalten gleichgestellte Lateinschule. Im Schuljahr 1839/40 waren die vier Klassen erreicht, die für eine ausgebaute Lateinschule erforderlich waren, „an einen Ausbau der Lateinschule zu einem Gymnasium konnte Metten damals [allerdings] noch nicht denken"[16]. Die Schüler wohnten im Seminar, dessen Direktor P. Willibald Freymüller (1838–1840)[17] in seinem Bericht für das Schuljahr 1838/39 ankündigte, dass für die Söhne minderbemittelter Eltern ein zweites Seminar errichtet werde, in dem bei einfacher Verpflegung ein geringeres Pensionsgeld zu entrichten sei. Beide Seminare, das I. und das II., führten den Namen „Klosterseminar".

Über diese und die folgenden Jahre schreibt P. Godehard Geiger: „Sogleich entfaltete das Stift auch eine reiche Wirksamkeit in Erziehung und Unterricht der Jugend. Schon im Jahre 1837 wurden ein Studienseminar und eine zweiklassige Lateinschule eröffnet, die bis 1839 durch eine III. und IV. Klasse vervollständigt wurde. Im Jahre 1840 übernahm Metten auch das königliche Erziehungsinstitut für Studierende in München [Holland'sches Institut, später Albertinum genannt][18], bis dasselbe 1863 den

Schüler-
blaskapelle
„Kalliope“
(im Jahr 1912)

Conventualen der Abtei St. Bonifaz übergeben werden konnte, und musste noch dazu das Ludwigsgymnasium daselbst mit Professoren besetzen. … Die Verwendung zahlreicher Conventualen an den Anstalten in München verhinderte lange die Erweiterung der Lateinschule zu einer vollständigen Studienanstalt. Erst 1847 konnte mit der Errichtung des Gymnasiums begonnen und 1850 dieselbe vollendet werden. Welchen Rufes sich diese Erziehungs- und Unterrichtsanstalt erfreute, lässt sich daraus schliessen, dass dieselbe Zöglinge aus Oesterreich, Würtemberg, Westphalen, vom Niederrhein, aus der Schweiz und selbst aus Schweden und Norwegen zählte. Die Zahl der Abiturienten des Gymnasiums seit Vollendung desselben beträgt [im Jahr 1880] 622.“[19]

Für diese positive Entwicklung war vor allem P. Willibald Freymüller (Rektor 1848–1871) von großer Bedeutung, der die Leitung der Schule schon bald nach der Errichtung des Gymnasiums von P. Franz Xaver Sulzbeck (Rektor 1847–1848) übernommen hatte. Die Notwendigkeit, die Lateinschule zum Gymnasium auszubauen, hatte sich vor allem dadurch ergeben, dass auf Wunsch des Regensburger Diözesanbischofs Valentin Riedel in Metten ein Bischöfliches Seminar eröffnet wurde.[20] Im Oktober 1844 zogen die ersten bischöflichen Seminaristen ein; mit Rücksicht auf die beschränkten Raumverhältnisse konnten nur vierzig Schüler aufgenommen werden, die sich auf die ersten zwei Klassen verteilten. Der erste Direktor des Bischöflichen Seminars wurde der spätere Abt P. Utto Lang (Di-

Kloster- und Studentenhof (im Jahr 1954)

rektor 1844–1856). 1845 wurde im westlichen Teil des Klosterhofes ein Neubau errichtet, der 1849 durch einen Nordtrakt Ergänzung fand. In einem Hirtenbrief des Bischofs vom 18. Dezember 1849 heißt es: „Die Räume des Knabenseminars sind im verflossenen Sommer durch einen vom Stifte Metten aufgeführten kostspieligen Neubau so erweitert worden, daß 200 Zöglinge gesund und bequem darin wohnen können."[21]

Auch für die nötige Verköstigung der Schüler war gesorgt, wie folgendem kurzen Bericht zu entnehmen ist: „Die Verköstigung der Zöglinge bestand anfänglich in Mittagessen und Abendsuppe mit Brot. 1858 kam dazu eine Morgensuppe; man kam nämlich zu der Ansicht, daß ein ausgewachsener Herr Kooperator es leichter aushält mit nüchternem Magen ein spätes Hochzeits- oder Leichenamt zu singen, als wenn ein wachsender Junge mit hungrigem Magen vier Schulstunden erledigen soll. Noch andere Zulagen und Verbesserungen wurden im Wechsel der Direktoren eingeführt; aber die Kost blieb einfach, gesund und hinreichend, wenn auch die Kunst oder das Handwerk der Herstellung Abstufungen zeigte. Direktor P. Leo Mergel (Direktor des Bischöflichen Se-

Freizeit auf der „Kälberweide" (im Jahr 1954)

minars 1887–1898), der spätere Bischof von Eichstätt, hat genaue Aufzeichnungen hinterlassen, an welchen Tagen es besondere Zutaten an Kuchen oder Brezeln gab und wie viel Bier die einzelnen Klassen zu bestellen das ‚Recht' hatten; denn in jener Zeit, wo das Selbstbewußtsein des deutschen jungen Mannes von der Zahl der vertragenen Seidel mitbestimmt wurde, mußte die Annäherung an die Reife nach außen sichtbar werden an dem steigenden Quantum Bier."[22]

Als P. Leo Mergel das Bischöfliche Seminar leitete, war bereits Schwestern der Ordensgemeinschaft der Armen Franziskanerinnen von der Heiligen Familie zu Mallersdorf, die im Jahr 1865 auf Drängen des damaligen Direktors P. Benedikt Braunmüller (Direktor 1864–1871) Küche, Hauswirtschaft und Krankenabteilung im Bischöflichen Seminar übernommen hatten, die Versorgung der Schüler anvertraut.[23] 1925 übernahmen die Mallersdorfer Schwestern zusätzlich auch Küche und Hauswirtschaft im Klosterseminar.[24] Nach der Schließung der Seminarien im Jahr 1939 wechselten die Schwestern in die Klosterküche und nahmen im Jahr 1946 auch ihre Arbeit im Klosterseminar wieder auf.[25] Mit der Verabschiedung der letzten Schwestern am 31. Juli 1991 – die letzte Schwester, die die Internatsküche geleitet hatte, war bereits im Jahr 1990 in ihr Mutterhaus zurückgekehrt – ging eine lange Zeit des selbstlosen Dienstes von Mallersdorfer Schwestern in Metten zu Ende.[26]

Vom 6. bis 9. August 1851 konnte die erste Reifeprüfung, damals Absolutorium genannt, stattfinden. Der Erfolg war ein sehr ermutigender: Von den 19 Abiturienten bekamen acht die Hauptdurchschnittsnote I, sechs die Note II, fünf die Note III (bei insgesamt vier Notenstufen). In den folgenden Jahren waren die Ergebnisse der Prüfung sogar noch günstiger, obwohl sechs Jahre nacheinander ein vom Ministerium bestellter Kommissär den Vorsitz führte.[27]

1854 mussten sämtliche Reifeprüfungsaufgaben aus ganz Bayern an das Ministerium eingesandt werden. Darauf erging ein Ministerialerlass nach Metten, nach welchem das Resultat „einen sehr erfreulichen Beweis von den Ergebnissen der Wirksamkeit der Anstalt gibt, welche hiernach nicht nur als die erste unter den niederbayerischen Studienanstalten erscheint, sondern auch unter die besten des Königreiches zu zählen ist".

Weiterhin heißt es: „Es ist daher … dem gesamten Lehrerpersonale die besondere Anerkennung des unterzeichneten kgl. Staatsministeriums für seine erfolgreiche Tätigkeit um so mehr auszusprechen, als die Anstalt auch in dis-

Unterricht (im Jahr 1954)

ziplinärer Beziehung Vorzügliches leistet und der Zweck der Erziehung in derselben ebenso eifrig verfolgt wird wie der Unterricht."[28]

Doch die weitere Entwicklung des Gymnasiums wurde gerade vom zuständigen Staatsministerium nicht immer gefördert. So gab es in den folgenden Jahren wiederholt Schwierigkeiten bei der Besetzung der Ämter im Gymnasium und in den Seminarien, da von Seiten der Regierung darauf gedrängt wurde, dass Mitbrüder, die keine staatliche Lehramtsprüfung abgelegt hatten, nicht mehr unterrichten dürften. 1871 suchte man diesem Mangel an Kräften dadurch abzuhelfen, dass die beiden Klosterseminare vereinigt wurden.[29] Direktor wurde nun P. Matthäus Lipp (Rektor 1871–1891), der sowohl die Leitung des Gymnasiums als auch des Klosterseminars übernahm.

Mit Beginn des Schuljahres 1877/78 musste Abt Utto Lang schließlich auf Kosten des Klosters einen weltlichen geprüften Lehrer anstellen.[30] Aufgrund eines Todesfalls wurde im gleichen Schuljahr die Anstellung einer zweiten weltlichen Lehrkraft notwendig. Insgesamt waren dann in den Jahren 1878 bis 1939 unter den Direktoren P. Matthäus Lipp, P. Godehard Geiger (1891–1918) und P. Leander Schönberger (1918–1939) neben den ordenseigenen Lehrern über fünfzig weltliche Lehrkräfte am Gymnasium tätig.

Über das „Tun und Treiben der Studentenwelt in den Seminarien" berichtet P. Ildefons Poll im Jahr 1910: „Neben der geistigen Ausbildung wird die Körperpflege in Metten nicht vernachlässigt. Ein besonderes Gewicht legte man von jeher auf die Turnspiele, besonders das Ballspiel. Der große 80 m lange und 40 m breite Seminarhof, im Herbste die Wiesen, zu allen Zeiten des Jahres die ‚Kälberweide' … bieten dazu die schönste Gelegenheit. Fast jeden Tag kann man zwischen 1 und 2 Uhr oder auch zwischen 4 und 5 Uhr nachmittags den schönen, großen Hain belagert finden, dessen vielhundertjährige Eichen Schatten und mannigfache Gelegenheit zu Versteckspielen und selbst zum verbotenen ‚Baumkraxeln' geben. Jedem ehemaligen Mettener ist dieser Ort ein Lichtpunkt in seiner Erinnerung.

Den Klosterseminaristen ist besonders die ‚Insel' ins Herz geschrieben, ein in der Donau gelegenes Eiland, wohin die größeren Studenten im Sommer an Sonn- und Feiertagen oft mit fliegenden Fahnen und klingendem Spiel ausmarschieren, um dort zu baden, zu rudern, zu kegeln, zu fischen und fröhliche Gelage zu feiern. Was soll ich aber erst vom Himmelberg sagen? Die ehemalige Sommerresidenz der Prälaten ist heute zu einem Hauptvergnügungsorte der jungen Studenten geworden, zu einer Idylle ‚mit allen Reizen schöner Landschaft und der ewig jungen Poesie der Natur'."[31]

Viele Eltern meldeten ihre Söhne in diesen Jahren am Mettener Gymnasium an, so dass P. Wilhelm Fink in seinem Vorwort zur Festschrift für das Studiengenossenfest 1926 darauf hinweisen konnte, dass mehr als 1600 Absolventen in den 75 Jahren seit der ersten Absolutorialprüfung die Anstalt verlassen und mehr als 6000 Schüler die Räume der Seminare und der Schule bevölkert haben.[32]

Die Schließung des Gymnasiums im Jahr 1939

Der Wunsch der zum Studiengenossenfest 1926 versammelten ehemaligen Schüler, sich künftig regelmäßig – am besten alle zehn Jahre – zu treffen,[33] erfüllte sich nicht, da die dunklen Tage des Dritten Reiches die erfolgreiche Erziehungs- und Bildungstätigkeit zunächst beeinträchtigten und schließlich für einige Jahre beendeten.[33] Durch Ministerialentschließung vom 29. Dezember 1937 wurde für Metten, wie für alle klösterlichen Anstalten, der stufenweise Abbau verfügt, so dass im Schuljahr 1938/39 keine 1. Klasse mehr vorhanden war. Schließlich verfügte das Ministerium durch Entschließung vom 20. Januar 1939 die sofortige Schließung der Anstalt mit Wirkung ab Ende des Schuljahres zu Ostern.

So schrieb der damalige Direktor des Klosterseminars P. Amand Bielmeier (1936–1939 und 1946–1955) am 5. Februar 1939 folgenden Brief „an die werten Eltern unserer Zöglinge“: „Wir müssen den Eltern unserer Zöglinge leider die Mitteilung machen, daß auf Grund einer neuerlichen Verfügung des bayerischen Staatsministeriums für Unterricht und Kultus eine Weiterführung der Studienanstalt und der Seminare der Benediktinerabtei Metten ab Ostern nicht mehr möglich ist. Wir haben heute die Zöglinge davon verständigt und bitten nun die Eltern, sofort Schritte zu ergreifen, um die Schüler im neuen Schuljahr anderswo unterzubringen. In vielen Fällen dürfte ein möglichst baldiger persönlicher Besuch in Metten von großem Vorteil sein, vor allem aus dem Grund, um die verwirrende Ungewißheit den Zöglingen zu nehmen, die das Studium sonst sehr

Bischöfliches Knabenseminar (im Jahr 1939)

beeinträchtigen könnte. Für alles uns in langen Jahren entgegengebrachte und bis zuletzt bewahrte Vertrauen sagen wir den werten Eltern unseren herzlichen Dank. Wir werden den Lebensweg unserer Zöglinge auch fernerhin mit aufrichtiger Teilnahme und unserem Gebet begleiten."[35]

Am 31. März 1939 versammelten sich noch einmal Lehrer, Schüler und Gäste zu einer letzten Feier, der Abschiedsfeier vom Gymnasium, bei der Abt Corbinian Hofmeister die Aufgabe zufiel, der „Alma Mater Metamensis die Leichenrede zu halten"[36]. In kurzen Zügen ließ er Begründung und Entwicklung der Anstalt vor den Anwesenden erstehen und wies auf die Erfolge hin, die die Schule aufweisen konnte, auf den ideellen und materiellen Beitrag, den sie für Staat und Kirche geleistet hat. Er dankte dabei den Schülereltern, die trotz aller Schwierigkeiten und Drohungen bis zuletzt ihre Söhne in Metten belassen hatten, und schloss seine Ansprache, indem er sich nochmals mit eindringlichen Worten an seine Schüler wandte: „Und nun, meine lieben Studenten, was soll ich Euch in dieser Abschiedsstunde sagen? Ihr seid die letzten Stücke Kunstwerk, an denen wir gearbeitet haben; die Farben sind noch frisch an Euch. Seid unsere Boten, unsere Herolde an die Welt! Messet Euch und wetteifert mit den Kommilitonen, zu denen Ihr jetzt kommt! Gebt die Grundsätze nicht preis, die Euch hier eingepflanzt wurden, dann erfüllt Ihr die Verantwortung, die wir heute Euren jungen Schultern aufladen. An Euch soll die Welt erkennen, was Metten war. Bleibt Mettener, stolze, treue Mettener!"[37]

Damit war eine mehr als hundert Jahre dauernde Unterrichtstätigkeit der Mettener Mönche beendet worden: 1837 war die Schule gegründet worden, 1939 fand sie ihr – wenigstens vorläufiges – Ende. Und mit ihr mussten auch die drei Seminare ihre Pforten schließen, das Klosterseminar, das gleichzeitig mit der Schule entstanden war, das Bischöfliche Seminar, das seit 1844 seine segensreiche Tätigkeit im Dienst der Diözese ausgeübt hatte, und das Ordensseminar, das von 1893 bis 1912 und wiederum von 1932 bis 1939 bestanden hatte.

Abschied vom Gymnasium (1. April 1939)

Das Gymnasium seit der Wiedereröffnung im Jahr 1946

Zunächst galt es nun den neuen Verhältnissen Rechnung zu tragen und sich auf den Boden der geschaffenen Tatsachen zu stellen. Die Räume, die bisher der Erziehung und Bildung der Jugend gedient hatten, wurden vom Sommer 1939 bis zum April 1945 per Vertrag mit dem Reichsfiskus von der Wehrmacht benützt.[38] Sie fanden bei Kriegsbeginn als Reservelazarett Verwendung und dann als Kaserne für Ersatzeinheiten. In einigen Räumen musste ein Kinderlandverschickungslager untergebracht werden. Dort nahm auch der schwere Brand seinen Anfang, der in der Nacht vom 19. auf den 20. November 1942 große Zerstörungen anrichtete.

Nach dem Ende des Krieges wurden die von der Wehrmacht verlassenen Räume von ungari-

Abiturprüfung im Festsaal (Absolvia 1961)

schen Flüchtlingen besetzt.[39] So kam es, dass die Wiedereröffnung der Schule sich immer wieder verzögerte. Doch abgesehen von der Inanspruchnahme der Räume durch Flüchtlinge gab es eine Reihe anderer Tatsachen, die eine ernstliche Behinderung für die Wiedereröffnung von Gymnasium und Seminar bedeuteten: Mehrere Lehrer waren seit der Aufhebung der Schule gestorben, einige junge Mitbrüder waren dem Krieg zum Opfer gefallen, die noch lebenden Lehrer waren älter geworden. Da konnte sich die Frage stellen, ob man die Mühe auf sich nehmen sollte, wieder mit der Unterrichts- und Erziehungstätigkeit zu beginnen.

Aber durch die Verhältnisse selber wurde diese Frage beantwortet. Schon in den ersten Wochen nach dem Zusammenbruch kamen die Meldungen so zahlreich, dass man sich dem an das Kloster ergangenen Ruf nicht entziehen konnte.[40] War vor hundert Jahren der Ruf zur Übernahme einer Schule vom König ausgegangen, so kam er jetzt aus den Reihen der christlichen Elternschaft und von heimatlos gewordenen jungen Leuten, die ihre Studien zu Ende führen wollten.

So konnte P. Raban Schinabeck, der durch Rundbriefe – die Hauszeitschrift „Alt und Jung Metten" war im Jahr 1941 aufgrund der allgemeinen Papiernot eingestellt worden[41] und konnte erst im Jahr 1948 wieder erscheinen – den Kontakt zu den Mitbrüdern außerhalb des Klosters und zeitweise auch zu Altmettenern hielt, in seinem Osterrundbrief 1946 mitteilen: „Bisher wurden von P. Willibald circa 230 Anmeldungen vorgemerkt, die sich auf die Klassen 1 bis 6 verteilen. Der Beginn des Unterrichts ist immer noch davon abhängig, wann die notwendigen Räumlichkeiten von den Ungarn geräumt werden. – Ein Lichtblick, eine zukunftsfrohe Verheißung: die neuen Schulbänke sind heute eingetroffen! Der Chronist [P. Raban] unterzog sie sogleich einer fachkritischen Überprüfung und konnte mit Befriedigung feststellen, daß sie zum ‚Spicken' wohl geeignet sind und damit mit einem weiteren Aufblühen dieser königlichen Kunst gerechnet werden kann."[42]

Nachdem am 25. Oktober 1945 die amtliche Genehmigung des bayerischen Kultusministeriums zur Wiedereröffnung des humanistischen Gymnasiums erteilt worden war[43] und durch viele Bemühungen wenigstens der eigentliche Gymnasialtrakt frei geworden war, konnte der Schulbeginn auf den 21. Mai 1946 festgelegt werden. Im Jahresbericht für das Schuljahr 1946 findet sich darüber folgender Bericht: „Der bedeutsame Tag wurde durch ein feierliches Pontifikalamt eingeleitet. Darauf folgte im Speisesaal des Klosters der feierliche Akt der Wiedereröffnung durch den Vertreter der zuständigen amerikanischen Militärregierung von Deggendorf. Der H. H. Abt Corbinian Hofmeister gab in seiner Rede der Genugtuung des Klosters sowie weitester Volkskreise Ausdruck. Landrat Chrambach und Altmettener Oberstudienrat Maderer von der Oberschule Deggendorf brachten ihre Wünsche dar. Anschließend versammelten sich die Schüler in der provisorischen Aula zur Entgegennahme der Schulordnung und sonstiger Bekanntmachungen durch den Leiter der Anstalt."[44]

Zweihundert Schüler, die sich auf sechs Klassen verteilten, hatten Aufnahme finden können. Obwohl ursprünglich die Trennung in zwei Seminare vorgesehen war, brachte es die Entwicklung mit sich, dass alle Schüler in einem Seminar, dessen Leitung wieder P. Amand Bielmeier übernahm, zusammengefasst werden mussten. Die Räume des einstigen Bischöflichen Seminars blieben noch zwei Jahre lang von ungarischen Flüchtlingen besetzt. Deshalb wurden auch jene Schüler, die für das Bischöfliche Seminar angemeldet worden waren, dem Klosterseminar eingegliedert und so ist es auf Wunsch des Diözesanbischofs auch geblieben. Von 1955 bis 1967 wurden die Kandidaten, die die Berufung zum Priestertum in sich fühlten und die Voraussetzungen dazu boten, in einer eigenen Abteilung zusammengefasst, für die sich die Bezeichnung „Juvenat" eingebürgert hat.[45]

Die Organisation des Unterrichts wurde den guten Gepflogenheiten der Zeit vor der Schließung angepasst. So schreibt P. Willibald Weber (Oberstudiendirektor 1946–1963), dem die Leitung der Schule anvertraut wurde, im Jahresbericht für das Schuljahr 1946: „... mit ministerieller Genehmigung wurde dem Unterricht der Lehrplan zugrunde gelegt, wie er in der Bayerischen Schulordnung für die höheren Lehranstalten vom 30. Mai 1914 vorgesehen ist. Unterricht findet wie in früheren Zeiten Vormittag und Nachmittag statt; Mittwoch und Samstag ist der Nachmittag frei von Pflichtunterricht. Die ersten zwei Vormittagsstunden sind Vollstunden von 60 Minuten."[46]

Mit Rücksicht auf die besonderen Verhältnisse erhielt das Gymnasium durch Verfügung des Unterrichtsministeriums die Erlaubnis, die ersten drei Schuljahre als Kurzschuljahre durchzuführen. So dauerten das erste Schuljahr vom 21. Mai bis zum 21. Dezember 1946, das folgende vom 14. Januar bis zum 17. Oktober 1947 und das Schuljahr 1947/48 vom 5. November 1947 bis zum 14. Juli 1948.

Gemeinsam mit P. Willibald Weber bildeten zwölf weitere Patres und ein „weltlicher" Lehrer, Herr Studienassessor Rudolf Rauch, im Schuljahr 1946 das Lehrerkollegium. Herr Rauch, der zunächst als Turnlehrer tätig war, bis er in den folgenden Schuljahren immer mehr Unterricht in Zeichnen übernahm, erinnert sich an die schwierigen Anfänge des Sportunterrichts: „Als ich nach der Wiedereröffnung des Gymnasiums Metten im Jahre 1946 den Turnunterricht übernahm, fand ich nur die ehemalige alte Turnhalle vor, völlig leer, völlig ausgeräumt, ohne ein einziges Turngerät, sogar der alte Bretterboden und der Ofen waren während des Krieges entfernt worden. Es war nichts mehr vorhanden, kein Turngerät, kein Ball, kein Gerät für Leichtathletik, kein Spielplatz, kein Sportplatz, gar nichts. Meine Unterrichtsstunden füllte ich aus mit Freiübungen, Gymnastik und Laufschule. ... Eine kleine Episode, die ich nicht vergessen kann: Bei schönem Wetter hielt ich eine Turnstunde auf dem Fußballplatz an der Donaustraße ... Mit Hilfe der landwirtschaftlichen Arbeiter des Klosters hatte ich ihn behelfsmäßig herrichten lassen. Auch zwei Fußballtore hatte ich in der Klosterschreinerei anfertigen und aufstellen lassen. Aber ich hatte

Neubau des Internates (im Jahr 1971)

keinen Ball. 1946 gab es noch keine Bälle zu kaufen, wenigstens nicht um Geld.

Eines Tages brachte – ich traute meinen Augen nicht – ein Schüler der damaligen Klasse 1B … einen weißen, nagelneuen Fußball mit in die Turnstunde. Ich kann ihm nicht genug dankbar sein, denn er gab mir den Ball auch leihweise für alle Turnstunden und Klassen einen ganzen Sommer lang. Mit diesem Ball spielten wir Fußball, Handball, Volleyball, Faustball und Kopfball!“[47]

Aber auch die anderen Lehrkräfte hatten in den Anfangsjahren mit vielen Schwierigkeiten zu kämpfen, da durch den Brand im November 1942 die physikalische und naturwissenschaftliche Sammlung, Teile der Lehrer- und Schülerbibliothek sowie Mobiliar vernichtet worden waren.[48]

Bereits 1948 konnte die erste Reifeprüfung abgehalten werden, an der acht Schüler teilnahmen. P. Adalbert Seipolt, der zu diesen „ersten Nachkriegsabsolventen“ gehörte, schreibt fünfzig Jahre nach seinen Abschlussprüfungen: „Wenn unser ‚Fähnlein der acht Aufrechten‘ vom Absjahrgang 1948 die derzeitige Debatte verfolgt, ob künftig statt der vier nicht doch fünf Abiturfächer zu prüfen seien, entwischt uns nur ein müdes Lächeln. Uns hat man vor 50 Jahren sieben zugemutet und das im Rekordtempo von nur vier Tagen.“[49]

Trotz der sieben Prüfungen in den Fächern Englisch, Religion, Deutscher Aufsatz, Latein, Griechisch, Mathematik und Physik – so berichtet P. Adalbert stolz weiter – seien die Ergebnisse hervorragend ausgefallen: „25% – in unserem Falle zwei – sicherten sich mit ihrem Schnitt von 1,0 die Chance, einen Platz im Maximilianeum zu bekommen; weitere 25% wären nach den heutigen Kriterien zur Hochbegabtenprüfung zugelassen worden. Das hat uns seither keine Klasse nachgemacht.“[50]

Die folgenden Jahre waren dem Wiederaufbau gewidmet. Durch einträchtiges Zusammenwirken aller maßgebenden Stellen konnten jeweils die nötigen räumlichen Voraussetzungen geschaffen werden. Aus gesundheitlichen

Gründen übergab P. Willibald Weber mit dem Ende des Schuljahres 1962/63 die Leitung an P. Anselm Wimmer (Oberstudiendirektor 1963–1980), der bis dahin als Lehrer sowie zehn Jahre als Erzieher, seit 1955 als Direktor des Seminars, erfolgreich gewirkt hatte. Obwohl selbst ein überzeugter Humanist und klassischer Philologe, verschloss sich P. Anselm nie den Anforderungen der Zeit: So öffnete er 1969 das Gymnasium für Mädchen, führte den neusprachlichen Zweig ein und engagierte sich frühzeitig für die Einführung der Kollegstufe. Als er die Leitung des Gymnasiums im Jahr 1980 an P. Rupert Fischer (Oberstudiendirektor 1980–2001) übergab, hatte sich aus der „reinen" Internatsschule ein Miteinander von externen und internen Schülerinnen und Schülern entwickelt.

Das St.-Michaels-Gymnasium – Vom Gestern ins Heute[51]

Schülerzahlen

Über viele Schuljahre hinweg – vom Anfang der achtziger Jahre bis zum Schuljahr 2003/04 – bewegte sich die Gesamtzahl der Schülerinnen und Schüler zwischen 420 und 470. In jeder Jahrgangsstufe gab es zwei Klassen. Die überraschend große Zahl der Voranmeldungen für das Schuljahr 2004/05 konfrontierte den Schulträger deshalb mit der Frage, ob drei Klassen in einer Jahrgangsstufe eingerichtet werden sollten. Da das große Interesse auch als Zeichen der Anerkennung für die gute Arbeit des Lehrerkollegiums gewertet wurde, entschloss man sich, drei fünfte Klassen aufzunehmen. So haben im September 2004 insgesamt 98 Schülerinnen und Schüler ihre Gymnasialzeit am St.-Michaels-Gymnasium – diese Bezeichnung führt die Schule seit dem Schuljahr 1965/66 – begonnen. Da auch in den folgenden Schuljahren wiederholt drei Anfangsklassen gebildet werden konnten, erreichte die Schülerzahl zu Beginn des Schuljahres 2010/11 den Höchststand von 613 Schülerinnen und Schülern. Der doppelte Abiturjahrgang im Schuljahr 2010/11 – Anfang Mai wurden die Schülerinnen und Schüler des letzten G9-Jahrgangs, Anfang Juli die Abiturientinnen und Abiturienten des ersten G8-Jahrgangs verabschiedet – und die geringere Zahl der Schülerinnen und Schüler an den Grundschulen haben in den folgenden Jahren zu einem Rückgang der Schülerzahl geführt, so dass das Schuljahr 2015/16 mit 231 Schülerinnen und 225 Schülern begonnen werden konnte.

Internat

Bis zum Schuljahr 1968/69, in dem 339 Schüler das St.-Michaels-Gymnasium besuchten, von denen nur acht externe Schüler waren, war die Zahl der Schüler des Gymnasiums fast identisch mit der Zahl der Internatsschüler. Die Tatsache, dass mehr als 300 interne Schüler untergebracht werden mussten und zugleich auch der Raumbedarf für das Gymnasium im „Altbau" sichergestellt werden sollte,[52] führte dazu, dass im August 1969 mit einer großzügigen Erweiterung des Seminars, genannt „Neubau", begonnen wurde. P. Gregor Reber (Direktor des Internates 1963–1989) schrieb dazu: „Zweck dieses Baus ist nicht, wie man vielleicht annehmen möchte, die Kapazität unseres Internates zu erweitern und mehr Schüler als bisher aufzunehmen. Sinn und Zweck dieses Baus ist es einzig und allein, die Unterbringungsmöglichkeiten für unsere Schüler auf einen Stand zu bringen, der den heutigen vernünftigen Forderungen entspricht."[53] Auch wenn mit dem Umzug der Schüler in den Seminarneubau bereits im November 1970 begonnen werden konnte, fand die Einweihung des neuen Internates durch den Regensburger Bischof Dr. Rudolf Graber erst am 27. Oktober 1971 statt, als sich auch nach umfangreichen Umbauarbeiten die im Altbau „verbliebenen Teile des Internates und die Schule in einem neuen Gewand darstellen"[54] konnten.

Obwohl die Gesamtzahl der Schülerinnen und Schüler, die das St.-Michaels-Gymnasium besuchten, in den folgenden Jahren wuchs, wurden immer weniger Schüler im Internat angemeldet, so dass P. Gregor Reber im Juni 1977 ein Schreiben „In eigener Sache" in „Alt und Jung Metten" veröffentlichte: „Nun ist die Schülerzahl unseres Gymnasiums in den letzten Jahren kontinuierlich angestiegen und es mußten immer zwei erste Klassen eingerichtet werden. Dieser Anstieg ist jedoch auf die größere Zahl von externen Schülern und Schülerinnen zurückzuführen. Im Internat dagegen bleiben Plätze frei. Wir wären darum jedem Altmettener dankbar, der im Kreise von Freunden, Bekannten und Kollegen empfehlend auf Metten hinweist, wenn über die Ausbildungsmöglichkeit für die Kinder gesprochen wird."[55] Leider konnte auch das Werben für das Klosterseminar keinen Anstieg der Zahl der Internatsschüler bewirken, so dass P. Andreas Bosl (Direktor des Internates 1989–1992), P. Erhard Hinrainer (1992–2005) und P. Thomas Winter (seit 2005) jeweils die Schüler aus mehreren Jahrgangsstufen zusammenfassen mussten, um angemessen große Abteilungen zu erhalten. Auch bei den internen Mädchen im Schülerinnenheim der Armen Schulschwestern stellte sich die Situation nicht besser dar. Schwester M. Erna Spitzendobler, die seit Beginn des Schülerinnenheims in den siebziger Jahren[56] – unterstützt von der jeweiligen Oberin und von ihren Mitschwestern – als Erzieherin für die Schülerinnen zuständig ist, konnte ebenfalls von Jahr zu Jahr weniger Mädchen aufnehmen.

Dies führte schließlich dazu, dass sich sowohl die Provinzleitung der Armen Schulschwestern von Unserer Lieben Frau als auch der Konvent der Benediktinerabtei nach mehreren Besprechungen dazu entschlossen haben, die beiden Internate nicht mehr auf Dauer weiterzuführen. Im Schülerinnenheim wurde bereits für das Schuljahr 2011/12 kein Mädchen mehr für die 5. Jahrgangsstufe angemeldet. Im Internat für die Jungen wurden ab dem Schuljahr 2012/13 keine Schüler mehr für die 5. Jahrgangsstufe aufgenommen. Im Jubiläumsjahr 2016 besuchen noch acht interne Schüler und drei interne Schülerinnen das St.-Michaels-Gymnasium. Weiterhin wird aber das Angebot der offenen

Ganztagsschule bestehen bleiben. Dieses freiwillige schulische Angebot, das die Institution des Tagesinternates für die externen Schülerinnen und Schüler fortführt, umfasst das gemeinsame Mittagessen sowie die Betreuung der Schülerinnen und Schüler während der Freizeit und der Studierzeit.

Ausbildungsrichtungen

„Ist das humanistische Gymnasium noch zeitgemäß?" Diese Frage stellte P. Willibald Weber im Schuljahr 1947/48 den Schülern seiner Oberklasse als Thema in einer Deutschschulaufgabe. Den Hintergrund für diese Themenstellung bildeten wohl die Ereignisse, die P. Willibald im Jahresbericht folgendermaßen zusammenfasst: „Große Beunruhigung entstand unter der Lehrer- und Schülerschaft durch das Bekanntwerden der Pläne zur ‚Schulreform'. In verschiedenen Schreiben an amerikanische und deutsche Stellen sah sich die Anstaltsleitung veranlaßt zu einer Reihe von Punkten Stellung zu nehmen. In den für amerikanische Stellen bestimmten Darlegungen wurde der Vorwurf, als ob das Hum. Gymnasium eine exklusive ‚Standesschule' wäre, an Hand eines früheren Jahresberichtes widerlegt; an unserer Schule waren immer schon Schüler aus allen Bevölkerungskreisen vertreten. Neben der Forderung nach einer ‚Verbreiterung der Bildung' müsse auch die nach einer geistigen Auslese bestehen bleiben, wie sie besonders durch das Hum. Gymnasium gewährleistet werde."[57]

Das Mettener Gymnasium blieb noch mehr als zwei Jahrzehnte lang ein „nur" humanistisches Gymnasium. Erst ab dem Schuljahr 1970/71 wurde neben der humanistischen Ausbildungsrichtung auch der neusprachliche Zweig angeboten. Der Jahresbericht schweigt über die Gründe für die Einführung dieser zusätzlichen Ausbildungsrichtung, wohl aber finden wir im Schlusswort von P. Anselm Wimmer zum Jahresbericht folgenden Satz: „Der auch sportlich und mit Quizfragen ausgetragene Wettkampf der humanistischen und neusprachlichen Gruppe in der 9. Klasse endete trotz leichter zahlenmäßiger Überlegenheit der letzteren notenmäßig mit einem Sieg der ‚Griechen'."[58] Dies wird P. Anselm, der selbst ein begeisterter und begeisternder Altphilologe war, sicherlich gefreut haben. In den vierzig Schuljahren von 1970/71 bis 2009/10 konnten beide Ausbildungsrichtungen gut nebeneinander bestehen, auch wenn es immer wieder einmal eine „zahlenmäßige Überlegenheit" von Französisch- bzw. Griechischschülern gab.

Eine weitere Ergänzung des Ausbildungsangebots erfolgte ab dem Schuljahr 2010/11. Um den Bestand des St.-Michaels-Gymnasiums auch in der Zukunft zu sichern und um sein Bildungsangebot zu erweitern, haben sich die verschiedenen Gremien der Schulfamilie – Schulträger, Lehrerkollegium, Elternbeirat, Klassensprecherversammlung – deshalb im Schuljahr 2008/09 mit der Frage beschäftigt, ob es sinnvoll sei, die Angliederung einer weiteren Ausbildungsrichtung zu beantragen. Die Ergebnisse dieser Beratungen zeigten eine klare Übereinstimmung: Mit großer Mehrheit haben sich alle Gremien dafür ausgesprochen, die Angliederung der naturwissenschaftlich-techno-

Besprechung der Schulleitung

logischen Ausbildungsrichtung zu beantragen. Im Unterschied zu den beiden Gymnasien in Deggendorf, die ebenfalls über diese Ausbildungsrichtung verfügen, wird am St.-Michaels-Gymnasium weiterhin aber nur Latein als erste Fremdsprache angeboten.

Diese Einrichtung eines naturwissenschaftlich-technologischen Gymnasiums, die P. Erhard Hinrainer (Schulleiter seit 2005) beim Bayerischen Staatsministerium für Unterricht und Kultus beantragte, wurde mit einem Schreiben vom 8. März 2010 genehmigt, so dass die Schülerinnen und Schüler der 7. Jahrgangsstufe nun jeweils zwischen drei Ausbildungsrichtungen wählen können, die sie dann ab der 8. Jahrgangsstufe besuchen wollen.[59]

Zusatzangebote

Studienfahrten, Theater- und Konzertbesuche, Projekttage und Exkursionen sowie die Planung und Durchführung von schulischen Veranstaltungen waren schon immer fest in den Ablauf eines Schuljahres eingebunden. Die Lektüre der Jahresberichte macht darüber hinaus deutlich, dass neben dem Unterricht in den von den Stundentafeln vorgeschriebenen Fächern stets zahlreiche Neigungsgruppen, Arbeitsgemeinschaften und Wahlfächer angeboten wurden. Griechische Literatur, Lateinische Übersetzungen, Literaturkreis, Wirtschaftsenglisch, Grundbegriffe der Politik, Philosophie, Pluskurs Mathematik, Informatik, Elektronik, Amateurfunk, Schach, Werken – diese und viele weitere Angebote zeigen, dass dabei stets versucht wurde, die unterschiedlichen Begabungen und

Talente der Schülerinnen und Schüler aufzugreifen und zu fördern. Viele Altmettenerinnen und Altmettener erinnern sich noch gerne an die Sprachkurse, die P. Erminold Füßl regelmäßig angeboten hat. Für ihn war es stets eine große Freude, Schülerinnen und Schüler – neben Englisch und Französisch – auch in Spanisch, Italienisch, Russisch oder Tschechisch zu unterrichten.

Auch für sportbegeisterte Schülerinnen und Schüler wurden in jedem Schuljahr mehrere Neigungsgruppen eingerichtet. Außerdem nutzten zahlreiche Schülerinnen und Schüler die Möglichkeit, im Rahmen der Schulsportgemeinschaft SSG Metten, die im Jahr 2005 für ihre überfachliche Jugendarbeit und ihr soziales Engagement mit dem Vereins-Jugend-Preis des Deutschen Handballbundes ausgezeichnet wurde, in den einzelnen Handballmannschaften mitzuspielen.

Einen besonderen Platz im Zusatzangebot des Mettener Gymnasiums hat darüber hinaus stets die Musik eingenommen. So berichtet P. Ildefons Poll über die Pflege der Musik im Jahr 1910: „Häufige Produktionen (wenigstens 4 größere Konzerte) spornen den Eifer und geben Gelegenheit, die verschiedenartigen Zweige der Musik zu pflegen. Eine große, wohlgeübte Sängerschar, Streicher und Bläser für zwei Haus- und ein Gesamtorchester, eine eigene ‚türkische' Musik von oft 20–25 vorzüglich eingespielten Musikern sind der Stolz der Mettener Seminarien. Für den Unterricht auf der Orgel stehen nicht weniger als 3 Orgeln und ein Pedalharmonium zur Verfügung. 14 Klaviere bieten reichlich Gelegenheit zum Spielen für die etwa 200 Klavierspieler."[60]

Dass das Angebot im Bereich der Musik auch vierzig Jahre später von Seiten der Schüler sehr gut angenommen wurde, bestätigt z. B. der Jahresbericht für das Schuljahr 1951/52, in dem insgesamt 395 Schüler das Gymnasium besuchten. Dort heißt es in einer Zusammenstellung über die Beteiligung der Schüler an den Wahlfächern: „Die Chorklasse zählte ab 1.12.1951 28 Oberstimmen und 22 Unterstimmen. 46 Schüler erhielten in 11 Abteilungen Violinunterricht. Es spielten 138 Schüler Klavier, 9 Orgel, 2 Viola,

5 Cello, 2 Baß, 5 Akkordeon. In der Blaskapelle spielten 3 Spieler die Holzinstrumente und 17 die Blechblasinstrumente. Im Schülerorchester wirkten 27 Schüler mit."[61]

Die Zahl der Schülerinnen und Schüler, die Klavierunterricht erhalten, ist heute zwar nicht mehr so groß, dafür ist es umso erfreulicher, dass sehr viele Schülerinnen und Schüler in den verschiedenen Chören, im Schul- und Kammerorchester sowie in der Schülerblaskapelle „Kalliope" mitwirken. Außerdem melden sich regelmäßig weit mehr als die Hälfte der Schülerinnen und Schüler der 5. und 6. Jahrgangsstufe für die Chorklasse an. Bei diesem Projekt, das seit dem Schuljahr 2009/10 für die Schülerinnen und Schüler dieser beiden Jahrgangsstufen angeboten wird, werden die zwei Stunden Pflichtunterricht Musik in der Form einer „Chorklasse" durchgeführt, um das

„Instrument" Stimme verstärkt auszubilden. Um den besonderen Stellenwert der Musik am St.-Michaels-Gymnasium zu unterstreichen, wird seit dem Schuljahr 1984/85 im Rahmen des Schulkonzertes jeweils der Mettener Musikpreis verliehen, durch den „hervorragende Begabung und vorzügliche musikalische Leistungen eines Einzelnen Anerkennung finden"[62] sollen.

Auf eine lange Tradition kann auch das Theaterspiel zurückblicken, für das P. Ildefons Poll ebenfalls einen Einblick in die Situation im Jahr 1910 bietet: „Mit der Pflege der Musik verbindet sich innig die darstellende Kunst auf der Bühne. Zwei Theatersäle dienen diesem Zwecke. Schauspiele, Dramen, Lustspiele, selbst größere Opern, Melodrame und Oratorien gehen alljährlich über die ‚Bretter, die die Welt bedeuten'."[63] Dass die Theateraufführungen nicht immer ohne Pannen verliefen, zeigt ein kleines Missgeschick bei einer der letzten Vorstellungen vor der Schließung des Gymnasiums im Jahr 1939, über das der Chronist in „Alt und Jung Metten" berichtet: „Am 8. Januar stieg zum letzten Male unser ‚Wilhelm Tell'; es war die beste von den drei Aufführungen. Über das harte Geschick, das der Hauptheld erleiden mußte, waren einige Zuschauerinnen sogar bis zu Tränen gerührt. Der tödliche Schuß, der Geßler umlegte, geschah sicherlich in deren vollstem Einverständnis. Leider traf ‚des Tells Geschoß' erst auf Umwegen die Brust des bösen Tyrannen. Denn unser Geßler, der sonst immer den unter seinem Wams versteckten Pfeil mit eigener Hand äußerst geschickt in die Brust, d. h. in einen verborgenen Kork stieß, verfehlte dieses Mal aus bisher noch unbekannten Gründen den tückischen kleinen Kork, so daß der Pfeil zu Boden fiel, während der Leuteschinder sich schon in Todeskrämpfen am Boden wand. So mußte sich denn einer seiner geistesgegenwärtigen Reisigen dazu bequemen, das Geschoß der Rache endgültig in seines Herrn und Gebieters Brust zu bohren."[64]

Mehrere Patres haben im Laufe der Jahre bei Theateraufführungen die Regie übernommen, ein Name aber wird mit dem Mettener Theater stets verbunden bleiben: Viele Jahre lag die Arbeit mit der Theatergruppe in den bewährten Händen von P. Adalbert Seipolt. Bereits im ersten Schuljahr nach der Wiedereröffnung fand – so heißt es im Jahresbericht von 1946 – „eine Aufführung des ‚Tarcisiusspieles' verfaßt von dem Schüler Eberhard Seipolt der 6. Klasse statt"[55]. Zahlreiche weitere Aufführungen, für die sich P. Adalbert nicht nur als Spielleiter, sondern häufig auch als Autor engagierte, folgten.

Über die Tatsache, dass es nicht immer einfach war, Spieler für die Theateraufführungen zu gewinnen, schreibt P. Adalbert in einer Beilage zum Jahresbericht für das Schuljahr 1978/79: „So sehr man den Schülern die Heimfahrtswochenenden gönnt, so sehr wird durch sie die Probenmöglichkeit eingeschränkt. Als hinderlich erweist sich auch die Passivität, die vielen Kindern anerzogen wurde. Sie sind gewohnt, sich unterhalten zu lassen, ohne selber viel dazu zu tun – vermutlich eine allgemeine Erscheinung des Fernsehzeitalters. Die wenigen Schüler, die nach Aktivität geradezu lechzen, engagieren sich meistens bereits im sportlichen und musikalischen Bereich so sehr, daß nicht mehr viel freie Zeit bleibt. Und dann gibt es natürlich noch die mimischen Talente, die schlechte Lateiner und miserable Mathematiker sind, so daß man es nicht verantworten kann, sie allzusehr auf der Bühne zu beschäftigen. ... Andererseits brauchen gerade solche Schüler Erfolgserlebnisse, die ihnen vielleicht nur das Theaterspiel verschaffen kann. Wie sagte doch unlängst ein Schüler? ‚Zwei Gelegenheiten gibt es in Metten, restlos glücklich zu sein: nach einem Sieg im Fußballpokal und nach einem gelungenen Theaterspiel!'"[66]

P. Adalbert hat es trotzdem immer wieder geschafft, talentierte Schülerinnen und Schüler für das Theaterspiel zu begeistern. Sein Name wird untrennbar mit der Geschichte des Theaters am Mettener Gymnasium verbunden bleiben. In P. Athanasius Berggold, der seit zwei Jahrzehnten dieses Angebot weiterführt, hat er einen hervorragenden Nachfolger gefunden.

Internationale Kontakte

Zum Profil des St.-Michaels-Gymnasiums gehört seit vielen Jahren, dass der Aufenthalt von Gastschülern den Schulalltag bereichert. Besonders für P. Erminold Füßl war es stets eine große Freude, wenn er Schülerinnen und Schüler aus verschiedenen Ländern jeweils in ihrer Muttersprache begrüßen und während ihres Gastaufenthaltes aufmerksam betreuen konnte.

Neben Schülern aus den europäischen Ländern – aus dem Gymnasium der ungarischen Benediktinerabtei Pannonhalma, aus Italien, Spanien und Frankreich – bereicherten mehrere Jahre lang vor allem auch Gastschüler aus der Deutschen Schule Alexander von Humboldt in Mexiko-Stadt das Leben im Internat und am Gymnasium. Den Kontakt hatte im Jahr 1989 eine Familie hergestellt mit der Bitte, ihren Sohn als Gastschüler aufzunehmen. Die Mutter des Jungen hatte sich an Metten erinnert, da bereits ihr Bruder in den sechziger Jahren als Gastschüler das Mettener Gymnasium besucht hatte. Mit ihrem Sohn begann eine Tradition, die fast zwei Jahrzehnte dauerte und in jedem Schuljahr einige Schülerinnen und Schüler aus Mexiko-Stadt nach Metten führte.[67]

Durch die Initiative eines ehemaligen Schülers und der Englischlehrkräfte wurde im Juli 1991 ein Schüleraustausch mit der Queen Elizabeth II High School in Peel, Isle of Man, ermöglicht, der in den folgenden Schuljahren zahlreichen Schülerinnen und Schülern die Chance bot, diese britische Insel kennenzulernen. Aufgrund der langen Busreise wurde dieser Schüleraustausch aber im Schuljahr 2002/03 beendet.

Eine Schulpartnerschaft begann das St.-Michaels-Gymnasium im Sommer 1993 mit dem Kirchlichen Gymnasium in Pilsen, um den Schülerinnen und Schülern die Möglichkeit zur Begegnung mit Jugendlichen aus dem Nachbarland zu bieten. Dieser Schüleraustausch entwickelte sich in den folgenden Jahren zu einer guten Tradition, die noch dadurch erweitert wurde, dass ab dem Schuljahr 1995/96 Gastschüler aus Pilsen jeweils für ein ganzes Schuljahr den Unterricht in Metten besuchten. Ab dem Schuljahr 2001/02 wurde dieser Gastschulaufenthalt in das EUREGIO-Gastschuljahrprojekt übernommen. Auf diese Weise konnten in den zurückliegenden Schuljahren mehr als sechzig Schülerinnen und Schüler vor allem aus dem Kirchlichen Gymnasium in Pilsen, aber auch aus Gymnasien in Plasy, Sušice, Budweis, Vimperk, Prachatice, Klatovy und Český Krumlov im Schülerinnenheim bzw. im Internat wohnen und am Unterricht am St.-Michaels-Gymnasium teilnehmen.

Mit dem Besuch von sechzehn Schülerinnen sowie drei Lehrkräften einer indischen Schule konnte Ende April 2014 der Mettener Schulgeschichte ein weiteres besonderes Ereignis hinzugefügt werden. Das Goethe-Institut in New Delhi hatte diesen Schüleraustausch mit dem Christ Junior College in Bangalore vermittelt. Die Tatsache, dass die indische Schule von einer karmelitischen Ordensgemeinschaft geführt wird, sowie die ersten Kontakte über Telefon und E-Mail führten schnell zu der Überzeugung, dass ein Schüleraustausch zwischen dem Christ Junior College und dem St.-Michaels-Gymnasium für die Schülerinnen und Schüler die Chance mit sich bringen wird, ein besonderes Land mit seiner Kultur, seinen Religionen und seiner Lebensart kennenzulernen. Die insgesamt positiven Rückmeldungen der Schülerinnen und Schüler, die in den Jahren 2014 und 2015 am Schüleraustausch mit dem Christ Junior College in Bangalore teilgenommen haben, ermutigen dazu, diese Bereicherung des Schulalltags auch weiterhin anzubieten.

Vermittlung der sozialen Kompetenz

Um die soziale Kompetenz der Schülerinnen und Schüler zu fördern, wird seit dem Schuljahr 2002/03 das sogenannte Compassion-Projekt – zunächst für die Schülerinnen und Schüler der 11. Jahrgangsstufe, seit Einführung des achtjährigen Gymnasiums für die Schülerinnen und Schüler der 10. Jahrgangsstufe – durchgeführt, das im Auftrag der Deutschen Bischofskonferenz seit Mitte der neunziger Jahre an den katholischen Schulen im Bereich der Erzdiözese Freiburg erprobt worden war. Über dieses Projekt schreibt Oberstudiendirektor Walter Matl (2001–2005) im Jahresbericht für das Schuljahr 2002/03: „Das Schulprojekt sozialen Lernens, das unter dem Begriff ‚Compassion' die Schülerinnen und Schüler der 11. Jahrgangsstufe mit der Realität des Lebens konfrontierte, wurde erstmals im Februar 2003 durchgeführt und erwies sich als voller Erfolg. Für zwei Wochen konnten alle Teilnehmer an diesem Projekt – außerhalb der Schule – in unmittelbarem Kontakt mit ihnen bisher unbekannten Menschen erfahren, welche Aufgaben in Kliniken, Altenheimen, Kindergärten und in Einrichtungen für Menschen mit Behinderungen zu bewältigen sind. Dieses erstmals durchgeführte Praxis- und Unterrichtsprojekt bot den Schülern Gelegenheit,

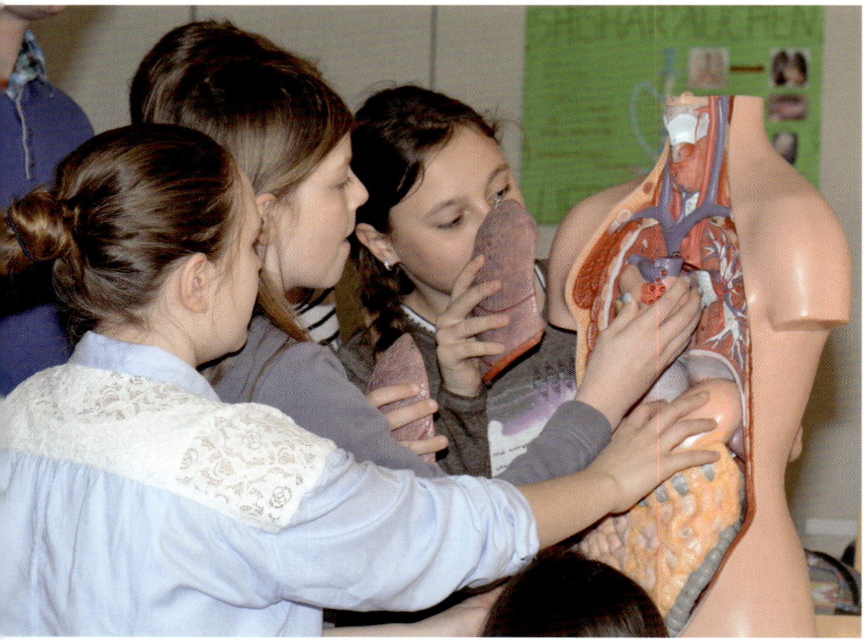

soziale Sensibilität und Verantwortung für die Mitmenschen zu entwickeln. Die Erfahrungsberichte aller Schülerinnen und Schüler waren – trotz anfänglicher Ängste und Befürchtungen – durchwegs positiv, so dass wir uns ermutigt fühlen, dieses Schulprojekt im kommenden Schuljahr fortzusetzen."[68]

Da die Schülerinnen und Schüler bisher in ihren Praktikumsberichten stets darauf hingewiesen haben, sie hätten in diesen zwei Wochen die Erfahrung gemacht, dass man von älteren Menschen sehr viel über das Leben lernen kann, dass es eine große Leistung ist, den Beruf einer Krankenschwester oder eines Pflegers auszuüben, wie schön es sein kann, für andere Menschen da zu sein, motivieren diese „Zeugnisse" dazu, den Schülerinnen und Schülern die Teilnahme am Compassion-Projekt auch weiterhin zu ermöglichen.

Soziales Engagement zeigen die Schülerinnen und Schüler aber auch, wenn sie sich z. B. im Rahmen des Schulsanitätsdienstes oder als Tutorinnen und Tutoren um ihre Mitschülerinnen und Mitschüler kümmern. Die Tatsache, dass in den vergangenen Schuljahren durch den großen Einsatz der Schülerinnen und Schüler beim Weihnachtsbasar, beim Schulfest oder beim Sponsorenlauf Hilfsprojekte in Afrika, in Nepal, in Brasilien und Bolivien finanziell unterstützt werden konnten, lässt spüren, dass es immer wieder gelingt, über „die kleine Welt der Schule" hinauszublicken.

Einen besonderen Beitrag zur Vermittlung und Stärkung sozialer Kompetenz leistet die Tatsache, dass im Schuljahr 2015/16 eine Klasse der St.-Notker-Schule, eines Förderzentrums der Lebenshilfe Deggendorf e. V. mit Förderschwerpunkt geistige Entwicklung, in den Räumen des St.-Michaels-Gymnasiums unterrichtet wird. Da in den zurückliegenden Schuljahren bereits wiederholt bei der Zusammenarbeit mit der St.-Notker-Schule im Rahmen von gemeinsamen Projekten sehr positive Erfahrungen gemacht worden waren, wurde gerne ein Klassenzimmer für die Schülerinnen und Schüler des Förderzentrums zur Verfügung gestellt. Um trotz unterschiedlichster Bildungsanforderungen den inklusiven Gedanken der UN-Menschenrechtskonvention durch zeitlich begrenzte Projekte – z. B. in den Fächern Deutsch, Religionslehre, Kunst, Musik und Sport – umsetzen zu können, wurde eine sechste Klasse als Partnerklasse ausgewählt. In regelmäßigen Begegnungen lernen sich die Kinder kennen und erleben den Umgang miteinander. Die Begegnungen werden von einem Lehrerteam gemeinsam vorbereitet und begleitet. Im Rückblick auf die ersten Monate des gemeinsamen Unterwegs-Seins zeigt sich, dass die Zusammenarbeit mit der St.-Notker-Schule eine „Erfolgsgeschichte" ist.

Begleitung im religiösen Leben

Eine besondere Bedeutung hatte und hat für die Mönche stets die religiöse und geistliche Begleitung der Schülerinnen und Schüler. Der Stellenwert, den Abt Wolfgang M. Hagl und der Konvent der Abtei Metten der Schulpastoral zumessen, lässt sich auch daran erkennen, dass sich momentan zwei Mitbrüder, P. Athanasius Berggold und P. Markus Haering, neben ihren anderen Tätigkeiten als Schulseelsorger engagieren.

Regelmäßige Schulgottesdienste – zum Schuljahresanfang, am Hochfest des heiligen Erzengels Michael, vor den Weihnachtsferien, am Hochfest des heiligen Benedikt, vor den Osterferien, zur Verabschiedung der Absolvia und am Schuljahresende –, das Angebot eines wöchentlichen Gottesdienstes jeweils am Montag vor Beginn des Unterrichts, das Angebot zum Empfang des Bußsakramentes vor Weihnachten und Ostern, Tage der Orientierung für die Schülerinnen und Schüler der 11. Jahrgangsstufe und die Möglichkeit zur persönlichen Aussprache unterstreichen den Charakter einer Schule in der Trägerschaft einer Ordensgemeinschaft.

Besondere Akzente setzt darüber hinaus die GCL (Gemeinschaft Christlichen Lebens), die im Jahr 2017 auf eine 150-jährige Geschichte zurückblicken kann, mit ihren wöchentlichen Gruppenstunden, ihren Frühschichten in der Advents- und Fastenzeit, ihren Angeboten von Freizeitwochenenden und Ferienfahrten sowie ihrem Angebot, gemeinsam zu beten, zu meditieren und Gottesdienste zu feiern.

Kontakte zu den ehemaligen Schülerinnen und Schülern

Von großer Bedeutung waren und sind für die Schulfamilie des St.-Michaels-Gymnasiums stets die Kontakte zu den ehemaligen Schülerinnen und Schülern. Regelmäßige Klassentref-

fen, die meist mit dem Besuch der ehemaligen Schule verbunden werden, geben den Damen und Herren der einzelnen Absolviajahrgänge immer wieder die Gelegenheit, ihre Erinnerungen an die Zeit im Internat und am Gymnasium wachzurufen sowie Informationen über ihre ehemalige Schule zu erhalten. Neben diesen Klassentreffen gibt es seit langem in verschiedenen Orten regelmäßige Altmettenertreffen. So bringt die Zeitschrift „Alt und Jung Metten" bereits in ihrem zweiten Jahrgang (1927/28) Hinweise auf Mettener Abende in Regensburg, München, Landshut und Passau, im aktuellen Heft des 82. Jahrgangs, das im Dezember 2015 erschienen ist, Berichte über das „Frankentreffen am 24. Oktober 2015 in Kalchreuth", über den „Nikolausabend in München am 2. Dezember 2015" und über ein „Adventliches Treffen in Regensburg am 14. Dezember 2015".

Eine lange Tradition haben darüber hinaus die Studiengenossenfeste, zu denen jeweils alle ehemaligen Schülerinnen und Schüler eingeladen werden. So berichtet P. Godehard Geiger, dass sich am 5. und 6. September 1876, also 25 Jahre nach dem ersten Absolutorium, eine große Zahl der ehemaligen Absolventen „an dieser Stätte versammelt [hat], der sie ihre Erziehung verdanken und wo sie ihre Jugend so glücklich verlebt hatten, um in herzlichster Weise das erste Studiengenossenfest zu feiern"[70]. Weitere Studiengenossenfeste fanden vom 6. bis 8. August 1901, vom 20. bis 22. Juli 1926, vom 11. bis 13. Juli 1954 und am 10. Juli 2004 statt.

Regelmäßigen Kontakt zu allen ehemaligen Schülerinnen und Schülern sowie zu den Freunden der Abtei Metten hält auch die Zeitschrift „Alt und Jung Metten", deren Gründung P. Leander Schönberger beim Studiengenossenfest

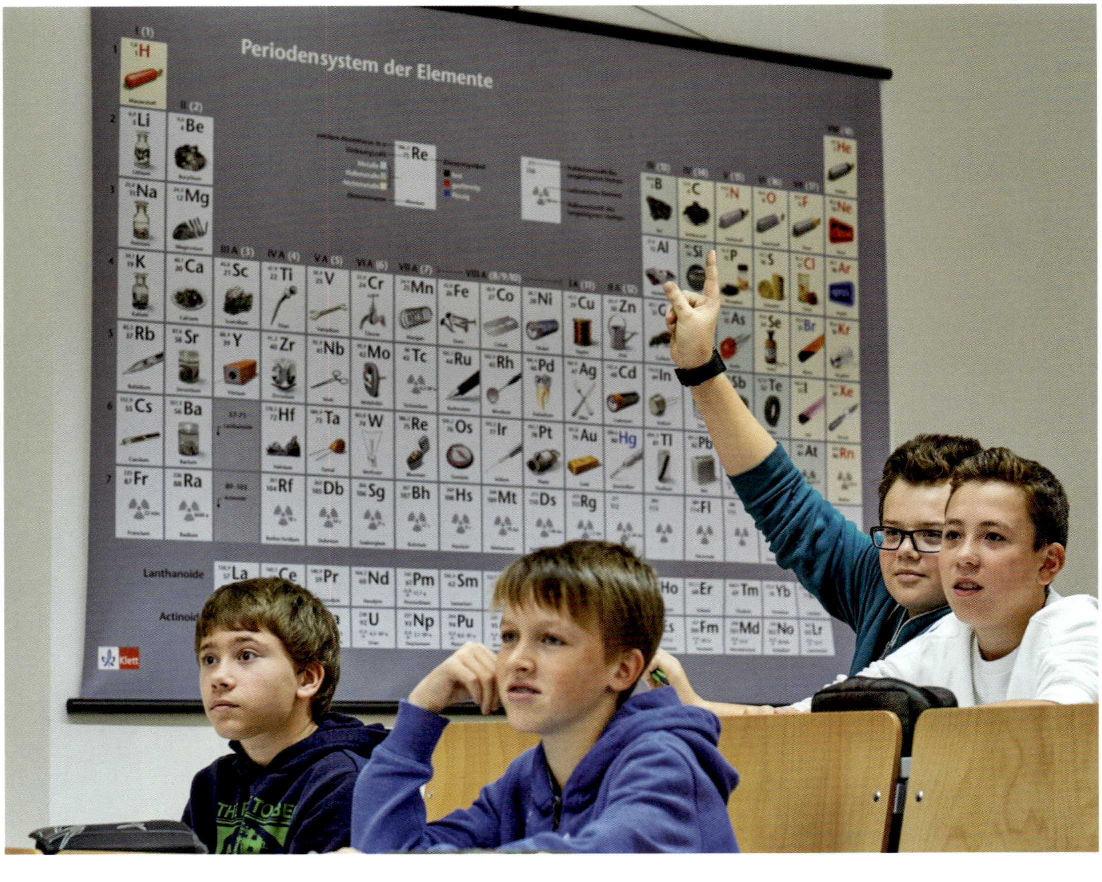

Lehrerkollegium im Schuljahr 2015/16

im Juli 1926 vorgeschlagen hat. In seinem Geleitwort zum ersten Doppelheft schreibt er über die Zielsetzung der Zeitschrift: „Aber der Mettener Bote soll nicht bloß von Metten berichten, vom Leben in Kloster und Anstalt, er soll nicht bloß Bannerträger des Mettener Geistes sein, er wird auch berichten vom Leben und Wirken, von den Schicksalen der ehemaligen Zöglinge, soweit dies für die Allgemeinheit von Bedeutung ist."[72]

Seit dem Erscheinen des ersten Doppelheftes hat diese Zeitschrift viele wichtige Ereignisse in Wort und Bild festgehalten. So konnte sie im Jahr 1967 auch berichten, dass der „Verein der Freunde des Benediktiner-Stifts Metten e. V." gegründet wurde,[73] der sich die Aufgabe gestellt hat, „das Benediktiner-Stift Metten bei seinen erzieherischen und schulischen Aufgaben zu unterstützen"[74]. Der Protektor des Vereins, der damalige bayerische Ministerpräsident Dr. h. c. Alfons Goppel, schrieb dazu in seinem Grußwort: „Durch die Gründung dieses Vereins beweist sich einmal mehr die viel gerühmte dankbare Verbundenheit der ehemaligen Schüler mit ihrer ‚Alma mater Metamensis'"[75] – eine Verbundenheit, für die ihrerseits der Konvent der Abtei und das Kollegium des St.-Michaels-Gymnasiums allen ehemaligen Schülerinnen und Schülern, allen, die einmal „ausgerüstet mit … der Charakter-Etikette ‚Made in Metten'"[76] entsendet worden sind, herzlich danken.

Anmerkungen

1 Corbinian Hofmeister, Metten – Quo vadis?, in: AJM 32 (1965/66), S. 129–131, hier 131.
2 Rupert Mittermüller, Das Kloster Metten und seine Aebte. Ein Ueberblick über die Geschichte dieses alten Benedictinerstiftes, Straubing 1956, S. 144.
3 Benedikt Busch, Baugeschichte des Klosters Metten, in: AJM 32 (1965/66), S. 150–165, hier 152.
4 Gemeint ist Abt Markus Besch (1581–1592). Vgl. Michael Kaufmann, Chronik der Abtei Metten 766–2016, Sankt Ottilien 2016, S. 226.
5 Godehard Geiger, Die Abtei Metten, in: Sebastian Brunner, Ein Benediktinerbuch. Geschichte und Beschreibung der bestehenden und Anführung der aufgehobenen Benediktinerstifte in Oesterreich-Ungarn, Deutschland und der Schweiz, Würzburg 1880, S. 507–519, hier 515.
6 Vgl. Mittermüller, Kloster Metten (wie Anm. 2), S. 201.
7 Vgl. Ildefons Poll, Kloster Metten und seine Umgebung. Geschichtliche Skizze, Deggendorf [1910], S. 48.
8 Wilhelm Fink, Entwicklungsgeschichte der Benedictinerabtei Metten. I. Teil: Das Profeßbuch der Abtei, München 1926, S. 52.
9 Fink, Profeßbuch (wie Anm. 8), S. 56.
10 Vgl. Wilhelm Fink (Hg.), Festschrift zum Studiengenossenfeste im Jahre 1926 zu Metten, Deggendorf 1926, S. 12 f.
11 Vgl. Willibald Weber, Das Humanistische Gymnasium Metten, in: AJM 32 (1965/66), S. 198–214, hier 198.
12 Vgl. Kaufmann, Chronik (wie Anm. 4), S. 404.
13 Vgl. im Folgenden für die Wiedererrichtung der Schule: Weber, Gymnasium (wie Anm. 11), S. 199 ff.
14 Vgl. Kaufmann, Chronik (wie Anm. 4), S. 421: „Im November [1831] kann der Unterricht für etwa zehn Knaben beginnen. Die Zöglinge wohnen zumeist bei Familien in der Hofmark Metten."
15 Vgl. Kaufmann, Chronik (wie Anm. 4), S. 432: „Die Lateinschule kann Ende Oktober [1837] mit zwei Klassen (20 Schüler) und das Klosterseminar mit 11 Knaben wieder eröffnet werden."
16 Fink, Festschrift 1926 (wie Anm. 10), S. 14.
17 Die Amtsdaten der Direktoren des Gymnasiums und der Seminare wurden entnommen: Michael Kaufmann, Memento mori. Zum Gedenken an die verstorbenen Konventualen der Benediktinerabtei Metten seit der Wiedererrichtung 1830, Metten 2008.
18 Vgl. Kaufmann, Chronik (wie Anm. 4), S. 439.
19 Geiger, Abtei Metten (wie Anm. 5), S. 518.
20 Vgl. Kaufmann, Chronik (wie Anm. 4), S. 452 f.
21 Vgl. Leo Kolmer, Das Bischöfliche Knabenseminar, in: AJM 14 (1939/40), S. 1–7, hier 2.
22 Kolmer, Knabenseminar (wie Anm. 21), S. 3.
23 Vgl. Roman Eder/Raban Schinabeck, Tage schmerzlichen Abschieds. Die Mallersdorfer Schwestern verlassen nach 130 Jahren Metten, in: AJM 58 (1991/92), S. 74–76, hier 74.
24 Vgl. Eder/Schinabeck, Abschied (wie Anm. 23), S. 74.
25 Vgl. Kaufmann, Chronik (wie Anm. 4), S. 574.
26 Vgl. Eder/Schinabeck, Abschied (wie Anm. 23), S. 76.
27 Vgl. Weber, Gymnasium (wie Anm. 11), S. 200.
28 Vgl. Weber, Gymnasium (wie Anm. 11), S. 200 f.
29 Vgl. Kaufmann, Chronik (wie Anm. 4), S. 486.
30 Vgl. Fink, Festschrift 1926 (wie Anm. 10), S. 17 f.
31 Poll, Kloster Metten (wie Anm. 7), S. 77 f.
32 Vgl. Fink, Festschrift 1926 (wie Anm. 10), S. 3.
33 Vgl. Leander Schönberger, Abrechnung des Studiengenossenfestes, in: AJM 1 (1926/27), S. 13–14, hier 14.
34 Vgl. im Folgenden zur Schließung der Schule: Weber, Gymnasium (wie Anm. 11), S. 206 ff.
35 Amand Bielmeier, Brief vom 5. Februar 1939 (Archiv des St.-Michaels-Gymnasiums).
36 Rede des Hochw. Herrn Abtes Corbinian Hofmeister, in: AJM 13 (1938/9), S. 102–108, hier 102.
37 Hofmeister, Rede (wie Anm. 36), S. 108.
38 Vgl. Kaufmann, Chronik (wie Anm. 4), S. 573 f.
39 Vgl. Kaufmann, Chronik (wie Anm. 4), S. 587 f.
40 Vgl. Kaufmann, Chronik (wie Anm. 4), S. 592.
41 Vgl. Kaufmann, Chronik (wie Anm. 4), S. 576.
42 Raban Schinabeck, Osterrundbrief 1946 (Archiv der Abtei Metten).
43 Vgl. Kaufmann, Chronik (wie Anm. 4), S. 591.
44 Willibald Weber, Zur Geschichte der Anstalt, in: Jahres-Bericht des humanistischen Gymnasiums des Benediktinerstiftes Metten für das Schuljahr 1946, S. 17–20, hier 18.
45 Vgl. Weber, Gymnasium (wie Anm. 11), S. 211. Vgl. Kaufmann, Memento mori (wie Anm. 17), S. 485: P. Erminold Füßl ist von 1955 bis 1967 Präfekt des wiedererrichteten Ordensseminars.
46 Weber, Geschichte der Anstalt (wie Anm. 44), S. 18 f.
47 Sportunterricht nach der Wiedereröffnung des Gymnasiums 1946, in: AJM 65 (1998/99), S. 110 f.
48 Vgl. Weber, Geschichte der Anstalt (wie Anm. 44), S. 19.
49 Adalbert Seipolt, 1948 – die ersten Nachkriegsabsolventen, in: AJM 64 (1997/98), S. 258–269, hier 258.

50 Seipolt, Nachkriegsabsolventen (wie Anm. 49), S. 259.
51 Vgl. im Folgenden: Erhard Hinrainer, Das St.-Michaels-Gymnasium – eine „Bestandsaufnahme“ im Schuljahr 2011/12, in: AJM 78 (2011/2012), S. 12–23.
52 Vgl. Kaufmann, Chronik (wie Anm. 4), S. 607.
53 Gregor Reber, Seminarerweiterungsbau. Der Umzug in den Neubau, in: AJM 37 (1970/71), S. 182–186, hier 182.
54 Augustinus Mayer, Ein Markstein in der Geschichte des Seminars. Einweihung des neuen Internats am 27. Oktober 1971. Geleitwort, in: AJM 38 (1971/72), S. 12–16, hier 12.
55 Gregor Reber, In eigener Sache, in: AJM 43 (1976/77), S. 208.
56 Roman Eder weist am 19. September 2009 in seinem Festvortrag zum 100-Jahr-Jubiläum der Schulschwestern in Metten darauf hin, dass sich im Jahr 1975 der Übergang vom Kinderheim zum Schülerinnenheim massiv anbahnte; siehe Roman Eder, Festvortrag zum 100-Jahr-Jubiläum der Schulschwestern in Metten, in: AJM 76 (2009/2010), S. 69–76, hier 70.
57 Willibald Weber, Zur Geschichte der Anstalt, in: Jahresbericht des humanistischen Gymnasiums des Benediktinerstiftes Metten für das Schuljahr 1947/48, S. 17–19, hier 17.
58 Anselm Wimmer, Zur Geschichte der Anstalt, in: St.-Michaels-Gymnasium der Benediktiner Metten. Jahresbericht für das Schuljahr 1970/71, S. 18–20, hier 18.
59 Vgl. Erhard Hinrainer, Schlusswort und Dank des Schulleiters, in: St.-Michaels-Gymnasium der Benediktiner Metten. Jahresbericht für das Schuljahr 2009/2010, S. 188–191, hier 188.
60 Poll, Kloster Metten (wie Anm. 7), S. 75 f.
61 Jahresbericht des humanistischen Gymnasiums des Benediktinerstiftes Metten für das Schuljahr 1951/52, S. 17.
62 Musikaleum Metamense, in: AJM 51 (1984/85), S. 225–235, hier 232.
63 Poll, Kloster Metten (wie Anm. 7), S. 76.
64 Hans Müller, Chronik. Januar – März 1939, in: AJM 13 (1938/9), S. 124–133, hier 125.
65 Weber, Geschichte der Anstalt (wie Anm. 44), S. 20.
66 Adalbert Seipolt, Schultheater in Metten – vor 200 Jahren und heute. Beilage zum Jahresbericht des St.-Michaels-Gymnasiums der Benediktiner Metten für das Schuljahr 1978/79, S. I–VIII, hier VII.
67 Vgl. Erhard Hinrainer, Niederbayerische Provinz mit internationalem Flair, in: Internat der Benediktinerabtei Metten (Hg.), Festschrift anläßlich des 50. Jahrestages der Wiedereröffnung des Internates der Benediktinerabtei Metten, Deggendorf 1996, S. 84–90, hier 84 ff.
68 Walter Matl, Schlussworte, in: St.-Michaels-Gymnasium der Benediktiner Metten. Jahresbericht für das Schuljahr 2002/2003, S. 124–128, hier 125.
69 Vgl. Kaufmann, Chronik (wie Anm. 4), S. 483: „Gründung der Marianischen Studentenkongregation ‚Regina Apostolorum‘ am 13. Januar [1867]. Erster Präses wird P. Benedikt Braunmüller (1825–1898), 14 Zöglinge des Bischöflichen Knabenseminars lassen sich als erste Mitglieder aufnehmen.“
70 Geiger, Abtei Metten (wie Anm. 5), S. 518.
71 Vgl. Angelus Sturm, Unser Fest. Grundlagen, Vorbereitung, Verlauf, in: AJM 1 (1926/27), S. 3–13, hier 12.
72 Leander Schönberger, Zum Geleite, in: AJM 1 (1926/27), S. 1–2, hier 2.
73 Verein der Freunde des Benediktiner-Stifts Metten e. V., in: AJM 34 (1967/68), S. 73.
74 Satzung des Vereins der Freunde des Benediktiner-Stifts Metten e. V., in: AJM 34 (1967/68), S. 78–80, hier 78.
75 Alfons Goppel, Grusswort des Bayerischen Ministerpräsidenten zur Gründung des „Vereins der Freunde des Benediktiner-Stifts Metten e. V.“, in: AJM 34 (1967/68), S. 76.
76 Vgl. Hofmeister, Quo vadis? (wie Anm. 1), S. 131.

Das Kloster Metten und die Seelsorge

Gregor Schuller OSB

Ein Mensch nimmt, guten Glaubens, an,
Er hab das Äußerste getan.
Doch leider Gotts versäumt er nun,
Auch noch das Innerste zu tun.[1]
(Eugen Roth, 1895–1976)

Der Schriftsteller Eugen Roth war ein brillanter Beobachter menschlicher Verhaltensweisen, Eigenheiten und Skurrilitäten, der es zudem hervorragend verstand, diese in wenigen Worten auf den Punkt zu bringen. Davon zeugen seine bekannten und beliebten Ein-Mensch-Gedichte, von denen eines den Auftakt zu diesem Beitrag bildet. In ebenjenem Vierzeiler zeichnet Roth zwei Menschentypen, die in jedem menschlichen Geschöpf in unterschiedlicher Ausprägung anzutreffen sind. Es ist dies zum einen der *homo faber*. Das ist der Macher, der Handwerker, eben der, der von sich glaubt und in Anspruch nimmt, das Äußerste, alles nur Menschenmögliche getan zu haben, und es leider allzu oft dabei bewenden lässt. Darin allein kann, soll und darf sich aber Menschsein nicht erschöpfen. Menschsein im Vollsinn beinhaltet noch eine andere, zusätzliche Dimension. Das ist der *homo ludens*, der spielende Mensch, der gleichsam das Innerste tut. Dieser Bereich erst ermöglicht es dem Menschen, sich auf Gott hin zu öffnen und für sein Wort und sein Wirken empfänglich zu sein. Auch auf Seiten Gottes ist das Spiel das Tor, durch das er einbrechen und den Menschen nahekommen kann. So sagt die personifizierte Weisheit in der Heiligen Schrift von sich: *„Ich spielte auf seinem Erdenrund und meine Freude war es, bei den Menschen zu sein"* (Spr 8,31). Der ganze Mensch, der beständig nach Weisheit und letztlich nach einem gelingenden Leben strebt, braucht beide Elemente. Er muss stets um eine gesunde Verbindung von *homo faber* und *homo ludens*, von machender und spielender Komponente des Menschseins, kurz: von äußerem und innerem Menschen bemüht sein. Und genau an diesem Schnittpunkt kann Seelsorge und damit der nachstehende Beitrag ansetzen.

Konzelebration in der Benediktuskapelle 2016

Das in der Donauebene am Tor zum Bayerischen Wald gelegene Benediktinerkloster Metten hat trotz oder gerade wegen vieler durchlebter Höhen und Tiefen Grund zum Feiern. Es darf im Jahr 2016 auf eine 1250-jährige Tradition zurückblicken. Dabei ist es mit Sicherheit die vom ersten Tag seines Bestehens an betriebene Tätigkeit in der Seelsorge, der in diesem Jubeljahr ein besonderes, dankbares und aufmerksames Augenmerk angedeihen sollte. Die folgenden Ausführungen möchten das Ihre dazu beitragen. Sie lenken den Blick zunächst auf die geschichtliche Entwicklung der Seelsorge, sowohl auf christlicher wie auf vorchristlicher Seite. Des Weiteren sollen die Schwierigkeiten, Grenzen und Möglichkeiten aufgezeigt werden, die sich durch die Verbindung von monastischem Leben und der Tätigkeit der Mönche in der Seelsorge ergeben können, sowie Lösungsmöglichkeiten aus der Kirchengeschichte im Allgemeinen und der Geschichte des Klosters Metten im Besonderen dargestellt werden. Der Hauptteil schließlich befasst sich ganz mit den von Metten aus betreuten Pfarreien und ihren Seelsorgern.

Aufgrund der schier unüberschaubar vielfältigen Betätigung der Mettener Mönche in den unterschiedlichsten Bereichen der Seelsorge muss sich der folgende Beitrag exemplarisch auf einige Kernbereiche und schwerpunktmäßig auf die Zeit nach der Wiederrichtung im Jahr 1830 beschränken.

Die folgenden Zeilen seien mit Dank und Hochachtung all jenen gewidmet, die sich als Seelsorger seit über zwölf Jahrhunderten redlich mühten und mühen, die ihnen Anvertrauten von der Geburt bis zum Tod zu begleiten und sie in der Zeit, die dazwischen liegt, ein wenig näher zu ihrem Herrn und Schöpfer zu führen. Das ist ja schließlich der letzte Sinn einer jeden Art von Seelsorge.

Annäherung an den Begriff Seelsorge

Bevor die Thematik Seelsorge aus christlicher bzw. katholischer Sicht und im Anschluss daran die Verbindung von christlichem Mönchtum und Seelsorge beleuchtet werden kann, ist es zunächst unerlässlich, sich mit Herkunft und Bedeutung des Begriffes in vorchristlicher Zeit auseinanderzusetzen. Hierbei müssen zunächst die griechische Philosophie und das Judentum Erwähnung finden.

Fahnenweihe in Metten durch Abt Corbinian Hofmeister OSB im Jahr 1950

Griechisch-antike Vorstellungen

Die Wurzeln des Begriffes Seelsorge liegen in der antiken griechischen Philosophie, wo ihn Plato (427–347 v. Chr.) als Erster in seiner *Apologie* verwendete.[2] Er beschreibt die Seele als „das sich selbst Bewegende", das der Fürsorge bedarf. Die Seele ist für ihn präexistent und unsterblich.[3] Sie besteht nach Plato aus drei Teilen, dem Denken, dem Wollen und dem Begehren, die miteinander in Streit geraten können. Dabei gleicht die Vernunft einem Wagenlenker, der das Zweigespann aus Wille und Begierde zu lenken sucht. Wenn nun das Gleichgewicht der drei Seelenteile gestört wird, sinkt die Seele in die materielle Welt hinab, wobei der Leib zum Kerker, zum Grab der Seele wird.[4] Der Vernunft kommt in dieser Vorstellungswelt die moderierende bzw. seelsorgliche Funktion der Erhaltung des Seelengleichgewichtes zu.

Vor diesem Hintergrund ist auch das Engagement des Sokrates (469–399 v. Chr.) um die Sorge für die Seele zu verstehen.[5] In der Verteidigung des Sokrates heißt es:

> *„Denn nichts anderes tue ich, als dass ich umhergehe, um jung und alt unter euch zu überreden, ja nicht für den Leib und das Vermögen zuvor noch überhaupt so sehr zu sorgen wie für die Seele, dass diese aufs beste gedeihe."*[6]

Ferner verweist Sokrates in Platos Dialog *Laches* im Gespräch darauf, dass ein Lehrer ein Fachmann in der Pflege der Seele sein müsse.[7]

Sorge um die Seele wird hier als ein philosophisches Verfahren beschrieben. Es geht um die Kenntnis der Seele, welche sich vom Unwichtigen, von sinnlich-weltlichen Gütern und

Zielen abwenden und dem wirklich Wesentlichen, den unsterblichen Ideen, der Wahrheit und der Gerechtigkeit zuwenden soll. Sorge um die Seele meint in diesem Kontext Sorge um sich selbst im Angesicht der Wahrheit.[8] Die so verstandene Seelsorge ist im letzten Sinn eine religiöse Angelegenheit. Sie geschieht im Dienst an einer letzten, unveränderlichen Wahrheit, sie geschieht im Dienst an Gott.[9]

Jüdische Vorstellungen

Der frühen jüdischen Anthropologie ist die Trennung von Leib und Seele, wie sie uns bei den griechischen Philosophen begegnet, fremd.[10] Das hebräische Wort *näphäsch*, das die Septuaginta mit *psyche* wiedergibt und Martin Luther in seiner Bibelübersetzung an vielen Stellen mit *Seele* wiedergegeben hat, meint gerade nicht die Seele im griechischen Sinn. Es bezeichnet vielmehr den Schlund, den Rachen, die Kehle des Menschen. Dieses Organ symbolisiert in besonderer Weise seine Bedürftigkeit, Angewiesenheit und Empfänglichkeit: Der Mensch braucht Luft zum Atmen. Auch Essen und Trinken gehen durch die Kehle. Insofern gilt *näphäsch* als Sitz der elementaren Lebensbedürfnisse schlechthin.

Das Bedeutungsfeld Seele erweitert sich damit um die Konnotation des Verlangens, Begehrens und Sehnens. Insofern der Mensch als ein Begehrender, Bedürftiger und Abhängiger gesehen wird, wird *näphäsch* zum Äquivalent für das Leben insgesamt.[11]

Dass der Mensch aus biblischer Sicht alles Lebensnotwendige von Gott erhält, verdeutlicht bereits die Schöpfungsgeschichte durch das Einhauchen des Lebensatems des Menschen durch Gott (Gen 2,7).[12] Sorge um die *näphäsch* – Lebenssorge – besteht also darin, dass Menschen um ihre Bedürftigkeit, Abhängigkeit und Verletzlichkeit im menschlichen Miteinander und im Verhältnis zu Gott wissen und daraus zu leben lernen.[13]

Verankerung in der Heiligen Schrift

Das Wort Jesu „Der Mensch lebt nicht nur von Brot, sondern von jedem Wort, das aus Gottes Mund kommt" (Mt 4,4) findet sich im ersten Evangelium des Neuen Testamentes. Dabei ist es bereits im Alten Testament, dort im Buch Deuteronomium (Dtn 8,3), verankert. Es verbindet gleichsam die oben aufgezeigte Vorstellung der antiken griechischen Philosophen von den zwei Bereichen von Leib und Seele[14] mit der jüdischen Sichtweise der Ganzheit des Menschen[15]. Brot und Gotteswort – Nahrung für Leib und Seele –, beides ist nach Aussage des Herrenwortes notwendig.

Zeugnisse für die Seelsorge der Urkirche finden sich in der Apostelgeschichte (Apg 2,42–47; 6,1–6), dem Urdokument der entstehenden Kirche. Es handelt sich dort um Beschreibungen des Zusammenlebens der Gläubigen, der liturgischen Praxis sowie der Gemeindeorganisation. Ferner macht die gesamte neutestamentliche Briefliteratur die Sorge der Verfasser um das Seelenheil der Adressaten deutlich.[16]

Seelsorge in der Alten Kirche

Erst etwa 300 Jahre nach dem Zeugnis der Apostelgeschichte findet der Begriff Seelsorge bei Basilius von Caesarea (ca. 330–378) Eingang in die christliche Theologie. *Epimeleia ton psychon* wird bei ihm zum ersten Mal als Aufgabe des kirchlichen Amtes bezeichnet. Dabei geht es jedoch nicht um die einzelne Seele, sondern um Seelen in Mehrzahl, also um Seelensorge. Bei der Kodifizierung des Kirchenrechts im Mittelalter setzt sich die lateinische Übersetzung des Begriffs *cura animarum* durch.

Die Alte Kirche kennt eine große Vielfalt von Gestaltungsformen der Seelsorge. Zu nennen sind neben Schriftauslegung und Predigt bei Origenes (ca. 185–254) und Johannes Chrysostomos (ca. 350–407) auch Briefe, z. B. an Trauernde oder Suizidgefährdete von Hie-

Handauflegung bei der Priesterweihe in Metten 1985: P. Stephan Haering OSB, P. Markus Haering OSB, P. Karl Schacherl OSFS, P. Athanasius Berggold OSB (von links nach rechts)

ronymus (ca. 347–420) oder Augustinus (354–430). Vor allem die Theologie des Letzteren ist nachhaltig seelsorglich geprägt.[17]

Es liegt nahe, die Aufgabe des Seelsorgers als *iatreia ton psychon* zu betiteln und mit der Tätigkeit des Arztes zu vergleichen. Ausgangspunkt ist dabei nicht selten das Bild von Christus als Arzt (vgl. Ex 15,26; Mt 9,12).[18] Gregor von Nazianz (329/30– ca. 390) betont, dass die Seelenleitung, das *regimen animae*, als *ars artium*, als Kunst der Künste, auf die geistlichen, seelischen und leiblichen Notlagen auszurichten sei.[19]

Mönchtum und Seelsorge

Ein Grundzug des Mönchtums, das zunächst eine Laienbewegung war,[20] ist der Wunsch, ganz frei für Gott zu sein. Der Mönch will allein für Gott leben und zieht sich deshalb aus der Welt zurück, um sich Tag und Nacht dem Gebet hingeben zu können.[21]

Diese Vorstellung, ganz einsam zu leben und umgeben von einer natürlichen Klausur das Dasein mit Gott zu verbringen, haben wir von den ersten Mönchen, den Wüstenvätern.[22] Allein die Lebensbeschreibungen zweier großer Mönche des Orients, des heiligen Antonius des Einsiedlers und des heiligen Pachomius, bezeugen das Abweichen von diesem Ideal. Diese verkündigten das Wort Gottes und nahmen Heilungen von Krankheiten an Weltleuten vor.[23] „Obwohl das christliche Mönchtum in seinen frühen Jahrhunderten völlig von Weltüberwindung und Weltflucht bestimmt wurde, entfaltete es sich seit der Spätantike und vollends im abendländischen Mittelalter zugleich zur Verchristlichung dieser Welt."[24]

In der Tradition der Wüstenmönche fordert zunächst die Regel des heiligen Benedikt, die für das gesamte christliche Abendland prägend wurde, sich dem Treiben der Welt zu entziehen (RB 4,20).

Aber auch der Vater des abendländischen Mönchtums, der heilige Benedikt von Nursia (um 480–547), der sich anfänglich nach dem Vorbild der Wüstenmönche in die Einsamkeit zurückzog, pflegte sich später bisweilen den Menschen zuzuwenden und betrieb so Seelsorge. Dies bezeugt die *Vita Benedicti*, die uns von Papst Gregor dem Großen (um 540–604) im zweiten Buch seiner Dialoge überliefert ist. Sie betont, dass diejenigen, die Benedikt aufsuchten, aus seinem Mund in ihrem Herzen Nahrung für das Leben mitgenommen hätten,[25] dass er mit Recht Lehrmeister der Tugend genannt worden sei,[26] dass Benedikt den Leuten, die rings um den Ort Casinum wohnten, beharrlich die Frohe Botschaft verkündet und sie so zum Glauben gerufen habe[27] oder dass sich viele Menschen durch Benedikts Predigt vom Götzendienst zum Glauben bekehrt hätten[28]. Auch fungierte der Mönchsvater als Berater von Bischöfen,[29] betrieb selbst oder durch seine Mitbrüder Seelsorge an Ordensfrauen[30] und Ordensmännern[31] und half während einer Hungersnot der Bevölkerung durch das Verteilen von Nahrung[32].

Sosehr die Vita die seelsorgliche Tätigkeit des heiligen Benedikt und seiner Mitbrüder betont, so wenig erfahren wir darüber aus seiner Regel. Zwar weist die *Regula Benedicti* dem Abt als Oberem des Klosters gewisse seelsorgliche Aufgaben in Bezug auf die Mönche des Klosters zu (vgl. RB 2). Die Seelsorge außerhalb des Klosters bzw. die Seelsorge als solche findet jedoch im Regeltext an keiner Stelle Erwähnung.

Eine wichtige Voraussetzung für die Ausübung der Seelsorge durch Mönche im Mittelalter war die zunehmende Klerikalisierung des Mönchtums.[33] Dabei verschwammen zunehmend die Grenzen zwischen Kanonikern und Mönchen.[34] In der Zeit vom 8. bis zum 11. Jahrhundert haben viele Mönche die Weihen empfangen, was zur Übernahme von Seelsorgefunktionen berechtigte.[35] Zudem wurde die Mönchsseelsorge im 11. und 12. Jahrhundert durch die Tatsache befördert, dass viele Weltgeistliche in monastische Gemeinschaften eintraten. Diese waren vor ihrem Eintritt in der Pfarrseelsorge tätig gewesen.[36] Aus den Praxisbeobachtungen aus der Geschichte des Mönchtums ist zumindest keine grundsätzliche Ablehnung der Seelsorge durch das Mönchtum festzustellen.

Dennoch standen und stehen die Verpflichtung der Mönche zur *vita communis* und zur *stabilitas loci* am Ort ihrer Profess der prinzipiellen Bejahung der Mönchsseelsorge gegenüber,[37] bedeutet doch die Wahrnehmung seelsorglicher Aufgaben eine zumindest zeitweilige Abwesenheit von der Gemeinschaft der Mitbrüder und somit eine Trennung von der Gebetsgemeinschaft und eine Entfernung vom Kloster.

Notker Wolf, derzeit Abtprimas des Benediktinerordens, stellt fest, dass Asketen und

P. Walter Ringlstetter OSB mit Primizbraut 1939

Mönche, wo immer die konkrete Situation es verlangte, sich fordern ließen und ihre geliebte Zelle verließen. Sie versuchten so die Verbindung von kontemplativem Ideal und pastoralem, sozialem und missionarischem Einsatz herzustellen.[38] Laut Wolf brauchen Kontemplation – und damit ein gewisser Rückzug aus der Welt, der dem monastischen Leben eigen ist – und aktiver Einsatz in der Glaubensverkündigung einander nicht auszuschließen. Vielmehr gehören beide zusammen. Kontemplatives Leben ohne Bezug auf die reale Umwelt und deren Nöte widerspreche dem christlichen Auftrag der Nächstenliebe.[39]

Nikolausaltar im Kapitelsaal

Das Kloster Metten und die Seelsorge

Nach der Kritik an der monastischen Lebensform und dem Vorwurf der Nutzlosigkeit derselben im Zeitalter der Aufklärung[40] musste eine etwaige Wiederbelebung der Orden nach der Säkularisation zu Beginn des 19. Jahrhunderts entsprechend begründet werden. Um nicht erneut Objekt der Anfeindung zu werden, war es des Weiteren angezeigt, den unter königlichem Schutz stehenden wiedererstandenen Ordensgemeinschaften ein adäquates Betätigungsfeld aufzutun bzw. zuzuweisen. Deshalb verwundert es nicht, dass auch die Wiedererrichtung des Benediktinerordens von Seiten des bayerischen Königs Ludwig I. an folgende Bedingungen geknüpft war:

> *„Der Benediktiner Orden ist verpflichtet sich der dreifachen grossen Aufgabe:*
> *a) wissenschaftlicher Forschung,*
> *b) des Unterrichts,*
> *c) der Seelsorge – sich zu widmen, und diese Aufgabe in jeder Abtey und in jedem einzelnen Priorate, je nach den von Seiner Majestät dem König für die treffende Abtey oder für das treffende Priorat ertheilten speziellen Bestimmungen entweder in ihrer Gesamtheit oder in ihren einzelnen Theilen zu verfolgen.“*[41]

Konkrete Bestimmungen für Metten finden sich in § 2 der Vollzugsverordnung zur Konstituierung der Benediktinerabtei St. Stephan in Augsburg vom 20. Dezember 1834. Hier ergeht an die Mönche in Metten ein klarer Auftrag zur Seelsorge durch König Ludwig I.:

> *„Das in Metten bereits bestehende Kloster wird in ein auf die Ausübung der pfarrlichen Seelsorge beschränktes Priorat umgewandelt, auch die Einkünfte der dem dortigen Kloster einverleibten Pfarreyen angewiesen […].“*[42]

Erstkommunion in Metten 1939

Die dadurch legitimierte Seelsorge in den Klosterpfarreien, die nachstehend behandelt wird, wird man sich über lange Zeit, in ihren Ausläufern unter Umständen bis zum Vorabend des Zweiten Vatikanischen Konzils (1962–1965), in hohem Maß ritualisiert und nicht als freies Gespräch vorstellen müssen. Sie fand jahrhundertelang größtenteils in Form des Beicht- und Bußrituals statt.[43] Dabei stellen Rituale wie Gebet, Segen oder Beichte zentrale Ausdrucksformen liturgischen Handelns dar. Sie sind es auch, die die Seelsorge im Bereich der Klosterpfarreien vorrangig bestimmen.[44] Rituale fungieren als Bürgen für Ordnung und Sinn und vergewissern den Glauben seines Grundes im *extra nos* – im Transzendenten.[45] Auf die Bedeutung der rituellen Handlungen in der Seelsorge verweist bereits die Heilige Schrift:

> *„Ist einer von euch krank? Dann rufe er die Ältesten der Gemeinde zu sich; sie sollen Gebete über ihn sprechen und ihn im Namen des Herrn mit Öl salben. Das gläubige Gebet wird den Kranken retten, und der Herr wird ihn aufrichten; wenn er Sünden begangen hat, werden sie ihm vergeben" (Jak 5,14–15).*

Die Klosterpfarreien

Aufgrund des Bestrebens der Klöster, ihre Einkünfte aus den Pfarreien zu vermehren, brachte die Wende vom 12. zum 13. Jahrhundert auf vermögensrechtlichem Gebiet eine Wende in der Entwicklung der Klosterpfarrei. Es wurde die Inkorporation, die Einverleibung der Pfarrei durch das jeweilige Kloster, geschaffen.[46] Inkorporation meint die dauernde Übernahme von Kirchengut.[47] In unserem konkreten Fall wird dieses Kirchengut, also die Klosterpfarrei samt Pfründen, dem Kloster Metten übergeben. Dem Kloster kommt dabei die Verpflichtung zur Seelsorge zu. Bisher gab es die Möglichkeiten des vollen vermögensrechtlichen Besitzes einer

Kirche und der bloßen Präsentationsbefugnis. Die aufkommende Neuerung war, dass der zuständige Bischof nun statt einer physischen Person das Kloster bzw. Stift selbst für immer zum Pfarrer machen sollte.[48] Wurde die Pfarrei durch einen Konventualen besetzt, kam das Kloster in den vollen Genuss der Pfründe.[49]

Die Inkorporationen endeten mit der Aufhebung des Klosters Metten im Jahr 1803. Über die geänderten Verhältnisse bzw. die neue Sachlage geben die Pfarrmatrikel des Bistums Regensburg vom Jahr 1863 Auskunft:

„Nach der neuen Errichtung des Klosters Metten (1830) wurden demselben allmälig die Pfarrpfründen in Metten, Edenstetten, Michaelsbuch, Neuhausen und Stephansposching in widerruflicher Weise überlassen, sodass an den genannten Orten ein Priester des Klosters Metten […] als Pfarrprovisor die Seelsorge führt, während das Pfründeeinkommen dem Kloster zufließt."[50]

Michaelsstab

Die beiden beteiligten Seiten, das Kloster Metten und das Bistum Regensburg, können aufgrund dieser Regelung das Seelsorgsverhältnis jederzeit beenden.

Bedingt durch die oben genannte Seelsorgepraxis in dem zu untersuchenden Zeitraum wird sich diese Arbeit an dieser Stelle hauptsächlich auf die Auflistung der in der Seelsorge tätigen Mönche beschränken müssen. Es finden dabei nur die seelsorglichen Kerngebiete des Klosters Metten Erwähnung, wodurch kleinere oder gelegentliche Seelsorgsaushilfen unerwähnt bleiben müssen. Ferner kann die nicht geringe Zahl an Hilfspriestern in den nachstehend behandelten Pfarreien keinen Eingang in die Darstellung finden.

Der Leser erschrecke nicht über die ausführliche Auflistung der in der Seelsorge tätigen Mönche und scheue nicht vor der Möglichkeit zurück, diese bei der Lektüre großzügig zu überspringen. Jedoch soll diese Dokumentation in diesem Beitrag ihren festen Platz haben, zeichnet sie doch ein schönes Bild vom eifrigen Einsatz der Mönche in der Seelsorge. Zudem stellt die Zusammenstellung ein Kompendium dar, das so kompakt an keiner anderen Stelle zu finden ist und zu Recherche- und Nachschlagezwecken dienen kann.

Pfarrei Metten (St. Michael)

Seit der Gründung des Klosters Metten im Jahr 766 lag die Seelsorge für die um das Kloster wohnhaften Christen in den Händen der Mönche.[51] Dabei unterstanden alle Beamten, Dienstboten, Tagelöhner und Handwerker der geistlichen Jurisdiktion des Abtes. Zunächst war die Klosterkirche zugleich Pfarrkirche, bis nach 1300 auf dem vor dem Portal der Klosterkirche liegenden Friedhof eine eigene Pfarrkirche zu Ehren des heiligen Martin errichtet wurde. Der Mönch, der die Seelsorge ausübte, heißt in den Urkunden *plebanus ad sanctum Martinum*, *Leutpriester von St. Martin* oder auch *Pfarrer*

Portal zur Klosterkirche

von Metten. In den meisten Fällen führte diese Funktion der Prior des Klosters aus.[52] Aus der nachstehenden Auflistung geht hervor, dass in den ersten Jahren nach der Wiedererrichtung die Verbindung von Priorenamt und dem Amt des Pfarrers in Metten zumindest zeitweise gegeben war. Später verlor sich diese Kombination und taucht nur noch zufällig auf.

Nach der Säkularisation wurde Metten 1805 von Seiten des Staates als Pfarrei organisiert und im selben Jahr die ehemalige Pfarrei Berg als Filiale nach Metten überwiesen.[53] Das Dekret vom 28. Oktober 1805 verordnete den Abbruch der Leutkirche, in der der Gottesdienst für das Volk stattfand, und zwei Jahre später wurde dieser wirklich durchgeführt. Seither fanden wieder alle Gottesdienste in der Klosterkirche statt. Mit der Wiederbesiedelung des Klosters oblag auch die Seelsorge wieder den Mettener Mönchen. Der erste Prior der neuen Ordenspflanzung, P. Ildephons Nebauer, versah ab 1831 als Pfarrer von Metten erneut die Seelsorge im Ort Metten. Ein Vertrag vom 28. April 1893 ordnet die Baulastablösung und Eigentumsüberlassung der verstaatlichten Klosterkirche an die Pfarrei Metten.[54]

Die Pfarrei Metten verfügte noch im 19. Jahrhundert über eine Reihe Bruderschaften, die gegenwärtig aber völlig aus dem Leben der Pfarrei und dem Bewusstsein der Menschen verschwunden sind. Es sind dies die Sebastiani-Bruderschaft, die Herz-Jesu-Bruderschaft, die Herz-Mariä-Bruderschaft und die Dreifaltigkeitsbruderschaft. Letztere war eine Filiale der gleichnamigen Bruderschaft in Haindling.[55]

Gegenwärtig wird Berg als Filiale von Metten seelsorglich betreut.

Unterwegs nach Emmaus (Detail vom Ambo der Benediktuskapelle)

Pfarrer in Metten

1831–1837	P. Ildephons Nebauer
1837–1838	P. Gregor Scherr
1838	P. Rupert Leiß
1838–1840	P. Gregor Scherr
1841–1842	P. Franz Xaver Sulzbeck
1842–1844	P. Wolfgang Schicker
1844–1848	P. Maximilian Pronet
1848–1850	P. Franz Xaver Sulzbeck
1850–1851	P. Fortunat Braun
1851–1859	P. Placidus Lacense
1860–1885	P. Johannes Ev. Anglhuber
1885–1887	P. Hermann Heigl
1887–1898	P. Petrus Schneider
1898–1906	P. Petrus Altinger
1906–1918	P. Gunther Widmann
1918–1922	P. Fortunat Ibscher
1922–1938	P. Anselm Wohlmuth
1938–1957	P. Petrus Canisius Griebel
1957–1982	P. Corbinian Plaschczek
1982–2015	P. Eberhard Lorenz
seit 2015	P. Josef Brauner

Pfarrei Neuhausen (St. Vitus)

Aufgrund der Quellenlage können über die Verhältnisse in der Pfarrei Neuhausen nur wenige sichere Aussagen gemacht werden. Das Kloster Metten hatte bei seiner Gründung die Aufgabe erhalten, das Waldgebiet, das es umgab, zu roden. So erhoben sich bald Ansiedlungen der Klosterknechte, denen das Kloster den Wald zur Rodung überließ. Auch in diesen Ansiedlungen betrieb zuerst das Kloster die Seelsorge. Später wurde eine Pfarrei gegründet, die ihren Mittelpunkt im Ort Neuhausen erhielt, der ursprünglich ein Meierhof des Klosters gewesen war. Die Pfarrei wurde dem Kloster inkorporiert und das ganze Mittelalter hindurch *excurrendo et equitando* (zu Fuß oder per Pferd vom Kloster aus) versorgt. Nach der Aufhebung des Klosters wurde Neuhausen eine selbständige Pfarrei, jedoch erst ab 1816 besetzt. Bis dahin wurde sie weiterhin von Metten aus versehen. 1837 wurde die Seelsorge wiederum den Mönchen von Metten anvertraut.[56] Wegen Personalmangel konnte Metten von 1840 bis 1863 die Pastorierung der Pfarrei nicht leisten. Deshalb wurde diese in der genannten Zeit von einem Weltpriester übernommen. Zum 1. September 1997 zog sich das Kloster Metten von der Pfarrei zurück.

Pfarrer in Neuhausen

1837–1840	P. Wolfgang Schicker
1863–1864	P. Benedikt Braunmüller
1864–1899	P. Ildephons Lehner
1899–1907	P. Erhard Auhofer
1907–1917	P. Hermann Heigl
1917–1922	P. Benedikt Paringer (Weltenburg)
1922–1928	P. Petrus Schneider
1928–1933	P. Fortunat Ibscher
1933–1942	P. Emmeram Gleißner
1942–1954	P. Placidus Gößl
1954–1967	P. Berthold Nidermayer
1967–1992	P. Ansgar Schober
1992–1997	P. Amand Ebner
1997	P. Norbert Pfeiffer, Pfarradministrator

Kapelle
Himmelberg

Kooperatoren in Neuhausen

1875–1877	P. Hermann Heigl
1886–1888	P. Erhard Auhofer
1888–1890	P. Gunther Widmann
1891–1892	P. Petrus Altinger
1906–1909	P. Placidus Brill
1907–1910	P. Fortunat Ibscher
1910–1912	P. Hugo Eichinger
1912–1913	P. Angelus Sturm
1913	P. Emmeram Gleißner
1914–1915	P. Corbinian Hofmeister
1915–1917	P. Gregor Hetzenegger
1917–1919	P. Konstantin Müller
1922	P. Fortunat Ibscher
1922–1931	P. Raphael Unterholzner
1931–1933	P. Emmeram Gleißner
1933–1936	P. Hermann Neger
1939–1940	P. Egbert Englmann
1946–1951	P. Erminold Füßl
1951–1953	P. Sigisbert Ernst
1953–1954	P. Berthold Nidermayer

Mission in Edenstetten. Im Hintergrund P. Eberhard Streibl OSB (links) und P. Gallus Ritter OSB (rechts) beim Schnupftabakgenuss

Pfarrei Edenstetten (St. Nikolaus)

Die Pfarrei Neuhausen, die im frühen Mittelalter eine große Ausdehnung hatte, umfasste auch das Gebiet der heutigen Pfarrei Edenstetten sowie den Ort Berg. Aber schon bald stellte das Kloster Metten für Edenstetten und Berg einen eigenen Seelsorger, ohne eine neue Pfarrei zu gründen. Die Kirche in Berg, wo auch der Friedhof lag, wurde zunächst der Mittelpunkt des Edenstetten und Berg umfassenden Seelsorgebezirks. Edenstetten war noch 1666 eine Filiale von Berg. 1724 kamen sowohl Berg als auch Edenstetten in ein Filialverhältnis zu Neuhausen.[57] An einzelnen Tagen mussten die Gläubigen aber den Gottesdienst in Neuhausen besuchen. Im letzten Jahrhundert vor der Aufhebung bemühten sich die Bewohner von Edenstetten darum, einen eigenen Pfarrer zu erhalten. Die Äbte aus Metten sahen zwar die Stichhaltigkeit der Gründe ein, die für die Gründung einer Pfarrei sprachen, merkten aber an, dass der Pfarrer von den Stolgebühren allein nicht leben konnte. Da sich weder Staat noch Bischof an der Gründung der Pfarrei Edenstetten beteiligen und die Existenz des Seelsorgepostens nicht sichern wollten, zerschlug sich das Vorhaben.

Nach 1803 sollte Berg der Sitz einer neu zu organisierenden Pfarrei werden. Da jedoch die Bewohner Bergs der Bedingung, einen Pfarrhof zu bauen, nicht nachkamen, wurde im Jahr 1806 Edenstetten der Sitz einer neu errichteten Pfarrei.[58]

P. Norbert Martin OSB als Prediger

Pfarrer in Edenstetten

1833–1835	P. Rupert Leiß
1835–1838	P. Pius Bacherl
1849–1872	P. Beda Schaighart
1872–1881	P. Cölestin Feiner
1881–1885	P. Hermann Heigl
1885–1889	P. Johannes Ev. Anglhuber
1889–1895	P. Corbinian Daffenreither
1895–1898	P. Gunther Widmann
1898	P. Erhard Auhofer
1898–1903	P. Petrus Schneider
1903–1906	P. Stephan Dersch
1906–1940	P. Gallus Ritter
1940–1977	P. Norbert Martin
1978–1982	P. Gunther Kroiss

Kooperatoren in Edenstetten

1833–1835	P. Bonifaz Wimmer
1835–1837	P. Placidus Zumfelde
1837	P. Bonifaz Wimmer
1857–1858	P. Michael Leeb
1858–1859	P. Benno Wolferseder
1859	P. Pius Werzinger
1860–1861	P. Stephan Huber
1861–1864	P. Leonhard Heinl
1864–1865	P. Bonifaz Graf
1865–1866	P. Stephan Huber
1867–1868	P. Bonifaz Graf
1868–1872	P. Stephan Huber
1872–1874	P. Bonifaz Graf
1874–1877	P. Karl Müller
1882–1887	P. Bonifaz Sichert
1883–1884	P. Erhard Auhofer
1886–1889	P. Corbinian Daffenreither
1889	P. Gallus Ritter
1889–1891	P. Emmeram Kappert
1892–1893	P. Stephan Dersch
1894–1895	P. Gunther Widmann
1898–1902	P. Burkhard Schretzenmeyer
1902–1903	P. Hugo Eichinger
1905–1911	P. Konstantin Müller
1911–1913	P. Virgil Dechant
1913–1918	P. Fortunat Ibscher
1920–1922	P. Emmeram Gleißner
1922	P. Fortunat Ibscher
1925–1929	P. Emmeram Gleißner
1932–1937	P. Eberhard Streibl
1937–1938	P. Norbert Martin
1938–1939	P. Rupert Ruhland
1939–1940	P. Norbert Martin
1939–1941	P. Corbinian Kneißl
1946–1948	P. Wunibald Rußer, Frühmesser Edenstetten/Egg
1946–1963	P. Willibald Weber, Frühmesser Edenstetten/Egg
1963–1990	P. Anselm Wimmer, Sonntagshelfer Edenstetten/Egg

Pfarrei Michaelsbuch (St. Michael)

„Die Anfänge der Pfarrei Michaelsbuch reichen zurück in die Zeit des Hl. Bonifatius, der 739 das Bistum Regensburg gründete. Der Sel. Gaubald, erster Bischof der Diözese (739–761), war ein Zeitgenosse des Seligen Priesters und Gutsherrn Gamelbert von Michaelsbuch. Noch vor seinem Tod übergab Gamelbert seinen gesamten Besitz an Utto, den späteren ersten Abt des jenseits der Donau gelegenen Klosters Metten."[59] Aufgrund dieser Verbindung ist die Gründungsgeschichte der Benediktinerabtei Metten von Anfang an eng mit der Pfarrei Michaelsbuch verknüpft. Zwar wurde das Grab des seligen Gamelbert nie gefunden; dennoch sei er, wie eine alte immer wieder erneuerte Überlieferung behauptet, unter dem Hochaltar der Kirche in Michaelsbuch begraben.[60]

Kirche Michaelsbuch

„1294 hat Bischof Heinrich II. Graf von Rotteneck (1277–1296) die Pfarrei dem Kloster inkorporiert. Die Einkünfte, die das Kloster vom jeweiligen Pfarrer fordern durfte, waren zweckgebunden für den Unterhalt der Infirmerie (Krankenstation) im Kloster Metten zu verwenden. Am 4. Mai 1599 gab Bischof Siegmund Friedrich von Regensburg die Bewilligung, dass ein Konventuale des Klosters Metten die Seelsorge in der Pfarrei Michaelsbuch wahrnehme."[61] Abgesehen von der gewaltsamen Unterbrechung durch die Säkularisation blieben die Mettener Benediktiner dieser Aufgabe bis in die Gegenwart treu. 1806 wurde Michaelsbuch königliche Pfarrei. 1839 wurde sie dem wiedererrichteten Kloster auf Widerruf zur Seelsorge überlassen.[62] Aufgrund Personalmangels besorgten von 1839 bis 1852 Weltgeistliche im Auftrag des Klosters die Seelsorge.[63]

Die Pfarrei verfügt über eine bis zum heutigen Tage lebendige Sebastiani-Bruderschaft.[64]

Zwischen 1663 und 1791 wurden fünf Pfarrer von Michaelsbuch später zu Äbten von Metten erwählt.[65] Seither war dies nur noch bei einem Einzigen, dem amtierenden Abt Wolfgang M. Hagl, der Fall.

Pfarrer in Michaelsbuch

1852–1880	P. Franz Xaver Sulzbeck
1880–1881	P. Hermann Heigl
1881–1887	P. Odilo Zenker
1889–1895	P. Johannes Ev. Anglhuber
1895–1905	P. Corbinian Daffenreither
1906–1914	P. Petrus Altinger
1914–1917	P. Benedikt Paringer (Weltenburg)

Ein Schnappschuss – drei Michaelsbucher Pfarrer: P. Hermann Neger OSB (1949–1982), P. Eberhard Streibl OSB (1939–1947) und P. Gunther Kroiss OSB (1982–1986) (von links nach rechts)

1917–1918	P. Gregor Sohnleitner
1918–1920	P. Anselm Wohlmuth
1920–1940	P. Hugo Eichinger
1940–1947	P. Eberhard Streibl
1947–1949	P. Hugo Eichinger
1949–1982	P. Hermann Neger
1982–1986	P. Gunther Kroiss
1986–1989	P. Wolfgang M. Hagl
seit 1989	P. Michael Kaufmann

Kooperatoren und weitere Seelsorger in Michaelsbuch

1852–1856	P. Pius Werzinger
1856–1859	P. Johannes Ev. Anglhuber
1858–1859	P. Pius Werzinger
1859–1862	P. Benno Wolferseder
1859–1862	P. Pius Werzinger
1862–1863	P. Benedikt Braunmüller
1864–1869	P. Leonhard Heinl
1869–1871	P. Heinreich Trimpl
1874–1883	P. Stephan Huber
1879–1880	P. Hermann Heigl
1883–1886	P. Corbinian Daffenreither
1886	P. Gunther Widmann
1888	P. Paulinus Scheuerer
1889	P. Emmeram Kappert
1889–1895	P. Gallus Ritter
1902–1907	P. Burkhard Schretzenmeyer
1907–1910	P. Hugo Eichinger
1910–1913	P. Fortunat Ibscher
1913–1922	P. Raphael Unterholzner
1922–1925	P. Emmeram Gleißner
1922–1927	P. Fortunat Ibscher
1927–1931	P. Leopold Schmid
1931–1937	P. Norbert Martin
1937–1939	P. Eberhard Streibl
1939–1940	P. Berthold Nidermayer
1945–1947	P. Berthold Nidermayer
1953–1957	P. Corbinian Plaschczek
1961–1987	P. Godehard Kökerbauer, Kooperator excurrens
1999–2001	P. Benedikt M. Wenzel, Kaplan
2001–2009	P. Josef Brauner, Kaplan
seit 2009	P. Maurus Wellisch, Pfarrvikar

Pfarrei Stephansposching (St. Stephan)

In dem im Jahr 790 entstandenen Breviarius des Abtes Urolf (788–814) von Niederaltaich wird erstmals ein „Posching" erwähnt. Dieser Ort wurde durch die Donau gleichsam in zwei Ortsteile geteilt. Vermutlich im 10. Jahrhundert spalteten sich auch die Besitzverhältnisse der beiden Teile auf, wobei der südliche an das Passauer Domstift fiel. Dieses verlieh dem Ort zusammen mit dem Patrozinium den Namen „Stephansposching", wohl in Anlehnung an den Patron des Domes in Passau. Das verarmte Loh verlor um 1300 seinen Status als Pfarrei nach Stephansposching.[66] „Am 20. Juni 1613 übertrug Bischof Wolfgang II. von Hausen (1600–1613) alle Rechte und Pflichten über die Pfarrei Stephansposching der Benediktinerabtei Metten."[67] Mit der Aufhebung des Klosters 1803 erloschen auch die alten Verbindlichkeiten. „Am 2. November 1837 übernahm das Kloster Metten wieder die Seelsorge in der Pfarrei Stephansposching mit der Möglichkeit des beiderseitigen Widerrufs. Auf diesem Wege zog sich das Kloster zum 1. Januar 1976 von der Pfarrei zurück, übernahm diese aber erneut mit Wirkung vom 1. September 1999. Seither ist die Pfarrei Stephansposching Bestandteil einer sog. Seelsorgeeinheit mit der Nachbarpfarrei Michaelsbuch."[68] Die Matrikel des Bistums Regensburg aus dem Jahr 1863 nennen eine Herz-Jesu-Bruderschaft.[69]

Der besonderen Erwähnung wert sind zwei Patres, die in Stephansposching die Seelsorge ausübten. Es sind dies P. Bonifaz Wimmer[70] und P. Gunther Widmann[71]. Ersterer war von 1856 bis zu seinem Tode 1887 Erzabt von St. Vincent, USA, Letzterer von 1918 bis 1919 Gründungsprior bei der Wiedererrichtung der Abtei Niederaltaich. Tätigkeit in der Pfarrseelsorge wie hier in Stephansposching oder wie bereits erwähnt in Michaelsbuch scheint eine Art Sprungbrett für Leitungsaufgaben im Orden gewesen zu sein. Dies bestätigt auch eine Beobachtung aus früheren Jahrhunderten, waren doch zwischen 1645 und 1790 fünf spätere Mettener Äbte Pfarrer in Stephansposching.[72]

P. Hermann Neger spendet Kindern die erste heilige Kommunion

Pfarrer in Stephansposching

1837–1839	P. Bonifaz Wimmer
1839–1842	P. Wolfgang Schicker
1842–1844	P. Pius Bacherl
1844–1849	P. Wolfgang Schicker
1849–1852	P. Hieronymus Lauß
1851–1874	P. Ambrosius Vischer
1874	P. Michael Leeb
1875–1877	P. Benno Wolferseder, Substitut des P. Ambros Vischer
1877–1881	P. Benno Wolferseder
1881–1887	P. Cölestin Feiner
1887–1895	P. Hermann Heigl
1895–1900	P. Odilo Zenker
1900–1903	P. Gallus Ritter
1903–1920	P. Petrus Schneider
1920–1927	P. Gunther Widmann
1927–1928	P. Fortunat Ibscher
1928–1939	P. Stephan Dersch
1939–1954	P. Leopold Schmid
1954–1961	P. Eberhard Streibl
1961–1976	P. Petrus Canisius Griebel
seit 1999	P. Michael Kaufmann

Kooperatoren in Stephansposching

1804–1806	P. Roman Raith
1848–1849	P. Valentin Wurm
1848–1851	P. Simon Stießberger
1862–1864	P. Benno Wolferseder
1866–1867	P. Heinrich Trimpl
1868–1875	P. Benno Wolferseder
1875–1882	P. Augustin Weiß
1883–1884	P. Theoderich Schels
1884–1886	P. Erhard Auhofer
1887–1888	P. Emmeram Kappert
1888–1893	P. Erhard Auhofer
1893–1896	P. Stephan Dersch
1896–1901	P. Gallus Ritter
1901–1911	P. Virgil Dechant
1905–1917	P. Konstantin Müller
1917–1919	P. Gregor Hetzenegger
1919–1927	P. Konstantin Müller
1928–1929	P. Richard Loibl
1929–1931	P. Emmeram Gleißner
1938–1949	P. Notker Sigl
1949–1951	P. Walter Ringlstetter
1951	P. Sigisbert Ernst
1956–1957	P. Ansgar Schober
1957–1961	P. Bonifaz Miller
1961–1964	P. Wolfgang Witt

Kirchturm in Loh

Pfarrei Aufhausen (Maria Schnee)

Die im Laabertal gelegene Pfarrei Aufhausen wurde im Jahr 1267 der Abtei St. Emmeram in Regensburg inkorporiert. Da das Reichsstift in dieser Zeit das Präsentationsrecht innehatte, vertraute es die Pfarrei jeweils einem Weltpriester an. So schlug das Kloster im Jahr 1667 dem Bischof den jungen Weltpriester Johann Georg Seidenbusch als Pfarrherrn vor.[73] Dieser gründete in Aufhausen ein Oratorium des heiligen Philipp Neri, welches 1692 vom Bischof von Regensburg und 1695 von Rom bestätigt wurde.[74] Das Arbeitsfeld umfasste neben der Pfarrseelsorge auch bald eine Marienwallfahrt, die von den Nerianern aufgebaut wurde. Mit dem Tod des letzten Präpositus von Aufhausen, P. Jakob Sellmayr, am 15. Dezember 1886 hörte die Gemeinschaft der Oratorianer in Aufhausen zu bestehen auf, nachdem sie die Säkularisation von 1803 unbeschadet überstanden hatte. Da auch die Abtei St. Emmeram Opfer dieses Klostersturms geworden war, musste sich Bischof Ignatius von Senestréy der Pfarrei annehmen. Er sandte zwei Weltpriester nach Aufhausen mit dem Auftrag, die Pfarrseelsorge auszuüben. Aufgrund der Größe der Pfarrei konnten sich die Weltgeistlichen aber nicht ausreichend der

Schulhaus-einweihung in Stephansposching durch P. Canisius Griebel OSB im Jahr 1963

Betreuung der Wallfahrt widmen, weshalb diese immer mehr verfiel. Deshalb wandte man sich an verschiedene Orden mit der Bitte, die Wallfahrtsseelsorge zu übernehmen.

Nachdem sich die Abtei Metten 1890 bereit erklärt hatte, Pfarrei und Wallfahrt in Aufhausen zu besorgen, konnten nach längeren Verhandlungen die ersten Patres am 15. Oktober desselben Jahres als Betreuer der Nerianerstifung in Aufhausen einziehen. Aufgrund Personalmangels sei die Versorgung der Wallfahrt aber weiterhin ein „Sorgenkind“ geblieben.[75]

Obwohl das Kloster Metten immer bereit war, einer wiederbegründeten Oratorianergemeinschaft Pfarrei und Oratorianerinstitut Aufhausen zurückzugeben, scheiterten zwischen 1895 und 1926 mehrere solcher Bemühungen. Wegen Personalmangels sah sich auch die Abtei Metten am 1. Februar 1978 veranlasst, sich aus Aufhausen zurückzuziehen.[76]

Superior, Stiftsadministrator, Pfarrer in Aufhausen

1890–1898	P. Gregor Meyer, Superior, Stiftsadministrator, Pfarrer, Erbauer des Klosters in Aufhausen
1898	P. Gunther Widmann Superior, Stiftsadministrator, Pfarrer
1898–1906	P. Isidor Dürr Superior und Pfarrer
1906–1907	P. Stephan Dersch Superior und Pfarrer
1907–1910	P. Burkhard Schretzenmeyer Superior und Pfarrer
1910–1913	P. Stephan Dersch Superior und Pfarrer
1913–1925	P. Virgil Dechant Superior und Pfarrer

1925–1929	P. Isidor Dürr Superior und Pfarrer
1929–1931	P. Virgil Dechant Superior und Pfarrer
1931–1957	P. Josef Laubmeier Superior und Pfarrer
1957–1978	P. Gunther Kroiss Pfarrer und Stiftsadministrator

Kooperatoren in Aufhausen

1893–1898	P. Erhard Auhofer
1894–1898	P. Petrus Altinger
1898	P. Burkhard Schretzenmeyer
1899–1900	P. Wolfgang Maier
1900–1903	P. Placidus Brill
1902–1905	P. Konstantin Müller
1903–1906	P. Anselm Wohlmuth
1906–1921	P. Pius Widman
1914–1917	P. Emmeram Gleißner
1923–1924	P. Romuald Edenhofer
1924–1925	P. Bernhard Straßer
1931–1938	P. Richard Loibl
1933	P. Hermann Neger
1933	P. Konstantin Müller
1940	P. Sigisbert Ernst
1947–1949	P. Hermann Neger
1948–1951	P. Sigisbert Ernst
1955–1957	P. Gunther Kroiss
1957–1959	P. Ansgar Schober

Die Aufgaben in der Pfarrei Aufhausen unterschieden sich von denen in den übrigen Klosterpfarreien insofern, als dort auch eine Landwirtschaft zur Pfarrei gehörte, die von den Mönchen selbst betrieben wurde. Aus den verfügbaren Quellen geht hervor, dass in Aufhausen Laienbrüder speziell für den landwirtschaftlichen Betrieb abgestellt waren.

Laienbrüder und Ökonomen

1893–1917	Fr. Gottfried Kammermeier[77]
1912–1913	Fr. Magnus Rottbauer[78]
1913–1914	Fr. Engelbert Maier[79], Gehilfe
1918	Fr. Gottfried Kammermeier
1921–1950	Fr. Magnus Rottbauer

Seelsorge für die Seelsorger

Für diejenigen, die die Seelsorge für andere leisten, ist es unerlässlich, sich selbst der Seelsorge nicht zu verschließen. Die Regel des heiligen Benedikt enthält zwei Kapitel, die sich mit den Aufgaben und vor allem mit dem geistlichen Profil des Abtes befassen. Benedikt sieht den Abt als ersten Seelsorger des Klosters. Er zeichnet ihn als Hirten, der für seine Herde zu sorgen hat (vgl. RB 2,7) und der für das Heil seiner Mönche verantwortlich ist.

> *„Vor allem darf er über das Heil der ihm Anvertrauten nicht hinwegsehen oder es geringschätzen und sich größere Sorge machen um vergängliche, irdische und hinfällige Dinge. Stets denke er daran: Er hat die Aufgabe übernommen, Menschen zu führen, für die er einmal Rechenschaft ablegen muss“ (RB 2,33–34).*

Die Benediktsregel enthält weitere Stellen, die dies verdeutlichen (vgl. RB 2,7–9, RB 2,37–39 oder RB 64).

Ferner finden sich in der Regel einige Anweisungen für die Brüder, die sich auf Reisen (RB 67) befinden oder die die festgesetzten Gebetszeiten aufgrund von auswärtigen Verpflichtungen nicht wahrnehmen können (RB 50). Diesen Situationen will der heilige Benedikt eine eigene Ordnung geben, da er sich bewusst war, dass das monastische Leben außerhalb des Klosters nur modifiziert möglich ist.

Die Mitbrüder, die im Kloster wohnen und die Seelsorge *excurrendo* (zu Fuß) versehen, können ordentlich unter dieser Regel leben und

Der *custos fratrum* in der Klausur

genießen die Fürsorge des Abtes. Für diejenigen aber, die exponiert auf den Klosterpfarreien wohnen müssen, um dort ihren Dienst zu versehen, sind besondere Regelungen für deren Leben hilfreich, die dem Aufgabenbereich und der Trennung vom gemeinsamen Gottesdienst und der Gemeinschaft der Mitbrüder Rechnung tragen. An dieser Schnittstelle trifft die besondere Seelsorgefunktion des Abtes mit den Regelungen für die auswärts weilenden Mitbrüder zusammen. Laut den Satzungen der Bayerischen Benediktinerkongregation kommt dem Abt die Auslegung und Übersetzung der Ordensregel in die je eigene Gegenwart zu.[80] So verfasste Abt Utto Lang[81] am 15. Januar 1873 Statuten, die das Leben der in der Pfarrseelsorge tätigen Mettener Mönche regeln sollten.[82]

Die „Vorschriften für die auf den Klosterpfarreien exponierten Hochwürdigen Conventualen" stellen eine Ergänzung und Auslegung der Ordensregel für die speziellen Verhältnisse und Bedürfnisse in der Pfarrseelsorge dar. Dass sich diese Satzungen einerseits bewährt haben müssen, andererseits aber immer wieder der Mahnung zur Beachtung bedurften, zeigt die Rezeption durch drei Äbte Mettens. Wie dem Dokument zu entnehmen ist, verfasste 1873 Abt Utto Lang (1858–1884) das Regulativ, Abt Leo Mergel (1898–1905)[83] schärfte es im Jahr 1900 ein und Abt Willibald Adam (1905–1929)[84] bestätigte es nochmals durch seine Unterschrift.

Nachfolgend seien einige Aspekte genannt, die die Übersetzung der Ordensregel für die Verhältnisse in den Klosterpfarreien belegen:

- § 1 Nr. 2 der „Vorschriften für die auf den Klosterpfarreien exponierten Hochwürdigen Conventualen" regelt den Gottesdienst.

Das Zitat des Regelverses „Dem Gottesdienst soll nichts vorgezogen werden" (RB 43,3) im Text verweist direkt in das Zentrum benediktinischen Lebens. Der Gottesdienst, hier das Breviergebet, hat auch auf den Pfarreien höchste Priorität. Der Abt legt die Zeiten für die verschiedenen Gottesdienste fest und folgt so dem Beispiel des heiligen Benedikt, der in seiner Regel dieser Angelegenheit mit großer Sorgfalt begegnet. Er regelt dort den umfassenden Gottesdienst in 13 Kapiteln (RB 8–20).

- Auch das Zeichen zum Gottesdienst findet in den äbtlichen Vorschriften (§ 1 Nr. 2) Erwähnung, wie auch im 47. Kapitel der *Regula Benedicti*.
- RB 10 räumt die Möglichkeit ein, in den Sommermonaten die Lesungen in den Vigilien zu kürzen. Auch § 1 Nr. 3 erlaubt, die geistliche Lesung aufgrund seelsorglicher Verpflichtungen zu verkürzen, spricht aber ausdrücklich nicht davon, diese Zeiten ausfallen zu lassen. Hier zeigt sich die Sorge des Abtes um das geistliche Wohl seiner Mönche deutlich. Für den Fall einer durch die Seelsorge bedingten gänzlichen Verhinderung tröstet er mit einem Wort des Thomas von Kempen (1379/80–1471) und ist somit wiederum ganz geistlicher Vater (§ 1 Nr. 4).
- § 2 der Satzungen weist dem Pfarrvorstand die Aufgaben in Bezug auf seine im Pfarrhof anwesenden Mitbrüder zu, die im Kloster dem Abt zukommen. Der Text verweist hierbei auch klar auf die beiden Abtskapitel der Regel (RB 2 und 64).
- Wie RB 54 verbieten auch die Verordnungen die Annahme von Geschenken (§ 2 Nr. 3).
- Für den Umgang mit Besitz und Geld spielt der Verfasser auf RB 33 und RB 34 an, die den Eigenbesitz des Mönches verurteilen bzw. die Zuteilung des Notwendigen für alle regeln (§ 2 Nr. 4).
- Die sprichwörtlich gewordene benediktinische Gastfreundschaft (RB 53) regelt § 4 des Dokuments.
- RB 8, 38, 39, 40 und 42 gehen in § 5 der Verordnungen auf, die die Nachtruhe, den gemeinsamen Tisch der Brüder sowie das nächtliche Schweigen ordnen.
- § 6 Nr. 6 legt das Maß des Getränkes fest, wie dies auch RB 40 versucht. Es geht daraus hervor, dass das in dieser Zeit in Metten übliche tägliche Maß fünf halbe Liter Bier pro Mönch [!] waren.

Alle diese Vergleiche zwischen der Ordensregel und den „Verordnungen für die auf den Pfarreien exponierten Conventualen", die keinen Anspruch auf Vollständigkeit erheben, zeigen die Sorge des Abtes für seine Mönche. Es ist ihm ein Anliegen, neben deren leiblichem Wohl das geistliche im Auge zu behalten. So wie beim Psalmensingen Herz und Stimme in Einklang sein sollen (RB 19,7), so soll auch nach der Regel des heiligen Benedikt der Mensch als ganzer, also an Leib und Seele gesund sein und bleiben.

Die Wallfahrt

„Alle Wallfahrten sind neben der vorgegebenen Andacht zugleich eine Art von Lustreise", schrieb Friedrich Nicolai zu Beginn eines Berichtes über Wallfahrten anlässlich seiner Reise durch Deutschland und die Schweiz im Jahr 1781. Er nennt die Wallfahrten an anderer Stelle einmal etwas boshaft, aber nicht ganz unzutreffend „geistliche Spaziergänge". Neben den geistlichen erwähnt er ebenso wichtige profane Elemente der Wallfahrten. Diese seien das Bedürfnis nach Geselligkeit und Kommunikation, das „tüchtige Essen und Trinken" oder die „Unordnung" beim Schlafen.[85] Diese Kombination aus frommem und weltlichem Teil ist typisch für die Wallfahrt, die Verbindung von geistlicher Übung und fröhlichem Ausflug erklärt ihre Beliebtheit beim Volk.

Marienfigur
im Mönchs-
chor

Kirche Loh

Da die Wallfahrt gerade den in der Landwirtschaft Tätigen vor allem in den Sommermonaten Entspannung und Erholung von der harten Arbeit gewährte, ist sie als Vorläufer des modernen Urlaubs zu betrachten und besitzt so gleichsam therapeutische Funktion.[86] Obzwar diese Feststellungen für das Bayern der Barockzeit gemacht wurden, sind sie wohl in gleichem Maße in ebendiesem Gebiet für das 19. und das frühe 20. Jahrhundert zutreffend, wie die Ausführungen noch zeigen werden. Einschneidende Veränderungen im ländlichen Bereich sind erst für die Zeit nach dem Ersten Weltkrieg zu konstatieren.

Die Initiatoren der Wallfahrt waren in der Barockzeit vor allem die Klöster. In dieser Zeit schuf praktisch jedes Kloster der alten Orden in Süddeutschland seine eigene Hauswallfahrt. Ferner war die Praxis der Translation eines Katakombenheiligen sehr verbreitet, um das Kloster selbst zu einem Wallfahrtsziel zu machen.[87]

Um beide Dinge bemühte sich auch die Benediktinerabtei Metten: Neben der Verehrung des seligen Priesters Gamelbert in Michaelsbuch und der wenig florierenden Wallfahrt zur Pietà in Rettenbach[88] richtete sie sich eine Hauswallfahrt zum heiligen Kreuz in Loh ein und erwarb die Leiber der Märtyrer Fortunat und Felician (beide † um 305), die heute noch im Kloster aufbewahrt werden. Für das Aufkommen einer Wallfahrt zu den beiden eben erwähnten Märtyrern im Kloster Metten fehlen die Belege.

Wallfahrt zum heiligen Kreuz

Der Legende nach habe ein römischer Offizier das sogenannte Loher Kreuz in der Nähe des Standlagers Wischlburg aufgestellt. Nach Abzug der Römer sei dieses Kreuz Christi von den nachrückenden Bajuwaren in einen Sumpf an der Grenze der Gemarkung zwischen Wischlburg und Loh geworfen, später aber von Christen wieder gehoben und heimlich verehrt worden. Die öffentliche Verehrung des Kreuzes geht auf das 8. Jahrhundert zurück, als der heilige Rupert vom Bayernherzog Theodo II.

Schüler mit Abt Wolfgang vor der Benediktsäule im Prälatengarten

um 696 zur Christianisierung seines Volkes ins Land gerufen wurde.[89] Im Laufe der Zeit entwickelte sich in Loh um das Loher Kreuz ein religiöser Mittelpunkt. Um 1266 war Loh Pfarrei, eine Kirche wird etwa zur selben Zeit erstmals erwähnt.

Die Wallfahrt zum heiligen Kreuz in Loh begann um 1400. Als Loh später von der aufstrebenden Pfarrei Stephansposching übernommen wurde, verlegte man den Pfarrsitz nach Stephansposching, wobei die Betreuung ab etwa 1615 die Benediktiner von Metten übernahmen. Durch deren Wirken nahm die Wallfahrt einen außergewöhnlichen Aufschwung. Aufgrund der großen Wallfahrtszüge ließ Abt Benedikt Ferg (1686–1706) einen Neubau errichten.[90] Die

Kunde von der Pracht des neuen Gotteshauses verbreitete sich bis nach Österreich und Böhmen.[91] Am 2. Mai 1728 übertrug Abt Roman II. Märkl die kostbare Kreuzreliquie vom Kloster Metten, und 1752 stiftete der Stephansposchinger Pfarrer P. Ildephons Hörger eine Heilig-Blut-Reliquie. Von diesem Zeitpunkt an galt Loh als Heilig-Kreuz- und Heilig-Blut-Wallfahrt zugleich.[92]

Vom großen Zulauf der Wallfahrt zum heiligen Kreuz in Loh zeugt einerseits das von 1639 bis 1800 geführte Mirakelbuch, das 482 auffallende Gebetserhörungen verzeichnet.[93] Obwohl das Mirakelbuch im 19. Jahrhundert nicht mehr weitergeführt wurde, berichtet dennoch der Kooperator Wolfgang Geltinger von einer wunderbaren Heilung am 28. Oktober 1840, die er auf die Wirkkraft des Loher Kreuzes zurückführt.[94]

Besondere Wallfahrtstage waren die Freitage der Fastenzeit, der Freitag vor Mariä Schmerzen (15. September), das Fest des heiligen Erzengels Michael (29. September), das Patrozinium am 3. Mai, das Kirchweihfest am ersten Sonntag im September und der Quatembersonntag im September.[95]

In der zweiten Hälfte des 19. Jahrhunderts beschreibt der Priester Joseph Schlicht die Loher Kirchweih, die alljährlich zum Schutzengelfest am ersten Sonntag im September stattfand und heute noch stattfindet. Er hebt die Wichtigkeit dieses gegen Ende der Ernte stattfindenden sowohl kirchlichen als auch weltlichen Festes insbesondere für den Bauernstand hervor, wenn er sie als „kloa Lichtmeßn“ bezeichnet.[96] Die Gläubigen kamen nicht nur aus den umliegenden Ortschaften des Gäubodens, sondern auch aus dem Bayerischen Wald[97] und feierten das Fest mit großem Aufwand und Hingabe. Dabei entbehrten sie nicht des Besuchs hoher Gäste. So fand sich 1855, wie jedes Jahr, auch Abt Gregor Scherr (1840–1856)[98] von Metten zum Schutzengelfest ein.[99]

Bereits P. Rupert Mittermüller OSB (1814–1893)[100] beklagt, dass die Wallfahrt zum gekreuzigten Heiland in Loh etwas von ihrer ursprünglichen Volkstümlichkeit verloren habe und die Verbindung zum Mutterkloster Metten kaum mehr im Bewusstsein der Leute vorhanden sei.[101] Ein Grund dafür ist, dass Loh von 1846 bis 1961 von Weltgeistlichen besetzt war. Im Jahr 1847 wurde ein Benefizium gestiftet.[102] Auch übten berühmtere Wallfahrtsorte, wohl auch bedingt durch die damals aufkommenden neuen Fortbewegungsmöglichkeiten, größere Anziehungskraft auf die Wallfahrer aus. So ist zu verzeichnen, dass nach dem Zweiten Weltkrieg allmählich die Wallfahrtszüge ausblieben.[103] Bis in die Gegenwart findet alljährlich die Loher Kirchweih am ersten Sonntag im September mit Hochamt und Markt statt und bewahrt so, wenn auch recht bescheiden, die für die Wallfahrt typische Verbindung von geistlichem und weltlichem Element.

Seelsorge in Schule und Internat

Die Seelsorge in Schule und Internat im Kloster Metten ist ein weites Feld. Aufgrund der Notwendigkeit der Eingrenzung befasst sich dieser Unterpunkt lediglich mit der Seelsorge im Bereich des Bischöflichen Seminars St. Wolfgang (1844–1939) sowie mit der gegenwärtigen Situation der Schulseelsorge. Dabei dürfen die Umstände im Bischöflichen Seminar zu seiner Zeit und diejenigen in der Gegenwart als beispielhafte Eckpunkte gelten. Abstufungen zwischen diesen beiden Polen finden sich in unterschiedlichsten Schattierungen und Ausprägungen. Sie tragen dabei der Zeit und den veränderten gesellschaftlichen und schulischen Umständen Rechnung.

Nachdem das Benediktinerstift Metten am 5. Juni 1830 wiedererrichtet worden war, fasste man bereits für das folgende Jahr den Plan, ein Seminar mit Lateinschule einzurichten und so auch in pädagogischer Hinsicht an frühere Traditionen anzuknüpfen.[104] Dies entsprach auch dem Wunsch König Ludwigs I., des Gönners

Nach Aufnahme des Lehr- und des Seminarbetriebs zum Schuljahr 1831/32 konnte im Oktober 1837 die Schule auf ausdrücklichen königlichen Befehl als eine den staatlichen Anstalten gleichgestellte Lateinschule wiedereröffnet werden. Ferner wurde zu Beginn des Schuljahres ein zweites Seminar für finanziell schlechter situierte Knaben errichtet. Diese beiden Seminare wurden als I. bzw. II. Klosterseminar bezeichnet, da sie im Unterschied zum später gegründeten Bischöflichen Seminar vom Kloster selbst unterhalten wurden.[106]

Wegen des Mangels an dringend benötigten Diözesanpriestern legte der neue Regensburger Bischof Valentin Riedel (1842–1857) großen Wert darauf, den Ausbau der Klerusbildungsanstalten voranzutreiben. Daher wandte sich Bischof Valentin am 28. Oktober 1843 mit folgenden Worten an Abt Gregor Scherr von Metten:

> *„Schon lange gehe ich mit dem Glauben um, ein bischöfl. Knabenseminar im Sinn und nach der Ordnung des Trienter-Concils zu errichten, habe schon manche Pläne entworfen, finde aber nirgends festen Grund und Boden. Da fiel mir dann ein, ob nicht in Metten neben Ihren zwei Seminarien noch ein bischöfliches Seminarium puerorum errichtet werden könnte."*[107]

Die Zöglinge des Bischofs sollten dabei gesondert von den anderen Seminaristen von den Benediktinern beaufsichtigt, gebildet und verpflegt werden.[108] Schließlich konnten am 19. und 20. Oktober 1844 in das neu errichtete Bischöfliche Seminar St. Wolfgang in Metten 40 Knaben aufgenommen werden.[109]

Bereits ein Blick in die erste Satzung für das Bischöfliche Knabenseminar in Metten aus dem Jahr 1890[110] genügt, um sich ein Bild von der seelsorglichen Betreuung der Zöglinge machen zu können. Dabei ist festzustellen, dass das Gebet den ganzen Tag durchzieht und gliedert: gemeinsames Morgen- und Abendgebet, Gebete während des Tages und besondere Gebetsübungen anlässlich kirchlicher Festzeiten, das private

Kreuz von Fritz Koenig vor dem Refektorium

des Klosters. So fordert dieser in einem königlichen Erlass vom 26. April 1827, welcher die Wiederherstellung des Klosters Metten betrifft:

> *„Dieses Kloster soll in der Gemäßheit des VII. Artikels des Konkordates nebst der Verbindlichkeit zur seelsorglichen Aushilfe und zum Betriebe wissenschaftlicher Forschung auch die Bestimmung haben, ein Seminar zu unterhalten, in welchem fähige Knaben in der Musik und in den Anfangsgründen der lateinischen Sprache gegen mäßige Verpflegungskosten zu unterrichten und für die öffentlichen Schulen vorzubereiten sind."*[105]

Gebet, die heilige Messe mit dem dazugehörigen Ministrantendienst sowie geistliche Lesung. Ferner lassen die Regelungen bezüglich Beichte und Kommunionempfang deutlich den Einfluss des Konzils von Trient (1545–1563) auf die Priesterausbildung erkennen. Zudem kann der Tagesordnung eine gewisse Nähe zum klösterlichen Tagesablauf nicht abgesprochen werden.[111]

Tagesordnung des Knabenseminars Metten (an Werktagen):[112]

5.30	Aufstehen
5.50	Morgengebet und heilige Messe (mit Kommunion) in der Seminarkirche, hernach Studium
7.30	Frühstück, hernach Freizeit
8.00–11.45	Unterricht
10.00–10.15	Vormittagspause im Museum (Vormittagsbrot)
11.45	Silentium (Freistunde, Lektüre)
12.00	Mittagstisch, hernach Adoratio SS.
12.45	Hof=Freizeit
13.30	Studium
14.00–15.50	Unterricht
15.50	10 Minuten Pause
16.00	Spaziergang bez. Spielstunde
17.00	Studium
18.45	Abendessen, anschließend Adoratio SS., dann Abend=Freizeit (im Sommer bis 20.15 im Freien, im Winter bis 20 im Studiersaal)
20.00	geistliche Lesung
20.15	Abendgebet

[…] An den Samstagen ist von 16.30 [Uhr] an Beichtgelegenheit; zuvor Hof=Freizeit.

Der Plan Bischof Valentin Riedels, im Bischöflichen Seminar St. Wolfgang in Metten Knaben die nötigen Voraussetzungen zum Priesterberuf in Bezug auf menschliche, geistliche und schulische Bildung zu vermitteln, ging auf. In den knapp 100 Jahren seines Bestehens brachte die Anstalt knapp 900 Priester hervor.[113] Wie diese Zahlen belegen, darf mit Fug und Recht behauptet werden, dass die im Bischöflichen Seminar als Lehrer und Erzieher tätigen Mönche einen wichtigen Beitrag zur Seelsorge leisteten. Das gilt zum einen hinsichtlich der Seelsorge an den Alumnen, denen sie während der Schulzeit geistliche Väter waren. Darüber hinaus wirkten sie weiter durch die Priester, die aus dem Seminar hervorgingen, flächendeckend im ganzen Bistum Regensburg. Dies ist ein kraftvoller Beleg dafür, dass und wie ein Kloster weit über seine Mauern hinaus ausstrahlen kann.

Nach der Schließung aller Seminare samt Schule durch die Nationalsozialisten mit Ende des Schuljahres an Ostern 1939[114] schloss auch das Bischöfliche Seminar St. Wolfgang endgültig seine Pforten. Es wurde nach dem Zweiten Weltkrieg nicht wieder eröffnet.

Nach Kriegsende nahmen die Mettener Mönche am 21. Mai 1946 den Schulbetrieb wieder auf, betreuten aber alle Schüler in einem einzigen Seminar.[115] Nur zwei Jahre später fasste P. Amand Bielmeier OSB[116] die alten Ziele der Bildungs- und Erziehungsanstalt, die zugleich die neuen darstellten, wie folgt zusammen:

> *„Es muss daher ein erstrangiges Ziel unseres Seminars bleiben, eine Jugend zu bilden und zu formen, die es als selbstverständlich betrachtet, daß sie einmal in der konsequenten Vertretung des katholischen Standpunktes vorangehen wird, daß ein rein katholisches Gepräge ihre Eigenart sein wird.“*[117]

Im Schuljahr 1969/70 wurden am St.-Michaels-Gymnasium in Metten erstmals Mädchen aufgenommen. Die Zahlen der Internatsschüler wurden rückläufig, das Internat, Nachfolgeeinrichtung der Seminarien, ist momentan im Auslauf begriffen. Gegenwärtig besuchen etwa 450 Schülerinnen und Schüler, die meisten davon als Fahrschüler, das Gymnasium der Benedikti-

In der Klausur des Klosters

ner in Metten. Die Schulsituation hat sich somit grundlegend geändert, und damit musste sich auch die Gestalt der Schulseelsorge wandeln. Seit September 2013 hat P. Athanasius Berggold OSB das Amt des Schulseelsorgers inne. Seither erfährt die Schulseelsorge eine neue und intensivierte Ausprägung. Die seelsorglichen Tätigkeiten beziehen sich nicht nur auf die Schülerinnen und Schüler, sondern in gleicher Weise auf das Lehrerkollegium und die Eltern.

An Fakten können folgende Fixpunkte der aktuellen Schulseelsorge genannt werden: Schulgottesdienste zu Schuljahresbeginn, vor Weihnachten, vor Ostern, zur Verabschiedung der Abiturienten und zum Schuljahresschluss. Besondere Erwähnung verdient die Schülerbeichte vor Weihnachten und Ostern. Die Beichtquote von 51 % (nur katholische Schüler) spricht für die rege Annahme des Angebots und somit für den hohen Stand der Schulseelsorge. Dies darf sicher als die Frucht von vielen Jahren bzw. von nahezu zwei Jahrhunderten gelten. Die nachstehend abgedruckten Zahlen der Schülerbeichte von Ostern 2015 untermauern dies.

5. Jahrgangsstufe	59 %
6. Jahrgangsstufe	100 % (zugleich Firmbeichte)
7. Jahrgangsstufe	66 %
8. Jahrgangsstufe	60 %
9. Jahrgangsstufe	46 %
10. Jahrgangsstufe	59 %
Q 11	48 %
Q 12	17 % (bereits in Abiturvorbereitung)

Ferner muss Erwähnung finden, dass die ehemaligen Schüler die Seelsorge durch ihre ehemaligen Lehrer bzw. Präfekten zum Teil auch nach dem Abitur noch in Anspruch nehmen. Sie wenden sich an allen wichtigen Nahtstellen des Lebens wie Hochzeiten, Taufen und beim Begräbnis von Angehörigen weiterhin regelmäßig an die ihnen bekannten und vertrauten Priester.

Schluss

Trotz aller aufgeführten Fakten und Daten muss an dieser Stelle nochmals deutlich gemacht werden, dass ein Großteil der Seelsorge im Verborgenen geschieht und geschehen muss. Sowenig wie die Seele sichtbar oder greifbar ist, so wenig kann auch die Sorge für die Seele in all ihren Formen, Dimensionen und Facetten ausgeleuchtet werden. Trotz aller Unvollständigkeit belegt diese Darstellung am Beispiel der Benediktinerabtei Metten, dass die fruchtbare und erfolgreiche Verbindung von Mönchtum und Seelsorge möglich ist, und das seit 1250 Jahren.

Wie bereits in der Einleitung dargelegt, barg die Verbindung von Mönchtum und Seelsorge von Anfang an Spannungspotential. Dennoch wird wohl niemand den vielen, nicht nur den Mettener Konventualen, die in den vergangenen rund 1500 Jahren ihr Leben nach der Regel des heiligen Benedikt verbracht haben und dennoch in den vielfältigen Bereichen der Seelsorge tätig waren, ihr Mönchtum absprechen wollen.

So soll am Schluss der Ausführungen nochmals ein Bogen zum Beginn dieses Beitrags und somit zu den Anfängen des Mönchtums geschlagen werden. Das letzte Wort erhält dabei der Bischof und Kirchenhistoriker Theodoret von Kyros († spätestens 466).[118] Er berichtet in seiner Mönchsgeschichte *(Historia religiosa)* von Aphraates, der bei den Kämpfen um die wahre Religion seine Einsiedelei verlassen hatte und zum Vorkämpfer für den rechten Glauben geworden war. Als Kaiser Valens ihn fragte, warum er die Ruhe verlassen habe und nun frei auf dem Marktplatz herumwandle, antwortete Aphraates so, wie auch jeder Mönch in Geschichte und Gegenwart antworten kann, um seine Tätigkeit in der Seelsorge zu begründen und zu rechtfertigen:

> *„Sage mir, o Kaiser, wenn ich eine Jungfrau wäre und in einem Gemache verborgen, sähe aber einen Menschen Feuer an das väterliche Haus anlegen, was würdest du mir angesichts der lodernden Flamme und des brennenden Hauses anraten? Drinnen zu bleiben und zuzuschauen, wie das Haus ein Raub der Flammen werde? Aber so würde ich selbst eine Beute des Feuers. Wenn du aber sagst, da müsse man laufen und Wasser holen, auf und ab springen und die Flamme löschen, so tadle mich nicht, wenn ich eben dieses tue. Denn was du der im Gemache eingeschlossenen Jungfrau rietest, das muss ich tun, obgleich ich das Einsiedlerleben ergriffen habe. Wenn du mich aber tadelst, dass ich die Einsamkeit verlassen habe, so tadle dich, der du das Feuer in das Haus Gottes geworfen hast, nicht mich, der ich zu löschen gezwungen werde. Denn dass man dem väterlichen Hause, wenn es in Brand steht, zu Hilfe kommen muss, hast auch du zugegeben. Es ist aber jedem, auch wenn er in göttlichen Dingen ganz unwissend ist, klar, dass Gott uns näher steht als die irdischen Väter. Darum liegt es unserer Aufgabe nicht fern und widerspricht nicht unserem ursprünglichen Entschlusse, wenn wir, o Kaiser, die Anhänger des wahren Glaubens versammeln und weiden und die göttliche Speise ihnen vorlegen.“*[119]

Anmerkungen

1 Eugen Roth, Sämtliche Menschen, München/Wien 1983, S. 88.
2 Vgl. Christoph Morgenthaler, Seelsorge, Gütersloh 2009, S. 32.
3 Vgl. Michael Klessmann, Seelsorge. Begleitung, Begegnung, Lebensdeutung im Horizont des christlichen Glaubens. Ein Lehrbuch, Neukirchen-Vluyn 2008, S. 26.
4 Vgl. ebd.
5 Vgl. ebd., 27.
6 Platon, Apologie, 30a/b (Ausgabe: Sämtliche Werke, Köln [5]1967).
7 Vgl. Platon, Laches, 185e.
8 Vgl. Klessmann, Seelsorge (wie Anm. 3), S. 27.
9 Vgl. ebd., S. 28.
10 Vgl. ebd., S. 29.

11 Vgl. ebd., S. 28.
12 Vgl. ebd., S. 28 f.
13 Vgl. ebd., S. 29.
14 Vgl. ebd., S. 45.
15 Vgl. ebd., S. 46.
16 Vgl. Victor Schurr, Katholische Seelsorge, in: LThK2 IX, Freiburg i. Br. 1964, Sp. 579–583, 579.
17 Vgl. Morgenthaler, Seelsorge (wie Anm. 2), S. 35.
18 Vgl. ebd., S. 34.
19 Vgl. ebd., S. 35.
20 Vgl. Angelus Albert Häußling, Mönchskonvent und Eucharistiefeier. Eine Studie über die Messe in der abendländischen Klosterliturgie des frühen Mittelalters und zur Geschichte der Messhäufigkeit, Münster 1973, S. 150.
21 Vgl. Ivo Auf der Maur, Christliches Mönchtum, in: LThK^2 VII, Freiburg i. Br. 1962, Sp. 544–547, 546.
22 Vgl. Philipp Hofmeister, Mönchtum und Seelsorge bis zum 13. Jahrhundert, in: Studien und Mitteilungen zur Geschichte des Benediktiner-Ordens und seiner Zweige 65 (1953/54), S. 209–273, 229.
23 Vgl. ebd., S. 230.
24 Georg Schwaiger (Hg.), Mönchtum, Orden, Klöster. Von den Anfängen bis zur Gegenwart. Ein Lexikon, München 2003, S. 9.
25 Vgl. Gregor d. Gr., Liber II Dialog., c. 1,8 (Ausgabe: Gregor der Große, Der hl. Benedikt. Buch II der Dialoge [lateinisch/deutsch], hg. im Auftrag der Salzburger Äbtekonferenz, St. Ottilien ^{2}2008).
26 Vgl. ebd., c. 2,3.
27 Vgl. ebd., c. 8,11.
28 Vgl. ebd., c. 19,1.
29 Vgl. ebd., c. 15,3.
30 Vgl. ebd., c. 19,1.
31 Vgl. ebd., c. 35,1.
32 Vgl. ebd., c. 28,1.
33 Vgl. Heike Johanna Mierau, Vita communis und Pfarrseelsorge. Studien zu den Diözesen Salzburg und Passau im Hoch- und Spätmittelalter, Köln/Weimar/Wien 1997, S. 288.
34 Vgl. Häußling, Mönchskonvent (wie Anm. 20), S. 150.
35 Vgl. ebd., S. 289.
36 Vgl. ebd.
37 Vgl. ebd., S. 300.
38 Notker Wolf, Benediktinisches Mönchtum im Dienste der Glaubensverkündigung, in: Consuetudines Monasticae. Festgabe für Kassius Hallinger, hg. von Joachim Angerer und Josef Lenzenweger, Rom 1982, S. 385–395, 390.
39 Vgl. ebd., S. 395.
40 Vgl. Winfried Müller, Die Säkularisation von 1803, in: Walter Brandmüller (Hg.), Handbuch der Bayerischen Kirchengeschichte, Bd. 3, St. Ottilien 1991, S. 1–84, 8 f.
41 Regulativ für die Benediktinerstifte vom königlichen Staatsministerium des Innern (20. November 1836), § 5: Archiv der Abtei Metten A I,2.
42 Vollzugsverordnung zur Konstituierung der Benediktinerabtei St. Stephan in Augsburg vom 20. Dezember 1834, in: Michael Kaufmann, Säkularisation, Desolation und Restauration in der Benediktinerabtei Metten 1803–1840, Metten 1993, S. 455–459, 455.
43 Vgl. ebd., S. 90.
44 Vgl. Klessmann, Seelsorge (wie Anm. 3), S. 88.
45 Ebd., S. 89.
46 Vgl. Alfons Fehringer, Die Klosterpfarrei. Der Pfarrdienst der Ordensgeistlichen nach geltendem Recht mit einem geschichtlichen Überblick, Paderborn 1958, S. 48.
47 Vgl. ebd., S. 54 f.
48 Vgl. ebd., S. 50.
49 Vgl. ebd., S. 49.
50 Matrikel des Bisthums Regensburg: nach der allgemeinen Pfarr- und Kirchen-Beschreibung von 1860 mit Rücksicht auf die älteren Bisthums-Matrikeln zusammengestellt, Regensburg 1863, S. 79.
51 Vgl. Hofmeister, Mönchtum und Seelsorge (wie Anm. 22), S. 250.
52 Vgl. Michael Kaufmann, Aus der Geschichte der Pfarrei Metten, in: Die Pfarrgemeinde Metten im Jubiläumsjahr 1975, Metten 1975, S. 33.
53 Matrikel des Bisthums Regensburg (wie Anm. 50), S. 83.
54 Vgl. Kaufmann, Aus der Geschichte der Pfarrei Metten (wie Anm. 52), S. 33.
55 Matrikel des Bisthums Regensburg (wie Anm. 50), S. 82 f.
56 Vgl. Wilhelm Fink, Das Profeßbuch der Abtei (Entwicklungsgeschichte der Benediktinerabtei Metten I. Teil), Metten 1926, S. 110.
57 Vgl. Matrikel des Bisthums Regensburg (wie Anm. 50), S. 79.
58 Vgl. ebd.; vgl. auch Fink, Profeßbuch (wie Anm. 56), S. 112.
59 Kath. Pfarramt Michaelsbuch (Hg.), Kirchen und Kapellen der Pfarrei Michaelsbuch, Passau 1995, S. 3.
60 Vgl. ebd., S. 3 f.
61 Ebd., S. 4.
62 Vgl. ebd., S. 4 f.
63 Vgl. Fink, Profeßbuch (wie Anm. 56), S. 115.
64 Vgl. Matrikel des Bisthums Regensburg (wie Anm. 50), S. 296.
65 Vgl. Fink, Profeßbuch (wie Anm. 56), S. 115.
66 Vgl. Kath. Pfarramt St. Stephan (Hg.), Stephansposching. Die Kirchen der Pfarrei, Passau 2005, S. 2.

67 Ebd.
68 Ebd.
69 Matrikel des Bisthums Regensburg (wie Anm. 50), S. 304.
70 Michael Kaufmann, Memento mori. Zum Gedenken an die verstorbenen Konventualen der Benediktinerabtei Metten seit der Wiedererrichtung 1830, Metten 2008, S. 127.
71 Ebd., S. 285.
72 Vgl. Kath. Pfarramt Stephansposching, Kirchen der Pfarrei (wie Anm. 66), S. 31.
73 Vgl. Emmeram Geser, Maria Schnee zu Aufhausen, in: AJM 28 (1962), S. 129–135, 129.
74 Vgl. ebd., S. 132.
75 Vgl. ebd., S. 134 f.
76 Johann Gruber, Das Oratorium der Nerianer in Aufhausen, in: Beiträge zur Geschichte des Bistums Regensburg 14 (1980), S. 89–136, 131.
77 Kaufmann, Memento mori (wie Anm. 70), S. 345.
78 Ebd., S. 373.
79 Ebd., S. 231.
80 Vgl. Die Satzungen der Bayerischen Benediktinerkongregation, [Neuhausen] 1989, Spiritueller Teil Nr. 12.
81 Kaufmann, Memento mori (wie Anm. 70), S. 115.
82 Vorschriften für die auf den Klosterpfarreien exponierten Hochwürdigen Conventualen: Archiv der Abtei Metten, ohne Signatur.
83 Kaufmann, Memento mori (wie Anm. 70), S. 279.
84 Ebd., S. 289.
85 Vgl. Peter Hersche, Muße und Verschwendung. Europäische Gesellschaft und Kultur im Barockzeitalter, Freiburg i. Br. 2006, S. 817.
86 Vgl. ebd., S. 818.
87 Vgl. ebd., S. 808.
88 Vgl. Kath. Pfarramt Stephansposching, Kirchen der Pfarrei (wie Anm. 66), S. 14.
89 Vgl. Kirchenverwaltung der Filialkirchenstiftung Loh (Hg.), Die Wallfahrtskirche zum Heiligen Kreuz in Loh, Deggendorf o. J., S. 5.
90 Vgl. ebd., S. 7.
91 Vgl. Anton Petzenhauser, Die Wallfahrtskirche Loh. Ein prachtvoller Rokokobau, in: Straubinger Hefte 22 (1972), Sonderdruck für die Kirchenverwaltung der Wallfahrtskirche Loh, Straubing 1978, S. 16–32, 27.
92 Vgl. Kath. Pfarramt Stephansposching, Kirchen der Pfarrei (wie Anm. 66), S. 18.
93 Vgl. ebd., S. 22.
94 Vgl. Rupert Mittermüller, Die Wallfahrt zum hl. Kreuz in Loh, Metten 1929, S. 15.
95 Vgl. ebd., S. 6.
96 Vgl. Petzenhauser, Loh (wie Anm. 91), S. 27–30.
97 Vgl. Mittermüller, Wallfahrt Loh (wie Anm. 94), S. 16; vgl. auch Auszüge aus dem Mirakelbuch, ebd., S. 13–15.
98 Kaufmann, Memento mori (wie Anm. 70), S. 93.
99 Vgl. Mittermüller, Wallfahrt Loh (wie Anm. 94), S. 13–15.
100 Kaufmann, Memento mori (wie Anm. 70), S. 151.
101 Vgl. Mittermüller, Wallfahrt Loh (wie Anm. 94), S. 7.
102 Vgl. Michael Kaufmann, Benefizium und Benefiziaten bei der Wallfahrtskirche zum Hl. Kreuz in Loh, in: AJM 71 (2004/05), S. 250–264.
103 Vgl. Kirchenverwaltung Loh, Wallfahrtskirche (wie Anm. 89), S. 27.
104 Vgl. Kilian Limbrunner, Die Geschichte des Knabenseminars Metten von seiner Gründung im Jahr 1844 bis zu seiner Auflösung durch die NS-Diktatur im Jahr 1939 (Diplomarbeit), Typoskript, Kath.-Theol. Fakultät der Universität Regensburg 1989, S. 13.
105 Willibald Weber, Das Humanistische Gymnasium Metten, in: AJM 32 (1965/66), S. 198–214, 199.
106 Vgl. Limbrunner, Knabenseminar Metten (wie Anm. 104), S. 13 f.
107 Schreiben Bischof Valentin Riedels an Abt Gregor Scherr vom 28. Oktober 1843: Archiv der Abtei Metten C IV 2.
108 Vgl. Limbrunner, Knabenseminar Metten (wie Anm. 104), S. 15.
109 Vgl. ebd., S. 17 f.
110 Vgl. Statuten für die Zöglinge des bischöflichen Knabenseminars: Archiv der Abtei Metten C IV 2.
111 Vgl. ebd.
112 Limbrunner, Knabenseminar Metten (wie Anm. 104), S. 136.
113 Vgl. ebd., S. 140–206.
114 Vgl. ebd., S. 61.
115 Vgl. ebd., S. 69.
116 Kaufmann, Memento mori (wie Anm. 70), S. 411.
117 Amand Bielmeier, Alte Ziele – Neue Wege, in: AJM Mitteilungsblatt 1948/1, Deggendorf 1948, S. 3 f.
118 Pierre Canivet, Theodoretos v. Kyros, in: $LThK^2$ X, Freiburg i. Br. 1965, Sp. 32–35, 32.
119 Theodoret, Hist. relig., c. 8 (Ausgabe Theodoret von Cyrus, Historia Religiosa. Aus dem Griechischen übersetzt von Konstantin Gutberlet, München 1926).

Musik und Theater in Metten

Athanasius Berggold OSB

Dem Wort „Kunst“ auf der Spur

Kunst kommt von Können?

Kunst kommt von Können oder Kennen her (nosse aut posse), vielleicht von beiden, wenigstens muss sie beides in gehörigem Grad verbinden. Wer kennt, ohne zu können, ist ein Theorist, dem man in Sachen des Könnens kaum trauet; wer kann ohne zu kennen, ist ein bloßer Praktiker oder Handwerker; der echte Künstler verbindet beides.“[1] Wenn wir uns in den folgenden Überlegungen der Musikkunst und der Theaterkunst zuwenden, dann mag das geflügelte Wort „Kunst kommt von Können“ am Anfang der Überlegungen stehen.

Es ist ein Wort, das – oftmals ironisch gebraucht – Stilrichtungen und Stilempfindungen, Inszenierungen und künstlerische Interpretationen hinterfragt und in Frage stellt. Aus dem hier zitierten Text aus Herders „Kalligone“ wird aber rasch deutlich, dass Theorie und Praxis in der Kunst eine Einheit bilden müssen und Werk und Wirkung wesentliche Bestandteile künstlerischer Tätigkeit sind, egal in welchem Bereich Kunst als Fertigkeit bemüht wird.

Kunst – Technik – Textil

Das altgriechische Wort für Kunst (ἡ τέχνη) leitet sich von der indogermanischen Sprachwurzel „teks“ ab, was so viel wie „zimmern“, „künstlich herstellen“ bedeutet, und lebt in unserem Sprachgebrauch im Wort „Technik“ weiter. In der lateinischen Sprache begegnet diese Sprachwurzel zum Beispiel im Verbum „texere“, was „weben“ und auch „flechten“ bedeutet, im übertragenen Sinn aber auch das „kunstvolle Abfassen von Briefen“ beinhaltet. In unserem Sprachgebrauch lebt diese Bedeutung des Wortes „texere“ in den Wörtern „Textil“ und „Text“ fort.

„Wer kann, der kann“, eine britische Komödie mit schwarzem Humor und Biss in Eigenproduktion: Hotelrezeption

Wir spüren: Kunst ist nicht der Beliebigkeit überlassen, sondern bedarf der Fertigkeit, der Begabung, der Kenntnis.

„Ars“

In der lateinischen Sprache leitet sich das allgemein bekannte und auch häufig gebrauchte Wort für Kunst „ars“ von der indogermanischen Sprachwurzel „ar“ ab, die das gefällige, das schickliche, das angenehme Zusammenfügen zum Ausdruck bringt. Diese Bedeutung fließt ein in die militärische Ausdrucksweise (arma: Waffen), lebt in der Tätigkeit des Landwirts weiter (arare: pflügen) und taucht in unserem Sprachgebrauch im Wort „Arm“ auf.

Wir spüren: Auch hier fließen geschmackvoll Zusammengefügtes und handwerkliche Fertigkeit zusammen und bilden eine Einheit.

„De gustibus et coloribus non est disputandum“

Bei all diesen Bedeutungen und grundsätzlichen Überlegungen mag es mir gestattet sein, den wohl aus der scholastischen Philosophie stammenden Grundsatz „De gustibus et coloribus non est disputandum“ („Über Geschmäcker und Farben soll man nicht streiten/disputieren/diskutieren“) in Frage zu stellen.

Es ist eine Lebenserfahrung, dass sich Geschmäcker im Laufe des Lebens ändern und nicht zuletzt von Lebensphasen und Lebenssituationen, von Zeitgeist und Zeitumständen abhängen. Niemand darf so vermessen sein, rein rational begründen zu wollen, welches Geschmacksempfinden richtig und gut war, ist oder gar sein mag, ob es nun den Geschmack des Auges, des Ohres, der Nase, des Mundes oder des Greifens betrifft. Noch jede Zeit und Kunstepoche hat ihre kritische Rückschau entwickelt und ihre Voraussicht, die den jeweiligen Rahmen gesprengt haben. Dahinter standen und stehen Menschen, die sich mit dem jeweiligen Kunstempfinden auseinandergesetzt haben.

Also darf man über Geschmack im Allgemeinen und über Kunstempfinden im Besonderen doch disputieren, diskutieren, Meinungen austauschen. Über Geschmack lässt sich also sehr wohl streiten, ja vielleicht muss man es sogar von Zeit zu Zeit! Bei den Römern jedenfalls genoss der Geschmack ganz sicherlich eine hohe Wertschätzung. Denn derjenige, der den richtigen Geschmack zu treffen vermochte (sapere: schmecken), galt bei den Römern als „sapiens" (weise) und besaß „sapientia" (Weisheit).

Vielleicht ist es zu Beginn dieser Überlegungen über Musik*kunst* und Theater*kunst* ein kühner Schluss, aber ich möchte ihn dennoch ziehen und zum Ausdruck bringen: Kunst und Weisheit sind zwei Begriffe, die unweigerlich miteinander verbunden sind, und Kunst ist ohne Weisheit weder denkbar noch machbar.

Bleiben die Fragen offen: Was ist Weisheit? Was ist Kunst? Diese beiden Fragen lassen rege Diskussionen zu und führen uns zu denen, die sich in Metten mit der Kunst befasst haben, theoretisch und praktisch im Bereich der Musik und des Theaters.

Was auch immer im Folgenden angedacht und ausgeführt wird, Anspruch auf Vollständigkeit kann und darf es nicht erheben. Sollten diese Überlegungen den Geschmack wecken, weiter zu forschen und zu suchen, haben sie ihren Zweck vollständig erreicht. Wenden wir uns in einem ersten Schritt nun der Musik*kunst* zu, der Kunst zu musizieren.

„Die Musik ist der vollkommenste Typus der Kunst" (Oscar Wilde, 1854–1900)

Wer sich der Musik erkiest, / hat ein himmlisch Gut bekommen, / denn ihr erster Ursprung ist / von dem Himmel selbst genommen, / weil die Engel insgemein / selbsten Musikanten sein. Da Gott in der ersten Zeit / sein Geschöpf zum Leben weckte / und dem schwachen Menschenkind / seine Hand entgegenstreckte, / sangen alle Seraphim, / klang Gesang der Cherubim. (Eduard Mörike, 1804–1875)

„In der Musik hat Gott den Menschen die Erinnerung an das verlorene Paradies hinterlassen"[2] (Hildegard von Bingen, 1098–1179)

Eine alte Geschichte überliefert folgende Begebenheit: Eines Nachts werden vier Rabbiner von einem Engel besucht. Er weckt sie aus dem Schlaf und trägt sie in den Himmel. Dort erblicken sie die Herrlichkeit des Herrn, so wie der Prophet Ezechiel sie schildert, mit eigenen Augen (vgl. Ez 1,4–28).

Jetzt wird die Geschichte urplötzlich spannend. Was machen Menschen daraus? Wie verkraften sie den Anblick Gottes, diesen Seelenzustand? Auf dem Rückweg zur Erde verlor der erste Rabbiner seinen Verstand, denn sein Geist war dermaßen vom göttlichen Glanz geblendet worden, dass er von nun an nur noch stammelnd in der Welt umherirrte. Der zweite Rabbiner zeigte sich unbeeindruckt und verleugnete, was er geschaut hatte; er redete sich auf Traum und Trugschluss hinaus. Der dritte Rabbiner wurde dogmatisch. Er hielt überall Vorträge über Sinn und Bedeutung und diskutierte in Streitgesprächen mit anderen Gelehrten. Der vierte Rabbiner aber wurde Dichter und Sänger. Er setzte sich ans Fenster seiner Kammer und verfasste ein Danklied. Er als Einziger konnte sein Glück wirklich ertragen.

Eine kleine, kluge Geschichte über Schönheit, Gelehrsamkeit und Wahn, wenn es um Gotteserfahrungen geht. Wir neigen oft dazu, Gotteserkenntnisse und Gotteserfahrungen über- oder unterzubewerten. Man kann Gott als Rauschmittel konsumieren, man kann ihn rationalisieren, d. h. dem Verstand oder der Vernunft opfern, man kann ihn aber auch zelebrieren, d. h. ihn besingen und feiern. Klar, unsere kleine Geschichte gibt dem recht, dem es gelingt, den Emotionen des Erlebten Ausdruck zu geben.

Musica via ad Deum

Gottesbeweise

Von Wahn(sinn) und Gottesleugnung soll in diesen Überlegungen nicht die Rede sein, zumal es beiden Blickrichtungen nicht gelingen will, Gott unter Beweis zu stellen. Vermutlich wird es auch den beiden anderen Blickrichtungen nicht gelingen, Gott unter Beweis zu stellen. Ausdrücklich hat es jedoch die Blickrichtung der Gelehrsamkeit versucht, den Verstand dahingehend zu aktivieren, dass er akzeptieren kann, Gott existiere. Solche gelehrte Beweisführungen befassen sich immer vorrangig mit der Existenz Gottes und nicht mit seinen Eigenschaften.

In der antiken Philosophie und im Laufe der christlichen Geschichte gibt und gab es eine Reihe von Versuchen, Gott zu beweisen. Ausdrücklich wurde dies in der dogmatischen Konstitution des Ersten Vatikanischen Konzils „Dei filius" formuliert: „Der Mensch kann Gott und das Endziel aller Dinge durch das natürliche Licht seiner Vernunft aus den geschaffenen Dingen erkennen" (Nr. 11).

Im 11. Jahrhundert entwickelte der heilige Anselm von Canterbury († 1109) den sogenannten ontologischen Gottesbeweis. Der heilige Thomas von Aquin († 1274) entwirft fünf Möglichkeiten („quinque viae ad Deum") einer „Beweisführung" der Existenz Gottes. Sie sollen im Einzelnen hier nicht aufgeführt und erörtert werden; sie können bei Anselm oder Thomas von Aquin nachgelesen und nachvollzogen werden. Immanuel Kant (1724–1804) schließlich tritt einen „moralischen Gottesbeweis" an: Moralisches Handeln geht von der Notwendigkeit einer Existenz Gottes aus (Kant, Kritik der Urteilskraft). Von einem „letzten Gottesbeweis" spricht der deutsche Philosoph Robert Spaemann (* 1927), der davon ausgeht, wenn es Gott nicht gäbe, gäbe es auch so etwas wie Wahrheit nicht. Dann wären auch die Menschen keine wahrheitsfähigen Wesen und damit auch keine Personen (Robert Spaemann, Der letzte Gottesbeweis).

Was diese Argumentationsreihen der Gelehrten auch immer beweisen mögen, für eines sind sie stets ein zwingender Beweis: Der vernunftbegabte Mensch ist gefragt, seine „ratio" ist aufgerufen, Argumente abzuwägen und sich der „conclusio", der Schlussfolgerung, der man sich nicht mehr entziehen kann, anzuschließen.

Noch nie – soweit mir bekannt – wurde der Versuch unternommen, eine emotionale Beweisführung der Existenz Gottes anzutreten, vielleicht nicht zuletzt deswegen, weil menschliche Emotionen mit menschlicher Vernunft (ratio) nicht zu fassen sind. Aber gerade weil sie nicht fassbar sind, eignen sie sich möglicherweise doch dazu, Gott, der unfassbar gut und schön ist, unter Beweis zu stellen.

Musik – Musenkunst

Die enge Verwandtschaft zwischen dem „Schönen" und dem „Guten" wurde wohl am stärksten von den antiken Griechen empfunden und begriffen. Die Auffassung über die Verbindung von „Schönem" und „Gutem" fand wörtlichen Ausdruck in dem griechischen Begriff „καλοκάγαθία" (kalokagathía). Καλός (kalós) heißt „schön" und ἀγαθός (agathós) heißt „gut". Wir machen uns von der Erhabenheit des Schönen und des Guten klare Vorstellungen im Bereich der Literatur und der Architektur der Griechen. Seltsam genug: Die Griechen selbst zollen ihrer Architektur und ihren literarischen Leistungen weit weniger Aufmerksamkeit als ihren musikalischen Leistungen. Es gibt keine Musen für plastische und literarische Künste. Die Rolle der Musik bei den Griechen war so groß, dass ein gebildeter, gottesfürchtiger und vornehmer Mann gewöhnlich musikalisch (μουσικός) genannt wurde, ein geringer, gottloser, ungebildeter Mensch dagegen war ein Mann „ohne Musik" (ἄμουσος).

Schon durch ihren Namen wird die Musik in nahezu allen Sprachen als eine Kunst anerkannt, die von den Musen kommt, die göttlichen Ursprungs sind (Töchter der Mnemosyne, Göttin der Erinnerung, und des Zeus). Die griechischen Musen waren nach Pausanias (um 115 bis um 180 n. Chr.) nur drei an der Zahl. Zwei von ihnen verkörpern Begriffe, die jeder Kunst eigentümlich sind: Übung (Μελέτη – Meléte) und Gedächtnis (Μνημοσύνη – Mnemosýne); die dritte führte den Namen Gesang (Ἀοιδή– Aoidé) und weist somit ausdrücklich auf die Musik hin.

Hesiod (8. Jh. v. Chr.) nennt in seiner „Theogonie" neun Musen, die zu Hüterinnen für die gesamte musikalische Kunst werden, die Gesang, Tanz, Dichtung, Instrumentalmusik und Astronomie (nach der antiken Vorstellung lässt die Bewegung der Himmelskörper ewige Musik ertönen) beinhaltet.

Nimmt man Platos Behauptung „Musik schenkt unserem Herzen eine Seele" ernst, so wird klar: Die Beweisführung geht nicht von uns zum göttlichen Prinzip, sondern umgekehrt. Es gilt nicht die Behauptung: *Gott existiert, weil es die Musik gibt*, sondern: *Weil Gott existiert, gibt es Musik*. Die Musik ist Ausdruck seines Wesens, das sich in unserer Seele zeigt und widerspiegelt. Ja, weil Musik einen Wesenszug Gottes widerspiegelt, erhebt sich die Seele durch die Musik zu Gott, erspürt Gott, ist Gott nahe.

„Sine musica nihil est"

In seinem Werk „De Musica" (Über die Musik), im dritten Buch seiner „Etymologiæ" im 17. Kapitel, greift Isidor von Sevilla (560–636) diesen Gedanken ausdrücklich auf: „Sine musica nihil est." Ohne Musik besteht nichts. In ihr und durch sie spiegelt sich das Schöpfungsprinzip: die Harmonie, der Gleichklang, der dem Weltall innewohnt und der von Gott ausgeht. Musik zu kennen, zu spüren, zu praktizieren ist ein Weg hin zu Gott, da sie von ihm ausgeht.

Dies ist auch der klare Weg, den das Alte Testament aufzeigt. Wieder ist es Isidor von Sevilla, der in seinem Werk „De Musica" darauf hinweist. Musik wird von Gott über Menschen vermittelt. Das Alte Testament führt in der ersten Genealogiereihe die Musik über den Stammvater der Musik, Juval, zurück auf Kain, zurück auf Adam, zurück auf Gottes Schöpfung. Im hebräischen Namen Juval (יובל) schwingt die befreiende und erlösende Botschaft eines Jubeljahres (שנה־יובל) mit. In der unterschiedlichen Vokalisation taucht der Name Juval wieder im Begriff „Jubeljahr" auf, ein Phänomen, dem wir im Alten Testament in der hebräischen Sprache häufig und wiederholt begegnen.

Musik – den Menschen über Menschen von Gott gegeben, geschenkt, um Befreiendes und Erlösendes zu hören, zu spüren, zu erleben. Wer mit Musik umgeht, bekommt Zugang zum erlösenden Wesen Gottes (vgl. Gen 4,17–24).

In einem Interview hat der Musiker Paul Simon (* 1941) das erzählt, was man schon vor Jahrhunderten von Bach, Händel, Mozart etc. hören konnte: „Ich weiß nie, woher meine Lieder eigentlich kommen." Paul Simon sagt in diesem Interview vom 28. April 2011[3] über seinen Hit „Bridge over troubled water":

> *Ich hatte zuerst den Text geschrieben. Als mir dann die Melodie dazu in den Sinn kam, war ich fassungslos, glücklich, vollkommen überwältigt. Und, ja, es stimmt, ich habe vor Glück und Überraschung geweint. Denn ich weiß nie, woher meine Lieder eigentlich kommen. Ich glaube, alle Lieder gibt es schon irgendwo, und ich habe nur das Privileg, sie empfangen zu können. Musik ist eine Botschaft aus dem Paradies. Klingt sehr spirituell, oder? Aber so sehe ich das. Allerdings erst, seit ich älter bin.*

Um Gott wahrzunehmen, das ist die Botschaft der Musik, ist unser Ohr unentbehrlich. Sehen können wir Gleichnisse, Hinweise auf Gott. Hören können wir mehr.

„Erde, singe, dass es klinge!" (GL 411)

> *Singet dem Herrn ein neues Lied;*
> *denn er hat wunderbare Taten vollbracht.*

Jauchzt vor dem Herrn, alle Länder der Erde,
freut euch, jubelt und singt.
Es brause das Meer und alles, was es erfüllt,
der Erdkreis und seine Bewohner.
In die Hände klatschen sollen die Ströme,
die Berge sollen jubeln im Chor. (Aus Ps 98)

Wer hineinhört in diesen Psalm, der merkt, dass er nicht unbedingt mitsingen, mitmusizieren muss. Die ganze Welt klingt, das Meer, die Flüsse, die Berge – und mittendrin wir Menschen, die singen, musizieren, aber auch die, die nicht mehr singen können. Die Welt ist ein großer Klangraum, der uns umgibt. Auch wenn ich im Augenblick nicht singen kann, wenn mir nicht danach zumute ist, wenn ich keinen Ton herausbringe – andere singen und musizieren stellvertretend für mich; sie künden von dem, was ich nicht selber geben kann, auch wenn ich es jetzt gerade dringend bräuchte: Trost, Mut, Hoffnung …

Zukunftsmusik

Ein geradezu himmlisches Lied wird in der Offenbarung des Johannes, ganz am Ende der Bibel, beschrieben. Ein Lied, das erst noch gesungen wird, nämlich dann, wenn die Christen alles das, was sie bedrückt, hinter sich gelassen haben. Ein Lied, in dem sie Gott danken, dass er sie geleitet und ihnen Recht verschafft hat. Ein Lied für die, die zum Schluss gesiegt haben:

Dann sah ich etwas, das einem gläsernen Meer glich und mit Feuer durchsetzt war. Und die Sieger über das Tier, über sein Standbild und über die Zahl seines Namens standen auf dem gläsernen Meer und trugen die Harfen Gottes. Sie sangen das Lied des Mose, des Knechtes Gottes, und das Lied zu Ehren des Lammes: Groß und wunderbar sind deine Taten, Herr, Gott und Herrscher über die ganze Schöpfung. Gerecht und zuverlässig sind deine Wege, du König der Völker. Wer wird dich nicht fürchten, Herr, wer wird deinen Namen nicht preisen? Denn du allein bist heilig: Alle Völker kommen und beten dich an; denn deine gerechten Taten sind offenbar geworden. (Offb 15,2–4)

Johannes, der Seher von Patmos, der dieses Siegeslied schreibt, ist noch kein Sieger. Im Gegenteil: Er ist verbannt. Wenn er ein Siegeslied schreibt, dann ist das kein billiger Trost. Dann ist das umso glaubwürdiger. Er kennt die Gefahren und Niederlagen des Lebens. Nicht wir Menschen sind die Sieger, sondern Gott hat uns durch Jesus zu Siegern gemacht, zu Priestern und Königen (vgl. Offb 5,10). Das ist im wahrsten Sinne des Wortes Zukunftsmusik: Alles wird gut. Die am Ende ihr Siegeslied anstimmen, singen, musizieren umso befreiter und dankbarer, seit sie wissen und erfahren haben, wie bedroht Leben sein kann.

1641 schreibt der Dichter Georg Neumark ein Lied, das bis heute zu den beliebtesten Kirchenliedern zählt. Er nennt es ein Trostlied. Es handelt davon, dass nicht nur diejenigen im Schoß Gottes sitzen, denen es gut geht. Ganz im Gegenteil. Georg Neumark wird als Zwanzigjähriger von plündernden Soldaten überfallen und ausgeraubt. Monatelang weiß er nicht, wovon er leben soll. Wie durch ein Wunder erhält er eine Anstellung als Lehrer. Noch am Tag, als er davon erfährt, schreibt er sein Trostlied:

Was helfen uns die schweren Sorgen, was hilft uns unser Weh und Ach? Was hilft es, dass wir alle Morgen beseufzen unser Ungemach? … Sing, bet und geh auf Gottes Wegen, verricht das Deine nur getreu … (GL 424, 2+5)

„Stehn wir so beim Psalmensingen, dass Herz und Stimme in Einklang sind!“ (RB 19,7)

Kehren wir zurück zur Gottesschau der vier Rabbiner, zur Geschichte über Schönheit und Wahn, die bei uns Menschen so nahe beieinanderliegen, wenn es um Glauben und Gotteserfahrungen geht. Sie lehrt (erzählt) uns einen klaren Weg zu Gott, den wir mit dem weiten

Abt Petrus und sein Konvent aus der Handschrift der Regula Benedicti (1414)

Begriff „Musik“ umschreiben dürfen („Musica via ad Deum“). Ein Weg, der von uns zu Gott führt, nicht umgekehrt: Es gibt die Musik, weil es Gott gibt. Gingen wir davon aus, dass es Gott gibt, weil es die Musik gibt, gingen wir in die Irre und machten die Musik zu Gott. Vielmehr ist sie Ausdruck seines Wesens, Trost, Freude spendend, Rettung verheißend ... Zukunft verheißend. Musik führt zu Gott. Sie ist ein Weg zu Gott: Musica (est) via ad Deum.

Um diesen Weg beschreiten zu können, braucht es immer wieder Menschen, die uns an der Hand nehmen und uns diesen Weg weisen. Es hat sie zu allen Zeiten unserer Klostergeschichte gegeben, unbekannt und bekannt: Musikanten, Musiker in lehrender Weise und ebenso in ausführender. Sie sind uns Wegweiser, Wegbegleiter hin zu dieser Gottesfindung auf der „musica via“.

In besonderer Weise fühlten sich die Benediktinerklöster dazu berufen, diesen Weg zu weisen, gehörte doch die Musik zu den „septem artes liberales“, den sieben freien Künsten, die zum mittelalterlichen Bildungsideal zählten.

14. bis 17. Jahrhundert[4]

Wie alle mittelalterlichen Klöster besaß auch Metten seine Singschule. Die Klosterschulen wurden ja schlechthin als solche bezeichnet, weil die Musik eine hervorragende Stellung im Unterricht einnahm. Nach den Bestimmungen des Papstes Innozenz III. (1198–1216) mussten die Klöster für die „septem artes liberales“ einen Magister anstellen. Der Magister war gewöhnlich ein Laie. Im Laufe der Zeit aber ging der musikalische Unterricht an die Mönche über.

Unter Abt Petrus I. (1388–1427) lebte in Metten ein Cantor Franciscus, dessen Bild und Name sich auf der Titelminiatur der heute in der Bayerischen Staatsbibliothek befindlichen Regelhandschrift des heiligen Benedikt, 1414 entstanden, befinden, deren Künstler er ist. Unter Oswald II. (1548–1569) weilte 1518 der Dichter und Historiker Kaspar Brusch († 1559) in Metten, der ausführlich über die örtliche Musikpflege berichtet. Nach dem Abendessen, so Kaspar Brusch, kam er in den Genuss sakraler Musik: „évocor ád cœnám, solitó qua móre perácta déliciás intér música sacra tuás.“

Das 16. Jahrhundert brachte auch in Metten eine erhöhte Pflege der Figuralmusik. Namentlich unter Abt Marcus Besch (1581–1592), der aus seiner Vaterstadt Augsburg die Liebe zur Tonkunst mitgebracht hatte, galt die Klosterschule als vorzügliche Bildnerin in der Musik. Aus dieser Zeit sind noch einige Bruchstücke von Notenhandschriften erhalten. P. Wilhelm Fink (1890–1965) entdeckte, dass die Einbände der alten Salbücher um 1610 zum großen Teil aus damals nicht mehr im Gebrauche stehenden Musikalien geklebt waren. Aus den Fragmenten dieser Einbände haben sich allerlei Beiträge zur Musikpaläographie ergeben: linienlose Neumen aus dem 12. und 13. Jahrhundert, Hakenneumen mit Linien aus dem 14. Jahrhundert, Hufnagel- und Quadratchoralnoten aus dem 15. und 16. Jahrhundert, alles auf Pergament geschrieben, dann aber vor allem Reste aus Papierhandschriften mit Stimmen aus Motetten aus der Zeit Orlando di Lassos († 1594) und Giovanni Pierluigi da Palestrinas († 1594), deutsche Orgeltabulaturen, endlich Hymnen mit Bezifferung und Angabe der Notenwerte, wohl eine Tabulatur für begleitende Blasinstrumente.

Im 17. Jahrhundert gewinnt das für die Sängerknaben errichtete Seminar an Ruf; es steht ausschließlich unter geistlicher Leitung. P. Gottfried Blümel wird gerühmt als ausgezeichneter Sänger und Saiteninstrumentenspieler (Musicus fidibus et voce præcellens). Er starb 1668 als Prior im Alter von 42 Jahren.

Barock und Rokoko[5]

Die Zeit des Barock und Rokoko brachte einen völligen Umschwung des Musiklebens. Der bis dahin in den Kirchen vorherrschende gregoria-

Gregorius
petrus
S. benedictus
petrus diaconus
Suscipe
forma
Petrus abbas
Fr. egidius Johes Andreas Nicolaus
Fr. Johes
petrus
Andreas
Christanus Custos
Cellerari

nische Choralgesang tritt zurück. An erste Stelle tritt die Figuralmusik. Die in dieser Zeit erfolgten Erneuerungen von Orgelchören und Orgeln waren nicht ausschließlich eine Folge der Kirchenumbauten; sie erfolgten auch aus musikalischen Bedürfnissen. 1726 erbaute Konrad Brandenstein aus Stadtamhof die stattliche Orgel der Stiftskirche; auch die Fresken des Orgelchores nehmen Bezug auf die Musik.

Die weltliche Musik begann auch in den Barock- und Rokokoklöstern aufzublühen. Jedes Kloster hatte seinen Theatersaal und seine Bühne. Die Dichter und Tonsetzer stammten aus den Reihen der Konventualen. Auch diese Entwicklung teilt Metten. Abt Benedikt Ferg (1686–1706) hatte bereits einen Festsaal erbauen lassen. In den Jahren 1734 bis 1750 entstand ein neuer Bau.

Zeitgenössisches Porträt: Abt Lambert Kraus

Abt Lambert Kraus (1729–1790)[6]

Als herausragende Musikerpersönlichkeit in dieser Zeit ist Abt Lambert Kraus zu nennen, der die Abtei von 1770 bis 1790 regierte. Er wurde 1729 in Pfreimd in der Oberpfalz geboren und trat 1747 ins Kloster Metten ein. Ein sehr treffendes Urteil stammt aus der Feder seines Ordensbruders Anselm Rixner, den er selbst im Jahre 1784 ins Kloster aufgenommen hatte. P. Anselm schreibt:

> *Lambert war fast allgemein viel zu hart und ungerecht beurtheilt; denn obwohl leider unter ihm die Wirtschaft des Klosters in Verfall gerieht, so war er doch für seine Person in der That ein Mann, der zu besseren Zeiten und besonders von treuen und tüchtigen Offizialen umgeben, einen der herrlichsten Aebte vorgestellt und dem Kloster einen Namen gemacht haben würde.*

Mag Abt Lambert Kraus kein Musiker nach unserem heutigen Verständnis gewesen sein, so war er doch der Musik sehr zugetan. Vor seiner Wahl zum Abt war er bereits Lehrer der Sängerknaben und Chordirektor, wobei er für die Musikerziehung und die Aufführungen eigene Werke schuf. In den Ferien, wenn Studenten sich für längere Zeit als Gäste im Kloster aufhielten, sollen sogar Operetten und Komödien aufgeführt worden sein. Abt Lambert schuf nicht nur musikalische Werke, sondern auch Singspiele und Theaterstücke, von denen die meisten jedoch verschollen sind.[7]

Er besaß als Komponist einen ausgezeichneten Ruf. Seine Kompositionen sind gekennzeichnet durch eine leicht fließende Melodik. G. B. Pergolesi († 1736) und die neapolitanische Schule boten ihm wesentliche Anregungen. Von seinen Werken sind zu nennen:

- 8 Missæ sollemnes, opus I, Augsburg 1760
- 12 Symphoniæ mit 2 Serenaden, opus II, Augsburg 1762

- 5 Litaniæ Lauretanæ mit Tantum ergo, opus III, Augsburg 1764
- Die bestrafte Trunkenheit. Ein Fastnachtspiel, Straubing 1759
- Schwer bestrafter kindlicher Ungehorsam. Ein Trauerspiel, Straubing 1760
- Höchstbelohnter kindlicher Gehorsam. Ein Singspiel, Straubing
- Trauerspiel auf Ignaz Lanz von Niederaltaich, Straubing 1764

Seine Serenata (notturna) II F-Dur wurde im Oktober 1982 in der Theatinerkirche in München auf Schallplatte aufgenommen, ebenso die Symphonia XII D-Dur im November 2003 in Metten auf CD.

Das Schulorchester und das Kammerorchester des Gymnasiums haben sämtliche Symphonien und Serenaden aus den Werken von Lambert Kraus mehrfach und an verschiedenen Orten zur Aufführung gebracht. Die folgende Aufzählung soll einen kleinen Überblick über dieses Schaffen geben:

	Werk	**Aufführungsort**	**Leitung**
27.06.1992	Symphonia X G-Dur	Metten	A. Auer[8]
29.04.1993	Symphonia V F-Dur	Metten	F. Menzel[9]
27.05.1993	Symphonia V F-Dur	Aldersbach	F. Menzel
08.07.1993	Symphonia V F-Dur	Metten	F. Menzel
10.10.1993	Symphonia XII D-Dur	Metten	F. Menzel
10.10.1993	Serenata II F-Dur	Metten	F. Menzel
26.03.1994	Symphonia XII D-Dur	Edenstetten	F. Menzel
27.04.1994	Symphonia I D-Dur	Metten	F. Menzel
Juni 1994	Symphonia I D-Dur	Deggendorf	F. Menzel
11.10.1994	Symphonia VIII D-Dur	Metten	F. Menzel
11.10.1994	Serenata I D-Dur	Metten	F. Menzel
11.05.1995	Symphonia X D-Dur	Metten	F. Menzel
11.05.1995	Symphonia XI F-Dur	Metten	F. Menzel
14.10.1995	Symphonia II D-Dur	Metten	F. Menzel
14.10.1995	Symphonia IV C-Dur	Metten	F. Menzel
23.03.1996	Symphonia I D-Dur	Edenstetten	F. Menzel
21.05.1996	Symphonia I D-Dur	Metten	F. Menzel
09.12.1996	Symphonia VII G-Dur	Pörndorf	F. Menzel
14.03.1997	Symphonia I D-Dur	Edenstetten	F. Menzel
09.05.1997	Symphonia I D-Dur	Metten	F. Menzel
09.05.1997	Symphonia I D-Dur	Deggendorf	F. Menzel
Juni 1997	Symphonia I D-Dur	Metten (Himmelberg)	F. Menzel
25.06.1997	Symphonia I D-Dur	Dingolfing	F. Menzel
01.04.1998	Symphonia X D-Dur	Edenstetten	F. Menzel
29.04.1998	Symphonia X D-Dur	Metten	F. Menzel
05.05.1998	Symphonia X D-Dur	Metten	F. Menzel
21.06.1998	Symphonia II D-Dur	Weißenberg	Chr. Liebl[10]
25.03.1999	Symphonia IX C-Dur	Edenstetten	F. Menzel
05.04.2001	Symphonia III C-Dur	Metten	F. Menzel

10.05.2001	Symphonia III C-Dur	Metten	F. Menzel
17.03.2005	Symphonia VI A-Dur	Edenstetten	F. Menzel
10.10.2009	Symphonia XII D-Dur	Mallersdorf	Chr. Liebl
11.10.2009	Symphonia XII D-Dur	Metten	Chr. Liebl
29.04.2013	Symphonia XII D-Dur	Metten	F. Menzel

Das Verzeichnis der Aufführungen wurde dankenswerterweise von Fritz Menzel erarbeitet und zur Verfügung gestellt. Der Verfasser betont ausdrücklich, dass dieses Verzeichnis keinen Anspruch auf Vollständigkeit erheben kann. Es darf lediglich als Beweis dafür gelten, dass sich das aktuelle Mettener Musikleben der Tradition und der musikalischen Vergangenheit des Hauses verpflichtet fühlt und diese auch zum Klingen bringt.

Bis zur Aufhebung des Klosters im Jahr 1803[11]

Die Reihe der Musiker vom Beginn des 17. Jahrhunderts bis zur Aufhebung des Klosters im Jahre 1803 durch die Säkularisation gestaltet sich nahezu lückenlos. Als Komponisten sind vor allem drei Patres zu nennen:

P. Amand Steigenberger (1741–1809): Er komponierte die Festspiele „Salomon a Saba honoratus“ (1773) und „Titus, Romanorum Cæsarum Clementissimus“ (1773). Allerdings sind nur die Worte dieser Singspiele erhalten; ebenso sind seine kirchlichen Kompositionen „Stabat Mater“ und „Miserere“ verschollen.

P. Johann Baptist Sternkopf (1753–1817): 1783 erschien eine von ihm komponierte Vesper in Augsburg; handschriftliche Werke besitzt die St.-Jakobs-Kirche in Straubing.

Schließlich muss noch P. Roman Raith (1778–1856) genannt werden, der bis zur Säkularisation im Jahre 1803 Chorregent war und sich als Flöten-, Violin-, Orgel- und Harfenspieler auszeichnete. Nach 1803 in der Seelsorge tätig, kehrte er bei der Wiedererrichtung des Klosters im Jahr 1830 nach Metten zurück an seine „alte“ Stelle. Neben einigen Liedern komponierte er auch ein „Salve Regina“.

P. Roman Raith war der Vermittler der „alten“ Mettener Musiktradition und der neu entstehenden Pflege der Tonkunst. Wir dürfen mit Recht annehmen, dass ihm neben Johann Pronath[12] die Ehre gebührt, das meiste von den alten Musikbeständen ins neu errichtete Kloster gerettet zu haben.

Das „neue“ Kloster[13]

In benediktinischer Weise hat das „alte“ Metten auf der „musica via“ seine Gottsuche gelebt und erfüllt. Das wiedererstandene Kloster nach der Säkularisation nahm diese Gottsuche und Gottesbegegnung gerne und gründlich wieder auf.

In seiner Festschrift zum Studiengenossenfest 1901 „Geschichte des humanistischen Gymnasiums im Benediktinerstift Metten“ schreibt P. Bernhard Ponschab (1862–1914):

> *Die Pflege der Musik ist traditionell für den Benediktinerorden und folgt schon aus der Sorge für den feierlichen Gottesdienst. Als König Ludwig I. die neue Lateinschule in Metten ins Leben rief, erklärte er ausdrücklich, das Kloster solle ein Seminar unterhalten, in welchem fähige Knaben in der Musik und in den Anfangsgründen der lateinischen Sprache zu unterrichten sind.*

Der bereits erwähnte P. Roman Raith bildet sozusagen die Schnittstelle zwischen dem „alten“ und dem „neuen“ Kloster. Er war der einzige Mettener Konventuale, der mit dem Andechser Ex-Benediktiner Ildefons Nebauer (1768–1844) nach Metten ins Kloster zurückkehrte.

P. Roman versah auch nach seinem Wiedereintritt den Organistendienst und war uner-

Fotografie von P. Utto Kornmüller in jungen Jahren

müdlich tätig im Musikunterricht der Jugend. Bei seinem Tod konnte er mit Zuversicht sehen, dass sich die „musica via“, das musikalische Streben, auch im „neuen“ Konvent wieder eingebürgert hatte.

Mehrere fähige Musiker waren mittlerweile ins Kloster eingetreten, darunter der spätere Abt Utto Lang (1806–1884). Er hatte sich bereits 1837 der Klostergemeinschaft angeschlossen und wirkte als Präfekt und Musikdirektor im Klosterseminar, hob die Musik auf einen hohen Stand und begann, die ältere klassische Musik auf dem Kirchenchor einzuführen. Abt Utto Lang war nicht nur ein ausgezeichneter Musiker, sondern auch ein fruchtbarer Komponist. Von ihm sind im Manuskript mehrere Messen mit Instrumentalbegleitung, viele Gradualien, Offertorien, Litaneien und Marienlieder für gemischten Chor erhalten. Er schrieb außerdem viele Kompositionen für weltliche Feiern, so drei kleine Ouvertüren für Orchester, ein Melodram und komponierte die Musik zu mehreren Dramen und Singspiele.

P. Utto Kornmüller

Im Jahr 1857, bereits zum Priester geweiht, trat P. Utto Kornmüller (1824–1907) ins Kloster ein. P. Anselm Wohlmuth (1876–1938) bezeichnet ihn als „größten Musiker des ‚neuen‘ Metten“[14]. Bereits 1861 wurde er Chorregent in Metten, 1871 Leiter des musikalischen Unterrichts. Im gleichen Jahr wurde er in das Referentenkollegium des Cäcilienvereins berufen. P. Utto Kornmüller war unermüdlich tätig als musikalischer Schriftsteller. Hier seien nur die bedeutendsten Arbeiten genannt:

- Lexikon der kirchlichen Tonkunst
- Das liturgische Hochamt (gekrönte Preisschrift 1870)
- Der katholische Kirchenchor, 1868
- Die Choralkomposition vom 9.–12. Jahrhundert
- Geschichte der Orgel und des Orgelspiels
- Guido von Arezzo
- Die Neumen im Choral
- Die rechtskräftigen Verordnungen über Kirchenmusik

Auch als Komponist war P. Utto Kornmüller rege und schaffensfreudig:

- 18 Offertorien aus dem Commune Sanctorum für Sopran und Alt
- 12 zweistimmige Offertorien für Marienfeste
- 1 Requiem
- 2 Messen

- Antiphonen zum Fronleichnamsfest
- 2 Kantaten: „Der verlorene Sohn“ (Drucklegung durch P. Uttos Schüler Josef Auer); „Der ägyptische Josef“ (nicht veröffentlicht)

P. Anselm Wohlmuth schildert P. Utto Kornmüller „als feinfühligen, gütigen Lehrer und Erzieher, an dem alle seine Schüler und Zöglinge mit höchster Verehrung hingen. … Gern sind wir zu ihm in die Singstunde gegangen, wenn er uns auch nichts geschenkt hat. … Der liebe, alte Pater pflegte auch eine etwas antiquierte Sprache und uns dummen Jungen machte es Freude, wenn er uns befahl, die ‚Notten‘ richtig auszuhalten, wenn einmal in einem Liede die ‚Sohne‘ aufging. Sunt pueri. … Ich hatte auch mehrmals als Student und später als Theologe Gelegenheit, am Cäcilienfest irgendwo in der Diözese teilzunehmen. Das war immer sehr interessant: voll und ganz anerkannte er ehrliches Streben, wenn auch nur ganz einfaches geboten wurde, aber er konnte auch sehr aufrichtige Worte finden, wenn ihm manches nicht gefiel. Nebenbei sei bemerkt, dass er für die Musik Richard Wagners nicht die geringste Sympathie aufzubringen vermochte. … P. Utto Kornmüller starb am 13. Februar 1907 – es war Aschermittwoch und man sagte damals, der gute P. Utto habe mit dem Sterben gezögert, um seinen lieben Studenten nicht die Faschingsfreude zu stören.“[15]

Das große Orchester mit Streicher- und Bläserbesetzung (2013)

P. Victor Eder

Die Nachfolge P. Utto Kornmüllers übernahm P. Victor Eder (1863–1933). P. Utto Kornmüller wurde in Metten sein Lehrer in Gesang, Harmonielehre und Kontrapunkt. Schon als Primiziant trat er 1889 ins Kloster Metten ein. 1902 wurde er Musikdirektor. Dieses Amt übte er bis 1920 aus. Der bescheidene Pater, der durch seine Kompositionen bald weithin bekannt wurde, war auch „ein feuriger Kämpfer in den Reihen des Cäcilienvereins. Die Hauptarbeit des P. Victor vollzog sich lange Jahre in der Verborgenheit der Musikzimmer, unterrichtend und erziehend. Trotz Inanspruchnahme durch den Erzieherberuf, hat er noch Zeit gefunden seine Seele mit trefflichen Kompositionen auszusingen. An die 60 Werke sind bis heute in Druck erschienen: Messen zu Ehren Mariens, Josefs, Stanislaus Kostka usw., ein Requiem, ein Te Deum, eine Marienlitanei, viele Motetten, Festchöre, Herz-Jesu- und Marienlieder, der in vielen Ausgaben herausgegebene ‚Praktische Kirchenchor‘, ferner ‚Gebetsjuwelen für Frauenchor‘, die Ave Maria-Offertorien, das Lied op. 52, das er seinen lieben, treuen Mitschülern zum 25jährigen Priesterjubiläum 1916 widmete, nicht zu vergessen die von den Mettener Studenten so oft gesungenen Benediktus-, Wolfgang-, Utto- und Gamelbertlieder, alles Perlen der Musica Sacra. Ungedruckt sind ein größeres Oratorium ‚Gründung des Klosters Schäftlarn‘ (in Metten 1917 aufgeführt), die Musik zum Vilsbiburger Liebfrauenspiel und anderes.“[16]

P. Victor Eder führte in Deggendorf auch das Werk seines Vorgängers P. Utto Kornmüller als Präses des Cäcilienvereins weiter. Er war Mitarbeiter vieler Musikzeitschriften, selbst ausländi-

Der große Chor mit Combo-Begleitung (2013)

sche Fachblätter publizierten seine Aufsätze, so die amerikanische Monatsschrift „Cäcilia" und der belgische „Courrier de St. Gregoire".

Einige Monate vor seinem 70. Geburtstag musste er sich in Mallersdorf einer schweren Brustoperation unterziehen, die einen guten Verlauf hatte, aber der Kräfteverfall war unaufhaltbar, und so verschied P. Victor Eder am 24. Januar 1933. Fünf Tage darauf folgte sein Freund Peter Griesbacher[17], der in seinen Todesschmerzen immer wieder rief: „P. Victor, hole mich!"

Rührend sind die Worte, die Max Tremmel über das Leben und Werk P. Victors findet: „P. Victors Leben war nicht ein Leben äußeren Ruhmes …, es war vor allem ein Leben der praktischen Arbeit. Solang die Menschen an einfacher, aber gottesfürchtlicher Kirchenmusik Gefallen finden, werden auch die Weisen dieses schlichten Benediktiners zum Himmel emporklingen, denn nur zur Ehre Gottes hat er sich der heiligen Tonkunst hingegeben, nach seinen eigenen Worten: ‚Gott Lob und Dank und ihm allein sei Ehre!'"[18]

„Was wir gesehen und gehört haben, das verkünden wir auch euch" (1 Joh 1,3)

> *Die ehrwürdigen Väter will ich preisen, Lehrer von Sinnsprüchen durch ihre Lebenserfahrung, Dichter von Liedern in Versmaß, tüchtige Männer in ihrer Tugend, friedfertig in ihrem Wohnsitz. (Sir 44,1.4b.5.6 Vulgata)*

Sie waren Wegweiser auf der „musica via" zu Gott hin, und um mit Jesus Sirach weiter zu sprechen: Ihr Ruhm blühte in ihren Tagen,

Die „Kalliope“ beim Jahreskonzert (2013)

manche hinterließen einen Namen, so dass man ihr Lob weitererzählte. Bei ihren Nachkommen bleibt ihr Gut. Ihr Name lebt fort von Geschlecht zu Geschlecht, ihr Lob verkündet das versammelte Volk (vgl. Sir 44,7ff).

Diese „ehrwürdigen Väter“ kann dieser Beitrag, können diese Gedanken nicht lückenlos aufzählen; sicherlich sind unter ihnen viele, die es wert gewesen wären, genannt zu werden. Da aber „der Appetit“ sprichwörtlich „beim Essen kommt“[19], bleibt es dem Leser unbenommen, diesen Namen nachzuspüren und die knapp gehaltene Namensnennung und -aufzählung selbstständig zu ergänzen.

Es darf an dieser Stelle nicht unerwähnt bleiben, dass zu allen Zeiten – wie bereits angedeutet – Laien als Musiklehrer und Musikerzieher an der Schule und in den Seminaren wirkten. Christoph Liebl hat, „ungeachtet der Musikqualität, die die einzelnen Werke bieten“, wie er selbst betont, immer wieder Stücke von den genannten Tonsetzern zum Klingen gebracht, um der Tradition, der er sich in Metten verpflichtet fühlt, Nachdruck zu verleihen. Dies hat er mit den Chören des Gymnasiums, aber auch mit dem Kirchenchor wiederholt bewerkstelligt und realisiert.

Die Namen der nichtklösterlichen Musikerzieher werden im Rahmen dieses Beitrages nicht ausdrücklich genannt und gewürdigt. Für sie gilt in ihrer Lehrtätigkeit, wie für die genannten Mitbrüder, in ihrer Schaffensfreude und in ihrem Wirken: „An ihren Früchten werdet ihr sie erkennen“ (Mt 7,20).

Von den guten Früchten (Mt 7,16–20)

Ein Name soll stellvertretend für viele Namen stehen, die angeleitet und gebildet durch die „ehrwürdigen Väter“ (Sir 44,1) Frucht gebracht haben in ihrer Zeit: Michael Haller (Absolvia 1860), „ein Komponist von Weltruf“[20], wie ihn P. Anselm Wohlmuth bezeichnet.

P. Walter Ringlstetter an seiner Heimatorgel in Michaelsbuch (ca. 1937)

Michael Haller erhielt ab 1852 seine musikalische Ausbildung in Metten vor allem unter Abt Utto Lang und P. Emmeram Kreuttner (1825–1872), der als Meister im Klavier- und Orgelspiel galt, sowie unter P. Martin Hiermer (1820–1887), ein hochbegabter Violin- und Orgelspieler. Beide hinterließen musikalische Werke.

Haller wurde nach seiner Priesterweihe (1864) Präfekt der Chorknaben-Schule in Regensburg. Nach der Gründung der Regensburger Kirchenmusikschule lehrte er ab 1874 Komposition und Kontrapunkt. 1882 hatte er für kurze Zeit das Amt des Domkapellmeisters am Regensburger Dom inne und war somit Leiter des Regensburger Domchores (später Regensburger Domspatzen).

Als Komponist war er ein Hauptvertreter der „Cäcilianer“. Zu seinen Werken gehören zahlreiche zwei- bis achtstimmige Messen, Motetten und Kirchenlieder. Er komponierte außerdem einige Oratorien, Kantaten, weltliche Chöre und Lieder sowie Singspiele. Ab 1899 war er Stiftskanonikus am Kollegiatstift der Alten Kapelle. Er starb 1915 in Regensburg.

Würdigung: Rückblick und Vorausschau

Bevor ich meinen Blick auf die Zeit richte, seit der ich selbst auf der „musica via“ im Kloster unterwegs war und bin, sie genossen und mitgestaltet habe, soll ein vorsichtiges Wort der Würdigung der vergangenen Zeiten gesagt werden, das allerdings keinen Anspruch auf absolute Gültigkeit oder Objektivität erhebt.

Alle Würdigung geschieht aus dem Blickwinkel der Zeit heraus, in der wir leben und die uns prägt und geprägt hat. Natürlich geschah die Prägung der vergangenen Zeiten ebenfalls aus der jeweiligen Zeit und ihrem Empfinden heraus. Bahnbrechend oder zukunftsweisend waren die Genannten in ihrer Tätigkeit sicherlich nicht. Sie haben in ihrer Zeit gelebt und gewirkt und den Geschmack ihrer Zeit übernommen. Als Beispiel mag uns Abt Lambert Kraus dienen, gleichsam als Vertreter aller bisher Gewürdigten. Fr. Gregor Schuller betont: „Lambert Kraus’ Kompositionen spiegeln den Kunstgeschmack ihrer Zeit und sind in ihrem Aufbau schablonenhaft verfertigt, im Ausdruck die Lebensfreude ihrer Zeit spiegelnd.“

Wenn ich nun mein Augenmerk auf die richte, die ich persönlich noch erleben durfte bzw. die mit uns heute unterwegs sind auf der „musica via“, dann soll mich das Wort des weisen Kohelet leiten: „Frag nicht: Wie kommt es, dass die früheren Zeiten besser waren als unsere? Deine Frage zeugt nicht von Wissen“ (Koh 7,10). Vergangene Zeiten waren nicht besser als die Zeit, in der wir jeweils leben. Jede Zeit hat ihre Qualität, aber auch ihre Schwierigkeiten, und so will ich mich vom Grundsatz leiten lassen: „De mortuis nihil nisi bene!“[21], und ich füge gerne hinzu: „necnon de viventibus!“[22].

Es ist allen klar und bewusst, die im klösterlichen Alltag stehen, dass die Mitbrüder, die wir erlebt haben und erleben, mit Ecken und Kanten ausgestattet sind, die wir spüren und auch zu spüren bekommen haben. Im Blick auf das Bemühen, die „musica via“ kreativ und innovativ zu gestalten, spielt diese Tatsache wahrlich keine Rolle.

Ein Duett besonderer Art

Als ich 1979 ins Kloster Metten eintrat, prägten vor allem zwei Mitbrüder das Leben der „musica via“– ein Duo, zwei Mitbrüder unterschiedlichster Prägung und Charakters: P. Walter Ringlstetter (1915–1981) und P. Rupert Fischer (1939–2001).

Choralschola des Klosters beim Passionskonzert 1984 von links: P. Erhard, P. Athanasius, P. Rupert, P. Michael, P. Adalbert

P. Walter Ringlstetter bestimmte seit 1958 wesentlich das Musikleben in Metten als Chorregent und Musiklehrer des Gymnasiums. P. Walter, verwurzelt in der Tradition seiner Zeit, stand Neuerungen stets zurückhaltend, ja kritisch gegenüber. Er wollte nie im Rampenlicht der Öffentlichkeit stehen; das war ihm von Natur aus fremd, das hasste er wie jede Art von Schau.

In seinem Nachlass befinden sich einige kompositorische Manuskripte und Fragmente, deren Auswertung und Bewertung es noch zu bewerkstelligen gilt. Genial, unkonventionell und für meine Begriffe unübertroffen war die Art und Weise, wie er den gregorianischen Choral beim Chorgebet zu begleiten pflegte. Nach seinem Tod gingen der Musikunterricht und die Leitung des Kirchenchores in die Hände angestellter Lehrer über, die in ihrem schulischen und außerschulischen Engagement für die Musik ihresgleichen suchen.

P. Rupert Fischers musikalische Leidenschaft galt nahezu ausnahmslos dem gregorianischen Gesang und mit ihm verbunden der gregorianischen Semiologie, d. h. der Lehre von den Neumenzeichen zur Interpretation des gregorianischen Chorals.

Während seines Theologiestudiums an der Ordenshochschule Sant'Anselmo in Rom (1959–1965) lernte er Dom Eugène Cardine (1905–1988) aus der Abtei Saint-Pierre de Solesmes kennen und schätzen. Dom Cardine gilt als Begründer der gregorianischen Semiologie, wurde 1952 zum Professor für gregorianische Paläographie an der Päpstlichen Musikhochschule in Rom berufen und unterrichtete unter anderem auch an der dortigen Ordenshochschule Sant'Anselmo.

Die tiefe Freundschaft zwischen P. Rupert und Dom Eugène Cardine dauerte bis zu dessen Tod im Jahr 1988. Dom Cardine besuchte P. Rupert wiederholt in Metten, und so war es auch mir vergönnt, ihn bei diesen Besuchen persönlich kennenzulernen. P. Rupert wiederum verbrachte nach der Emeritierung von Dom Cardine jedes Jahr einen Teil seines Urlaubs in Solesmes.

In der Ausgabe der „Études grégoriennes“ aus dem Jahr 2001 wird P. Rupert gewürdigt, ebenso seine Aufenthalte in Solesmes. Er wurde von den Mitbrüdern in Solesmes geschätzt und hoch geachtet; nicht zuletzt war er in Solesmes ein gern gesehener Gast, weil sehr beliebt („a Solesmes, le Rupert était spécialment aimé“).

P. Rupert war Mitglied der Associazione Internazionale Studi di Canto Gregoriano (AISCGre) sowie Mitglied in der Arbeitsgruppe der deutschsprachigen Sektion für Melodierestitutionen gregorianischer Gesänge (in dieser Arbeitsgruppe fanden sich einige der Schüler Dom Cardines wieder) und Mitherausgeber der Fachzeitschrift „Beiträge zur Gregorianik“. P. Rupert übernahm die Aufgabe, in das von der Abtei Solesmes herausgegebene „Graduale Triplex“ die Neumen der St. Galler Handschriftenfamilie einzutragen. Die Würdigung seiner wissenschaftlichen Tätigkeit im Rahmen des gregorianischen Chorals ist mehrfach geschehen.[23]

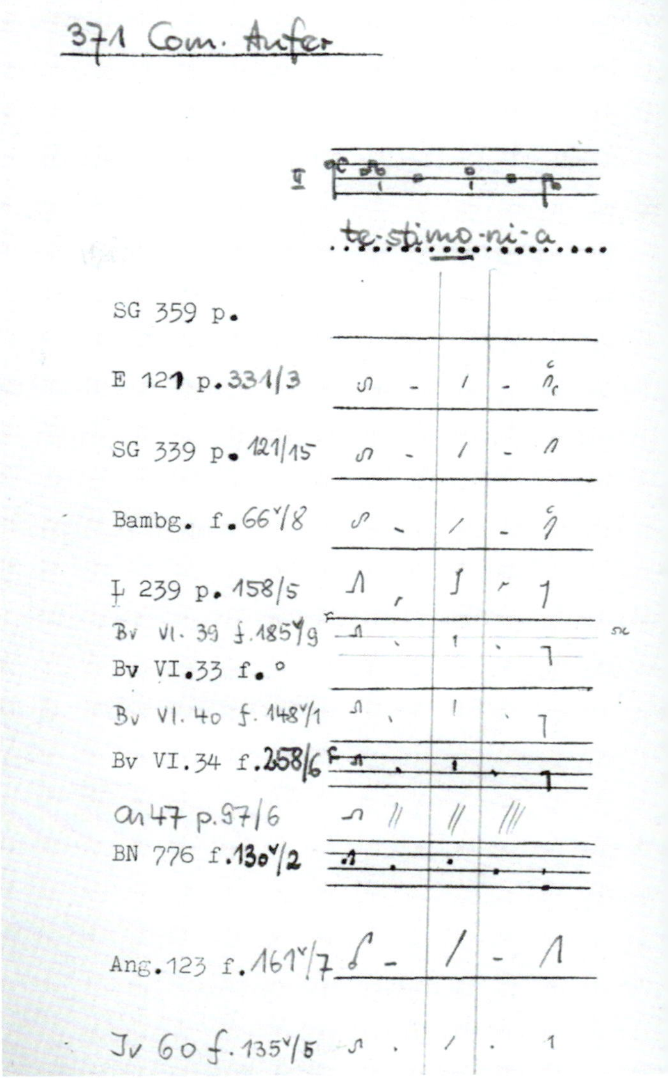

Neumenhandschriftvergleich von P. Rupert

Eine Würdigung seiner Person mag mir als seinem Schüler, der versucht hat und weiterhin versucht, die Tradition des gregorianischen Gesangs in seinem Geist weiterzuführen und aufrechtzuerhalten, an dieser Stelle erlaubt sein: P. Rupert verstand es meisterhaft, die wissenschaftlichen Erkenntnisse seiner Forschung in die Praxis umzusetzen, d. h. in ein im klösterlichen Alltag gelebtes Gotteslob, das nicht eine Person, sondern eine ganze Gemeinschaft trägt bzw. zu tragen hat. Jegliches Ansinnen auf eine Tonaufnahme lehnte er mit dem Vermerk ab, dass eine Tonaufnahme das praktizierte, gelebte Gotteslob nicht wiedergeben kann. Dabei war sein Anspruch an Genauigkeit und Differenziertheit der einzelnen Choralstücke sehr hoch. Wichtig war ihm stets der Text, der im jeweiligen gregorianischen Gesang zum Klingen gebracht werden sollte. Jede „Hudelei“, aber auch jedes Pathos blieb ihm fremd und kam zum Tadel. Er blieb seinen Idealen stets treu, war aber auch bereit, Zugeständnisse zu machen, da, wo es galt, den gregorianischen Gesang gemeinsam zu gestalten, zu singen.

Theorie und Praxis, sie sind unweigerlich miteinander verbunden, und manchmal stehen sie sich auch im Wege. Diese Gratwanderung zwischen Ideal und Realität spürte P. Rupert, ließ diese Spannung aber auch in der Gemeinschaft spürbar werden bzw. ließ sie die Gemeinschaft deutlich spüren, so dass auch menschliche Grenzen berührt und manchmal auch überschritten wurden. Der Leidtragende am Ende war er selbst.

Die auch heute ungebrochen gelebte Tradition des Gotteslobes in unserer Gemeinschaft auf dem Weg des gregorianischen Gesangs geht in der aktuellen Weise auf ihn zurück und ist zweifelsohne sein Verdienst.

3. Oktober 2015, am Festtag des seligen Abtes Utto

Es ist immer schwierig, nicht zuletzt undankbar, über die aktuellen Dinge zu schreiben, da sie noch auf dem Prüfstand stehen und noch keine Bewährung erfahren haben. Dennoch müssen sie beschrieben und aufgeführt werden, da sie die augenblickliche Situation schildern und wiedergeben, in der wir uns befinden.

Ich schreibe diese Zeilen bewusst am 3. Oktober 2015, am Fest unseres Klostergründers, des seligen Abtes Utto. Unsere Gemeinschaft ist gemeinsam unterwegs auf der „musica via" und ist bemüht, das „Lob Gottes vor den Engeln zu singen und zu spielen" (vgl. Ps 138,1). Die Gemeinschaft braucht junge Menschen, die dieses Ideal spüren und mittragen wollen und können.

2011 hat sich Fr. Gregor Schuller (* 1987) unserer Gemeinschaft angeschlossen. Er trat nach seinem absolvierten Kirchenmusikstudium in München (2010) in das Kloster Metten ein. Seit seinem Eintritt ist er eifrig darum bemüht, die „musica via" im Kloster aktiv mitzugestalten und mitzutragen. Nach seinen eigenen Worten sieht Fr. Gregor seine musikalische Tätigkeit schwerpunktmäßig der Leidenschaft der Regensburger Tradition[24] verpflichtet. Er ist seit seinem Klostereintritt in diesem Sinn innovativ tätig und hat vieles verändert. Zurzeit arbeitet er an der Komposition einer Festmesse anlässlich der 1250-Jahr-Feier im Jahr 2016.

Lambert-Kraus-Ensemble (2013), von links: Johannes Wilhelmy, Christina Friedl, Thomas Hödl, Fr. Gregor Schuller, Katharina Lohmer, Rosa Heydenreich, P. Athanasius Berggold

Aufführung von „Zar und Zimmermann" (1925)

Die Osternacht 2012 war die Geburtsstunde eines Vokalensembles, das Fr. Gregor ins Leben rief und dem er den Namen des Barockabtes Lambert Kraus zudachte: Lambert Kraus Ensemble. Dieses Ensemble widmet sich vor allem der Pflege der klassischen Vokalpolyphonie (alte Meister) wie der besonderen Aufmerksamkeit der Werke der Meister des Cäcilianismus, in dessen Tradition auch P. Utto Kornmüller und P. Victor Eder zu sehen sind. Aber auch zeitgenössische Werke gehören zum Repertoire des Ensembles. Seit 2013 ist Fr. Gregor in der Arbeitsgruppe der deutschsprachigen Sektion für Melodierestitutionen gregorianischer Gesänge tätig, in der P. Rupert Fischer bereits mitgearbeitet hatte und in der einige der ehemaligen Schüler von Dom Eugène Cardine nun mit ihm zusammen arbeiten, unter anderem sein Lehrer im gregorianischen Choral, Prof. Johannes Berchmans Göschl.

Nachspiel: *„Alle meine Wege liegen offen vor dir" (Ps 119,168b)*

Für uns, die Mettener Mönchsgemeinschaft, bleibt der Wunsch und die Bitte an den, der der Weg, die Wahrheit und das Leben ist (vgl. Joh 14,6b) und zu dem wir unterwegs sind, dass sich Menschen finden und in den Dienst nehmen lassen, die auf der „musica via" Wegweiser sein wollen; und es bleibt für die, die es wagen, dem Ruf Gottes zu folgen, die Bitte an Gott um die Gabe der Beharrlichkeit und der Treue:

> *Man halte nur ein wenig stille / und sei doch in sich selbst vergnügt, / wie unsers Gottes Gnadenwille, / wie sein Allwissenheit es fügt; / Gott, der uns sich hat auserwählt, / der weiß auch sehr wohl, was uns fehlt. Sing, bet und geh auf Gottes Wegen, / verricht das Deine nur getreu, / und trau des Himmels reichem Segen, / so wird er bei dir werden neu. / Denn welcher seine Zuversicht / auf Gott setzt, den verlässt er nicht. (Johann Georg Neumark [1641] 1657)*

Theater – Musenkunst

Untrennbar mit der Musik verbunden ist die Theaterkunst, die Theaterwelt. Bereits in der griechischen Antike weisen die neun Musen diese Verbindung auf. So ist z. B. die Muse Melpoméne (Μελπομένη), die Singende, zugleich die Muse der Tragödie, die Muse Terpsichóre (Τερψιχόρη), die fröhlich im Reigen Tanzende, die Muse der Chorlyrik und des Tanzes und die Muse Kalliópe (Καλλιόπη), die mit der schönen Stimme, die Muse der epischen Dichtung und Mutter des Sängers Orpheus. Dichter waren Musiker! Theater und Musik sind letztlich wie zwei Seiten einer Medaille: Vorder- und Rückseite.

Zum guten Ton des antiken Dichters gehörte es, zu Beginn seines Werkes die Musen um „Inspiration" oder auch um „Autorisierung" des Werkes anzurufen. So geht die Anrufung der Musen bereits auf die allerersten (!) Epen der bekannten Weltliteratur zurück: In den ersten Versen der Werke Homers (um 850 v. Chr.?) finden wir eine Anrufung der olympischen (nach Hesiod) Musen:

- In der Ilias: „Singe den Zorn, o Muse, des Peleïaden Achilleus, ihn, der, entbrannt, den Achaïern unnennbaren Jammer erregte …" (Ilias I, 1 2).
- In der Odyssee: „Sage mir, Muse, die Taten des vielgewanderten Mannes, welcher so weit geirrt nach der heiligen Troja Zerstörung, vieler Menschen Städte gesehn und Sitte gelernt hat und auf dem Meer so viel unnennbare Leiden erduldet …" (Odyssee I, 1–3).

Homer bittet die Musen um den Gesang seiner Dichtung, Vergil (70–19 v. Chr.) kündet seinen Gesang in eigener Person an, bittet allerdings die Musen um eine Erklärung für die Ursache der Handlung: „Muse, nenne mir die Gründe …" (Musa, mihi causas memora [Æneis 1,8]).

Die Anrufung der Musen, die Bitte um ihren Beistand, zieht sich wie ein roter Leitfaden durch die Antike. Zwar verliert sich die religiöse Bedeutung der Musen, sie werden zu allegorischen Darstellerinnen „musischer" Fertigkeiten. Es werden mächtigere Götter angerufen. Man erflehte lieber von Jupiter höchstpersönlich oder auch von Apollo Beistand.

Trotzdem verliert sich der Einfluss nicht ganz. Gottfried von Straßburg († um 1215) ruft ihren Beistand zusammen mit dem des Apollo in seinem „Tristan" an: „Apolle und die Camênen, der ôren niun Sirênen, die dâ ze hove der gâben pflegent …" (V. 4871–4873).[25]

Die Lust zu fabulieren und zu spielen

Die Lust zu fabulieren hat es zu allen Zeiten gegeben, ebenso die Lust, unter Anleitung der Musen das „Fabulierte" zu inszenieren und szenisch zu präsentieren, sei es in Form eines Dramas oder einer Komödie. Dies diente vor allem der Erbauung und dem Zeitvertreib, der Unterhaltung und nicht zuletzt der Bildung.

Schülertheater 2012: „Jedermann": Jedermanns Fest

„Wer kann, der kann“, britische Komödie: Versteckspiel

In Metten war die Tugend, Theater zu spielen, stets groß. Das belegt eine detaillierte Auflistung von Theateraufführungen[26] seit 1844. Selbstverständlich wurde dem Theatergenius auch in der Barock- und Rokokozeit gehuldigt, allerdings ist aus dieser Zeit nur wenig erhalten und dokumentiert. Die Lust am Dichten und Theaterspielen, am Inszenieren und Präsentieren bringt der Barock-Abt Lambert Kraus in seinen Versen zum Ausdruck, die er als Prior dem „Schau- und Singspiel:

Erneuerter Liebes Bund zwischen Jonathas und David: und der Schlachtende Abraham an der nach fünfzig Jahren feyerlich wiederholten Gelübds Ablegung Des Hochwürdigen Hoch Edelgebohrnen Herrn Herrn Adalbertus I., des Ordens des heiligen Patriarchen Benedictus des uralten kaiserlichen Stifts und Klosters Metten würdigsten Abtes, Abtes der Cassinenser Versammlung u. Unseres Hochwürdigen / Gnädigen Herrn / Herrn und Vater in einem Schau- und Singspiele vorgestellt den 20. Weinmonats 1766 von seinen gehorsamsten Söhnen“ vorausgehen lässt:

Ob unser Dichtergeist nur schwache Kräfte spürt / Wird er doch heut mit Gwalt zu singen aufgerührt. Der goldne Jubeltag! Nun zählt man fünfzig Jahre / Von jenem / da dieß Stift so sehr gesegnet ware / Daß es sich Dich zum Sohn durch die Profeß gebahr: Zum Sohne / welcher dort schon Vaterwürdig war: … Wir bringen Deinen Ruhm nur Bildnißweise vor. Es heb Dich Abraham / und David itzt empor.[27]

Diese Worte von Lambert Kraus versprühen Lust und Freude an Wort und Spiel und lassen ahnen, wie viel Kraft und Energie der Theaterkunst auch zur Barock- und Rokokozeit geschenkt und zugeteilt wurde.

Ursprungsorte der Bühnentätigkeit seit 1844 sind die verschiedenen Seminare[28]. Es galt, das Seminarleben freizeitlich zu gestalten und eben auch zu unterhalten. Neben der Unterhaltung sollte, wie bereits angedeutet, die Bildung dabei nicht zu kurz kommen. Theateraufführungen dienten der Erbauung und Bildung der Schüler, der Lehrer und des „Gesindes“, d. h. der Angestellten, ebenso wie ihrer Unterhaltung. Ein breites Publikum im Sinne von Eltern, die zu den Aufführungen eingeladen wurden, gab es nicht, war doch die Anreise anlässlich der Aufführungen nahezu unmöglich bzw. konnte gar nicht bewerkstelligt werden.

Wer immer auf der Bühne gestanden, den Puls des Theaterlebens erlebt und die Lust zu spielen erspürt hatte, lebte und lebt aus diesen Erfahrungen. Dr. L. Krug (Absolvia 1888) schreibt in seinen Theatererfahrungen:

Als ich kürzlich mit der Schriftleitung von „Alt- und Jung Metten“ einen Meinungsaustausch hatte, da teilte mir der Schriftleiter so nebenbei mit, er beabsichtige im nächsten Heft, einiges über das Mettener Studententheater zu bringen und fragte an, ob ich Lust hätte zu diesem Thema einige Erinnerungen beizusteuern. Einer solchen Aufforderung kann ich nicht wiederstehen. Der Herr Schriftleiter, der mich – wenn überhaupt – doch nur we-

nig kennt, fühlte offenbar intuitiv die Stelle, wo ich, wie Achilles an der Ferse, verwundbar bin: THEATER! Das war mein Schwarm von frühester Jugend an und ist es bis jetzt geblieben. Noch heute, wenn ich als stiller Zuschauer im dunklen Theaterraum sitze, fühle ich „das Grieseln und Grausen, Glühen und Schaudern, Hitzen und Schwindeln, Hämmern und Beben" wie es Mime Jung-Siegfried beibringen wollte, um ihn das Fürchten zu lehren.[29]

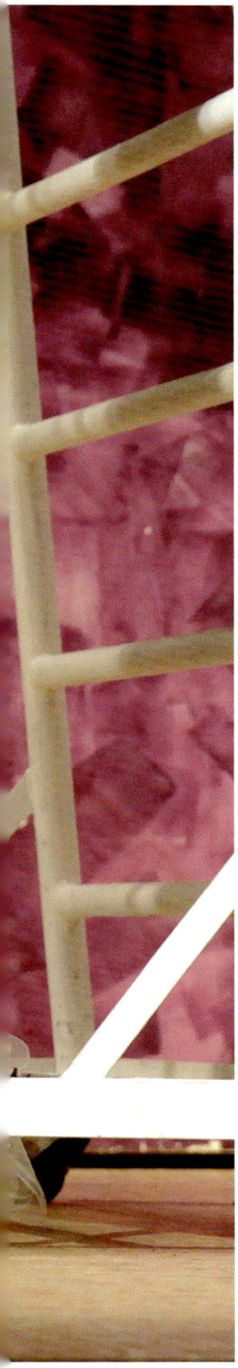

Lehrer-Schüler-Theater 2014: „Im Himmel gibt's koa Parlament"

Die Erfahrungen der Spieler und Spielerinnen sind durch die Jahrzehnte hindurch gleich geblieben. Theater hat ihr Leben geprägt und beeinflusst. Der Blick zurück in die Schulzeit erhält durch eine Theatererfahrung eine ganz besondere Note. „Vielleicht werden durch das Theater viele nach ihrer Schulzeit so gerne wie ich zurücksehen, weil es ihnen wirklich etwas gebracht und bedeutet hat."[30]

„Das Wort ist Fleisch geworden und hat unter uns gewohnt"[31] (Joh 1,14)

Als ich 1985 als Präfekt im Internat zu arbeiten angefangen hatte, war mir bereits aus eigener Erfahrung klar: Theater gehört zu den Höhepunkten eines Schuljahres und somit auch eines Internatsjahres. Bei allen pädagogischen Erwägungen, die im Augenblick noch nicht zu erörtern sind, war mir immer das Wort des Johannesevangeliums „Καὶ ὁ λόγος σὰρξ ἐγένετο καὶ ἐσκήνωσεν ἐν ἡμῖν" wichtig. Diese Worte sind uns geläufig unter der vertrauten Übersetzung: „… und das Wort ist Fleisch geworden und hat unter uns gewohnt" (Joh 1,14).

Ich nehme mir das begründete Recht des Doktor Faustus aus Goethes „Faust. Der Tragödie erster Teil" und zitiere in freier Weise: „Geschrieben steht: ‚… es hat in uns gewohnt das Wort.' Hier stock ich schon! Wer hilft mir weiter fort? Ich kann die Übersetzung so unmöglich schätzen, ich muss es anders übersetzen, da ich auf Gottes Geist und auf sein Walten stets vertraut. ‚Das Wort, es hat in uns sein Zelt gebaut.' Doch auch indem ich dieses niederschreibe, schon warnt mich was, dass ich dabei nicht bleibe. Mir hilft der Geist. Ich schreib getrost, da ich um Gottes Geist gebeten: ‚Die Weltenbühne hat das Wort in uns betreten.'"

Die Kühnheit, mir des Doktor Faustus Überlegungen zu eigen zu machen und in meiner Weise den zitierten Vers aus dem Johannesprolog (Joh 1,14) mit Hilfe von Goethes Worten zu überdenken, scheint mir durchaus berechtigt, kommt doch die Interpretation dieses Verses (lat. *interpretari:* übersetzen) nicht von ungefähr: Das griechische Wort „ἡ σκηνή" (Zelt; auch: Bühne, Szene) leitet sich vom griechischen Verbum „σκηνόω" ab, das diesen Vers 14 des Johannesprologs bestimmt.

Gott „in-szeniert" in uns durch Jesus, seinen Sohn, das Heil. Wir sind seine Bühne, auf der er auftritt, durch uns tritt er in dieser Welt auf, betritt gleichsam diese Welt und wirkt sein Heil, macht uns heil, d. h. „ganz".

Dieser Gedanke, diese Interpretation, faszinierte mich schon lange, und in all den Jahren, in denen ich mich um die Theateraufführungen in Metten bemüht habe, war es mir wichtig, diesem Gedanken in den Aufführungen Ausdruck zu verleihen: ganzheitlich zu wirken.

Motivation und Ziele

Theater ist Leben – Leben ist Theater. Gott hat die „Szene" betreten und mit uns Theater gespielt. Dabei denkt man vielleicht zuerst an das sprichwörtliche „Theater machen" und damit an Negatives. Doch so ist das nicht zu verstehen. Gemeint ist das bildende Theater, das den Menschen lehren soll. Gott hat uns durch seine Menschwerdung „eine Vorstellung geliefert" im Sinne von „gezeigt", wie wir Menschen leben sollen, ganzheitliche Menschen werden.

Menschen, die Theater spielen, können das auch heute noch tun: Sie können entdecken, wer und wie sie sind – und wie nicht! Wer Theater spielt, kann ausprobieren, wie es ist, jemand anderer zu sein, jemand, der man gerne wäre, der man sein soll, oder jemand, der man auf keinen Fall sein will und sollte.

Nicht nur darüber nachdenken steht auf dem Programm, sondern auch das spielerische Darstellen, wie man sich verhalten könnte, in unterschiedlichsten Situationen, besser oder schlechter, als man es bisher getan hat, oder Situationen ausprobieren, in denen man noch nie war: verliebt sein, unverschämt sein, ein besserer Mensch sein, ein schüchterner – alles ist möglich!

Mit Theater lässt sich spielerisch das Leben vermitteln, es ist Lebensreflexion. Es zeigt uns, natürlich auf dem beschriebenen Hintergrund, wie ein ganzheitlicher Mensch aussieht, mit den verschiedensten Emotionen. So können und sollen Spieler und auch Zuschauer lernen, was gut tut, was Heil bringt, was aufbaut. Dies geschieht fast wie durch „Gottes Spiel“, als er die Welt betrat.

Lehrer-Schüler-Theater 2014: „Im Himmel gibt‘s koa Parlament“ von Marianne Santl in Eigenbearbeitung: Geisteraustreibung

Schülertheater 2015: „Faust" von Johann Wolfgang von Goethe: Dr. Faust (P. Athanasius) und Mephisto (S. Heigl)

Auch im wirklichen Leben hat man unterschiedlichste Aufgaben und Rollen zu erfüllen, manche passen wie auf den Leib geschneidert, in manche wird man gedrängt, manche übernimmt man widerwillig. Mit jedem auskommen können, auch wenn man ihn vielleicht nicht leiden kann, ist eine große Herausforderung, eine große Provokation.

Im Herzen der Spieler sollte etwas bewegt werden, sprichwörtlich „ein Stein ins Rollen gebracht werden", nicht zuletzt ein „Stein des Anstoßes" (vgl. 1 Petr 2,7f). Dies gilt ebenso vom Zuschauer. Der sollte nicht nur passiv bleiben. Es war mir immer wichtig, auch den Zuschauer als Teil der Inszenierung zu sehen, ihn ins Spiel mit einzubinden, ihn aus einer bloßen Zuschauertätigkeit herauszuführen, um Gedanken, Emotionen hervorzurufen (lat. *provocare:* hervorrufen). Es ist Absicht (Intention), das Publikum zum Lachen zu bringen, aber auch zum Weinen, nicht zuletzt wütend zu machen.

Schülertheater 2008: „Christkindl Kumedi" von Cesar Bresgen: Der Mohrenkönig Balthasar

Ob dies immer gelingt und gelang, mag dahingestellt sein und mag der Beurteilung der Beteiligten, Akteure wie Zuschauer, überlassen bleiben. Bei der Einstudierung der Theaterstücke standen bei mir immer die Eindrücke im Vordergrund, die die Beteiligten machen sollten: Entfalte dich schöpferisch! Gib deinen Gefühlen Ausdruck! Weiche Entscheidungen nicht aus! Lerne dich ganzheitlich zu erfassen: seelisch, geistig, körperlich! Heil sein bedeutet „ganz" sein, d. h. gesund. Sollte jemandem eine wesentliche Eigenschaft zur Ganzheitlichkeit fehlen, konnte er sie ja in seinen Mitspielern entdecken und finden, er konnte sich ergänzen lassen oder auch dazu beitragen, andere zu ergänzen.

Ganzheitliches Theater zu spielen erfüllte sich 2009 auf eigene Art und Weise, als zum ersten Mal der Versuch unternommen wurde, eine Lehrertheatergruppe aufzubauen unter dem Motto „Lehrer spielen für Schüler". Den Auftakt bildete „Der Brandner Kaspar". In den folgenden Jahren spezialisierte sich die Lehrertheatergruppe, die sich Jahr für Jahr immer wieder neu formiert, auf bayerische Mundartstücke. Durch die Veränderung der Namen der darzustellenden Personen nimmt sie die Lehrersituation aufs Korn und bleibt so dem Grundsatz des Dichters Horaz (65–8 v. Chr.) „ridentem dicere verum"[32] („lachend die Wahrheit sagen") verpflichtet. Der Lacherfolg beim Publikum, das zum größten Teil aus Schülern besteht, mag es zulassen, dass für manche kühne Ausdrucksweise beide Augen zugedrückt werden. Manchem Schüler wurde das Herz weiter, wenn er spürte: Lehrer sind auch nur Menschen.

Seit 2013 haben wir als Aufführungstermin für das Lehrertheater den alten „Fastnachtsbrauch" wiederentdeckt. Denn „es konnte keine geeignetere Zeit gefunden werden als die Tage des Faschings, wo der Frühling anhebt, die erste Jahreszeit. Es gab in den Tagen der Fastnacht eine Ergötzlichkeit. Die Schule bedeutete zu jener Zeit nicht viel. Daher wurde der lat. Schulmeister zu Deggendorf eingeladen, dass er hier in der Fastnacht mit seinen Schülern eine Komödie spiele. 1579 lautet der Rechnungseintrag folgendermaßen: ‚Dem Schulmeister ze Tegckhendorf so allhie zwo Comödie gehalten, 2fl, seinem Spielleithen zum Tringhgelt 1 ß 10 dl'. In den folgenden Jahren erlangte die Schule des Klosters wieder größere Bedeutung. Ihre Zöglinge übernahmen nun die Ausgestaltung des Faschings. Gerade das 17. und 18. Jahrhundert hatten eine lebhafte Freude an theatralischen Aufführungen. Die Schule und das Mettener Theaterwesen erreichten im Rokoko, also nach 1750, ihren Höhepunkt. Abt Lambert Kraus richtete ein Puppenspiel ein, das den Zuschauern das Leben und die Taten des unsterblichen Dr. Faustus vorführte."[33]

P. Adalbert Seipolt und Altbundeskanzler Kohl (1997)

Jenen Brauch zur „Ergötzung" der Schüler und mittlerweile ihrer Eltern und des restlichen Lehrerkollegiums haben nun die Lehrer übernommen, und es bleibt zu wünschen, dass dieser „alte" neu aufgelebte Brauch lange erhalten bleiben möge.

Auch der Versuch, mit Eltern Theater zu spielen, wurde unternommen, aber es kam über einen Versuch, d. h. über eine Aufführung nicht hinaus. Die Eltern spielten 1995 anlässlich der Nikolausfeier ein Weihnachtsspiel, das Fremdenfeindlichkeit zum Inhalt hatte, ein Thema, das gerade heute wieder hohe Aktualität besitzt. „Elterntheater" zu wiederholen scheiterte letztendlich an der Möglichkeit, geregelte Proben abzuhalten.

Arbeitsweise

Da sich die Personen, die miteinander spielen, in der Regel schon sehr gut kennen, bedarf es keiner „Kontaktspiele", damit sich die Beteiligten näher kennenlernen. Um Missverständnissen vorzubeugen, ist es auch von großer Bedeutung, dass sich nicht nur die Spieler untereinander kennen, sondern auch mit meiner Person vertraut sind. So wissen die Akteure, was gemeint ist, wenn eine Regieanweisung erfolgt, und fühlen sich nicht überfordert.

Nicht zu unterschätzen ist, dass die „Schauspieler" in der Probenzeit buchstäblich „miteinander leben". Sie sollen nicht nur Stunden, sondern möglichst viel Zeit miteinander am Stück verbringen, nicht einmal in der Woche, sondern lieber eine Woche lang jeden Tag möglichst viel Zeit. Dadurch ist Zeit, den anderen zuzusehen, wenn man gerade nicht „dran" ist, miteinander zu reden, auch ohne zu spielen, und so nach und nach „das Stück zu leben".

2015 wurde erstmals der Versuch unternommen, eine Theateraufführung (Faust. Der Tragödie erster Teil, auf bairisch) als Klassenprojekt zu realisieren. Wichtig war: Jeder ist gefordert, niemand ist ausgeschlossen, jeder übernimmt eine Rolle, mit der er zufrieden sein kann und darf, auch der Regisseur selbst.

Dem Grundsatz, niemals ein Stück zweimal zur Aufführung zu bringen, bin ich mit zwei Ausnahmen treu geblieben. Jeder Spieler sollte seine Rolle für sich entdecken und keine Vorgänger kopieren. Das Stück sollte lebendig wirken, die Rollen echt, nicht aufgesetzt. Jeder belebt die Rolle anders, weshalb es nicht echt wirken kann, wenn man andere kopiert.

Der große Unterschied zwischen Lehrertheater und Schülertheater besteht darin, dass der Lehrer ein Meister der Improvisation ist, gilt es doch den Alltag eines Lehrers einem Bühnenauftritt ähnlich zu gestalten; Meister in Genauigkeit und im genauen Umsetzen gegebener Regieanweisungen jedoch ist und bleibt der Schüler, besteht doch sein Alltag in der Ausführung gegebener Anweisungen.

Rund ums Theater

Damals wie heute war das Engagement der Spieler nicht nur die Leidenschaft fürs Theater, nicht selten waren es „materielle Beweggründe wie Haustus[34], Abkürzungsmöglichkeiten für ausgedehnte Studierzeiten u. ä. Der Massenansturm von Schauspielern, Statisten, Kulissenschiebern und Garderobewächtern war daher, wenn der Ruf erging, immer überwältigend.“[35]

Es tut gut zu hören, dass dies in den „guten alten Zeiten“ (Absolvia 1922!) nicht anders als heute war. Das Theater prägte und erfüllte mit Leidenschaft den ganzen Menschen und nahm ihn ganz und gar in Anspruch. Die „Bretter des Lebens“ waren zu allen Zeiten von größter Bedeutung.

Die Bedeutung, die man dem Theater zumisst und mit der das Theaterleben damals wie heute bedacht wurde und wird, sucht ihresgleichen. Aufführungen barocken Ausmaßes und abendfüllender Unterhaltung wären ohne Großzügigkeit seitens der Schule damals wie heute nicht möglich, nicht möglich gewesen. Es ist immer gut, wenn die Vergangenheit (Absolvia 1909!) das bestätigt, was auch noch heute geschieht, so dass man sich in einer „Tradition“ verankert sieht: „Theaterleben wurde zu unserer Zeit groß geschrieben. Das Mettener Theater war nicht nur ein Erlebnis für Metten, sondern auch für Deggendorf. Natürlich war das Theater für uns Studenten *die* Attraktion des Jahres.“[36]

Dieser Blickwinkel seitens der Schüler hat sich wenig verändert. Manche Klage der Lehrer, die ihre Schülerinnen und Schüler vermissen, da sie die Theaterprobe dem regulären Unterricht vorziehen, mag hier unterschlagen, ungehört bleiben. Aber die Lebenspraxis der Theorie vorzuziehen mag auch für Schüler mehr als verzeihlich sein. Großer Dank gilt den Lehrerinnen und Lehrern, die dieser Problematik gegenüber Verständnis aufbringen und oftmals beide Augen zudrücken. Erfolg und Freude an den Aufführungen mögen sie dafür entschädigen.

Theateraufführungen seit 1985

Schauen wir die Liste der Theateraufführungen seit 1985 an. Ich habe bewusst diese Jahreszahl gewählt, da ich seit 1985 in Internat (bis 2013) und Schule tätig bin. Die Liste der Aufführungen seit 1944 und darüber hinaus lässt sich für Interessenten leicht nachlesen und dürfte in ihrer Gesamtheit den Rahmen dieser Ausführungen sprengen.[37] Derjenige, den diese Auflistung nicht interessiert, mag sie großzügig übergehen. Den Anspruch der Vollständigkeit kann diese Liste nicht erheben; sie wurde von mir zwar ergänzt, die zahlreichen Weihnachtsspiele, die im Rahmen der Mettener Weihnachtskonzerte und Nikolausfeiern aufgeführt wurden, ebenso Sketche, die während der Faschingsfeiern zur Aufführung gelangt sind, werden jedoch nicht genannt.

Jahr	Titel (Autor)	Regie
1985	**Was „an Bord" auf Spanisch heißt** (Karl Valentin)	P. Adalbert Seipolt
1985	**Die Wolken** (Aristophanes)	P. Adalbert Seipolt
1986	**Der wunderbare Fischzug** (P. Adalbert Seipolt)	P. Adalbert Seipolt
1986	**Die schlimmen Buben in der Schule** (Johann Nestroy)	P. Adalbert Seipolt
1987	**Gianni Schicchi** (Giacomo Puccini)	P. Adalbert Seipolt
1987	**Rund um die liebe Verwandtschaft** (P. Adalbert Seipolt)	P. Adalbert Seipolt
1988	**Der Wunderhund** (Michail Soschtschenko)	P. Adalbert Seipolt
1989	**Meuterei auf der Arche** (P. Adalbert Seipolt)	P. Adalbert Seipolt
1990	**Die Frösche** (Aristophanes)	P. Adalbert Seipolt
1992	**Das Busch von Christoph Kolumbus** (Paul Claudel)	P. Adalbert Seipolt
1992	**Tumult im Narrenhaus** (Lope de Vega)	P. Adalbert Seipolt
1992	**Kleines Weihnachtsspiel** (Carl Orff)	P. Athanasius Berggold A. Auer (musikalische Leitung)
1993	**Das Riesenroß** (P. Adalbert Seipolt)	P. Adalbert Seipolt
1994	**Kleines Weihnachtsspiel** (Carl Orff)	P. Athanasius Berggold A. Auer (musikalische Leitung)
1994	**Comœdia de Christi resurrectione** (Carl Orff)	P. Athanasius Berggold A. Auer (musikalische Leitung)
1995	**Der Revisor** (Nikolai Gogol)	P. Adalbert Seipolt
1995	**Abseits** (Ephraim Kishon)	P. Adalbert Seipolt

1996	**Der Hochzeiter** (Eduard Stemplinger)	P. Adalbert Seipolt
1996	**Sallach** (P. Adalbert Seipolt)	P. Adalbert Seipolt
1996	**Das Schäferstündchen** (P. Athanasius Berggold)	P. Athanasius Berggold
1996	**Das fidele Internat** (P. Athanasius Berggold)	P. Athanasius Berggold
1996	**Ludus de Nato Infante mirificus** (Carl Orff)	P. Athanasius Berggold A. Auer (musikalische Leitung)
1997	**Der Tag, an dem der Papst gekidnappt wurde** (João Bethencourt)	P. Adalbert Seipolt
1998	**Zwei Hauben und eine Posaune** (P. Adalbert Seipolt)	P. Adalbert Seipolt
1998	**Weihnachtshistorie** (Heinrich Schütz; in Szene gesetzt von P. Athanasius Berggold)	P. Athanasius Berggold A. Auer (musikalische Leitung)
1998	**Joseph and the amazing technicolor Dreamcoat** (Andrew L. Webber)	P. Athanasius Berggold A. Auer (musikalische Leitung) M. Schmerbeck (Choreographie)
1999	**Die kleinen Verwandten** (Ludwig Thoma)	P. Adalbert Seipolt
1999	**Ludus de Nato Infante mirificus** (Carl Orff)	P. Athanasius Berggold A. Auer (musikalische Leitung)
2000	**Little Shop of Horror** (Howard Ashman)	P. Athanasius Berggold A. Auer (musikalische Leitung) M. Schmerbeck (Choreographie)
2001	**Das Schiff Experanza** (Fred von Hoerschelmann)	P. Adalbert Seipolt
2002	**The Fairy Queen** (Henry Purcell)	Fr. B. Schingnitz M. Tausch (musikalische Leitung)
2003	**Die Wolken** (Aristophanes)	P. Adalbert Seipolt

2003	**Biedermann und die Brandstifter** (Max Frisch)	P. Adalbert Seipolt
2004	**Das Leben ist bunt** (P. Athanasius Berggold)	P. Athanasius Berggold M. Tausch (Musik und musikalische Leitung)
2005	**Sallach** (P. Adalbert Seipolt)	P. Adalbert Seipolt
2005	**Die Räuber** (nach Friedrich Schiller)	P. Athanasius Berggold
2006	**Amor vincit omnia** (lateinisches Theaterstück: P. Athanasius Berggold)	P. Athanasius Berggold
2006	**Amadé** (P. Athanasius Berggold)	P. Athanasius Berggold M. Tausch (musikalische Leitung)
2007	**Ordo virtutum** (nach Hildegard von Bingen)	P. Athanasius Berggold
2007	**Lysistrate** (nach Aristophanes)	P. Athanasius Berggold
2008	**Christkindl-Kumedi** (Cesar Bresgen)	P. Athanasius Berggold Chr. Liebl (musikalische Leitung)
2008	**Vir vitæ venerabilis (das Leben des heiligen Benedikt)** (P. Athanasius Berggold)	P. Athanasius Berggold
2008	**Romeo und Julia – Shakespeare meets Westside Story** (William Shakespeare)	P. Athanasius Berggold Chr. Liebl (musikalische Leitung)
2009	**Der Brandner Kaspar** (Franz von Kobell)	P. Athanasius Berggold
2009	**Der Besuch der alten Dame** (Friedrich Dürrenmatt)	P. Athanasius Berggold
2010	**Der Widerspenstigen Zähmung** (William Shakespeare)	P. Athanasius Berggold
2010	**A lästiger Bettg'sell** (Ulla Kling)	P. Athanasius Berggold

2011	**Adelphoe** (P. Terentius Afer)	P. Athanasius Berggold
2011	**Der entführte Selbstmordeinbruch** (Wolfgang Bräutigam)	P. Athanasius Berggold
2012	**Die verhexte Mühle** (Ulla Kling)	P. Athanasius Berggold
2012	**Jedermann** (Hugo von Hofmannsthal)	P. Athanasius Berggold Chr. Liebl (musikalische Leitung)
2013	**Familiensaustall** (nach Wolfgang Bräutigam: P. Athanasius Berggold)	P. Athanasius Berggold
2013	**Ohne Moos nichts los, oder der Euro rollt** (nach Ray Cooney: P. Athanasius Berggold)	P. Athanasius Berggold
2014	**Im Himmel gibt's koa Parlament** (nach Marianne Santl: P. Athanasius Berggold)	P. Athanasius Berggold
2014	**Begegnungen – Bewegungen – Regungen** (Musicalcollage: P. Athanasius Berggold in Zusammenarbeit mit der Grundschule an der Angermühle, Deggendorf)	P. Athanasius Berggold Chr. Liebl (musikalische Leitung) Chr. Heim (Choreographie)
2014	**Wer kann, der kann** (nach Ray Cooney: P. Athanasius Berggold)	P. Athanasius Berggold
2015	**Alles neu macht der Mai** (nach Wolfgang Bräutigam: P. Athanasius Berggold)	P. Athanasius Berggold
2015	**Orest** (nach Sophokles, Aischylos und Euripides: P. Athanasius Berggold)	P. Athanasius Berggold
2015	**Faust. Der Tragödie erster Teil** (nach Johann Wolfgang v. Goethe, in einer Bearbeitung des St.-Michaels-Gymnasiums, Klasse 10c)	P. Athanasius Berggold

„Der Musenkuss"

Mag für den Großteil der Leser die Liste der Aufführungen im Detail nicht von Interesse sein, so fällt doch auf, nimmt man die Gesamtliste seit 1844 zur Hand, dass mehrere Mitbrüder über die Jahrzehnte hinweg literarisch im Bereich Theater tätig und kreativ waren.[38] Immer wieder hat die *Muse* den einen oder anderen *geküsst*, schöpferisch inspiriert, um es

Lehrer-Schüler-Theater 2015: „Alles neu macht der Mai“ von Wolfgang Bräutigam: Vergebliche Liebesmühe

sprichwörtlich auszudrücken. Ideen entwickeln sich ja nie von selbst, sondern unterliegen meist der sogenannten Inspiration (lat.: Ein- oder Anhauchung). Natürlich küsst sie jeden anders und auf je eigene Weise.

P. Adalbert Seipolt (1929–2009), der das Mettener Theaterleben über Jahrzehnte hinweg geprägt hat, bemerkt: „Mir genügt meine Klosterzelle, eine mechanische Schreibmaschine, deren Klappern mich vor dem Einnicken bewahrt, und die Aussicht auf einige Stunden ungestörter Arbeit. Was meine Muse nicht mag? Grelles Licht und wochenlang wolkenlosen Himmel. Regen schmeckt ihr besser.“[39]

Ich für meine Person darf anfügen, dass meine Muse meist nur dann zum Kuss bereit war, wenn ich die Schüler während der Studierzeit vor mir sitzen sah und jeder von ihnen mich zum

„musischen" Denken und Dichten anregte. Ich brauche die Stille und Ruhe und doch zugleich die gedankliche Umtriebigkeit, die die „ruhige" Anwesenheit der Schüler auslöste. Seit meine „Internatszeit" zu Ende gegangen ist (2013), genügt mir meist die Zeit der morgendlichen Dusche, in der die Gedanken reichlich fließen oder auch auf mich herunterprasseln, wenn die Dame „Muse" mir einen Besuch abstattet. Wann sie mich zum ersten Mal geküsst hat, ist schwer zu sagen und bleibt letztendlich mein Geheimnis.

P. Adalbert, so vermerkt der Echter Verlag, der Herausgeber von P. Adalberts Büchern, auf dem Schutzumschlag von P. Adalberts erstem Buch „Alle Wege führen nach Rom": „Wann mich die Muse zum ersten Mal geküsst hat, mag ich nicht genau zu sagen. Erst hieß sie mich Verse sprudeln. Als ich schließlich zu Kasperltheatern und bluttriefenden Tragödien überging, schwoll mein Papierverschleiß so an, dass ich vor den eisernen Rationen des väterlichen Schreibtisches nicht haltmachte … Die Muse lief mir sogar bis Rom nach, wo ich zwei Jahre lang Theologie studierte. Unter der südlichen Sonne platzte die heitere Ader."[40]

Dieser heiteren Ader blieb P. Adalbert bis zu seinem Tod im Jahre 2009 treu. Die vielen Jahre, in der er die Mettener Theaterwelt prägte, waren erfüllt von dieser Heiterkeit, von dieser „Leichtigkeit des Seins", von seiner Gelassenheit, die ihn wesentlich auszeichnete. Seine Theaterinszenierungen mit Stücken aus der Antike bis hinein in die Neuzeit, nicht zuletzt Theaterstücke aus seiner eigenen Feder, spiegeln diese Qualitäten wider.

P. Adalberts literarisches Werk umfasst immerhin 27 Bücher. Sein erstes Werk „Alle Wege führen nach Rom" erlebte sage und schreibe 22 Auflagen, insgesamt über eine Million Exemplare, und wurde in sieben Sprachen übersetzt.

Mit seinen Büchern und seinen Theaterwerken wollte er, so seine eigenen Worte, „dem Leser Freude schenken und zeigen, dass unsere gute Mutter Kirche den Frohsinn genauso braucht wie gefüllte Opferstöcke, vielleicht sogar mehr"[41].

„Aufgabe" und „Weitergabe"

Es gilt diese Tradition aufrechtzuerhalten, zu fördern und mit neuen Impulsen und Inspirationen zu bereichern. Das Motto könnte lauten: Erbe und Auftrag.[42] Das beinhaltet eine rege Tätigkeit mit Schülerinnen und Schülern, aber auch mit den Lehrerinnen und Lehrern auf den Bühnen unserer Schule, unseres Klosters. Ich schreibe bewusst „Bühnen", denn zu diesem im Plural gebrauchten Schlagwort zähle ich die Schulbühne vor (1965–2009) und nach dem Neubau (ab 2012) der „alten" Sporthalle, zähle ich unsere Pfarr- und Klosterkirche, die so manches „Theatrum Sacrum"[43] erlebte, zähle ich den Festsaal[44] und das 2007 renovierte

Schülertheater 2007: „Lysistrate" von Aristophanes: Aufstand der Frauen

„Jedermann“ – Aufführung aus dem Jahre 1916

und wiedererstandene Sudhaus, das uns immer wieder als Bühnenkulisse diente: 2010 als das Mettener „Globe Theatre“ bei der Aufführung „Der Widerspenstigen Zähmung“, 2011 als das Mettener „Marcellustheater“ bei der Aufführung „Adelphœ“ und 2012 als ein Mettener „griechisches Amphitheater“ bei der Aufführung „Orest“. Dies gilt für so viele Aufführungen im Studiersaal während der Faschingszeit und an den „Nikolausabenden“, dies gilt von der „Großen Ackerloh-Bühne“ in Deggendorf für die Musicalcollage „Begegnungen – Bewegungen – Regungen“ anlässlich der Landesgartenschau in Zusammenarbeit mit der Grundschule an der Angermühle in Deggendorf.

„In-szen(e)-ierung“

Gehen wir kurz zum Anfangsgedanken dieser Ausführungen zurück! Gott „in-szen(e)-iert“ in uns durch Jesus, seinen Sohn, das Heil. Wir sind seine Bühne, auf der er auftritt und sein Heil wirkt, uns heil, d. h. „ganz“ macht.

Theater, vom Griechischen „θεάομαι (theáomai)“ – wörtlich übersetzt: „Ort, wo man hinschaut“ –, ist ein Ort, an dem ganzheitlich gehandelt wird, an dem man ganzheitliches Handeln spürt.

Persönlicher Höhepunkt war für mich die Aufführung des „Ordo virtutum“ der heiligen Hildegard von Bingen (1098–1179). In diesem mittelalterlichen Mysterienspiel wird deutlich, was beim Schultheater passiert: Hier liegt das Augenmerk weniger auf der Handlung als vielmehr darauf, was mit dem Handelnden passiert. Es wird spürbar: Gott betritt in uns (ἐν ἡμῖν) die Bühne (ἐσκήνωσεν) unseres Lebens. Dadurch öffnet sich der Himmel für uns, und auf dem Hintergrund dieser Bühne wird klar: Wir sind mehr wert, als wir geleistet haben, da kommt vor der Moral die Liebe, da kommt vor dem Haben das Sein, da kommt vor dem Schätzwert die Wertschätzung. Unter einem geöffneten Himmel, das zeigt diese Bühne (ἡ σκηνή), kann der Mensch Mensch werden, weil Gott Mensch wurde (σὰρξ ἐγένετο); auf dieser Bühne kniet Gott nieder vor dem Menschen, der zu schwach geworden ist aufzustehen.

Dem stand in nichts die Theater-Co-Produktion mit der Grundschule an der Angermühle in Deggendorf nach, bei der es im wahrsten Sinne des Wortes bunt zuging. Anlass bot die Landesgartenschau in Deggendorf (2014). Im Rahmen der Veranstaltungen der Gartenschau wurde ein Theaterprojekt mit dem Schlagwort „Toleranz fördern“ ausgeschrieben.

Nikolausfeier im „Reich der Kleinen“ 2010: Zabulus – der Widersacher

Schülertheater 2012: „Jedermann“ von Hugo von Hofmannsthal: Der schnöde Mammon

Schülertheater 2012: „Jedermann“: Gevatter Tod

Zusammen mit den Ganztagsklassen der ersten bis zur vierten Jahrgangsstufe der Grundschule an der Angermühle in Deggendorf erstellten wir eine Musicalcollage, deren Grundlage Gotthold Ephraim Lessings Ringparabel aus „Nathan der Weise“ bildete (dritter Aufzug). Unter Beibehaltung der Versform und unter Wahrung der Aussagen der Ringparabel wurde der Text von mir ein wenig vereinfacht und der Inhalt des Textes um einen Sohn ergänzt, der neben dem Judentum, dem Christentum und dem Islam die asiatischen Religionen verkörperte. Erweitert wurde das Spiel durch Zitate aus den verschiedenen Schriften, die bei den einzelnen Religionen als heilig gelten. Das Theaterspiel wurde von Schülerinnen und Schülern unseres Gymnasiums übernommen, die Tanzchoreographie von den Schülerinnen und Schülern der Grundschule an der Angermühle unter Leitung von Christine Heim. Den musikalischen Rahmen steckte die „Kalliope“ unter Leitung von Christoph Liebl.

Was wäre, wenn … Judentum, Christentum, Islam, Buddhismus aufeinander zugingen und einander in Aufrichtigkeit zugetan wären, wetteifernd Gott und den Menschen zu gefallen – ein Projekt, das bei allen Beteiligten und bei den Zuschauern nachhaltig Wirkung zeigte, ein Projekt, das in seiner Aussage zukunftsweisend sein könnte. Das Stück endete mit den Worten: „Wenn jeder sich bemühte, den andern zu verstehn, den andern wertzuschätzen, dann wäre Friede in der Welt und bunt das Leben, das uns Gott geschenkt. Dann wird Begegnung zur Bewegung: Wir gehen aufeinander zu, wir sind einander zugetan in unseren Regungen und im Verstehn.“

Theater macht diese Vision möglich. Der Weg zu den Herzen der Menschen scheint jedoch unendlich lang, unendlich weit zu sein – und: Es scheint offensichtlich der Bühne vorbehalten zu bleiben, den Himmel auf Erden zu zeigen, den Himmel auf die Erde zu bringen. Gott hat diese Bühne betreten …

„Zankapfel“

Manche Inszenierung war nicht zuletzt „Zankapfel“ im Blickwinkel mancher Zuschauer, denen die Provokation des Stückes in seiner Inszenierung zu weit zu gehen schien. Ich denke dabei an die Aufführung der „Lysistrate“ des Aristophanes im Jahre 2007. Die Tatsache der Gratwanderung scheint wohl ein Phänomen aller Zeiten zu sein, und dass „Theatertage oftmals auch Schmerzenstage“[45] waren, schreibt schon P. Fortunat Ibscher (1879–1964) aus der Erinnerung an seine eigene Mettener Schulzeit. „Delikte“ (lat. *delictum:* Fehler) um das Theaterleben herum waren unterschiedlich und verschieden, wurden aber immer zur Sprache gebracht und mussten auch begradigt werden.

Es bleibt zu wünschen, dass die Leidenschaft fürs Theater nie erlischt. Ein Lehrer aus der Gruppe der Akteure des Lehrertheaters, Alfons Winhart, schreibt aus seinen Erinnerungen und Erfahrungen über das Theater, indem er den Songtext „Theater“ von Katja Ebstein[46] zitiert, mit dem sie 1980 Deutschland im Grand Prix Eurovision de la Chanson vertreten hatte: „Theater – das Tor zur Phantasie. Theater, Theater, nur der bleibt dir treu, der vor Leidenschaft liebt.“[47]

Schlusswort

Es mag mir ein persönliches Schlusswort erlaubt sein. Mir selbst bereitete Theater immer dann die größte Freude, wenn die Zuschauer lachen konnten, selbst während einer dramatischen Inszenierung, eines Dramas. Lachen und Weinen liegen doch eng beieinander. So waren mir lustige, heitere Stücke (Komödien) immer leichter von der Hand gegangen. Die Ernsthaftigkeit des Lebens war und ist ja stets groß genug. In seinen Theatererinnerungen schreibt der Altmettener Wolfgang Schreml, dass der großartige Erfolg der Aufführung „Miles gloriosus“ des Titus Plautus darin bestand: „Ridentes sedere et ventres firme tenebant, ne risu crepent; gaudebant pueri omnes.“[48]

Dem geduldigen und ausdauernden Leser sei zum Schluss verraten, „dass die Konstellation am Mettener Theaterhimmel als günstig erscheint und wir … schon bald wieder mit einer größeren Aufführung rechnen dürfen“[49]. Das Jubeljahr 2016 wird Gelegenheit und genügend Motivation bieten, Zuschauer und Akteure auf ihre Kosten kommen zu lassen.

„Jedermann“: Gott Vater (P. Athanasius Berggold)

Anmerkungen

1 Johann Gottfried von Herder, Kalligone. Von Kunst und Kunstrichterei. Zweiter Teil, Leipzig 1800.
2 Vgl. Athanasius Berggold, Musica via ad Deum, in: AJM 80 (2013/2014), S. 5–9.
3 Zeit-Magazin, Nr. 18.
4 Vgl. Bertha Antonia Wallner, Beiträge zur Musikgeschichte von Metten, in: AJM 11 (1936/37), S. 78–81.
5 Vgl. ebd., S. 82.
6 Vgl. Alfons Jakob/Hans Paulus, Lambert Kraus, Abt, Komponist und Gelehrter der Abtei Metten, in: Der Stadtturm. Heimatkundlicher und Historischer Arbeitskreis Pfreimd e.V. 17 (2001), S. 18–24.
7 Vgl. Robert Münster/August Scharnagl, Vor zweihundert Jahren starb Abt Lambertus Kraus (1729–1790), in: AJM 57 (1990/91), S. 39 f.
8 Von Dezember 1981 bis 2001 Musiklehrer am Gymnasium.
9 Seit dem Schuljahr 1987/88 Musiklehrer am Gymnasium.
10 Seit dem Schuljahr 2007/2008 Musiklehrer am Gymnasium (Absolvia 1996).
11 Vgl. Wallner, Beiträge zur Musikgeschichte (wie Anm. 4), S. 84 f.
12 Johann von Pronath († 1839): 1802 erwarb er von dem verarmten Reichsgrafen Christian Adam August von Königsfeld das Schloss Offenberg, übersiedelte 1811 von München nach Offenberg und erwarb 1810 zu seiner wirtschaftlichen Absicherung größere Teile der Besitzungen und Gebäude des 1803 säkularisierten Klosters.
13 Vgl. Anselm Wohlmuth, Musik und Musiker in Metten, in: AJM 11 (1936/37), S. 87 ff.
14 Wohlmuth, Musik und Musiker (wie Anm. 13), S. 88.
15 Wohlmuth, Musik und Musiker (wie Anm. 13), S. 88 f.
16 Max Tremmel, P. Victor Eder (1863–1933), in: AJM 11 (1936/37), S. 98.
17 Peter Griesbacher studierte Theologie in Passau und wurde 1886 zum Priester geweiht. 1894–1895 war er Musikpräfekt am Studienseminar St. Emmeram in Regensburg. Ab 1911 wirkte er als Dozent an der Kirchenmusikschule Regensburg, wo er Kontrapunkt, Formenlehre und Stilistik lehrte. Etwa zur gleichen Zeit wurde er zum Vikar und danach zum Kanonikus am Kollegiatstift St. Johann in Regensburg ernannt. 1930 wählte ihn das Stiftskapitel zum Dekan. Er starb 1933.
18 Tremmel, P. Victor Eder (wie Anm. 16), S. 100.
19 François Rabelais († 1553) schreibt im ersten Buch seines fünfbändigen Romans „Gargantua et Pantagruel“: „L'appétit vient en mangeant“ („Der Appetit kommt beim Essen“). Diese Redewendung wurde in viele Sprachen übernommen.
20 Wohlmuth, Musik und Musiker (wie Anm. 13), S. 96.
21 Dem griechischen Philosophen Chilon von Sparta (ca. 555 v. Chr.) zugeschrieben: „Über die Toten nur Gutes (reden)!“
22 „Auch über die Lebenden nur Gutes!“
23 Vgl. Heinrich Rumphorst, Schule ist nicht alles – P. Rupert Fischer zum 60. Geburtstag, in: AJM 66 (1999/2000), S. 34–54; wieder abgedruckt: Beiträge zur Gregorianik 30 (2000), S. 61–76; Stefan Klöckner, Nachruf P. Rupert Fischer OSB, in: Beiträge zur Gregorianik 31 (2001), S. 5 f.

Lehrer-Schüler-Theater 2015: „Alles neu macht der Mai“: Die Darsteller

24 Die Regensburger Tradition ist geprägt durch die musikalischen Schwerpunkte gregorianischer Gesang; klassische Vokalpolyphonie (alte Meister); Werke der Cäcilianer; liturgisches Orgelspiel.
25 Apollo und die Kamönen, die neun Sirenen für die Ohren, die dort am Hofe diese Gaben verwalten.
Kamönen und Sirenen: Diese Bedeutung stammt aus der Zeit, als der Musenkult von Griechenland nach Italien kam und die Musen mit den altitalienischen Camenæ, lokalen Quellgöttinnen, gleichgesetzt wurden; auch die Sirenen erfuhren eine Annäherung und schließlich die Gleichsetzung mit den Musen. Beide werden bei Gottfried von Straßburg mit dem Begriff „Musen“ synonym verwendet.
26 Siehe das Verzeichnis der Lehrer, Erzieher, Abiturienten des Gymnasiums Metten mit zwei Beilagen: 1. Verzeichnis von Theateraufführungen, 2. Verzeichnis von Festveranstaltungen, Konzerten etc. Joseph Nothaft, Deggendorf, Pfleggasse 45, 1926, S. 76–104; Rita Heinhold/ Florian Rockhoff, Tüftler, Bastler und „Genies“. Eine kurze Beleuchtung unserer Schultheatertradition, in: AJM 74 (2007/2008), S. 247–254.
27 Straubing, gedruckt bey Caßian Betz. Bibliothek der Abtei Ottobeuren.
28 I. Seminar; II. Seminar; Klosterseminar; Bischöfliches Seminar.
29 L. Krug, Alt-Mettener Theatererinnerungen, in: AJM 12 (1937/38), S. 91.
30 Teresa Klenk, Erinnerungen ans Mettener Schultheater, in: AJM 78 (2011/2012), S. 195.
31 Vgl. Athanasius Berggold, Gedanken zum Neubau und zur Eröffnung der Mettener Schulbühne, in: AJM 78 (2011/2012), S. 189 f.
32 Sermones 1,1,24.
33 Wilhelm Fink, Fastnachtsbräuche im alten Kloster Metten, in: AJM 12 (1937/38), S. 82.
34 Haustus = Brotzeit (lat. *haurire:* schöpfen).
35 Franz Geisler, Ein Vulkan auf der Bühne, in: AJM 7 (1932/33), S. 87.
36 Hans Uri, Mettener Studententheater vor 50 Jahren, in: AJM 25 (1958/59), S. 91 f.
37 Siehe Anm. 26.
38 Siehe Anm. 26.
39 Adalbert Seipolt, Das große Adalbert Seipolt Lesebuch, Würzburg 1999, S. 58 f.
40 Adalbert Seipolt, Alle Wege führen nach Rom, Würzburg 1958 (Schutzumschlag).
41 Ebd.
42 „Erbe und Auftrag“: Titel einer deutschsprachigen Zeitschrift der Erzabtei Beuron.
43 Z. B.: 1992 und 1994 „Kleines Weihnachtsspiel“ (Orff); 1994 „Comœdia de Christi resurrectione“ (Orff); 1996 und 1999 „Ludus de Nato Infante mirificus“ (Orff); 1998 „Weihnachtshistorie“ (Heinrich Schütz); 2007 „Ordo virtutum“ (Hildegard von Bingen); 2008 „Christkindl-Kumedie“ (Cesar Bresgen); 2008 „Vir vitæ venerabilis“ (P. Athanasius Berggold) u. v. m.
44 2010 und 2011 diente der Festsaal als Bühne für die Theateraufführungen der Lehrertheatergruppe „A lästiger Bettg'sell“ und „Der entführte Selbstmordeinbruch“.
45 Fortunat Ibscher, Der Theatersaal erzählt, in: AJM 12 (1937/38), S. 95.
46 Deutsche Sängerin und Schauspielerin (* 1945).
47 Alfons Winhart, Das Lehrertheater aus Sicht eines Beteiligten, in: AJM 78 (2011/2012), S. 197.
48 „Lachend saßen sie da und hielten gar fest ihre Bäuche, dass sie vor Lachen nicht platzten; es freuten sich sehr alle Schüler.“ Wolfgang Schreml, Die Thespiskarre, in: AJM 22 (1955/56), S. 111.
49 Ebd., S. 112.

Von der Romanik bis zur Moderne

Die Kunstdenkmäler des Klosters

Florian Jung

Die Mettener Klosteranlage zeichnet sich nicht zuletzt durch eine ganze Reihe bemerkenswerter Gebäude, Räume und Werke der bildenden Kunst aus. Der vorliegende Beitrag vermittelt grundlegende Informationen zu diesen Kunstdenkmälern.

Die Pfarr- und Klosterkirche St. Michael

Es ist zu vermuten, dass das erste Gotteshaus im späten achten Jahrhundert aus Holz, nachfolgende Kirchen aus Stein gebaut worden sind. Über deren Gestaltung ist nichts bekannt. Die Errichtung einer romanischen Pfeilerbasilika fällt wohl in das elfte Jahrhundert. Nach einem Brand im Jahre 1236 wurde das Gotteshaus bis 1264 wiedererrichtet beziehungsweise instand gesetzt. Aus der Romanik stammende Fundamente hat man im Bereich der heutigen Sakristei nachgewiesen, außerdem ist das aus großen Granitquadern bestehende Untergeschoss des romanischen Nordturms im heutigen Turm erhalten. Nach 1451 baute man die Basilika zu einer gotischen Hallenkirche um, die 1478 geweiht wurde. Deren Chor, dessen Ost- und Südfassade mit gestuften Strebepfeilern aus Granit versehen ist, ist noch vorhanden.

Unter den Äbten Roman I. Schäffler (1668–1686) und Benedikt I. Ferg (1686–1706) wurden barocke Zwiebeltürme an Stelle der romanischen, gotisch überformten Bauten errichtet, wobei das Untergeschoss des mittelalterlichen Nordturms – wie bereits angesprochen – erhalten geblieben ist. Abt Roman II. Märkl (1706–1729) gab 1712 zunächst die barocke Umgestaltung und Ausstattung des spätgotischen Chors in Auftrag. Nach 1720 folgten – nach Plänen des Straubinger Baumeisters Jakob Ruesch und unter der Leitung des Deggendorfers Benedikt Schöttl (1688–1745) – der weitgehende Neubau des Langhauses und dessen barocke Ausgestaltung sowie die Errichtung des westlichen Eingangsvorbaus. Das Gotteshaus wurde 1729 geweiht, die Nachfolger des in diesem Jahr resignierten Abtes Roman Märkl haben weitere Elemente der Ausstattung in Auftrag gegeben. Nach der Säkularisation des Jahres 1803 gelangte das nunmehr als Pfarrkirche dienende Bauwerk in das Eigentum des Staates, 1894 wurde es der Pfarrei übertragen.

Die Westfassade besteht aus einem den beiden Zwiebeltürmen vorgesetzten halbrunden Kuppelbau, dessen Dach von einer Figurengruppe aus vergoldetem Kupfer bekrönt ist: Sankt Michael stürzt den Teufel in den Abgrund. Seitlich sind niedrige Kapellen mit ovalem Grundriss angeordnet, deren geschweifte Haube in einer Kuppellaterne ihren Abschluss findet. Vertikal ist die Fassade durch relativ schlicht gehaltene Wandpfeiler, horizontal durch Gesimsbänder und einen vielfach abgestuften Gebälkstreifen unterhalb des Daches des Kuppelbaus gegliedert. Auch die Türme und die Seitenkapellen sind entsprechend gestaltet.

Das von je zwei Säulen flankierte Portal aus Sandstein ist mit einem geschweiften Volutengiebel versehen, der die Wappen des Klosters und des Abtes Roman II. Märkl umrahmt. Unterhalb sind ein Zitat aus Psalm 93,5 („DOMUM TUAM DECET SANCTITUDO DOMINE“: „Deinem Haus gebührt Heiligkeit, o Herr!“) und die Datierung auf das Jahr 1724 angebracht, die sich auf den Abschluss der Stuck- und Freskoarbeiten im Innenraum beziehen. In den Nischen zu beiden Seiten des Eingangs waren von 1891 bis 2012 zwei barocke Holzskulpturen aufgestellt, welche die Heiligen Christophorus und Josef darstellen und heute aus konservatorischen Gründen im Kloster aufbewahrt werden.

Vor der Westfassade ist der Mönchsfriedhof angelegt. In die zur Linken verlaufende Mauer ist die barocke Nepomukkapelle integriert. Die korbbogige, von zwei Säulen flankierte Nische birgt die Sandsteinskulptur des heiligen Johannes Nepomuk, der im 14. Jahrhundert in Böhmen gelebt hat. Auf dem verkröpften Gebälk ruht ein Volutengiebel.

Um 1940 waren die im 19. Jahrhundert vorgenommenen Veränderungen der Ausstattung noch vorhanden. Die linke Abbildung zeigt den Innenraum vor der 2012 bis 2017 durchgeführten Instandsetzung

Der Besucher gelangt zunächst in die Vorhalle. Das dortige Deckenfresko zeigt eine Szene aus der Gründungslegende Mettens: Der – barock gekleidete – Kaiser Karl der Große begegnet Utto vor dessen Klause im heutigen Uttobrunn. Der Einsiedler hat sein Beil an einem Sonnenstrahl aufgehängt, was den Herrscher so beeindruckt, dass er ihm die Errichtung eines Klosters gewährt. Die Initialen am Halsband des hinteren der beiden Hunde verweisen auf den 1693 in Linz geborenen Maler Wolfgang Andreas Heindl, der in Wels lebte und dort 1757 verstarb. Vor seiner Tätigkeit in Metten in den Jahren 1722 bis 1724 Jahren hatte er die Fresken in der Klosterkirche von Niederaltaich gestaltet.

Der Stuck (ebenfalls 1722–1724), der aus Bandel- und Rankenwerk besteht und teilweise farbig hinterlegt beziehungsweise gefasst ist, stammt von Franz Josef Ignaz Holzinger. Dieser wurde 1691 in Schörfling am Attersee geboren, verstarb 1775 in Sankt Florian bei Linz und hat auch den Stuck in der Mettener Barockbibliothek geschaffen.

In zwei Nischen der Vorhalle ist je eine große barocke Holzskulptur aufgestellt, welche die Schmerzhafte Muttergottes beziehungsweise Christus als Schmerzensmann darstellt. Außerdem finden sich in diesem Raumabschnitt zwei barocke Weihwasserbecken aus poliertem rotem Kalkstein (Rotmarmor) sowie zwei Holzfiguren aus dem späten 19. Jahrhundert. Es handelt sich um die Heiligen Franz von Assisi (um 1200

Gründer des nach ihm benannten Ordens) und Antonius von Padua (Franziskaner und Zeitgenosse des Franz von Assisi).

Im Eingang zu den beiden Seitenkapellen ist je ein barockes schmiedeeisernes Gitter angebracht. In der nördlichen Kapelle steht eine große hölzerne Kreuzigungsgruppe. Die Christus- sowie die Johannes-Figur stammen aus der Mitte des 15. Jahrhunderts, die in dieser Konstellation selten zu findende und etwas kleiner als die anderen Figuren dimensionierte Schmerzensmutter dürfte um 1500 entstanden sein. Über dem barocken Taufbecken befindet sich ein Sandsteinrelief, das den Guten Hirten zeigt, jedoch nur mehr ansatzweise erhalten ist. Es wird von zwei Säulen aus poliertem rotem Kalkstein (Rotmarmor) eingefasst. Die Anlage dient heute wieder zur Spende des Taufsakraments. In dem entsprechenden Raum auf der rechten Seite steht ein Marienaltar. Die Skulptur wurde im 15. Jahrhundert geschaffen, der Kopf in den 1970er-Jahren überarbeitet.

Ein schmiedeeisernes, mit teils vergoldetem Rankenwerk geschmücktes Gitter aus der Barockzeit trennt die Vorhalle vom Kirchenschiff. Wie der Chor blieb die Nordwand der gotischen Hallenkirche bei der Errichtung des barocken Gotteshauses erhalten, die Südwand hingegen wurde im Vergleich zum asymmetrischen Vorgängerbau um etwa einen Meter hinausgerückt. Es entstand eine Wandpfeilerkirche mit vier Jochen. Die Nischen, die durch segmentbogige Durchgänge verbunden sind, haben einen ausgerundeten Grundriss, den oberen Abschluss bilden Halbkuppeln. Der Übergang zum Langhaus besteht aus Rundbögen, die über dem Gebälk der Wandpfeiler angeordnet sind. Darüber sind Stichkappen ausgebildet, die in das Gewölbe des Hauptraums eingreifen. Die Wandpfeiler sind auf drei Seiten mit marmorierten Spiegelfeldern versehen sowie mit Kapitellen besetzt. Den oberen Abschluss bildet ein hochgezogenes Gebälk mit abgestuftem Gesims. In die beiden östlichen und westlichen Nischen sind Emporen mit geschweiften Brüstungen eingezogen.

In der Mitte des 19. Jahrhunderts wurden – der damaligen Mittelalterbegeisterung beziehungsweise Ablehnung der barocken Kunst entsprechend – einige Veränderungen vorgenommen: Die barocken Altäre in den beiden Seitenkapellen der Vorhalle hat man entfernt, zwei Nebenaltäre im Hauptraum mussten neoromanischen Aufbauten weichen. Die Altarblätter ersetzte man bis auf diejenigen des Hochaltars und eines Nebenaltars durch Bilder im Nazarenerstil von Fr. Lukas Schraudolph (1817–1863). Dieser war ein Bruder des Nazareners Johann von Schraudolph (1808–1879) und malte bis auf zwei Motive auch die großformatigen Kreuzwegstationen, die 1866 an

Das Deckenfresko in der Vorhalle: Karl der Große begegnet dem Klostergründer Utto vor dessen Klause

Das Deckenfresko des Hauptraums: Oben die himmlische Sphäre, unten der irdische Bereich

den Wandpfeilern des Langhauses angebracht wurden. 1880 erfolgte eine Überarbeitung beziehungsweise Übermalung der Fresken.

Die genannten Veränderungen machte man im Zuge der Wiederherstellung der barocken Ausstattung in den Jahren 1943 bis 1947 sowie 1967 bis 1970 – soweit möglich – rückgängig.

Der farbig hinterlegte beziehungsweise zum Teil gefasste Stuck stammt wie derjenige der Vorhalle von Franz Josef Ignaz Holzinger. Er besteht aus Akanthusranken, Bandel- und Gitterwerk, Blüten, Voluten, Wolkenbänken, mit Quasten versehenen Querbehängen sowie Putten, Engeln und Köpfen. Diese Ornamente beziehungsweise figürlichen Motive bilden einen Rahmen um die Deckengemälde im Hauptraum und verbinden diesen mit den Wandpfeilernischen, der Orgelempore und dem Chor. Dies gilt auch für den ebenfalls von Holzinger stammenden Stuckmarmor.

Den zentralen Raumabschnitt zieren zahlreiche Fresken, die von Heindl stammen, der uns ebenfalls schon in der Vorhalle begegnet ist: Sie thematisieren die Prophetie, in der sich die Herrlichkeit Gottes zeigt. Entsprechend der für die Barockzeit typischen Aufhebung der Grenzen zwischen den kunsthandwerklichen Disziplinen gehen Stuck und Malerei teilweise ineinander über. Die stimmige Gestaltung des großflächigen Deckenfreskos stellte Heindl vor eine schwierige Aufgabe, die er zu lösen versuchte, indem er dieses in verschiedene Zonen aufteilte. Der dominierende westliche Bereich des Bildes ist der himmlischen Sphäre gewidmet: In der Mitte ist Christus zu sehen, unter ihm sind fünf Männer angeordnet. Es handelt sich wohl um eine Darstellung der in drei Evangelien geschilderten Verklärung Jesu und somit um Mose und Elija (links) sowie Johannes (im Hintergrund, ohne Bart), Petrus und Jakobus. Rechts von dieser Szene sitzt auf einer Wolkenbank Maria, die auf dem zugehörigen Spruchband als „REGINA PROPHETARUM" („Königin der Propheten", Lauretanische Litanei) bezeichnet wird. Zahlreiche Engel beleben die eben beschriebene Zone des Freskos.

Die im Osten folgende Prophetengruppe besteht (von rechts) unter anderem aus Jona mit dem Fisch (Jona 2,1), Elischa mit der Kürbisstaude (2 Kön 4,39) und eventuell aus dem über die anderen Propheten erhobenen, leichter als die restlichen Männer bekleideten Johannes dem Täufer (Mt 11,9). Bestimmt zuzuordnen ist Samuel mit den zwei nach ihm benannten Büchern des Alten Testaments und eventuell Nathan, der auf das zweite Buch Samuel deutet, in dem er zweimal vorkommt (7,1–16 und 12,1–25). Daniel (links) wiederum ist an dem

Löwen (Dan 6,16) eindeutig zu erkennen. Bei den Propheten in der unteren Reihe handelt es sich (von rechts) unter anderem um Jeremia mit dem dampfenden Kessel (Jer 1,13), Amos mit der Hirtenschaufel und der Maulbeerfeige (Am 7,14) und Jesaja mit der Zange und der glühenden Kohle (Jes 6,6). Eventuell folgen Ezechiel mit der priesterlichen Kopfbedeckung (Ez 1,3) und (links) der glatzköpfig dargestellte Ahija. Er entlarvt die Frau des Königs Jerobeam, der diese verkleidet zu dem alten, erblindeten Propheten geschickt hat (1 Kön 14,1–18). Ahija zeigt mit einer Hand nach unten auf die im Folgenden zu beschreibende Szene, die inhaltliche Parallelen zu der eben genannten Begebenheit aufweist.

In der östlichen und somit irdischen Zone des Deckenfreskos ist ein Ereignis wiedergegeben, das sich um 540 vor dem Kloster Montecassino zugetragen hat: Der Ostgotenherrscher Totila schickt einen in königlichem Ornat gekleideten Gefolgsmann namens Riggo mit Gefolge zu Benedikt, um diesen auf die Probe zu stellen. Im Hintergrund ist – vor der Kulisse seines Heeres auf einem Thron sitzend – Totila zu sehen, der das Geschehen beobachtet. Benedikt durchschaut den Betrug („DEPONE FILI QUOD TUUM NON EST“: „Lege ab, mein Sohn, was dir nicht gehört!“), hält dem König seine Übeltaten vor und weissagt ihm sein Schicksal, das heißt einerseits seine Erfolge und andererseits seinen nach zehn Jahren eintretenden Tod. Das Motiv am unteren rechten Bildrand – zerbrochene Säulen, Männer mit Schätzen inmitten von Fahnen und Schilden – dürfte sich auf die von Kämpfen und Plünderungen geprägte Völkerwanderungszeit beziehen.

Oberhalb von Benedikt ist auf einem Relief Johannes der Täufer zu sehen, der unter den

Die östliche Zone des Freskos: Der heilige Benedikt durchschaut Totila

Deckenfresko über der Orgelempore: David mit der Harfe vor der Bundeslade

Propheten – wie bereits gesagt – eine Sonderrolle innehat („PLUS QUAM PROPHETA“: „Mehr als ein Prophet“, abgewandeltes Zitat aus Mt 11,9). Johannes der Täufer ist Patron des Klosters Montecassino. Unterhalb von Benedikt findet sich ein querformatiges Reliefbild, auf dem drei Männer zu erkennen sind: Es handelt sich um Mose und Aaron, die den rechts sitzenden Pharao vergeblich dazu auffordern, das Volk Israel in die Freiheit zu entlassen (Ex 7).

Die zuletzt genannten Begegnungen beziehungsweise die entsprechenden Figuren (Totila – Benedikt; Pharao – Mose und Aaron) verweisen auf einen Themenkomplex, der neben der Prophetie das Raumprogramm der Kirche bestimmt. Es handelt sich um das Zusammentreffen von imperialer Macht und geistlicher Autorität. In beiden Szenen fordert der verblendete Herrscher sein Gegenüber heraus. Eine weitere Parallele zwischen den Figuren besteht darin, dass Mose dem Volk Israel das Gesetz und Benedikt dem von ihm gegründeten Orden die Regel gegeben hat.

Auf das eben beschriebene Hauptfresko beziehen sich Kartuscheninschriften. Bei derjenigen im Bogen der Orgelempore handelt es sich um ein abgewandeltes Zitat aus dem „Te Deum“: „TE DEUM LAUDANT OMNES ANGELI ET SANCTI TUI, TE PROPHETARUM LAUDABILIS NUMERUS“ („Dich, o Gott, preisen alle deine Engel und Heiligen, dich die lobenswerte Zahl der Propheten“). Westlich sowie östlich des Freskos sind zwei zusammengehörige Zitate angebracht, wobei das zweite aus dem „Großen Glaubensbekenntnis“ stammt: „IESUS INSPIRATOR PROPHETARUM ... QUI LOCUTUS EST PER PROPHETAS“ („Jesus, Inspirator der Propheten ... der durch die Propheten gesprochen hat“).

Die Prophetie wiederum ist das Thema der zu beiden Seiten des Hauptfreskos angeordneten Bilder: In den Gewölbezwickeln befinden sich Grisaillemalereien mit Porträts von Heiligen, die über prophetische Gaben verfügten. Die Stichkappen bilden den Übergang zu den

LAVDATE

gewölbten Seitenkapellen und sind mit Fresken versehen, die sich auf die Eingebungen der jeweiligen Heiligen beziehen und mit erläuternden Spruchbändern versehen sind. Darüber angeordnete Stuckkartuschen enthalten zusätzliche Inschriften.

Die Nordseite ist männlichen Heiligen gewidmet, deren Ruhm ein Posaunenengel verkündet. Die entsprechenden Zitate lauten „PROPHETAE TUI FIDELES INVENTI" (abgewandeltes Zitat aus Sir 36,18: „Deine Propheten sind für treu befunden worden") und „RECONDITA PANDUNT" („Das Verborgene tun sie auf").

Von Osten nach Westen betrachtet sind zunächst der heilige Wolfgang (Bischof von Regensburg 972–994) sowie dessen Gebeine zu sehen. Das Fresko bezieht sich auf eine legendäre Begebenheit, die sich 1008 am Grab des Heiligen zugetragen hat: Wolfgang sagt König Heinrich II., seinem ehemaligen Schüler, mittels der an der Wand erscheinenden Botschaft „POST SEX" dessen sechs Jahre später und somit 1014 erfolgte Kaiserkrönung voraus („OSSA IPSIUS PROPHETAVERUNT", abgewandeltes Zitat aus Sir 49,18: „Seine Gebeine haben prophezeit"; „DECRETOS PRAEDICIT HONORES": „Er sagt Ehren voraus, die ihm bestimmt sind").

Darauf folgt der heilige Bischof und bayerische Landespatron Benno von Meißen. Er lässt im Jahre 1085 während des Investiturstreits vor seiner Flucht aus der Stadt die Domschlüssel in die Elbe werfen, um diese nicht den herannahenden Anhängern von Kaiser Heinrich IV. zu überlassen. Nach Bennos Rückkehr bringt ein Fisch die Schlüssel zurück („MERSA EMERGOR": „Untergetaucht tauche ich wieder empor"). Bei der Figur in dem Schiff handelt es sich um eine Personifikation der während des Investiturstreits verfolgten Kirche. Das Zitat „DE SION EXIBIT LEX" („Vom Berg Zion wird das Gesetz kommen", Jes 2,3) stellt einen Zusammenhang zwischen diesem Berg und dem abgebildeten Domhügel in Meißen her, wobei Bennos Einsatz für die Slawenmission eine Rolle spielen dürfte.

Den Zyklus der männlichen Heiligen beschließt Malachias, ein irischer Erzbischof und Heiliger der ersten Hälfte des zwölften Jahrhunderts, der laut Legende die Papstweissagungen geschrieben hat, was die im Fresko zu sehenden päpstlichen Attribute verdeutlichen („IN TEMPORA LONGA ISTE PROPHETAT", Ez 12,27: „Jener Prophet umspannt eine lange Zeit"; „AENIGMATA FUNDIT": „Er lässt Rätsel vernehmen").

Auf der Südseite haben die entsprechenden weiblichen Heiligen ihren Platz. Der Posaunenengel zu Beginn der Reihe trägt ein Banner, das mit folgenden Worten beschrieben ist: „FILIAE VESTRAE PROPHETABUNT" (Joël 3,1: „Eure Töchter werden prophezeien"). Die Kartuscheninschrift lautet: „A LONGE PROSPICIUNT" („Weit sehen sie voraus").

Luitgard von Tongern ist mit dem Psalter zu sehen. Sie wurde laut Legende – bereits gebrechlich – von Engeln zum Tisch des Herren geführt („AD PANEM ANGELORUM DEDUCTA AB ANGELIS": „Zum Brot der Engel wurde sie von den Engeln geleitet"). Darüber hinaus hatte diese flämische Zisterzienserin der ersten Hälfte des 13. Jahrhunderts Visionen, in denen die Passion eine große Rolle spielt. Der neben der Hostie zu sehende Mannaregen gilt als deren alttestamentliches Vorbild. Das Zitat „MOESTIS SOLATIA PRAEBET" („Den Betrübten gewährt es Trost") bezieht sich auf das oben genannte Brot der Eucharistie, wobei der Betrachter eventuell auch an die Entstehung des Brauchs der Fronleichnamsprozession zur Zeit Luitgards in deren Heimat Flandern erinnert werden soll. Die Übersetzung „Den Betrübten gewährt sie Trost" ist ebenfalls möglich und verweist darauf, dass Luitgard vielen ihrer Zeitgenossen Beistand geleistet hat.

Die mit dem Jesuskind abgebildete heilige Edeltrud, die als Benediktinerin im siebten Jahrhundert in England lebte, hat vorausgesehen, an der Pest zu sterben („ERUNT PESTI-

LENTIAE“: „Seuchen wird es geben“, Mt 24,7; „PRAESAGIT ACERBA“: „Sie ahnt Bitteres“), worauf die im Fresko zu sehende, von Pestbeulen gezeichnete Figur mit dem Totenkopf verweist.

Hildegard von Bingen schließlich – abgebildet mit einem Kruzifix und einem hilfesuchenden Gläubigen – war eine Benediktinerin des zwölften Jahrhunderts. Sie hatte Visionen beziehungsweise Lichterscheinungen, auf welche sie ihre prophetische Gabe zurückführte („PRODIGIIS CALAMO VATICINIIS SPLENDET … LUCEM EX ALTO“: „Sie lässt durch Wunderzeichen, den Schreibgriffel und Prophezeiungen das Licht aus der Höhe glänzen“). Dass Hildegard bei weltlichen und geistlichen Würdenträgern in hohem Ansehen stand und auf diese großen Einfluss hatte, zeigt die Abbildung entsprechender Insignien.

Die Brüstung der Orgelempore ist mit stuckierten Musikinstrumenten sowie auf der Unterseite mit einer goldgefassten Rokokokartusche verziert. Das Deckenfresko zeigt den alttestamentlichen König David mit der Harfe vor der Bundeslade. Zwei der über ihm schwebenden Engel halten einen Totenkopf beziehungsweise ein Schwert, was die Pestepidemie symbolisiert, mit der das Volk Israel geschlagen wird. Bei dieser handelt es sich um eine Strafe für den Hochmut, den David an den Tag legt, indem er seine Macht durch eine Volkszählung unter Beweis stellen will. Die Sonnenstrahlen, welche durch die Wolken scheinen, symbolisieren die Gnade des Herren, der Israel von der Plage erlöst, wonach David seine Verfehlungen bereut (2 Sam 24). Einerseits verweist die Tatsache, dass der verblendete Herrscher Gott herausfordert, auf das bereits im Zusammenhang mit dem zentralen Deckenfresko genannte Zusammentreffen von imperialer Macht und geistlicher beziehungsweise in diesem Fall göttlicher Autorität. Der König gilt andererseits – dem Thema des bereits genannten Bildprogramms entsprechend – als Prophet und Vorfahre Christi. In den Stichkappen oberhalb der Fenster ist je eine Kartusche angebracht, die mit einem Symbol für die Verehrung Gottes ausgemalt ist: Links ist ein Weihrauchfässchen, rechts ein Opferaltar zu sehen.

Der Marienaltar

Auf den Wandbildern sind die heilige Cäcilia (um 200) an der Orgel und der Benediktiner Wilhelm von Hirsau (11. Jh.) dargestellt. Zur Linken dieses Klosterreformers hat sich Wolfgang Andreas Heindl in Gestalt von Malutensilien und eines Büstenkopfes verewigt.

Die Kartuscheninschrift im Gurtbogenscheitel aus dem Psalm 150 lautet: „LAUDATE EUM IN SONO TUBAE …“ („Lobt ihn mit dem Schall der Hörner …“). Sie wird im Abschluss von drei Stichkappen fortgesetzt („… IN TYMPANO … IN CHORDIS … ET ORGANO“: „… mit der Pauke … der Harfe … und der Pfeife!“). Die barocke Orgel wurde in den 1720er-Jahren von Johann Konrad Brandenstein aus Stadtamhof geschaffen. Der aus drei Gehäusen bestehende, mit Bandel- und Rankenwerk versehene Prospekt stammt ebenfalls aus der Werkstatt dieses Meisters. In den späten 1980er-Jahren wurde das Gehäuse teilweise rekonstruiert sowie die Technik erneuert.

Franz Josef Ignaz Holzinger gestaltete nach 1722 auch die beiden an der Chorbogenwand befindlichen Seitenaltäre aus Stuckmarmor sowie die zugehörigen Stuckplastiken. Die Anlagen sind wie folgt aufgebaut: Das Altarbild wird auf der Außenseite durch Säulen eingefasst. Das Kapitell der beiden inneren Stützen wird von Atlanten getragen, unter denen sich die auf Sockeln postierten Assistenzfiguren befinden. Zwischen den ausladenden, verkröpften Gesimsstücken, die den Abschluss eines hochgezogenen Gebälks bilden, ist jeweils ein weißes Stuckrelief auf schwarzem Grund angebracht, das von einem Engelskopf bekrönt ist. Ein auf ausschwingenden Voluten ruhender und mit Vasen besetzter Segmentgiebel umrahmt das von Fr. Lukas Schraudolph stammende Auszugsbild, das von Stuckengeln präsentiert wird.

An der linken Chorbogenwand steht der Kreuzaltar. Der Regensburger Martin Speer

(1701–1765), der auch das Fresko im Festsaal geschaffen hat, malte das Altarblatt. Es zeigt den Gekreuzigten, dessen helle Gestalt sich von dem dunklen Hintergrund abhebt, in dem sich die Stadt Jerusalem abzeichnet. Bei den Seitenfiguren handelt es sich um die heilige Helena (um 300, Mutter Kaiser Konstantins), der die im Deckenfresko zu sehende Kreuzauffindung zugeschrieben wird, und Heraklius (oströmischer Kaiser um 600). Diesem gelingt es der Legende nach, das zuvor von den Muslimen erbeutete Kreuz zurückzugewinnen, woraufhin er es wieder nach Jerusalem bringt. Das Stuckrelief zeigt wohl Kaiser Konstantin, dem nachts Christus mit dem Kreuz erscheint und ihn anweist, die Schilde seiner Soldaten mit diesem Symbol zu kennzeichnen. Konstantin gehorcht und besiegt seinen Rivalen Maxentius in der Schlacht an der Milvischen Brücke. Im Auszugsbild sind der in der ersten Hälfte des zwölften Jahrhunderts lebende Bernhard von Clairvaux (bedeutendster Zisterzienser in der Frühzeit des Ordens) und der bereits genannte Franz von Assisi zu sehen. Der neobarocke Stuckmarmor-Tabernakel stammt aus den 1940er-Jahren und wurde von P. Clemens Gietl (1900–1975) entworfen.

An der rechten Chorbogenwand befindet sich der Marienaltar. Das 1726 angebrachte Altarblatt wird Cosmas Damian Asam (1686–1739) zugeschrieben. Es zeigt die Rosenkranzspende durch Maria und Jesus an den heiligen Dominikus (um 1200, Gründer des nach ihm benannten Ordens). Der heiligen Katharina von Siena (Dominikanerin des 14. Jh.) werden Lilien überreicht, welche die Reinheit symbolisieren. Sie hält außerdem eine Rosenkranzkette sowie einen Rosenstrauß. Auf dem Schoß des in der Bildmitte auf einer Wolkenbank sitzenden Engels liegen ebenfalls Rosen, deren Farben für folgende Gebetseinheiten stehen: Weiß entspricht dem freudenreichen, Rosa dem schmerzhaften, Goldgelb dem glorreichen Rosenkranz. Am linken oberen Bildrand sind Gläubige zu sehen, die sich an die eben genannten Heiligen wenden. Die rechts unten positionierte Frau, der von dem Engel eine Gebetskette gereicht wird, bittet offenbar um Beistand für den neben ihr liegenden, ebenfalls mit einem Rosenkranz versehenen Schwerkranken. Er hält neben dem Sterbekreuz einen Zettel, der ihn als Mitglied der nach 1726 in Metten bestehenden Rosenkranzbruderschaft ausweist. Bei den Assistenzfiguren handelt es sich um die Eltern der Muttergottes, Joachim und Anna. Das Stuckrelief zeigt Mariä Verkündigung. Auf dem oberhalb des Altars angebrachten Deckenfresko ist die Himmelfahrt Mariens zu sehen. Das Auszugsbild stellt die beiden Zisterzienserinnen Gertrud und Mechthild dar, die in der zweiten Hälfte des

Der Benediktusaltar

Der Apostelaltar

13. Jahrhunderts dem Kloster Helfta bei Eisleben angehörten. Das 1910 im Neorokokostil geschaffene, in den 1940er-Jahren auf der Altarmensa aufgestellte Reliquiar enthält die sterblichen Überreste des 1909 seliggesprochenen Abtes Utto.

Die Kommunionbank an der Schwelle zum Chor sowie die Schranken zu den Seitenkapellen bestehen aus poliertem rotem Kalkstein (Rotmarmor), sind durch Baluster gegliedert und stammen aus dem Jahre 1724. Die Wangen des Langhaus-Gestühls wurden 1957 gefertigt.

Die geschweiften Brüstungen der östlichen Emporen sind mit geschnitzten Aufsätzen besetzt, die aus Gitterwerk- und Akanthusornamenten bestehen. Darunter ist je eine Gedächtnisstätte für die verstorbenen Äbte zu finden, die in diesem Bereich bestattet sind. Über einer Mensa ist eine schwarzpolierte Tafel mit den Namen der Prälaten angebracht. Der Rahmen besteht oben aus einem Segmentgiebel, seitlich endet er in Voluten. Eingefasst wird die Anlage durch eine Draperie, die mit Akanthus- und Gitterwerkstuck sowie Kartuschen besetzt ist. Diese zeigen die Wappen der Äbte. Den oberen Abschluss bilden ein mit Quasten versehener Baldachin sowie Skelette, Gebeine und Todesembleme. Bei den Namensinschriften und Wappen handelt es sich um eine Ergänzung der späten 1970er-Jahre. Ursprünglich waren die entsprechenden Felder im Sinne des barocken Vanitas-Gedankens nicht bemalt respektive beschrieben, um zu zeigen, dass irdischer Ruhm vergänglich ist beziehungsweise verblasst.

Die marmorierte sowie vergoldete, mit Ranken-, Gitterwerk und Voluten geschmückte barocke Kanzel stammt von einem unbekannten Künstler. An ihr sind Reliefs der vier Evangelisten Matthäus, Markus, Lukas und Johannes angebracht. Entsprechende Darstellungen an der Brüstung des Zugangs zeigen je zwei der Kirchenväter Augustinus (mit dem flammenden Herz), Hieronymus, (mit dem Löwen), Gregor (mit Tiara und Kreuzstab) und Ambrosius (mit dem Bienenkorb). Diese drei Heiligen lebten im späten vierten beziehungsweise frühen fünften Jahrhundert, Papst Gregor der Große in der zweiten Hälfte des sechsten Jahrhunderts. An der Unterseite des Schalldeckels prangt die Heiliggeisttaube, oben halten Engel ein von Strahlen umgebenes Buch, in dem ein Zitat aus dem Johannesevangelium (8,47) zu lesen ist („QUI EX DEO EST AUDIT VERBA DEI": „Wer aus Gott ist, der hört Gottes Worte").

Die in den Nischenwölbungen der seitlichen Kapellen angebrachten Deckenbilder von Heindl beziehen sich thematisch – wie die Fresken oberhalb der beiden Seitenaltäre – auf das jeweils darunter befindliche Altarblatt. Diese Ölgemälde wurden bis auf eine Arbeit von dem bereits genannten Martin Speer geschaffen.

Die beiden östlichen der von Holzinger gestalteten Altäre wurden um 1850 durch neoromanische Anlagen ersetzt. Diese entfernte man 1943 bis auf die Mensa, die Predella sowie den Tabernakel und brachte die barocken Altarblätter wieder an. 1970 beseitigte man die eben genannten Elemente der Altäre aus dem 19. Jahrhundert und schuf zwei schlichte, gemauerte Mensen. Im Zuge der Inneninstandsetzung der Kirche soll auf diesen 2017 je ein Rokoko-Reliquiar aus der Regierungszeit von Abt Lambert Kraus (1770–1790) aufgestellt werden. Die darin befindlichen Katakombenheiligen waren in den 1770er-Jahren nach Metten verbracht worden und hatten bis in die 1940er-Jahre ihren Platz auf den Mensen der beiden vorderen Seitenaltäre.

Das Bild des nicht mehr vorhandenen Stephanus-Altars in der nordöstlichen Nische stammt aus dem Jahre 1745. Es thematisiert die Steinigung dieses Zeitgenossen Christi, der als erster Märtyrer gilt. Das zugehörige Deckenfresko zeigt das Streitgespräch jüdischer Gelehrter mit Stephanus über in der Thora enthaltene Gesetze. Das gegenüber zu sehende Bild des ebenfalls beseitigten, dem Sebastian ge-

Die linke Assistenzfigur am Hochaltar zeigt Karl den Großen. Der heilige Benedikt ist das Pendant auf der rechten Seite

weihten Altars stellt dessen Martyrium im späten dritten Jahrhundert dar, die entsprechende Szene im Nischengewölbe die Unterweisung zweier Gefangener im christlichen Glauben durch diesen Heiligen.

Die beiden westlichen, erhaltenen Nebenaltäre von Holzinger sind mit mehrfarbigem Stuckmarmor gefasst, auch die Figuren sind stuckiert. Den Abschluss der beiden dreifach ausgekehlten Pilaster bilden Kapitelle, die als Voluten gestaltet sind. Diese sind von Wolken umgeben, auf denen je ein Putto lagert. Dieser trägt eine Kartusche mit dem Namen des jeweils darunter als Assistenzfigur aufgestellten Heiligen. Die zwischen gesprengten Gesimssegmenten angebrachte Inschrift bezieht sich auf das Altarblatt. Den oberen Abschluss bilden zwei Gebälkstücke, vor denen je eine Engelsbüste angebracht ist. Die Auszugszone zwischen diesen bleibt ausgespart, so dass Licht durch das Fenster in den Raum scheint. Den seitlichen Abschluss des Altars bildet je eine freskal gemalte Draperie.

Die rechte dieser Anlagen ist dem heiligen Benedikt geweiht. Das Altarblatt von Christian Wink wurde 1770 in Auftrag gegeben. Das Gemälde verblieb nach der um 1850 durchgeführten Umgestaltung an seinem Ort. Es zeigt – von seinen Mitbrüdern umgeben – den eben verstorbenen Ordensgründer, dessen Seele in den Himmel schwebt. Die Inschrift lautet: „S.P. BENEDICTE MORIENTUM PATRONE ORA PRO NOBIS" („Heiliger Vater Benedikt, Schutzpatron der Sterbenden, bitte für uns!"). Bei den Assistenzfiguren handelt es sich um die Heiligen Erasmus († um 300) und Martin, der im vierten Jahrhundert lebte. Auf dem im Gewölbe angebrachten Fresko ist Benedikt mit seiner Schwester Scholastika zu sehen.

Das Pendant des Altars auf der Nordseite ist den Aposteln geweiht: Das Bild von Martin Speer thematisiert die Übertragung der Schlüsselgewalt an Petrus durch Christus im Kreis der Jünger. Darüber ist folgende Inschrift angebracht: „OMNES S.S. APOSTOLI DOMINI INTERCEDITE PRO NOBIS" („Alle heiligen Apostel des Herrn, legt Fürsprache für uns ein!"). Das Motiv des Schlüssels verbindet das Altarblatt mit dem bereits genannten Fresko in der oberhalb des Altars befindlichen Stichkappe, das sich auf Benno von Meißen bezieht. Bei den Assistenzfiguren handelt es sich um Anselm von Canterbury (Benediktiner und Erzbischof des späten elften und frühen zwölften Jahrhunderts) und den bereits bei der Beschreibung der Fresken im Langhaus genannten Bischof Wolfgang. Auf dem Deckenfresko ist der Abschied Jesu von den Aposteln vor seiner Kreuzigung zu sehen.

Die Bilder in den Gewölben der auf der Westseite folgenden Nischen zeigen links den Tod des heiligen Josef, rechts die Taufe Christi im Jordan. Darunter sind Emporen eingezogen. Deren geschweifte Brüstungen sind – wie diejenigen der entsprechenden westlichen Anlagen – mit geschnitzten Aufsätzen versehen, die aus Gitterwerk- und Akanthusornamenten bestehen.

Die vier Beichtstühle aus marmoriertem Holz sind mit Pilastern besetzt sowie mit vergoldeten Aufsätzen aus geschnitzten Akanthusranken bekrönt, in die Ölbilder eingefügt sind. Unter den Emporen sind doppelte Beichtstühle aufgestellt, wobei in die nördliche Anlage ein Zugang zum Kreuzgang integriert ist. Die drei Bildtafeln zeigen die Heiligen Veronika beziehungsweise Petrus sowie je zwei Putten mit entsprechenden Attributen. Die einfachen Beichtstühle an der Westwand des Langhauses links und rechts vom Eingang sind jeweils mit einem Heiligenbild geschmückt. Auf ihnen sind der heilige Antonius der Große (ägyptischer Mönch und Einsiedler um 300) sowie Maria Magdalena zu sehen.

Auf einer großen Wolkenbank an der breiten Stirn des Chorbogens präsentieren zwei mächtige Stuckengel einen quer-ovalen Strahlenkranz mit der Heiliggeisttaube. Diese ist in eine mit Putten besetzte Wolkenbank integriert und bildet den Übergang zum eingezogenen Chor. Die Gliederung der beiden westlichen,

D.MICHAELI
ARCH:COELESTIS
MILITIÆ PRINCIPI
SACRVM.

Die Wandbilder an der Nordwand des Chors: die Heiligen Scholastika und Benedikt

vom Kirchenraum einsehbaren Joche durch mit Spiegelfeldern besetzte Pfeiler und ein gestuftes Gesims entspricht der des Kirchenschiffs. Hinter dem Hochaltar befinden sich der nicht öffentlich zugängliche Mönchschor sowie die darunterliegende Sakristei.

Der Hochaltar ist 1712 bis 1714 entstanden. Der Holzaufbau sowie die Ornamente stammen aus der Werkstatt des Straubinger Schreiners Jakob Schöpf. Für die Fassmalerei, das heißt die Marmorierung sowie die Vergoldung, waren Sebastian Nickl aus Plattling und der Straubinger Joseph Anton Merz (1681–1750) verantwortlich. Die Mensa aus Granit geht auf die spätgotische Hallenkirche zurück. Ihr ist ein Antependium vorgesetzt, das mit versilberten Treibarbeiten versehen ist. Diese stammen aus Mariaposching, wurden in den 1760er-Jahren geschaffen und zeigen das Herz Mariens sowie Muschel-, Gitterwerk und Blumenbouquets. Auf der Mensa steht der unter Abt Lambert Kraus 1776 angebrachte Rokokotabernakel, dessen beide äußeren Schreine drehbare Elemente enthalten, auf deren Seiten wahlweise Reliquien oder Ölbilder mit Motiven zum Weihnachtsfest beziehungsweise zur Passion sichtbar sind.

Das Hochaltarblatt: Michael besiegt die gefallenen Engel

Die zu beiden Seiten angebrachten Zugänge zur Sakristei werden von je zwei Säulen eingefasst, auf denen schräg angeordnete Segmentgiebelstücke ruhen. Die darüberstehenden Skulpturen aus dem Jahre 1714 stammen wohl aus der Werkstatt von Franz Anton Mozart. Der in Augsburg, dann in Straubing ansässige Bildhauer war ein Großonkel von Wolfgang Amadeus Mozart. Links ist Kaiser Karl der Große, der legendäre Gründer und tatsächliche Förderer der Abtei, mit einem Modell der Mettener Kirche und dem in dieser Form seit der Mitte des 16. Jahrhunderts verwendeten Klosterwappen zu sehen. Bei der rechten Assistenzfigur handelt es sich um den heiligen Benedikt, der einen Becher segnet, so dass eine Schlange aus

Das Deckenfresko im Chor: Christus erklärt sich bereit, die Menschheit durch seinen Kreuzestod zu erlösen

ihm hervorkommt. Dies veranschaulicht, dass er Gift enthält, womit einige von seiner Strenge enttäuschte Mitbrüder des Klosters Vicovaro ihn, den sie zuvor zum Abt bestimmt hatten, umbringen wollen. Als er das Kreuzzeichen über dem Becher vollzieht, geht dieser entzwei und so misslingt das Attentat auf den späteren Ordensgründer. In der von einem Engel präsentierten Benediktregel sind die ersten Worte des Prologs dieser Schrift zu lesen („Ausculta o fili praecepta Magistri“: „Höre, mein Sohn, auf die Weisungen des Meisters!“). In Gestalt von Karl dem Großen und Benedikt wird die bereits genannte Gegenüberstellung von imperialer Macht und geistlicher Autorität beziehungsweise Weltentsagung im Sinne eines fruchtbaren Zusammenwirkens – wie im Fresko der Vorhalle (Karl der Große und Utto) – thematisiert. Neben den beiden Assistenzfiguren sind im Hintergrund zwei gerade, vorne zwei gewundene Stuckmarmorsäulen angebracht.

Das Altarblatt hat Cosmas Damian Asam geschaffen und dafür laut der im Kloster aufbewahrten Quittung 500 Gulden erhalten. Das Ölgemälde wurde im Zuge der Umgestaltung des Gotteshauses in der Mitte des 19. Jahrhunderts nicht entfernt. Im Zentrum ist der Patron der Kirche – der heilige Michael – zu sehen. Der hell erleuchtete Erzengel besiegt – unterstützt von den himmlischen Heerscharen – die gefallenen Engel, die den unteren Bereich des Bildes einnehmen. Die Menschwerdung Gottes in der Gestalt Christi hat den Teufel provoziert und zum Aufstand gegen Gott verführt. Dessen Bekämpfung durch Michael bringt somit die Erlösung der Menschheit mit sich. Links hinter dem Heiligen stehen auf einer Steintafel die Worte „QUIS UT DEUS“ (lateinische Übersetzung des hebräischen Namens Michael: „Wer ist wie Gott?“). Die Antwort („IESUS“) findet sich auf dem Schild des Erzengels. In der himmlischen Bildzone verfolgen – von Engeln umgeben – Gottvater und Maria das Geschehen. Oberhalb des Gemäldes befindet sich eine von einem Akanthusrahmen gefasste Kartusche mit der Inschrift „D. MICHAELI ARCH. COELESTIS MILITIAE PRINICIPI SACRUM" („Haus, dem Erzengel Michael, dem Fürsten der himmlischen Heerscharen, geweiht"). Auf den bereits genannten gewundenen Säulen ruht das verkröpfte Gebälk, darüber zeigt je ein Engel auf eine Kartusche mit einer Inschrift. Beide Aussagen bilden ein abgewandeltes Zitat aus dem Psalm 148 („LAUDATE EUM OMNES VIRTUTES EIUS ... LAUDATE DEUM OMNES ANGELI EIUS": „Lobet ihn, alle seine Wunderwerke ... preiset Gott, alle seine Engel!"). In der Mitte präsentieren zwei Engel das runde Auszugsbild eines unbekannten Künstlers aus der Barockzeit. Es zeigt die Maria lactans (stillende Gottesmutter), deren Brust später übermalt worden ist, auf der Mondsichel. Den oberen Abschluss des Altars bildet ein verkröpfter Segmentgiebel, vor dem das von einem Strahlenkranz umgebene Auge Gottes angebracht ist.

Das Deckenfresko, das sich durch ein Eingreifen der Malerei in den umliegenden Stuck auszeichnet, wird Cosmas Damian Asam zugeschrieben. Es zeigt den Beschluss der Dreifaltigkeit zur Erlösung der sündigen Menschheit. Im Zentrum des Bildes sind die von einer Schlange umwundene Erdkugel sowie die Vertreibung von Adam und Eva aus dem Paradies zu sehen. Christus erklärt sich mit den Worten „ECCE EGO MITTE ME" (Siehe, hier bin ich, sende mich!", Jes 6,8) Gottvater und dem Heiligen Geist gegenüber bereit, das Kreuz auf sich zu nehmen, das von Engeln herbeigetragen wird. Somit handelt es sich um eine Fortsetzung des Bildprogramms des Kirchenschiffs, da der alttestamentliche Prophet Jesaija die Menschwerdung Gottes in Christus voraussagt.

In den Bogenfeldern an der Nordwand des Altarraums sind – jeweils den Fenstern auf der Südseite gegenüberliegend – zwei freskal gemalte Wandbilder angebracht, die ebenfalls Cosmas Damian Asam zugeschrieben werden. Auf ihnen ist die Apotheose von Scholastika (links) und ihrem Bruder Benedikt (rechts) zu sehen, deren Leben von einer intensiven Bindung an die himmlische Sphäre geprägt war. Unterhalb von Scholastika erstreckt sich ein Spruchband, das mit einem erweiterten Zitat aus dem Hohelied Salomos beschrieben ist („Surge, Propera, Amica mea, Columba mea, Formosa mea, et Veni": „Erhebe dich, eile, meine Freundin, meine Taube, meine Schöne, und komm!"; Hld 2,10). Die Seele der Heiligen schwebt in Gestalt einer Taube über ihr. Am unteren Rand des zweiten Freskos ist die aufgeschlagene Benediktregel, daneben die Kuppel des Petersdoms zu sehen. Links von dem Ordensgründer hält ein Engel den bereits genannten Becher mit der Schlange, über ihm schwebt eine strahlende Kugel. Bei dieser handelt es sich um ein Motiv aus der kosmischen Vision des Benedikt, der gegen Ende seines Lebens nachts von einem Turm aus eine Lichterscheinung beobachtet.

Die anderen Fresken im Presbyterium, die denjenigen des Hauptraums entsprechen, stammen von Wolfgang Andreas Heindl: In den Stichkappen des Gewölbes sind die bereits genannten vier Kirchenväter zu sehen. Die Zwickelfelder über den mittleren Wandpfeilern zieren Grisaillebilder, welche Papst Coelestin V. (13. Jh.) und Gertrud von Helfta (Zisterzienserin des späten 13. Jh.) zeigen.

Im unteren Bereich der Seitenwände des Chors ist je eine stuckierte, mit einem Baldachin versehene Draperie angebracht, die um 1750 wohl von dem – auch für die Ausschmückung des Festsaals verantwortlichen – Straubinger Stuckateur Mathias Obermayr (1720–1799) geschaffen wurde: In die Anlage der Nordseite war ursprünglich das spätgotische Uttograb, seit dem späten 19. Jahrhundert ein entsprechender gläserner Reliquienschrein und schließlich von 1910 bis 1943 das bereits genannte Neorokoko-Reliquiar integriert. Das Ölbild stammt von Fr. Lukas Strake (1854–1911). Auf ihm ist der selige Utto zu sehen, dem von Karl dem Großen der Abtsstab und ein Reliquiar ausgehändigt werden. Im Pendant der Draperie an der Südwand findet sich ein Ölgemälde aus dem frühen 18. Jahrhundert, das Utto – dargestellt zusammen mit Roman II. Märkl und seinem Konvent – bei der Abtweihe durch den Bischof von Regensburg zeigt. Das Chorgestühl stammt aus dem Jahre 1940, die Ornamentschnitzereien wurden von Fr. Gunther Kroiss (1917–1990) geschaffen. Volksaltar und Ambo, bei denen es sich um Barockimitationen handelt, wurden 1982 aufgestellt.

Die Barockbibliothek

Die Räumlichkeiten sind im Neuen Konventbau untergebracht, der 1624 unter dem zeitweise abwesenden Abt Johannes III. Nablas (1595–1628) beziehungsweise seinem Prior P. Christoph Guetknecht (Abt 1628–1645) entstanden ist. Sie befinden sich an der Südseite des Ostflügels im Erdgeschoss. Der schon ursprünglich als Bibliothek konzipierte Saal ist in drei Bereiche gegliedert, die durch Mauerzungen und verbreiterte Mittelstützen voneinander getrennt sind. Die Bibliothek erstreckt sich über sieben Fensterachsen, wobei der nördliche und der südliche Abschnitt in der Breite je zwei und der zentrale Bereich drei Joche des Kreuzgratgewölbes einnehmen. In seiner Tiefe wird der Saal von zwei Gewölben überspannt.

Während der Amtszeit von Abt Roman II. Märkl (1706–1729) wurde die Bibliothek in den 1720er-Jahren – wohl veranlasst von Prior P. Wolfgang Reithmayr (1718–1729) – im Stil des Barock ausgeschmückt, wobei der Mittelraum eine relativ aufwändige Gestaltung aufweist. Die aus mehreren Räumen bestehende Anlage ist ein gutes Beispiel dafür, dass die Verbesserung des Buchdrucks während der Renaissance und die damit einsetzende Verbreitung von Schriften im 17. und 18. Jahrhundert zur Einrichtung größerer Bibliotheken geführt haben.

Die Gestaltung der Bibliothek: Barocke Pracht zu Ehren Gottes

Der 1691 in Schörfling am Attersee geborene und 1775 in Sankt Florian bei Linz verstorbene

Franz Josef Ignaz Holzinger schuf – wie auch in der Pfarr- und Klosterkirche – die Stuckarbeiten: Er gestaltete das mehrfarbige Portal, das von zwei ebenfalls aus Stuck gefertigten Figuren flankiert wird, welche die Weisheit (mit Buch und Lorbeerkranz) und die Religion (mit Kreuz und Fackel) verkörpern. Das verkröpfte, gestufte Gebälk ruht zu beiden Seiten auf einer Volute und ist mit zwei Stuckvasen besetzt. Auf dem ebenfalls profilierten Giebel ist eine Christusbüste angebracht, darunter in einer Kartusche die Inschrift „SAPIENTIA AEDIFICAVIT SIBI DOMUM" („Die Weisheit hat sich ein Haus erbaut", Spr 9,1).

Die Inschrift oberhalb des Portals im Bibliotheksraum stammt aus der Benediktregel (48,15). Sie bezieht sich auf die Fastenzeit und lautet: „Accipiant omnes singulos codices de Bibliotheca" („Jeder erhalte ein Buch aus der Bibliothek"). Die insgesamt vier Freistützen, auf denen das Gewölbe ruht, sind im Hauptraum mit zwei Atlantenpaaren, in den seitlichen Bereichen mit je einem Engelspaar verkleidet. Die auf einem Sockel stehenden Figuren scheinen das über ihnen befindliche Gebälk und somit das Gewölbe zu stützen.

Einer der Atlanten im Hauptraum

Die Gewölbezwickel des Hauptraums sind mit weißen Stuckreliefs auf schwarzem Grund verziert, die Kinderengel mit bestimmten Allegorien in Verbindung mit Bibelzitaten in aufgeschlagenen Büchern sowie Schriftbänder darstellen und Tugenden symbolisieren. Die oberhalb der nördlichen Freistütze zu sehenden Reliefs zeigen (im Uhrzeigersinn) die drei göttlichen Tugenden der Hoffnung (Anker und Blumen), des Glaubens (Kreuz und Kelch) und der Liebe (Umarmung: Nächstenliebe; Strahlen des Heiligen Geistes: Liebe zu Gott). Die über dem südlichen Raumpfeiler angebrachten Reliefs symbolisieren die Kardinaltugenden der Klugheit beziehungsweise der Weitsicht (Schlange und Fernrohr), der Gerechtigkeit (Waage und Schwert), der Maßhaltung (Mischkrug und Adler) sowie der Tapferkeit (Säule, Helm und Schild).

Die vergleichbar gestalteten, umlaufend in den ungeteilten Gewölbezwickeln des Hauptraums angebrachten Stuckreliefs veranschaulichen das Wort Gottes beziehungsweise die Enthüllung göttlicher Wahrheiten durch das richtige Verständnis der Heiligen Schrift. Dargestellt sind (im Uhrzeigersinn, beginnend mit dem Motiv links neben dem Eingang) das Christuskind mit dem Kreuz (Neues Testament, das Fleisch gewordene Wort Gottes) sowie Engel mit einem Spiegel (Selbsterkenntnis durch die Lektüre der Heiligen Schrift), Fackel und Schwert (Wort Gottes durchdringt das Dunkel, schärfer als jede Waffe), einem Schlüssel (Liebe zu Gott führt beim Schriftstudium zur Erkenntnis und öffnet das himmlische Reich), einer Rose (tröstliche, nicht selbstquälerische Auslegung der Heiligen Schrift) sowie mit einem geöffneten Buch (Altes Testament, welches die Menschen beeinflussen soll, durch Gott inspiriert).

Ebenfalls im zentralen Bereich der Bibliothek sind umlaufend Reliefs auf halben Gewölbezwickeln angebracht, die weibliche Figuren zeigen. Sie symbolisieren Wissenschaften und Künste: Es handelt sich (im Uhrzeigersinn,

Engel scheinen das Gewölbe in den Seitenräumen zu tragen

beginnend mit der rechts neben dem Eingang gelegenen Ecke) um die Medizin (Krug, Name des griechischen Arztes Galen), die Astronomie (Kugel mit Himmelskörpern), die Geometrie (Zirkel), die Rechtswissenschaft (Waage), die Philosophie (Auge Gottes), die Rhetorik oder die Geschichte (Speer), die Musik (Harfe) und die Vokalmusik oder die Naturkunde (Buch und Vogel).

Der Stuck wird von Bandel- und Rankenwerk dominiert. Im Mittelraum sind über den beiden äußeren Fenstern sowie den jeweils gegenüberliegenden Regalen die Symbole der vier Evangelisten zu sehen. Oberhalb der segmentbogigen Durchgänge sind Putten angebracht, die einen vergoldeten Stuckvorhang offen halten. In den Fensterlaibungen finden sich Stuckmedaillons mit studierenden beziehungsweise forschenden Mönchen sowie Putten, die Bücher tragen. In den schlichter gehaltenen Seitenräumen sind die Gewölbezwickel mit Bandelwerkornamenten geschmückt. Ebenfalls im nördlichen und südlichen Abschnitt sind die Fensterlaibungen sowie die Regale von je einer Kartusche bekrönt, die von zwei Putten präsentiert wird.

Die 14 ausdrucksstarken, farbenfrohen Fresken aus dem Jahre 1724 stammen von Innozenz Waräthi. Er wurde 1690 in der Gegend von Sterzing geboren und verstarb 1758 in Burghausen. Das verbindende Element zwischen allen Bildern ist die häufige Darstellung des Kreuzes sowie von Büchern. Im Mittelraum geht es um das Wort Gottes: Es sind (im Uhrzeigersinn, jeweils beginnend im Nordwesten) die vier Evangelisten zu sehen, deren Texte auf göttliche Eingebung zurückzuführen sind. Das Gotteshaus im Hintergrund symbolisiert ihre Rolle als

Das Portal in der Bibliothek

Grundpfeiler der Kirche. Auf dem nächsten Bild geht es um die durch den Heiligen Geist beziehungsweise den Glauben inspirierte Auslegung der Bibel in der katholischen Kirche (mit Papstkrone und Kreuzstab) im Gegensatz zu den Reformatoren Luther, Calvin, Melanchthon und Zwingli, die sich auf die Worte beschränken. Ein weiteres Fresko, dem im Raumkonzept eine zentrale Bedeutung zukommt, zeigt den heiligen Bonaventura (Franziskaner des 13. Jh.), der in einem von Thomas von Aquin (Dominikaner und Zeitgenosse Bonaventuras) verfassten Buch liest. Dieser zeigt Bonaventura den Gekreuzigten und somit die göttliche Offenbarung als die Quelle seiner Weisheit. Des Weiteren sind die Mystikerinnen Gertrud und Mechthild von Helfta (Zisterzienserinnen des späten 13. Jh.) dargestellt, deren Werke auf göttlicher Inspiration basieren. Zwischen ihnen steht die Mutter Gottes, links Christus. Ebenfalls dargestellt sind die vier Kirchenväter, das heißt drei Heilige aus dem späten vierten beziehungsweise frühen fünften Jahrhundert (Ambrosius mit dem Bienenkorb, Augustinus mit dem flammenden Herzen, Hieronymus mit dem Löwen) sowie Papst Gregor der Große († 604, mit Papstkrone und Kreuzstab) vor der Kulisse eines Gotteshauses, was zum Ausdruck bringt, dass ihre Werke eine Grundlage der katholischen Überlieferung bilden. Das sechste Fresko im Hauptraum zeigt Thomas von Aquin mit dem Gekreuzigten, der dessen christologische Forschungen lobt, sowie Anselm von Canterbury (Benediktiner des 11. Jh., der für die Kirchenreform eingetreten ist) und Maria, mit der dieser sich auseinandergesetzt hat.

Der nördliche Raumabschnitt ist dem Verhältnis zwischen Theologie und anderen Disziplinen beziehungsweise der wissenschaftlichen Arbeit vorbehalten: Zu sehen ist unter anderem der Ordensgründer Benedikt (um 500), dessen Regel auf göttlicher Eingebung beziehungsweise auf der Bibel und anderen theologischen Schriften basiert. Des Weiteren erkennt man Bernhard von Clairvaux (bedeutender Zisterzienser des 12. Jh.). Er wendet sich einem Engel mit dem Kreuz und den Leidenswerkzeugen zu. Ein Spiegel verdeutlicht, dass Gott sich in allen wissenschaftlichen Erkenntnissen offenbart beziehungsweise überall zu entdecken ist. Im Folgenden ist Odo von Cluny (um 900, Verfechter der benediktinischen Klosterreform) abgebildet, dem im Traum ein Becher mit Giftschlangen erscheint. Dieser symbolisiert die Werke des Vergil, von denen er sich nicht beherrschen lassen soll. Auch das nächste Motiv soll davor warnen, den Profanwissenschaften beziehungsweise nichtchristlichen Schriften einen absoluten Stellenwert beizumessen. Es zeigt ein Traumbild des bereits erwähnten Hieronymus, der zur Strafe für seine Cicero-Lektüre, bei der es ihm um die Erlangung rhetorischer Brillanz zum Zwecke der Selbstdarstellung geht, von Christus getadelt und von Engeln gegeißelt wird.

Der südliche Seitenraum ist der Frage nach der richtigen Lebensgestaltung vorbehalten: Weibliche Heilige orientieren sich am vorbildlichen Leben Mariens, das mit einem Lehrbuch gleichgesetzt wird, dessen Lektüre der Sinnfindung dient. Christus am Kreuz ist eine Quelle der Tugenden männlicher Heiliger. Das folgende Fresko zeigt Christus mit den acht Seligkeiten wie der Liebe (Herz) und der Hoffnung (Anker), welche die Handlungen der Menschen auszeichnen, deren Namen im geschlossenen Buch des Lebens verbleiben. Auf dem letzten Bild ist Christus ebenfalls als Richter, jedoch mit dem geöffneten Buch des Lebens beziehungsweise dem Buch mit den sieben Siegeln (mit der Signatur des Künstlers) zu sehen. Aus diesem werden die Personen gestrichen, deren Verhalten von den dargestellten sieben Hauptsünden wie dem Geiz (Geldbeutel) und der Trägheit (schlafender Junge) geprägt ist. Mittels der beiden das Portal flankierenden Figuren, der Stuckmedaillons sowie der Fresken wurde somit – wohl von einem oder mehreren Mettener Theologen – ein Raumprogramm komponiert, das Ideen der Aufklärung in Frage stellt, die sich im Verlauf des 18. Jahrhunderts durchsetzen sollte. Es wird die Auffassung vertreten, dass es nicht möglich ist, Weisheit mittels wissenschaftlicher Studien ohne die göttliche Offenbarung beziehungsweise den Glauben zu erlangen, der letztlich über dem Wissen steht.

Das wandgebundene Schrankwerk stammt – wie der Hochaltar der Pfarr- und Klosterkirche – von dem Straubinger Schreiner Jakob Schöpf: Es ist marmoriert, mit vergoldeten Ornamenten besetzt und – je nach seiner Einbindung in die Raumstruktur – nach vorne oder nach hinten geschwungen. Die sichtbaren Regale ruhen

Ein Deckenfresko: Die Heiligen Thomas von Aquin und Bonaventura

Der Festsaal: In der Barockzeit wie auch heute ein repräsentativer Ort der Begegnung zwischen Benediktinern und ihren Gästen

auf einem sockelartigen, mit Türen versehenen Unterbau und werden zu beiden Seiten von Pilastern gerahmt, die oben und unten in Voluten enden. Die Schränke sind mit einem verkröpften Gebälk und einem aus Schnitzornamenten bestehenden Aufsatz bekrönt. Die in diesen eingebundenen Kartuschen enthielten ursprünglich Inschriften, die auf die Anordnung der Bücher bis 1803 verwiesen. Die Säkularisation brachte die Auslagerung der wertvollen Handschriften und anderer bedeutender Werke nach München mit sich. Nach der Wiederbegründung des Klosters im Jahre 1830 wurde die Neuausstattung der Bibliothek mit Büchern – oftmals mit Hilfe von Schenkungen und Vermächtnissen durch Geistliche – in Angriff genommen. Die heutigen Angaben auf den eben genannten Kartuschen stammen wohl aus der Zeit nach 1830 und geben das damalige Aufstellungskonzept wieder.

Der Festsaal

Der im Ostflügel des heutigen Seminarhofs gelegene Festsaal wurde in den Jahren 1734 bis 1759 – verzögert durch den Österreichischen Erbfolgekrieg (1740–1748) – errichtet. Zunächst war der Deggendorfer Baumeister Benedikt Schöttl (1688–1742), nach dessen Tod sein Sohn Fr. Albert Schöttl (1727–1757) für die Arbeiten verantwortlich. In die Sockelzone der aus dem Gebäudekomplex heraustretenden Fassade ist ein Portal integriert, durch das man in die unter dem Festsaal gelegenen Räume gelangt. Ein Granitgesims leitet zu den beiden Obergeschossen über, hinter denen sich der Saal befindet. Diese Zone ist durch vier Pilaster gegliedert, deren Basis und Kapitell jeweils aus Granit bestehen. Die Schauseite findet ihren oberen Abschluss in einem geschwungenen, mehrfach gestuften Gesims, unter dem in einer Rocaillekartusche die Wappen des Klosters und des Königreichs Bayern zu sehen sind. Auf den Schenkeln des mit einer Uhr versehenen

Ausschnitt aus dem Deckenfresko: Die göttlichen Tugenden an der südlichen Längsseite

Schweifgiebels steht zu beiden Seiten je eine Granit-Blumenvase. Den Scheitel bekrönt die aus dem gleichen Material gefertigte Skulptur des heiligen Benedikt.

Die Mitte des heutigen Seminarhofes ziert der aus Granit gefertigte barocke Karlsbrunnen. Die Brüstung besteht aus je sechs gerade verlaufenden sowie nach innen geschwungenen Seiten und ist mit sechs Paar Deckelvasen besetzt. Auf der zentralen, im unteren Bereich mit Voluten geschmückten Säule steht die Skulptur Karls des Großen, die an den bedeutenden Förderer des Klosters um 800 erinnert (siehe S. 34, 44).

Der Festsaal, der schon im 18. Jahrhundert im Sinne der benediktinischen Tugend der Gastfreundschaft als Ort der Begegnung zwischen Mönchen und Besuchern diente, ist mit unterschiedlich zugeschnittenen Bodenplatten aus poliertem weißem, grauem und rotem Kalkstein ausgelegt. An den geschweiften Stirnwänden des Raumes sorgen je drei Bassgeigen- und tief herabgezogene Rundbogenfenster für eine gute Belichtung.

Der mit Blütengehängen, Putten und Engeln versehene, dynamische Muschelwerkstuck stammt von Mathias Obermayr (1720–1799) aus Straubing. Die Wände werden durch zwölf Wandpfeilerpaare gegliedert. Die entsprechenden Kapitelle sind mit Puttenköpfen besetzt, oberhalb der Sockel sind zwischen den jeweils zusammengehörigen Wandpfeilern Leuchterkartuschen angebracht, von denen vier mit Stuckbüsten versehen sind. Diese zeigen die in der Mitte des 18. Jahrhunderts bekannten Erdteile Europa (Königin mit Krone), Amerika (Indianer mit Kopfschmuck, Monogramm von Mathias Obermayr und Datierung 1755), Asien (Mann mit Turban) und Afrika (Dunkelhäutiger mit Halskette).

An jeder der beiden Längsseiten finden sich zwischen den Pilasterpaaren drei prächtige Stuckrahmen, die ursprünglich wohl Leinwandgemälde eingefasst haben. Den oberen Abschluss der Wände bildet ein umlaufendes Kranzgesims, an dessen Unterseite ein mit Quasten versehener Querbehang angebracht ist. Es ist mit insgesamt acht Vasen besetzt und mit prächtig gestalteten Kartuschen versehen. Sie zeigen Inschriften sowie vier Wappen. Zwei von diesen können Äbten zugeordnet werden, die den Saal errichten ließen (Augustinus II. Ostermayer, 1730–1742: Osterlamm; Columban Gigl, 1744–1752: Igel). Unter Adalbert Tobiaschu (1752–1770: Pelikanmutter) erfolgte die Ausstattung des Raums. Das Wappen von Lambert Kraus (1770–1790: Büste eines Mannes) wurde wohl in den 1970er-Jahren ergänzt.

Das Fresko des Regensburger Malers Martin Speer (1701–1765) nimmt das gesamte Spiegelgewölbe ein. In seinem Zentrum ist Christus zu sehen, der – von das Kreuz tragenden Engeln begleitet – zum Jüngsten Gericht erscheint. Östlich von diesem halten Putten ein Spruchband, das mit einem abgewandelten Zitat aus dem Buch Daniel versehen ist („BENEDICITE OMNES VIRTUTES DOMINUM“: „Preiset, all ihr Mächte, den Herrn!“). Das Wort „VIRTUTES“ kann aufgrund des Bildprogramms des Deckenfreskos auch mit dem Begriff „Tugenden“ übersetzt werden, denn in der Randzone des Gemäldes finden sich bestimmte positive Eigenschaften, zum Teil auch entsprechende Laster.

Die östliche, vordere Stirnwand ist den Kardinaltugenden der Mäßigung (Mischkrug und Weinglas), der Klugheit (Figur mit Spiegel und Schlange), der Tapferkeit (Säule) sowie der Gerechtigkeit (Waage, Schwert) gewidmet. Entsprechende Laster sind unter anderem die Trunksucht bzw. Zügellosigkeit (Zecher mit Spielkarten) und die Falschheit (Maske).

An der südlichen Längsseite sind die göttlichen Tugenden des Glaubens (Kelch und Hostie) beziehungsweise des gläubigen Vertrauens (Kinder im Schoß der Mutter), der Liebe (Flammenherz, Pelikanmutter, die ihr Herz an die Jungen verfüttert) und der Hoffnung (Anker) dargestellt. Im linken Bereich dieser Zone des Freskos sind die Porträts von Abt Adalbert Tobiaschu – neben seinem Wappentier, der Pelikanmutter – und Martin Speer (auf dem Schild eines mit einem Speer bewaffneten Soldaten, gleichnamige Waffe mit dem Abfangsbuchstaben des Vornamens des Malers) zu sehen.

An der westlichen Stirnwand finden sich zahlreiche Herrschertugenden wie die Friedensliebe (Taube mit Olivenzweig), die Treue (Hund), die Freundschaft (zwei sich nahestehende Personen), die Freigiebigkeit (Münzen für die Armen) sowie die Geduld (Kamel). Zu den entsprechenden negativen Eigenschaften zählt unter anderem der Geiz (Geldsack).

Die nördliche Längsseite ist den Mönchstugenden vorbehalten, beispielsweise dem Gehorsam (Joch), der Askese beziehungsweise Buße (Totenkopf, Geißel), der Wachsamkeit (Hahn) sowie der Liebe zu Christus (Lamm).

Nach der Aufhebung der Abtei im Jahre 1803 blieb der Raum zunächst ungenutzt, der Gebäudekomplex gelangte nach der Wiederbegründung des Klosters (1830) im Jahre 1837 wieder in dessen Besitz. Weil in Metten nach

Ausschnitt aus dem Deckenfresko (südliche Längsseite): Porträt und Anfangsbuchstabe des Vornamens des Malers Martin Speer auf einer entsprechenden Waffe

1844 ein Bischöfliches Knabenseminar untergebracht war, wurde der Festsaal als Studienkirche genutzt. Dies brachte nach 1851 die Ausstattung im Stil der Neogotik und den Einbau einer Empore auf der Westseite mit sich. Im Zuge dieser Umgestaltungen entfernte man die sechs Wandbilder. Der neogotische wurde 1918 durch einen neobarocken Altar ersetzt.

Nachdem 1939 das Gymnasium und somit das Studienseminar geschlossen worden waren, brach im November 1942 ein Großbrand aus, der den an der Ostseite des Seminarhofes gelegenen Trakt schwer beschädigte, so dass der einstige Festsaal zu 60 Prozent ausbrannte. Im folgenden Jahr wurde unter anderem der Teil des Gebäudes, in dem sich der Saal befindet, mit einem neuen Dachstuhl versehen. Nach der Wiedereröffnung des Gymnasiums im Jahre 1946 konnte in den späten 1940er- und frühen 1950er-Jahren die – zum Teil provisorische – Instandsetzung des Raums durchgeführt werden. Das Deckengemälde und der Stuck waren durch Feuer und Löschwasser stark in Mitleidenschaft gezogen worden.

Walter Scheidemandel (1894–1987) restaurierte das Deckenfresko und schuf 1953 an der Stelle der nicht mehr vorhandenen ursprünglichen Darstellungen sechs Wandbilder, die sich gut in den Rokokoraum einfügen (von vorne nach hinten): Papst Gregor der Große (links) hat sich in der zweiten Hälfte des sechsten Jahrhunderts für die Armenfürsorge eingesetzt, der alttestamentliche Priester Melchisedek (gegenüber) steht für die Gastfreundschaft. Die folgenden beiden Herrscher haben das Kloster gefördert: Karl der Große (links) hat es um 800 unter seinen Schutz gestellt, Herzog Heinrich Jasomirgott von Österreich (rechts) wohl im Jahre 1157 wiederbegründet. Auch die folgenden Personen haben sich um Metten verdient gemacht: Kaiser Heinrich III. (links) hat der Abtei beziehungsweise der eventuell gleichzeitig in Metten ansässigen Chorherrengemeinschaft 1051 das Marktrecht an den drei Pfingsttagen und an Michaeli verliehen. Zu dieser Zeit stand dem Kloster wohl Gerbert I. vor, so dass der zur Rechten des Herrschers kniende Prälat diesen darstellen dürfte. Das gegenüber angebrachte Bild zeigt drei nicht sicher identifizierbare Äbte der Barockzeit, die für das Kloster entscheidende bauliche Veränderungen veranlasst haben. Seit der in der Nachkriegszeit durchgeführten Instandsetzung wird der Raum wieder als Festsaal sowie als Schulaula genutzt.

Nachdem man in den frühen 1970er-Jahren festgestellt hatte, dass Teile des nach dem Brand errichteten Dachstuhls auf dem Gewölbe lasteten und das Deckengemälde beschädigten, entschloss man sich zu einer weiteren Restaurierung, in deren Zuge 1972 bis 1974 unter anderem das Fresko sowie die Raumschale aufwändig instand gesetzt wurden.

Die Kartuschen am Kranzgesims enthalten lateinische Inschriften, die im Zuge der Instandsetzung der 1970er-Jahre angebracht wurden und sich teilweise unmittelbar auf die Nutzung als Festsaal beziehen. Das an der Ostseite zu le-

Stuckbüste der Europa

sende Motto lautet: „VIRI IUSTI SINT TIBI CONVIVAE" („Gerechte Männer seien deine Gäste", Sir 9,22). Vier Inschriften, die sich jeweils rechts und links an den Längsseiten befinden, bilden zusammen eine entsprechende Aufforderung aus dem ersten Korintherbrief („SIVE MANDUCATIS ... SIVE BIBITIS ... SIVE ALIUD QUID FACITIS ... OMNIA IN GLORIAM DEI FACITE": „Ob ihr esst ... ob ihr trinkt ... oder etwas anderes tut ... tut alles zu Ehren Gottes!", 10,31). An der Westseite findet sich das Zitat „LAUDATE, PUERI, DOMINUM" („Lobet, ihr Knechte, den Herrn!", Ps 113,1). In der Mitte der Längsseiten ist je ein besonders prunkvoller Stuckrahmen angebracht, dessen Inschrift von zwei Engeln präsentiert wird. Auf der linken Seite ist zu lesen: „QUAE SURSU(M) SUNT, QUAERITE, UBI CHRISTUS EST" („Sucht, was droben ist, wo Christus ist", Kol 3,1). Die gegenüberliegende Aufforderung lautet: „IDEO ET NOS GRATIAS AGIMUS DEO" („Darum danken auch wir Gott", 1 Thess 2,13).

Das Schloss Himmelberg

Auf dem im Eigentum des Klosters befindlichen Himmelberg durfte schon im Mittelalter Weinbau betrieben worden sein. Für das 16. und 17. Jahrhundert ist ein Sommerhaus belegt, das 1720 unter Abt Roman II. Märkl (1706–1729) neu erbaut wurde. 1755 erhielt das Gebäude unter Abt Adalbert Tobiaschu (1752–1770) im Zuge einer Erweiterung seine heutige Gestalt (siehe S. 208). Wie auch bei der Fertigstellung des Festsaals im Kloster war für die Bauausführung Fr. Albert Schöttl (1727–1757) verantwortlich. Es handelt sich um einen zweigeschossigen Walmdachbau. Dachreiter und Kamin haben jeweils eine Zwiebelhaube. Im westlichen Bereich befinden sich Wohnräume und ein annähernd 40 Meter tiefer Brunnen, darüber der Festsaal. Im östlichen Abschnitt des Gebäudes nimmt die Kapelle die Höhe beider Etagen ein.

Im Zuge der Säkularisation des Jahres 1803 gelangte der Himmelberg wie ein Großteil der Abteigebäude in den Besitz von Johann Baptist Pronath. Dieser überließ dem Kloster nach seiner Wiederbesiedlung im Jahre 1830 den Berg samt Schloss. 1851 wurde die Zwiebel des Dachreiters nach einem Gewitterschaden durch ein Pyramidendach ersetzt (siehe S. 96). Abt Corbinian Hofmeister (1929–1966) ließ das Gebäude 1930 mit einem zusätzlichen Geschoss versehen. Von 1942 bis 1945 waren auf dem vom Staat beschlagnahmten Himmelberg insgesamt 145 slowenische Kinder und Jugendliche untergebracht, die dort „germanisiert" werden sollten. In den 1980er-Jahren wurden die oben genannten Umbauarbeiten unter Abt Emmeram Geser (1971–1989) – betreut von Kreisheimatpfleger Georg Loibl – im Rahmen einer grundlegenden Instandsetzung rückgängig gemacht: Der Turm erhielt wieder eine Zwiebelhaube, das ursprüngliche Walmdach wurde rekonstruiert. Eine im Jahre 2014 am Schloss angebrachte Gedenktafel erinnert an das Schicksal der eben genannten jungen Slowenen.

Die Decke sowie die Hohlkehle des Festsaals ziert Rokokostuck von Johann Baptist Modler (1697–1774). Der aus der Oberpfalz stammende und in Kößlarn im Rottal ansässige Künstler kombinierte feingekräuselte, asymmetrische Ornamente mit naturnah wiedergegebenen Figuren und Landschaften. Die teils mit dezenten Pastellfarben gefassten Szenen zeichnen sich – obwohl der Stuck nur wenige Millimeter bzw. Zentimeter stark ist – durch eine faszinierende Tiefenwirkung aus. Es gelingt dem Stuckateur, die einzelnen Elemente der Natur wie Wolken, Wasser, Blätter oder Felsen detailliert und realistisch herauszuarbeiten.

Die zentrale Deckenszene zeigt in malerischer Landschaft eine Episode aus der Lebensbeschreibung des heiligen Benedikt: Der spätere Ordensgründer hat sich in seiner Jugend aus Rom in die Gegend östlich der Stadt zurückgezogen. Zunächst hält er sich in einer Mönchsgemeinschaft in Effide auf, dann sucht er die Nähe Gottes in der Einsamkeit einer Höhle bei Subiaco, die an einer Quelle liegt. Von einem Mönch eines benachbarten Klosters wird er mit Brot versorgt. Der Satan versucht eines Tages, dies zu vereiteln, und bewirft den Bruder, der Benedikt mittels einer Glocke auf die Lebensmittellieferung aufmerksam machen will, mit einem Stein. Sein Versuch scheitert, der in sein Gebet vertiefte Benedikt nimmt von der teuflischen Tat keine Notiz.

Die untere Zone der Decke wird jeweils in der Mitte einer Raumseite von Stuckrahmen eingenommen, in denen die vier Jahreszeiten zu sehen sind: Auf den Frühling verweist ein Mann, der Pflanzen, die während der kalten Jahreszeit eingelagert worden sind, in einen Barockgarten trägt. Der Sommer wird mittels einer Ernteszene unter wolkenlosem Himmel, der Herbst durch ein Jagdmotiv, der Winter in Gestalt einer Schlittenfahrt in einer verschneiten Landschaft dargestellt.

In den Ecken versinnbildlichen entsprechende Tätigkeiten von Putten beziehungsweise Gegenstände je eines der vier Elemente: Das Feuer dient zum Beheizen eines Hauses (Kamin), zum Grillen sowie zum Entzünden von Schießpulver (Kanone). In der dem Wasser gewidmeten Szene plätschert es vielfach, ein Putto hält den Dreizack des Poseidon, ein weiterer stößt aus dem Horn des Triton – ebenfalls ein griechischer Meeresgott – Wasser hervor. Die Luft ermöglicht den Flug auf dem Rücken eines Vogels sowie den Betrieb eines Windrads. Die schwer wiederzugebende Erde wird als Element dargestellt, das als Fundament für Gebäude sowie Nährboden für Pflanzen dient.

Außerdem befindet sich in jeder Ecke ein doppelbalkiges Benediktuskreuz. Dieses erinnert an das Wunderwirken des heiligen Benedikt. Jeweils zwei diagonal gegenüberliegende Kreuze sind mit den gleichen Anfangsbuchstaben lateinischer Sinnsprüche versehen („Crux Sancta Sit Mihi Lux. Non Draco Sit Mihi Dux": „Das heilige Kreuz sei mir Licht! Der Teufel sei mein Führer nicht!"; „Vade Retro Satana, Numquam Suade Mihi Vana. Sunt Mala Qae Libas, Ipse Venena Bibas": „Weiche zurück, Satan, rate mir niemals zur Eitelkeit! Böse ist, was du mir einträufelst, mögest du selbst dein Gift trinken!").

Die ebenfalls in den Ecken angebrachten Spruchbänder enthalten lateinische Zitate, welche die Segenskraft des Benediktuskreuzes („HAC …": „Durch dieses …") betonen und jedem Element eine Jahreszeit zuweisen (Feuer – Frühling: „HAC GAUDET FLORIDA TERRA VERNIS ROSIS": „Durch dieses freut sich die blühende Erde an den Frühlingsrosen"; Erde – Sommer: „HAC STAT AB IGNIVOMO FULMINE TUTA SEGES": „Durch dieses steht die Saat sicher vor dem feuerspeienden Blitz"; Herbst – Luft: „HAC REDIT EX UNDIS FERRUM ET TORCULAR ABUNDAT": „Durch dieses kehrt das Eisen aus den Wogen zurück und fließt die Kelter über"). Die Erwähnung des Metalls verweist auf die legendäre Begebenheit, dass der heilige Benedikt eine in einen See gefallene Beilklinge zurückholt, indem er den Stiel über das Wasser hält. Die letzte Aussage verbindet den Winter mit dem Wasser („HAC GLACIALIS HIEMS URENSQUE REPELLITUR ISTER": „Durch dieses werden der eisige Winter und die reißende Donau zurückgedrängt").

Außerdem schmücken je zwei kleine, in eine Stuckkartusche integrierte Landschaftsdarstellungen die Längsseiten des Saals. Es handelt sich um Häuser neben einem Wassergraben, einen Bachlauf, um Segelschiffe in einer Bucht sowie ein Gebäude – wohl eine Mühle – an einem kleinen Fließgewässer. In jedem der Motive spielt das nasse Element eine Rolle. Es ist noch nicht geklärt, ob dieser Zyklus – abgesehen von der im 18. Jahrhundert mehr als heute ausgeprägten Nähe des Himmelbergs zur Donau – eine konkrete Bedeutung hat, die über den dekorativen Reiz der liebevoll modellierten Szenerien hinausgeht.

Im Schloss befinden sich auch zwei Kachelöfen aus der Erbauungszeit. Ein schwarzes,

Der Festsaal im Himmelbergschloss: feinster Rokokostuck

mit Muschelwerkornamenten und Voluten geschmücktes Exemplar steht im Saal, ein weiteres im Oratorium, von dem aus wohl der Abt durch ein großes Fenster dem Gottesdienst beiwohnen konnte. Dieser Ofen hat die Form eines Schreibsekretärs. In den aus Ranken bestehenden Aufsatz ist eine Pelikanmutter mit ihren Jungen – das Wappentier von Abt Adalbert Tobiaschu – integriert.

Ein Kirchlein, das auf dem Paulusberg bei Metten gestanden hatte und während der Erbauungszeit des Himmelbergschlosses abgetragen wurde, war dem am 25. Januar begangenen Feiertag Pauli Bekehrung geweiht. Dieses Patrozinium wurde auf die Schlosskapelle übertragen. Die beiden Wandbilder an der Südostseite der Fassade zeigen Paulus vor (rechts) und nach (links) seiner Bekehrung. Der Raum ist mit einem Tonnengewölbe versehen, in das Stichkappen eingreifen. Die vertikale Gliederung erfolgt durch Pilaster, deren Kapitelle mit Akanthusranken und Voluten besetzt sind. In der Horizontalen stellen ausladende Gesimse ein verbindendes Element dar. Der Stuck ist schlicht gehalten, die Raumschale wird von den Fresken beherrscht (siehe S. 147).

Der um die Zeitenwende in der römischen Provinz Kilikien (in der heutigen Südtürkei) als

Das Element Erde mit dem Benediktuskreuz in der nordöstlichen Ecke des Festsaals

Jude und römischer Bürger geborene Paulus trug auch den hebräischen Namen Saulus. Folgende – zum Teil legendäre – Begebenheiten prägen seine Biographie: Als Pharisäer trat er für eine strenge Befolgung der Thora ein und wirkte – vermutlich in Damaskus – bei der Christenverfolgung mit. Nach seiner in den 30er-Jahren erfolgten Bekehrung widmete sich der Apostel, der nicht zu den zwölf Jüngern zu rechnen ist, im Rahmen der Heidenmission der Gewinnung von Nichtjuden für das Christentum, indem er drei Reisen im östlichen Mittelmeerraum unternahm, an der Gründung von Gemeinden beteiligt war und an diese Briefe schrieb. Paulus erfuhr Anfeindungen von verschiedenen Seiten: Strenggläubige Juden kritisierten sein Bekenntnis zum Christentum, Judenchristen verurteilten die von ihm betriebene Heidenmission, da sie die Heidenchristen als unrein ansahen. Auch einige Christen misstrauten ihm, da er ihre Glaubensgenossen zunächst verfolgt hatte. Im römischen Kaiserreich schließlich galt Paulus als Unruhestifter, was seine Enthauptung im Jahre 64, nach anderen Angaben im Jahre 67 zur Folge hatte.

Das von Konflikten geprägte Leben des heiligen Paulus ist das Thema des Bildprogramms in der Schlosskapelle, das von dem Regensburger Maler Martin Speer (1701–1765) stammt, der uns in der Pfarr- und Klosterkirche und im Festsaal begegnet ist. Er gestaltete die Grisaillebilder in den Stichkappen und Gewölbezwickeln sowie die Fresken an der Brüstung der Orgelempore. Der Zyklus zeigt Paulus beziehungsweise Saulus bei der Steinigung des Stephanus sowie als Christenverfolger, seine Heilung von der Blindheit durch Hananias sowie seine Taufe, die Rettung im Korb, die Erweckung des Eutychus in Troas, Szenen der Anfeindung beziehungsweise Verfolgung, die Rede auf dem Areopag in Athen, die Apostelversammlung in Jerusalem, die Handauflegung in Ephesus, die

Das Hochaltarblatt in der Kapelle von Himmelberg: die Bekehrung des Paulus

Heilung der Magd mit dem Wahrsagegeist, den Abschied von den Ältesten in Ephesus, die Schiffsfahrt vom Heiligen Land nach Rom und das Entzünden eines Reisighaufens während des Aufenthalts auf Malta.

Eine besondere Rolle spielten die auf dem ebenfalls von Speer stammenden Hochaltarblatt zu sehende Bekehrung vor Damaskus sowie das Deckenfresko, das den Märtyrertod des Paulus zeigt. Sein Kopf schlägt nach der Enthauptung dreimal am Boden auf, wobei an jeder der betreffenden Stellen eine Quelle entspringt. Daher trägt der bei Rom gelegene Ort des legendären Geschehens den Namen Tre Fontane. In dem Motiv finden sich die Signatur des Malers und eine Datierung (1757). Die in einem Stuckrahmen oberhalb des Altars angebrachte goldene Inschrift („ALTARE ORBIS PRAEDICATORI SACRUM": „Altar, dem Prediger des Erdkreises geweiht") bezieht sich auf Paulus. Das aus den hervorgehobenen Buchstaben beziehungsweise lateinischen Zahlen bestehende Chronogramm (1758) verweist auf die Zeit der Ausgestaltung der Kapelle.

Zusätzlich zum Bildprogramm ist an der Westwand eine freskal gemalte Darstellung des heiligen Florian angebracht, auf dessen Fürbitte hin das Schloss vor Brandkatastrophen verschont bleiben soll.

Die Ausstattung stammt aus der Werkstatt von Josef Deutschmann (1717–1787). Der aus Tirol stammende Künstler war Klosterbildhauer bei den Augustiner-Chorherren zu Sankt Nikola in Passau. Der aus marmoriertem Holz bestehende Altar ist mit zwei Säulen versehen. Die Inschrift in der Muschelwerkkartusche über dem bereits erwähnten Gemälde lautet: „S. PAULE APOSTOLE ORA PRO NOBIS" („Heiliger Apostel Paulus, bitte für uns!"). Bei den hölzernen Assistenzfiguren handelt es sich um die Heiligen Petrus und Paulus. Auf den darunter angebrachten vergoldeten Reliefs ist jeweils das Martyrium der Jünger Petrus und Andreas zu sehen, die Brüder waren. Das verkröpfte Gebälk ist mit Putten besetzt. Der Giebel birgt das Auszugsbild, das Paulus als Prediger zeigt, und ist mit Kinderengelsköpfen und dem Christusmonogramm in einem Strahlenkranz bekrönt.

Die Kanzel ist an mehreren Stellen mit Muschelwerkornamenten, Voluten sowie Puttenhäuptern geschmückt, die sich durch eine originelle Mimik auszeichnen. Das am Korb angebrachte Relief stellt den Sämann aus dem gleichnamigen biblischen Gleichnis dar. Auf dem Schalldeckel präsentieren zwei Putten die Gesetzestafel und das Auge Gottes.

Die Kapelle: Harmonie von historischer Bausubstanz und moderner Ausstattung

Die Benediktuskapelle

Im westlichen Abschnitt des Kreuzgangs betritt man die im Jahre 1997 gesegnete Kapelle. Ein Rechteck bildet den Grundriss der Anlage. Von einem Vorraum aus gelangt der Besucher in das Beichtzimmer oder in den Verbindungsgang zur Kapelle, von dem aus die zur Rechten gelegene Sakristei erschlossen wird. Der sakrale Raum besteht von Westen nach Osten gesehen aus zwei, in Nord-Süd-Richtung aus drei Jochen. Das Gewölbe ruht auf zwei massiven quadratischen Pfeilern. Das Granitmauerwerk an der Südseite ist Bestandteil des im 13. Jahrhundert entstandenen Nordturms der romanischen Klosterkirche. Acht modern gestaltete Fenster aus Buntglassteinen sorgen für eine dezente Belichtung.

An der Nordwand wurde ein aus der Pfarrkirche von Irlbach stammender spätgotischer Gewölbeschlussstein angebracht: Er besteht aus einer Vierpassform, in der Maria mit dem Jesuskind thront. Die an der Südseite aufgestellte hölzerne Benediktus-Skulptur stammt aus dem 15. Jahrhundert.

Die Bronze-Ausstattung wurde von dem zeitgenössischen Eggenfeldener Künstler Joseph Michael Neustifter gestaltet, der auch die Benediktsäule im Prälatengarten geschaffen hat. Der Altar steht im mittleren Raumabschnitt. Das Zentrum der Vorderseite ziert der in einer Mandorla thronende Christus, in den Ecken finden sich Grundvollzüge, die in der Benediktregel verankert sind. Es handelt sich um das Hören im Sinne einer Empfänglichkeit für die Offenbarung beziehungsweise den Gehorsam

Das Mauerwerk des Nordturms der romanischen Klosterkirche in der Benediktuskapelle (Südseite)

(durch eine Hand symbolisierte göttliche Autorität), das Schweigen (verschlossener Mund), die Maßhaltung (Ausgewogenheit zwischen den Extremen, dargestellt anhand der Zeichen + und –) und die Demut, versinnbildlicht durch die Jakobsleiter aus dem ersten Buch Mose. Diese vier geistlichen Prinzipien finden ihre Fortsetzung in den nach außen gerichteten Aufgaben der Mönche, welche an den oberen Säulenenden zu sehen sind (Landwirtschaft, Wissenschaft, Erziehung, Seelsorge). Auf der Rückseite sind Zitate aus dem Prolog der Benediktregel in lateinischer und deutscher Sprache angebracht.

Auf Ambo und Tabernakel sind Motive zur Emmausgeschichte dargestellt. Das Lesepult zieren zwei Jünger, die nach der Kreuzigung voller Enttäuschung Jerusalem verlassen. Auf den Tabernakeltüren ist folgende Szene zu sehen: Jesus, der sich ihnen unterwegs unerkannt angeschlossen hat, ist zu Gast bei den beiden Jüngern, die ihn schließlich während des Brotbrechens erkennen.

Der Prälatengarten

Von 1770 bis 1790 unterstand das Kloster Abt Lambert Kraus. Der selbstbewusste und vielseitige Prälat war ein hervorragender Redner, führte elektrische Versuche durch und war als Komponist aktiv. Die wirtschaftliche Lage der Abtei war ihm – in der Tradition der Barockzeit stehend – weniger wichtig. Im Jahre 1777 ließ er einen bereits bestehenden Barockgarten neu gestalten, was damals kaum mehr dem Zeitgeist entsprach, da sich die Aufklärung zunehmend durchsetzte. Wesentlich für eine solche repräsentative Anlage war neben der Verwendung seltener Pflanzen die geometrische Gliederung, die den Anspruch barocker Regenten und Prälaten, die Natur zu beherrschen, zum Ausdruck bringen sollte.

Der ökonomisch denkende Abt Cölestin Stöckl (1791–1803) wandelte die Anlage 1793 in einen Hopfengarten um, nach der Wiederansiedlung der Benediktiner in Metten (1830) gelangte die Fläche 1837 erneut in den Besitz des Klosters und wurde von 1850 bis in das frühe 21. Jahrhundert für den Gemüseanbau genutzt. Die Erweiterung des damaligen Pfarrfriedhofs um 1900 und die Errichtung des Pfarrzentrums in der Mitte der 1970er-Jahre brachte eine Verkleinerung des Areals mit sich. Im Jahre 2005 begannen der Landschaftsarchitekt Karl Kiendl und der Architekt Norbert Paukner mit den Planungen für die Umgestaltung zum heutigen Prälatengarten, der 2007 eröffnet wurde.

Einen Großteil der Fläche, welche das Kloster der Gemeinde verpachtet hat, hat man als Barockgarten gestaltet. Dies bringt grundsätzlich einen symmetrischen Aufbau mit sich: Gegenüber der im Norden gelegenen Mauer wurde eine Hecke gepflanzt. In der Mitte zwischen diesen Begrenzungslinien verläuft eine Achse. Zwei Elemente, welche diese markieren, stammen von der einstigen barocken Anlage, nämlich das als „Chinesischer Pavillon" bezeichnete Gartenhäuschen sowie der in Fragmenten vorhandene und ergänzte Granitbrunnen. Den

Der Prälatengarten

ursprünglichen Endpunkt der Achse bildete die im 18. Jahrhundert rechts von der Einfahrt zum heutigen Seminarhof gelegene Wohnung des Abtes. Die Integration dieses architektonischen Elements in das Konzept war aufgrund der bereits erwähnten Verkleinerung des Areals nicht mehr möglich.

Daher findet die heutige, verkürzte Achse ihren Endpunkt in der Benediktsäule des Eggenfeldener Bildhauers Joseph Michael Neustifter, des Schöpfers der Ausstattung der Benediktuskapelle. Die 4,30 Meter hohe, als Schriftrolle gestaltete Bronze-Stele wurde von der Bramenkamp-Stiftung (Landau an der Isar) finanziert. Ihre Anfertigung verzögerte sich durch zwei Aufträge, mit denen der Künstler zunächst befasst war: Nach der Wahl von Joseph Kardinal Ratzinger zum Papst im Jahre 2005 galt es, je eine für Marktl und Velletri (südöstlich von Rom) bestimmte Säule fertigzustellen.

Die Motive der Mettener Säule lassen sich – bis auf das rückseitige Wappen von Papst Benedikt XVI. – in zwei Themenkomplexe gliedern. Zunächst geht es um den Benediktinerorden beziehungsweise in der Benediktregel verankerte Tugenden: Auf der Vorderseite thront oben in einer Mandorla Christus mit dem Buch des Lebens auf einem Regenbogen, der den Neuen Bund zwischen Gott und der mittels der Weltkugel dargestellten Menschheit symbolisiert. Unterhalb wird Benedikt vom Heiligen Geist zur Niederschrift seiner Ordensregel inspiriert.

In dieser sind entsprechende Grundvollzüge verankert, die ebenfalls dargestellt werden (links Friedensliebe, Gastfreundschaft; rechts Gebet, Arbeit). Bei den in drei Siegeln auf der Rückseite zu sehenden Tugenden handelt es sich (von oben nach unten) um den Gehorsam (Christus am Kreuz), die Sittenstrenge (Johannes der Täufer) sowie die dauerhafte Bindung an ein Kloster (Christus, der am Ölberg ausharrt).

Die anderen Darstellungen beziehen sich einerseits auf die Klostergeschichte des frühen und hohen Mittelalters (Gründung durch Gamelbert im Jahre 766; Utto, der sein Beil an einem Sonnenstrahl aufhängt, als erster Abt; legendäre Rolle von Kaiser Karl dem Großen bei der Entstehung beziehungsweise tatsächliche Förderung des Klosters durch diesen Herrscher um 800; erneute Einsetzung der Benediktiner durch den österreichischen Herzog Heinrich Jasomirgott wohl im Jahre 1157). Andererseits sind Personen beziehungsweise Ereignisse des 19. und 20. Jahrhunderts verewigt (Neugründung im Jahre 1830 durch Johann von Pronath und König Ludwig I. mit Hilfe des Regensburger Bischofs Johann Michael Sailer; Gregor [von] Scherr 1840 erster Abt im 19. Jahrhundert; Ansiedlung der Benediktiner in den USA durch den Mettener Pater und späteren Erzabt Bonifaz Wimmer im Jahre 1846; Abt Augustinus III. Mayer 1966–1971, 1972 Bischof und 1985 Kardinal; Abt Wolfgang Maria Hagl seit 1989).

Die Benedikt-säule

Neben dem in Anlehnung an barocke Vorbilder gestalteten Teil des Gartens erinnert ein zweiter, tiefer angelegter Bereich an die einstige Vorreiterrolle der Klöster beim Anbau von Nutzpflanzen seit dem Mittelalter und die entsprechende Verwendung des Mettener Areals: Hier finden sich heimische sowie von der Mettener Partnergemeinde Rossatz-Arnsdorf (Wachau) zur Verfügung gestellte Obstgewächse. Granitpfosten des Zauns der einstigen Nutzfläche wurden so angeordnet, dass sie – von oben betrachtet – die griechischen Buchstaben Alpha und Omega bilden. Diese versinnbildlichen die Vergänglichkeit. In die Steine gemeißelte lateinische Sinnsprüche verweisen auf das humanistische Bildungsideal des Gymnasiums.

In diesen Teil der Anlage ist an der Ostseite ein neues Gebäude integriert. Es wurde an der Stelle des aus den 1930er-Jahren stammenden und bis in die späten 1960er-Jahre genutzten Leichenhauses des damaligen Friedhofs errichtet und wird im Winter als Orangerie genutzt. Solche Bauten dienten in Barockgärten während dieser Jahreszeit zur Unterbringung nichtheimischer Gehölze. Das vor der Orangerie gelegene Gelände des Prälatengartens ermöglicht die Durchführung von Veranstaltungen.

An der Rückseite ist die Orangerie mit der um 1900 errichteten neobarocken Ölbergkapelle verbunden, die heute als Kriegergedächtnisstätte genutzt wird. Im Zuge der Gestaltung des Prälatengartens wurde im ehemaligen Friedhof die von dem Bildhauer Alexander Hintersberger geschaffene und von der Gallinger-Max-Stiftung finanzierte Pilgerplatte aus Bronze verankert. Die Vorgabe bestand in der Darstellung einer Landkarte, auf welcher der Pilgerweg Via Nova nach Sankt Wolfgang zu sehen ist, dessen Ausgangspunkt im Jahre 2007 Metten war.

Glasfenster im Eingangsbereich der neuen Bibliothek

Die neue Bibliothek

Nachdem man im Kloster schon Jahrzehnte das Ziel verfolgt hatte, die in verschiedenen Räumen aufbewahrten Buchbestände zusammenzufassen, konnte im Juli 2009 die neue Bibliothek eingeweiht werden. Aufgrund der zeitgemäßen, anspruchsvollen Gestaltung durch das Architekturbüro Schnabel (Bad Kötzting) ist es gelungen, in einen Seminarhoftrakt aus dem 19. Jahrhundert ein der Barockbibliothek würdiges modernes Pendant zu integrieren.

Den Eingangsbereich belebt ein Glasfenster, das von dem in Waldenburg (Baden-Württemberg) tätigen, 2010 verstorbenen Hans Gottfried von Stockhausen entworfen und in der Mayer'schen Hofkunstanstalt München gefertigt wurde. Im Zentrum ist die Mutter Gottes mit dem Kind in einer Mandorla zu sehen, links und rechts umlaufend das Vaterunser. Dies verweist – wie auch das Raumprogramm der Barockbibliothek – darauf, dass die Aneignung von Wissen ohne den Glauben letztlich wertlos ist.

Das Eingangsportal ist auf beiden Seiten mit Intarsien geschmückt, die den aus dem Mittelalter stammenden „Utto-Stab“ und die Wappen von Abt Wolfgang Maria Hagl (außen) beziehungsweise des Klosters (innen) zeigen. In die Bodenschwelle des Eingangs sind in griechischer Sprache die Worte „Heilstätte der Seele“ eingelassen. Ulrich Hommes hat deren Bedeutung anlässlich der Einweihung der Bibliothek erläutert: Er geht von einer „Verabsolutierung der technisch-wissenschaftlichen Rationalität“, von einem „Schwund des Ästhetischen, des Ethischen und des Religiösen“ in unserer Gesellschaft aus. Gerade eine Bibliothek könne seines Erachtens „Einiges bieten, was die Seele braucht gegen die Verkümmerung, die ihr in der modernen Welt droht. Sie vermittelt Beispiel, Anregung, Ermunterung“ (Hommes, 2009/10, S. 58 f.).

Im Lesesaal befinden sich etwa 25000 Bücher, die vor allem der Theologie, aber auch der klassischen Philologie, der Kunst, der Geschichte und der schönen Literatur zuzurechnen sind. Die Eichenholzregale sind an den Stirnwänden sowie an einer Seite der Tragmauern angeordnet, so dass – wie in der Barockbibliothek – ein großzügiger Raumeindruck entsteht.

Bei der Ausstattung strebte man nicht nur eine funktionale Aufstellung der Bücher an, sondern deren Präsentation in einem ästhetischen Rahmen. Dazu tragen vor allem die insgesamt 96 Meter langen Lichtbänder bei, die über den sechs Regalen beziehungsweise Regalblöcken verlaufen und zwischen diesen ein verbindendes Element schaffen. Das Kunstwerk wurde von den in Grafing bei München tätigen Robert M. Weber (Glaskünstler) und Peter Hinz-Rosin (Fotograf) konzipiert und in den Werkstätten Gustav van Treeck – Bayerische Hofglasmalerei (München) hergestellt. Es verleiht dem Saal eine dezent-festliche Atmosphäre und symbolisiert die von den Büchern ausgehende Strahlkraft.

Die in einem aufwändigen Verfahren mittels Glasmalerei, Schmelz- und Strahlverfahren gewonnenen Scheiben leben von der Kombination aus unterschiedlichen Oberflächenstrukturen und Farben. Das auf den Lichtbändern vorherrschende Kolorit bezieht sich auf die Region, die vom Kloster seit Jahrhunderten geprägt wird: Gelb verweist auf den Gäuboden, Blau auf die Donau und Grün auf den Bayerwald. Grundsätzlich erinnert das Material an die im Bayerischen Wald heimische Glaskunst. In der kunstvollen Schrift ist eine moderne Interpretation der Kalligraphie zu sehen, die in den mittelalterlichen Klöstern gepflegt wurde. Darauf verweist neben der Verwendung von Initialen die ausgewogene Anordnung der in verschiedenen Schrifttypen wiedergegebenen Worte beziehungsweise deren Überlagerung.

Thematisch ist das Lichtband wie folgt gegliedert: Über dem in der Nähe des Eingangs befindlichen Regal sowie an der gegenüberliegenden Seite des folgenden Komplexes sind Texte der Genesis (hebräisch und deutsch) zu lesen, als Nächstes Zitate aus dem Buch der Weisheit (griechisch und deutsch). In der Mitte der

Unser Geist muss
im Einklang stehen
mit unserer Stimme
in der Liebe erkennt
der Mensch das Walten
der Gottheit

Bei der Gestaltung des Raums hat man die hohen funktionalen und ästhetischen Ansprüche in Einklang gebracht

Bibliothek – im Bereich der Leseinsel – findet sich ein Ausschnitt aus der Enzyklika „Deus caritas est“ von Papst Benedikt XVI. in deutscher Sprache. Im folgenden Bereich wird der Prolog des Johannesevangeliums zitiert (deutsch und griechisch). Die nächste Zone sowie das letzte Regal zieren Ausschnitte aus dem Vorwort der Benediktregel (lateinisch und deutsch). Neben dem Konvent sowie Lehrern und Schülern des Gymnasiums steht die Bibliothek der Öffentlichkeit zur Verfügung. Im Laufe der Zeit sollen die meisten der derzeit etwa 230000 im Kloster befindlichen Bände – bis auf den Bestand der Barockbibliothek und des eben beschriebenen Lesesaals – in den Rollregalen des Magazins untergebracht werden. In der neuen Bibliothek ist die Aufbewahrung von insgesamt circa 300000 Büchern möglich.

Folgende Personen haben mich in zahlreichen Gesprächen oder schriftlich mit Informationen versorgt: P. Athanasius Berggold, P. Dr. Stephan Haering, P. Markus Haering, P. Dr. Michael Kaufmann, Karl Kiendl, Walter Matl, Stephanie Pfeffer, Dr. Karl Schmotz, Dr. Ernst Schütz, Fr. Joachim Zierer (Kloster Scheyern).

Literatur

Thomas Bauer, Saulus Paulus aus Tarsus. Apostel der Völker, in: AJM 75 (2008/09), S. 10–21.

Peter Becker, Himmelberg, in: AJM 65 (1998/99), S. 162–179.

Georg Dehio, Handbuch der Deutschen Kunstdenkmäler. Band II: Niederbayern, München 2008, S. 382–389.

Wilhelm Fink, Die Mettener Stiftskirche: ihre Geschichte und ihre Kunst. Beilage zum Jahresbericht des humanistischen Gymnasiums Metten für das Schuljahr 1919/20, Deggendorf 1920.

Verena Friedrich, Benediktinerabtei Metten (Peda-Kunstführer), Passau 2002.

Karl Gröber, Die Kunstdenkmäler von Bayern. Niederbayern. XVII: Stadt und Bezirksamt Deggendorf, München 1927, S. 120–125 (Himmelberg) und S. 142–182 (Metten).

Ernst Guldan, Wolfgang Andreas Heindl, Wien 1970, S. 42–47 und S. 142–145.

Wolfgang M. Hagl, Unsere neue Benediktuskapelle, in: AJM 64 (1997/98), S. 161–166.

Wolfgang M. Hagl, Einweihung der neuen Mettener Klosterbibliothek. Begrüßungsworte, in: AJM 76 (2009/10), S. 49–54.

Ulrich Hommes, Die Bibliothek als „Heilstätte der Seele“, in: AJM 76 (2009/10), S. 55–61.

Ulrich Hommes, Die Mettener Benedikt-Säule, in: AJM 74 (2007/08), S. 4–9.

Michael Kaufmann, Chronik der Abtei Metten 766–2016, Sankt Ottilien 2016.

Michael Kaufmann, Viri iusti sint tibi convivae (Gerechte Leute seien deine Gäste). Das wechselvolle Schicksal des Mettener Rokokosaales, in: AJM 78 (2011/12), S. 24–64.

Michael Kaufmann, Terra Benedictina. Ein geschichtlicher Spaziergang auf dem Mettener Klostergelände: Innenhöfe und Gärten, in: AJM 79 (2012/13), S. 24–49.

Natascha Niemeyer-Wasserer, Lux ex alto. Das Licht aus der Höhe in der Glaskunst der neuen Präsenzbibliothek im Kloster Metten, München 2010.

Karl Schmotz, Die Mettener Klosterkirche im Mittelalter, in: Deggendorfer Geschichtsblätter 22 (2001), S. 31–78.

Carl J. Schnabel, Zur Einweihung der neuen Bibilothek im Kloster Metten, in: AJM 76 (2009/10), S. 61–65.

Martina Gräfin Wrangel, Der Bibliothekssaal des Klosters Metten (Magisterarbeit, 113 Seiten, maschinenschriftlich), Freiburg o. J.

Joachim Zierer, Stätte geliebter Einsamkeit. Himmelberger Ikonogramm, in: AJM 73 (2006/07), S. 35–66.

Joachim Zierer, Das Rosenkranzbild in der Mettener Klosterkirche, in: AJM 71 (2004/05), S. 46–60.

Eröffnung des Mettener Prälatengartens, in: AJM 74 (2007/08), S. 88–92.

Pflege der Wissenschaften und publizistisches Wirken im Kloster Metten

Stephan Haering OSB

Bücherschrank in der Barockbibliothek

Als der bayerische König Ludwig I. (1825–1848) an die Umsetzung einer Bestimmung des Bayerischen Konkordats von 1817 ging und die Neu- oder Wiederbegründung einiger Benediktinerklöster in seinem Land veranlasste und unterstützte, verband er damit bestimmte Erwartungen an den Orden. Die Benediktiner sollten auf drei Gebieten tätig werden und Aufgaben wahrnehmen, nämlich in der wissenschaftlichen Forschung, in Unterricht und Bildung sowie in der Seelsorge. Das entsprechende „Regulativ für die Benediktinerstifte" des königlichen Staatsministeriums des Inneren vom 20. November 1836 nennt die wissenschaftliche Forschung sogar an erster Stelle, doch kann dahinstehen, ob damit ein Vorrang dieser Arbeit zum Ausdruck kommen sollte.

Von seinem Wesen her ist das benediktinische Mönchtum auf keine bestimmte äußere Tätigkeit festgelegt. Ganz gewiss sah und sieht es sich nicht spezifisch auf wissenschaftliche Arbeiten ausgerichtet, auch wenn manche Benediktinerklöster im Verlauf der Ordensgeschichte ein besonderes Profil als Pflegstätten der Wissenschaften entwickelt haben. Letzteres kann für das über Jahrhunderte hin unscheinbare Kloster Metten nicht gelten. Doch in der Schar der Mettener Mönche fanden sich immer wieder Männer, die auf unterschiedlichen Gebieten forscherische Leistungen erbracht haben und als Autoren hervorgetreten sind.

König Ludwig I. von Bayern

An dieser Stelle soll das Augenmerk vor allem auf den wissenschaftlichen Beitrag gerichtet werden, den Mönche des 1830 wiedererrichteten Klosters Metten geleistet haben. In einem knappen Überblick kommen jedoch zuvor auch die entsprechenden Gegebenheiten der älteren Klostergeschichte zur Sprache.

Geistiges Wirken im „alten Metten" vor der Säkularisation

Klöster waren als Stätten der Gottesverehrung stets auch Orte einer intensiven Kulturpflege. Religiöser Kultus und Kultur des Lebens mit den verschiedenen zugehörigen Techniken, wie Lesen, Schreiben, Musikpflege u. a., stehen in enger Beziehung miteinander. Für die würdige Feier des Gottesdienstes benötigte man zu jeder Zeit besondere Kenntnisse und Fähigkeiten. Um aus den Quellen des Glaubens, besonders aus der Heiligen Schrift, schöpfen zu können, musste man in der Lage sein, diese Texte zu erfassen und zu verstehen, sowie Wege finden, sie weiterzutradieren. Die geistliche Lesung zählt neben dem Gebet und der Arbeit zu den tragenden Säulen des klösterlichen Alltags.

Für diese Bedürfnisse wurde im Kloster Metten zweifellos von jeher gesorgt, im Rahmen dessen, was zur jeweiligen Zeit möglich war. Auf uns gekommene Zeugnisse solcher Kulturpflege sind die Handschriften der Mettener Schreibschule des 15. Jahrhunderts. Durch die Bereitstellung der nötigen Schriften in einer Bibliothek wurden Studium und Unterricht im Kloster ermöglicht und gefördert. Welcher Wert und welche Bedeutung dieser Einrichtung beigemessen wurde, lässt sich auch in Metten daran erkennen, dass bei der Ausgestaltung des Bibliothekssaales im 18. Jahrhun-

Mettener Evangeliar, heute in der Bayerischen Staatsbibliothek

dert großer künstlerischer Aufwand getrieben wurde.

An der Schwelle der Neuzeit begann man in Metten den Wert eines Universitätsstudiums für die Mönche zu schätzen. Zunächst finden sich im 15. Jahrhundert die Namen einzelner Mettener Konventualen in den Matrikeln der Universität Wien. Später geht man nach Ingolstadt und schließlich, nach der Gründung der dortigen Benediktiner-Universität, ab dem 17. Jahrhundert vor allem nach Salzburg. Es werden aber, wenigstens zeitweise, auch andere Studienorte genutzt, beispielsweise das Lyzeum in Freising. Diese Praxis eines auswärtigen Studiums führte aber keineswegs dazu, dass die philosophischen und theologischen Kurse im Kloster selbst nicht mehr durchgeführt worden wären. Ihre grundlegende Schulung erhielten die meisten Mönche in Metten selbst. Ferner wurden geeignete Konventualen durch eine entsprechende Lehrtätigkeit im Kloster auch für die Verwendung als akademischer Lehrer an einer auswärtigen Hochschule vorbereitet. Tatsächlich waren auch einige Mettener Mönche als Professoren in Salzburg bzw. Freising tätig.

Einzelne Mettener Konventualen haben wissenschaftliche Arbeiten publiziert. Genannt seien einige Namen aus dem 18. Jahrhundert. P. Innocenz Deixlberger (1701–1776) war viele Jahre als Professor der Philosophie in Salzburg tätig und hat einige Schriften aus seinem Fachgebiet veröffentlicht. Als Historiker ist der leider früh verstorbene P. Gregor Geyer (1742–1772) bedeutend, der unter anderem in den „Monumenta Boica“ die Mettener Urkunden ediert hat. P. Anselm Rixner (1766–1838) war Verfasser vieler philosophischer Schriften; allerdings fiel ein großer Teil seiner Publikationen in die Zeit nach der Aufhebung des Klosters.

Doch auch andere Gebiete wurden in Metten bearbeitet. Das naturwissenschaftliche Interesse, das sich im 18. Jahrhundert in besonderer Weise zu entwickeln begann, hat den Mettener Pater Johannes Ev. Elger (1756–1828) auf dem Gebiet der Botanik ergriffen und zu einem bemerkenswerten Werk veranlasst. Elger war vor allem als Seelsorger auf Klosterpfarreien tätig, pflegte daneben aber auch in systematischer Weise die Erfassung und Dokumentation der heimischen Pflanzenwelt. Etwa 1785/86 begann er damit, Pflanzenbilder als Aquarelle zu malen. So entstand eine umfangreiche „Flora Bavarica“, d. h. eine „Abbildung aller in Baierischen Landen wachsenden Pflanzen“. Die Endfassung dieses Werks in sechs Bänden wird heute in der Bayerischen Staatsbibliothek in München aufbewahrt.

P. Johannes Ev. Elger ist als Amateur und Autodidakt zu einem kundigen Botaniker geworden, dessen Kenntnisse in seinem umfangreichen Lebenswerk von rund 5000 Bildtafeln von Pflanzen greifbar sind. Bei seinen Werken handelt es sich um handschriftliche Einzelstücke, die leider nicht gedruckt worden sind. Hansjörg Gaggermeier und Anton Schmidt, zwei moderne botanische Fachleute, stufen Elger aufgrund seines Werks als einen „Kenner der einheimischen Pflanzenwelt“ ein.

Mettener Historiker

Benediktinerklöster sind ihrem Wesen nach langlebige Institutionen. Sie werden nicht zur Erfüllung einer bestimmten, am Ort vorübergehend zu bearbeitenden Aufgabe gegründet, um nach deren Erledigung wieder aufgelöst oder kurzfristig verlegt zu werden. Mönche und Nonnen sind keine „Funktionäre“, die je nach aktuellem Bedarf heute hier und morgen dort eingesetzt werden, sondern sie suchen Gott und loben ihn an jenem Ort, der ihnen dauerhaft Heimat ist. Diese Beständigkeit und damit verbunden die rechtliche Selbständigkeit der Abteien haben von jeher dazu geführt, dass man in den Klöstern auf die eigene Vergangenheit geachtet und deren wichtige Ereignisse dokumentiert hat, nicht zuletzt um gegebenenfalls

rechtliche Nachweise führen zu können. Jedenfalls überrascht es nicht, dass die Beschäftigung mit der Geschichte viele Mönche angezogen hat.

Die Reihe der bemerkenswerten Historiker des Klosters Metten seit der Wiederbegründung 1830 wird durch P. Rupert Mittermüller (1814–1893) angeführt. Wie viele andere Mettener Patres des 19. Jahrhunderts war Anton Mittermüller schon Priester (1837), als er in Metten eintrat und 1842 die Profess ablegte. Er wurde in Metten und zeitweise auch in München und Andechs in verschiedenen Aufgaben eingesetzt; viele Jahre unterrichtete er am Gymnasium und leitete die Bibliothek. Daneben trat er auch als Autor hervor, nicht zuletzt mit Arbeiten zur Geschichte des Klosters Metten. Namentlich sei die Monographie „Kloster Metten und seine Äbte" (1856) genannt. Das Spektrum der Publikationen Mittermüllers beschränkte sich indes nicht auf die Mettener Geschichte oder auf allgemeinere historische Themen, sondern er behandelte in seinen zahlreichen Veröffentlichungen auch kirchenrechtliche oder (kirchen-) politische Fragen.

Ein etwas jüngerer Zeitgenosse Mittermüllers war P. Benedikt Braunmüller (1825–1898). 1850 zum Priester geweiht, ist er im folgenden Jahr in Metten eingetreten und hat 1852 die Profess abgelegt. P. Benedikt war vielfältig begabt und verwendbar. Er wirkte sowohl in der pfarrlichen Seelsorge als auch als Lehrer und Erzieher. 1884 wurde er vom Mettener Konvent zum Abt gewählt und leitete das Kloster 14 Jahre lang, bis zu seinem Tode. Von 1885 bis 1891 war er zugleich Präses der Bayerischen Benediktinerkongregation.

Die historischen Publikationen Braunmüllers, die zumeist Themen der mittelalterlichen Ordensgeschichte der Benediktiner betreffen, sind zahlreich und fachlich anerkannt. Er hat auch an einer Mettener Klostergeschichte gearbeitet, die unvollendet und ungedruckt geblieben ist. Später konnte P. Wilhelm Fink für seine Vorhaben darauf zurückgreifen. Die Leistungen Benedikt Braunmüllers erfuhren seitens der Theologischen Fakultät der Universität Würzburg besondere Anerkennung durch die Verleihung der Ehrendoktorwürde an ihn (1889).

P. Bernhard Ponschab (1862–1914) wurde 1885 als Georg Ponschab zum Priester für den Dienst im Bistum Eichstätt geweiht und hat 1888 in Metten seine Ordensprofess abgelegt. Viele Jahre erteilte er Unterricht am Gymnasium. Historisch hat er sich vor allem mit der Gründungsgeschichte des Klosters Metten und den Gestalten der seligen Gründer Gamelbert und Utto befasst; dazu liegen einige Publikationen aus seiner Feder vor.

Ein sehr spezielles Gebiet historischer Forschung wurde durch P. Ildefons Poll (1885–1940) bearbeitet. Er hatte nach der Profess (1906) und der Priesterweihe (1909) in München Naturwissenschaften studiert und unterrichtete die entsprechenden Fächer in Metten von 1913 bis 1939. Als Naturwissenschaftler vom Verfahren der Bierherstellung ausgehend, befasste er sich sehr intensiv mit der Entwicklung des Brauwesens und publizierte mehrere Titel zur Geschichte des Brauwesens verschiedener Klöster, darunter auch Metten. Darüber hinaus besaß er auch naturwissenschaftliches Interesse, namentlich auf dem Gebiet der Ornithologie und der Botanik. Letzteres verbindet ihn mit seinen älteren Mitbrüdern Max Lickleder und Felician Fischer, auf die noch zurückzukommen ist.

P. Angelus Sturm (1886–1968), im Jahr 1909 als Ludwig Sturm zum Priester geweiht und zwei Jahre darauf in Metten eingetreten, war nach einem Studium der klassischen Philologie als Gymnasiallehrer in Metten tätig, hat aber auch viel historisch geforscht und publiziert. Im Zentrum seines Interesses stand die benachbarte ehemalige Abtei Oberaltaich und ihre Geschichte. Dazu hat er eine ganze Reihe von Beiträgen in verschiedenen Zeitschriften veröffentlicht.

Die markante Gestalt P. Wilhelm Finks (1889–1965) dominiert die hausgeschichtliche

„Hundsrose", Zeichnung von P. Johann Ev. Elger

Forschung des Klosters Metten im 20. Jahrhundert. Fink hat nach Profess (1910) und Priesterweihe (1913) klassische Philologie und Geschichte studiert und nach dem Staatsexamen als Gymnasiallehrer in Metten unterrichtet. Er wirkte auch mehrere Jahrzehnte als Archivar und Bibliothekar des Klosters. Daneben betrieb er umfangreiche historische Forschungen, insbesondere zur Mettener Klostergeschichte, aber auch zu anderen ordens- und regionalgeschichtlichen Themen. Ferner wirkte er nach dem Zweiten Weltkrieg als Heimatpfleger des Landkreises Deggendorf.

Aus dem beeindruckend umfangreichen Schriftenverzeichnis P. Wilhelms können hier nur wenige größere Titel genannt werden. Zu der von ihm selbst begründeten „Entwicklungsgeschichte der Benediktinerabtei Metten" steuerte Fink drei Faszikel bei, nämlich das Professbuch (1926) sowie die Darstellung der Geschichte des königlichen und des landständischen Klosters Metten (1928/1930). Zum 250-Jahr-Jubiläum der Bayerischen Benediktinerkongregation legte er 1934 eine größere historische Monographie vor. Zahlreich sind die Aufsätze dieses fruchtbaren Autors, die in verschiedenen ordens- oder regionalhistorischen Zeitschriften, aber auch in Zeitungsbeilagen erschienen sind. Es war ihm offensichtlich nicht nur darum zu tun, Forschungsergebnisse für die Fachleute festzuhalten, sondern auch zur geschichtlichen Bildung breiterer Schichten beizutragen.

Die historischen Arbeiten von P. Alfons M. Zimmermann (1891–1962) bewegen sich überwiegend auf dem Gebiet der Hagiologie, d. h. der fachlichen Erforschung und Bearbeitung der Lebensbeschreibungen der Heiligen. Bereits als Novize war Zimmermann, der 1911 in Metten eingetreten und 1915 zum Priester geweiht worden ist, durch P. Bernhard Ponschab zu geschichtlichen Forschungen inspiriert worden. Für das Gymnasiallehramt bestimmt, studierte er allerdings Mathematik und Physik und hat in der Folge diese Fächer unterrichtet. Dennoch blieb er seinem schon in jungen Jahren gefassten Vorhaben treu, ein neues, auf historische Forschungen gestütztes Martyrologium des Benediktinerordens zu erarbeiten. Zur Umsetzung dieses Plans erhielt P. Alfons durch eine zeitweise Freistellung von der Schultätigkeit auch die Möglichkeit, Bibliotheksreisen zu unternehmen und so das erforderliche Material zusammenzutragen. Als Ergebnis dieser Bemühungen brachte er von 1933 bis 1938 sein vierbändiges „Kalendarium Benedictinum" heraus, ein Verzeichnis der „Heiligen und Seligen des Benediktinerordens und seiner Zweige". Rund achtzig Jahre nach seinem Erscheinen ist dieses Werk heute natürlich nicht mehr in allen Einzelheiten auf dem aktuellen Stand und entspricht in manchen Elementen seiner Gestaltung auch nicht mehr modernen Erwartungen. Zimmermanns „Kalendarium Benedictinum" ist gleichwohl immer noch unverzichtbar und wurde bislang nicht durch ein Nachfolgewerk ersetzt.

P. Alfons M. Zimmermann hat neben diesem großen Hauptwerk noch zahlreiche weitere Publikationen, vor allem zur (benediktinischen) Hagiologie, vorgelegt. Unter anderem zeichnete er sich als fleißiger Mitarbeiter an verschiedenen Lexika aus.

P. Wilhelm Fink

Seit mehr als drei Jahrzehnten ist P. Michael Kaufmann (* 1952) der Archivar der Abtei Metten. In geradezu idealer Weise repräsentiert er den Typus des benediktinischen „Haushistorikers" seines Klosters. Nach der Ordensprofess (1972) und den Studienjahren zum Priester geweiht (1981), wurde er für einige Jahre in Internat und Schule als Erzieher und Lehrer eingesetzt. Seit 1989 wirkt er hauptamtlich in der Pfarrseelsorge in Michaelsbuch, das inzwischen mit der benachbarten Pfarrei Stephansposching eine Seelsorgeeinheit bildet.

Die zahlreichen historischen Forschungsarbeiten und Publikationen P. Michaels betreffen nahezu ausschließlich das Kloster Metten oder Themen aus dessen nächstem Umfeld. Sein monographisches Erstlingswerk, womit er an der Universität Regensburg im Fach Kirchengeschichte zum Dr. theol. promovierte, untersuchte die Geschichte Mettens in der Phase der Säkularisation, der konventlosen Zeit bis 1830 und in den ersten Jahren nach der Wiedererrichtung bis zur Ernennung eines Abtes (Säkularisation, Desolation und Restauration in der Benediktinerabtei Metten 1803–1840, 1993). Viele kleinere und größere Arbeiten zur allgemeinen Klostergeschichte, zu einzelnen Persönlichkeiten, zu Räumen und Bauten folgten über die Jahre hin. Jüngst hat P. Michael zum 1250-Jahr-Jubiläum der Abtei eine umfangreiche Chronik zur Geschichte Mettens von den Anfängen bis zur Gegenwart veröffentlicht (2016). Seine Arbeiten sind nicht zuletzt dadurch gekennzeichnet, dass sie regelmäßig aus archivalischer Überlieferung schöpfen. So konnte P. Michael nicht nur viel Neues, bislang Unbekanntes zutage fördern, sondern auch manchen kritiklos tradierten alten Bericht korrigieren.

Botaniker im Ordensgewand

Im 19. Jahrhundert begegnen in Metten zwei Patres, die sich mit Botanik befasst und damit in gewisser Weise die Spur des verstorbenen P. Johann Ev. Elger aus dem „alten Metten" aufgenommen haben. Es handelt sich um P. Max Lickleder (1826–1893) und den etwas jüngeren P. Felician Fischer (1837–1912).

Anton Lickleder, der nachmalige P. Max, legte 1848 in Metten die Profess ab und wurde 1851 zum Priester geweiht. Dann war er rund vier Jahrzehnte als Gymnasiallehrer in Metten tätig. Das Interesse von P. Max Lickleder

P. Alfons Zimmermann

an der Botanik entwickelte sich bei der Ordnung und Erfassung einer botanischen Sammlung, die das Kloster erhalten hatte. In der Folge wurde er selbst zum Forscher und Sammler, spezialisiert auf Laub- und Lebermoose, die er aus der Mettener Umgebung zusammentrug. Seine Sammlung ergänzte er durch nichtlokale Moosarten, die er über den Tausch mit anderen Moos-Botanikern erhielt. So entstand ein umfangreiches Moosherbar, das leider während des Zweiten Weltkriegs verbrannt ist.

Forschungsergebnisse des „Moospaters" sind aber glücklicherweise auch in Veröffentlichungen festgehalten. Ob die früher erschienene Publikation seines jüngeren Mitbruders Felician Fischer dabei möglicherweise als Katalysator gewirkt hat, kann hier dahinstehen. „Die Moosflora der Umgegend von Metten" ließ P. Max Lickleder in zwei Faszikeln in den Jahren 1890 und 1891 erscheinen; es handelt sich um gedruckte Beilagen zum Jahresbericht des Mettener Gymnasiums. Postum wurde im 13. Bericht des Botanischen Vereins Landshut sein Beitrag über die Lebermoose im Mettener Bereich publiziert (1894).

Christoph Fischer legte 1868 unter dem Ordensnamen Felician in Metten die Profess ab. Nach der Priesterweihe 1870 wurde er bald als Gymnasiallehrer eingesetzt und tat diesen Dienst rund vier Jahrzehnte lang. P. Felician Fischer betätigte sich als Botaniker und erfasste systematisch die Pflanzenwelt der Mettener Umgebung, ungefähr im Bereich des heutigen Landkreises Deggendorf. Unter dem Titel „Flora Mettenensis" ließ er die Ergebnisse seines Forschens von 1883 bis 1885 in drei Faszikeln als Beilage zum Jahresbericht des Gymnasiums erscheinen. Damit wollte er auch botanisch interessierten Schülern einen Begleiter für ihre Ausflüge in die Umgebung zur Verfügung stellen. Natürlich hatte diese Publikation zur Mettener Lokalflora, zumal als Erstlingswerk, auch ihre Grenzen. Dennoch stufen Hansjörg Gaggermeier und Anton Schmidt sie rund 120 Jahre nach dem Erscheinen als „Basisflora des Deggendorfer Raumes" ein und qualifizieren sie als „wichtige botanische Informationsquelle".

Nicht unerwähnt soll im Zusammenhang mit diesen beiden Mettener Botanikern die Tatsache bleiben, dass Franz Vollmann (1858–1917) von 1882 bis 1886 als Assistent am Mettener Gymnasium tätig gewesen ist. Vollmann,

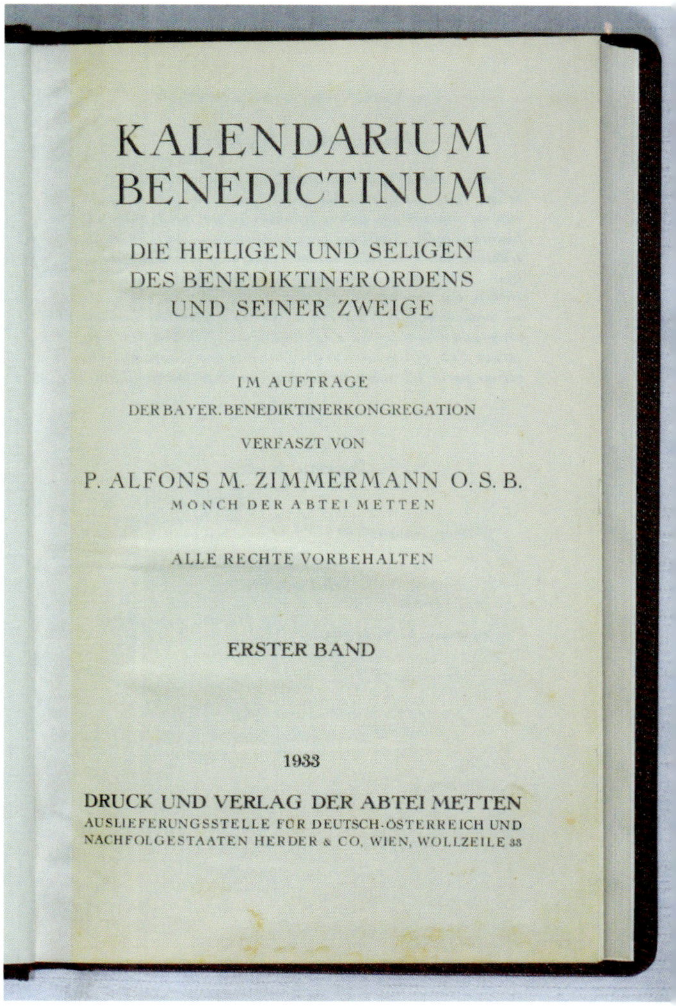

KALENDARIUM BENEDICTINUM

DIE HEILIGEN UND SELIGEN DES BENEDIKTINERORDENS UND SEINER ZWEIGE

IM AUFTRAGE DER BAYER. BENEDIKTINERKONGREGATION VERFASZT VON

P. ALFONS M. ZIMMERMANN O. S. B.

MÖNCH DER ABTEI METTEN

ALLE RECHTE VORBEHALTEN

ERSTER BAND

1933

DRUCK UND VERLAG DER ABTEI METTEN

AUSLIEFERUNGSSTELLE FÜR DEUTSCH-ÖSTERREICH UND NACHFOLGESTAATEN HERDER & CO. WIEN, WOLLZEILE 33

„Kalendarium Benedictinum"

P. Felician Fischer

der als einer der bedeutendsten bayerischen Botaniker gilt, hat 1914 das Grundlagenwerk „Flora von Bayern" publiziert. Laut einem Nachruf ist während seiner Mettener Jahre in Vollmann das besondere Interesse für die Botanik entstanden.

Forschungen und Publikationen zur Benediktusregel

Die Beschäftigung mit der Klosterregel des heiligen Benedikt von Nursia († 547), der wohl bedeutendsten Klosterregel des abendländischen Mönchtums, war in den vergangenen Jahrzehnten überaus vielfältig. Eine ganze Reihe von Textausgaben und Kommentaren zur Benediktsregel, die überwiegend geistlich orientiert sind, gibt Zeugnis von einem intensiven, weit über die Klöster hinausreichenden Interesse an diesem ehrwürdigen und zugleich doch auch für die Gegenwart aktuellen Text.

Angesichts dieser Tatsache kann hier mit einem gewissen Lokalstolz notiert werden, dass auch aus Metten Beiträge zur besseren Erfassung und Durchdringung der Benediktusregel geleistet worden sind. Sie sind verbunden mit den Namen der beiden Mettener Patres Edmund Schmidt (1844–1916) und Benno Linderbauer (1863–1928).

P. Edmund Schmidt hat 1865 die Profess abgelegt und 1868 die Priesterweihe empfangen. Er wirkte rund drei Jahrzehnte als Lehrer für Französisch und Stenographie am Gymnasium in Metten. Daneben befasste er sich kritisch mit der Textüberlieferung der Benediktsregel. Im 1400. Jubiläumsjahr des heiligen Benedikt, dessen Geburt traditionell auf das Jahr 480 angesetzt wird, publizierte er eine neue, erstmals textkritischen Ansprüchen genügende Ausgabe der Regel (Regula Sancti Patris Benedicti iuxta antiquissimos codices recognita, 1880); eine zweite Auflage folgte 1891, eine dritte 1911. Mit diesem Werk wurde Edmund Schmidt zum Begründer der textkritischen Regelforschung. Außerdem legte er eine deutsche Übersetzung der Regel vor, die regen Zuspruch fand und es auf vier Auflagen brachte (1891, 1893, 1904, 1914). Darüber hinaus veröffentlichte P. Edmund Schmidt verschiedene Aufsätze zu Themen der Regel und des Benediktinerordens in der 1880 begründeten Ordenszeitschrift „Studien und Mitteilungen".

Durch die Arbeiten P. Benno Linderbauers erfuhr das Wirken Schmidts in gewisser Weise seine Fortsetzung. Linderbauer hat nach Profess (1885) und Priesterweihe (1887) klassische Philologie studiert und galt als hervorragender Philologe. Aus diesem Bereich kommen auch seine ersten Veröffentlichungen, die bereits 1891 einsetzten. Mit der Benediktsregel befasste er sich erst später, nach Edmund Schmidts Tod, intensiver und publizierte 1922 seine Ausgabe mit philologischer Erläuterung (S. Benedicti Regula Monachorum). Kurz vor seinem Heimgang erschienen dann noch eine deutsche Übersetzung der Regel aus seiner Hand (Die Klosterregel des heiligen Benedikt, 1928) sowie eine weitere lateinische Ausgabe (S. Benedicti Regula monasteriorum, 1928).

Weitere philologische Arbeiten und Textausgaben

Die Regelstudien von Edmund Schmidt und Benno Linderbauer waren nicht eigentlich Werke der geistlichen Literatur, sondern solide Arbeiten von Philologen, die sich ihrem Gegenstand freilich auch mit großem inhaltlichen Verständnis genähert haben. Weitere Philologen aus dem Mettener Konvent haben sich auf anderen Gebieten als Forscher und Editoren hervorgetan. Namentlich zu nennen sind hier die Patres Michael Huber (1874–1941) und Edmund Beck (1902–1991).

P. Michael Huber hat 1895 in Metten die Profess abgelegt und nach seiner Priesterweihe (1898) ein neuphilologisches Studium absolviert. Jahrzehntelang war er als Lehrer der neuen Sprachen am Gymnasium tätig. Huber war vielseitig interessiert und hat sich auf vielen Feldern forscherisch betätigt und manche mittelalterlichen Texte ediert. Auch erzählende Texte, für die er aus den Erlebnissen einer längeren Studienreise in den Vorderen Orient (1913–1915) schöpfen konnte, stammen aus seiner Feder. Anderes ist Stückwerk geblieben. Einen Schwerpunkt in seinen Forschungen und Publikationen bildete die Beschäftigung mit der Siebenschläferlegende.

P. Edmund Beck hat sich mit seinen Arbeiten zu Ephräm dem Syrer internationale Anerkennung erworben und einen Namen gemacht. Nach Profess (1923) und Priesterweihe (1927) studierte er in München Altphilologie und Orientalistik. Dort hat er 1939 mit einer semitistischen Studie auch zum Dr. phil. promoviert. Noch im selben Jahr wurde er Professor für orientalische Sprachen an der benediktinischen Ordenshochschule in Rom. Zunächst befasste Beck sich vor allem mit dem Koran und veröffentlichte mehrere Aufsätze dazu. Aber bald schon geriet Ephräm in sein Blickfeld und er wandte sich diesem Autor und Theologen zu. Mehrere Monographien und Aufsätze widmete er ihm. Vor allem aber nahm er eine kritische Gesamtausgabe der Werke Ephräms mit deutscher Übersetzung in Angriff. Sie ist von 1955 bis 1979 in 38 Bänden des „Corpus Scriptorum Christianorum Orientalium“ erschienen. Bis zu seinem Tode blieb P. Edmund Beck unermüdlich als Forscher tätig und hat noch zahlreiche weitere Beiträge veröffentlicht.

„Flora von Bayern“

Flora von Bayern

Von
Dr. Franz Vollmann
Kgl. Studienrat und Gymnasialprofessor
in München

Mit 21 Abbildungen im Texte

EU

Stuttgart 1914
Verlagsbuchhandlung Eugen Ulmer
Verlag für Landwirtschaft und Naturwissenschaften

Katechese, Homiletik und geistliches Schrifttum

Das publizistische Wirken von Mettener Mönchen diente nicht nur der Dokumentation und Bekanntgabe der Ergebnisse ihrer Forschungs- und Sammlungsaktivitäten, sondern hatte auch vielfach die Pflege und Vertiefung des christlichen Glaubens und des religiösen Lebens zum Ziel. Auf den Gebieten der Katechese, der Homiletik und der geistlichen Literatur haben sich manche Konventualen hervorgetan, deren Arbeit auch hier wenigstens exemplarisch erwähnt zu werden verdient.

Zunächst ist ein Gemeinschaftswerk von Mettener Mönchen des 19. Jahrhunderts zu nennen, das keinen konkreten Herausgeber oder Bearbeiter namentlich anführt. Es trägt den Titel „Ascetisches Handbuch für Ordensleute, welche nach der Regel des heil. Benedict leben“ und ist von 1858 bis 1860 in vier Bänden erschienen. Dieses Handbuch ist ein überwiegend kompilatorisches Werk, in dem verschiedene vorhandene Texte zusammengestellt worden sind.

P. Godehard Geiger (1853–1937), der als junger Priester in Metten eingetreten ist und 1879 die Profess abgelegt hat, ist – neben seiner langjährigen Tätigkeit als Gymnasiallehrer und Rektor – wiederholt als theologischer und geistlicher Autor hervorgetreten. Seine Schrift „Zurück zu dem armen, demütigen, gekreuzigten Heiland! Ein Wort an die Priester der katholischen Kirche“ ist von 1903 bis 1933 in vier Auflagen erschienen und wurde damals viel beachtet.

Von P. Fortunat Ibscher (1879–1964), der gleichfalls bereits als Priester nach Metten gekommen ist und 1907 seine Profess abgelegt hat, liegen verschiedene Beiträge und Hilfsmittel zur Katechese, vor allem mit Kindern, vor.

Den Auftrag, die Frohe Botschaft in der Predigt zu verkünden, hatten alle Mettener Patres als Priester zu erfüllen. Manche von ihnen haben sich aber auf diesem Gebiet durch die Mitarbeit an einer homiletischen Zeitschrift oder durch Veröffentlichung von Predigten besonders engagiert. Vor allem wichtige Predigten der Äbte wurden nicht selten gedruckt.

P. Michael Huber

Ausdrücklich ist bezüglich der Pflege der homiletischen Kultur der Name von P. Eberhard Streibl (1905–1961) zu nennen, der in schwieriger Zeit, nämlich von 1939 bis 1945, die Schriftleitung von sieben Bänden der Zeitschrift „Haec loquere et exhortare“ besorgt hat.

Musikwissenschaftliche Leistungen

Der Konvent der Abtei Metten hatte stets tüchtige Musiker in seinen Reihen, die zumeist nicht nur als musikalische Praktiker aufgetreten sind, sondern auch eine gründliche theoretische Schulung erhalten hatten und über entsprechende Kenntnisse verfügten. Über die Musikpflege im Allgemeinen wird an anderer Stelle in diesem Band berichtet. Hier ist auf zwei Konventualen, je einen aus dem 19. und dem 20. Jahrhundert, aufmerksam zu machen, die durch ihr Werk auch in fachwissenschaftlicher Weise hervorragen.

Der erste dieser beiden Mettener Mönche ist P. Utto Kornmüller (1824–1907). Joseph Kornmüller war nach seinem Studium und der Priesterweihe (1847) zunächst im Seelsorgsdienst des Bistums Regensburg tätig gewesen und ist erst 1857 in Metten eingetreten; 1858 folgte die Ordensprofess. Im Kloster wirkte Kornmüller als Musiklehrer, aber auch in verschiedenen anderen Funktionen. Er hat auch Kompositionen für liturgische Anlässe vorgelegt. Seit seinen Studienjahren war P. Utto der kirchenmusikalischen Reformbewegung des Cäcilianismus verbunden und amtierte von 1884 bis 1903 als Präses des Diözesan-Cäcilienvereins im Bistum Regensburg. Als Musikhistoriker hat er verschiedene Veröffentlichungen vorzuweisen. Besonders hervorgehoben zu werden verdient sein „Lexikon der kirchlichen Tonkunst“ (1870), das 1891/95 nochmals in zweiter Auflage in zwei Bänden erschienen ist.

Auf einem sehr speziellen musikwissenschaftlichen Feld, nämlich der Erforschung des gregorianischen Chorals und seiner Überliefe-

rung, hat sich P. Rupert Fischer (1939–2001) ausgezeichnet. Nach seinem Eintritt in die Abtei Metten und der Profess 1959 wurde er zum Studium der Theologie an die Ordenshochschule Sant'Anselmo in Rom geschickt, wo er Dom Eugène Cardine (1905–1988) aus der französischen Abtei Solesmes begegnet ist. Cardine, der Begründer der Semiologie des gregorianischen Chorals, lehrte damals als Professor in Rom und begeisterte den jungen Fr. Rupert für dieses Fachgebiet. P. Rupert Fischer hat nach der Priesterweihe ein philologisches Studium für das Lehramt am Gymnasium absolviert und dann jahrzehntelang als Lehrer und Direktor des St.-Michaels-Gymnasiums Metten gewirkt. Er konnte sich also immer nur nebenbei seiner wissenschaftlichen Leidenschaft widmen, wurde aber dennoch ein international anerkannter Fachmann der musikalischen Paläographie und der Semiologie. Darüber vernachlässigte er die Praxis des Choralgesangs keineswegs. Durch zahlreiche gründliche Fachaufsätze und nicht zuletzt durch die von ihm geleistete Notation der Neumen der Handschriftenfamilie von St. Gallen im „Graduale Triplex", das 1979 erschienen ist, wird der Name P. Rupert Fischers in der Fachwelt auf lange Zeit fortleben.

Theologie und akademische Lehre

Bereits im 18. Jahrhundert waren einige Mettener Konventualen als Professoren an den Hohen Schulen in Salzburg oder Freising tätig gewesen. Auch nach der Wiedererrichtung des Klosters begegnen im Konvent einzelne Mönche, die an verschiedenen Hochschulen und Universitäten als akademische Lehrer gewirkt haben.

Für das 19. Jahrhundert sind dazu die Namen der Patres Benno Müller (1803–1860) und Thomas Bauer (1821–1893) zu nennen. Beide waren allerdings bereits vor ihrem Eintritt in Metten als Priester und Hochschullehrer tätig gewesen und haben dann während ihrer Zugehörigkeit zum Konvent andere Funktionen ausgeübt. Dr. Michael Bauer, der spätere P. Thomas, hatte 1845 an der Päpstlichen Universität Gregoriana in Rom promoviert und war von 1853 bis 1865 Professor am Lyzeum in Passau gewesen. Er hat 1869 in Metten die Profess abgelegt.

Johann Josef Müller wurde 1827 in Trier zum Priester geweiht und promovierte im selben Jahr in München zum Doktor der Theologie. 1829 habilitierte er sich in Bonn und wurde an der dortigen Universität Privatdozent für Exegese. 1830 wurde er zum ordentlichen Professor der biblischen Exegese an der Katholisch-Theologischen Fakultät Gießen ernannt, wechselte aber schon im folgenden Jahr in gleicher Funktion an die Universität Breslau. Nach weiteren Stationen legte er 1838 als P. Benno in Metten die Profess ab und übte dann verschiedene Aufgaben aus, bis er 1851 in das Trappistenkloster Oelenberg im Elsass übertrat.

Im Unterschied zu Müller und Bauer wurde P. Beda Adlhoch (1854–1910) als Mettener Mönch zum Hochschulprofessor berufen, nämlich am Päpstlichen Athenäum Anselmianum, der benediktinischen Ordenshochschule in Rom. Adlhoch, der 1878 zum Priester ge-

P. Beda Adlhoch

weiht und im folgenden Jahr in Innsbruck zum Doktor der Theologie promoviert worden ist, legte seine Profess in Metten im Jahr 1880 ab. Von 1891 bis 1898 dozierte er in Rom Philosophie und publizierte während dieser Jahre auch einige Aufsätze aus seinem Fachgebiet. Später wandte sich sein wissenschaftliches Interesse mehr der Hagiologie zu und trug in entsprechenden Beiträgen seine Frucht.

Um die Mitte des 20. Jahrhunderts war die Abtei Metten im Lehrkörper des römischen Athenäum Sant'Anselmo personell ziemlich stark vertreten. Drei Mettener Patres waren zu jener Zeit durch Abt Corbinian Hofmeister (1891–1966) für den Dienst an dieser Hochschule zur Verfügung gestellt, was auch mit der erzwungenen Schließung des Mettener Gymnasiums durch die nationalsozialistischen Machthaber im Jahr 1939 zusammenhing. Es handelte sich um Beda Thum, Edmund Beck und Augustinus Mayer.

P. Beda Thum (1901–2000) hatte nach seinem Theologiestudium und der Priesterweihe (1926) ein Studium für das Gymnasiallehramt in den Fächern Mathematik und Physik absolviert und 1931 an der Universität Würzburg in der Mathematik promoviert. In Rom lehrte er ab 1939 Philosophie. Ab 1950 unterrichtete er neben der römischen Lehrtätigkeit auch an der Theologischen Fakultät in Salzburg. 1962 nahm er den an ihn ergangenen Ruf auf den Lehrstuhl für Philosophie der Katholisch-Theologischen Fakultät der Universität Wien an und gab die Tätigkeiten in Rom und in Salzburg auf. In Wien dozierte er bis zur Vollendung des 70. Lebensjahres.

P. Edmund Beck, von dem bereits im Zusammenhang mit seinen orientalistischen Forschungen und den Arbeiten zu Ephräm dem Syrer die Rede war, dozierte als Professor die orientalischen Sprachen von 1939 bis 1961 und im Studienjahr 1967/68.

P. Augustinus Mayer (1911–2010) hatte 1937 mit einer Untersuchung zum Bild Gottes im Menschen nach Clemens von Alexandrien an der Ordenshochschule in Rom den theologischen Doktorgrad erworben und war dann in Metten als Präfekt und Religionslehrer eingesetzt worden. 1939 kehrte er nach Rom zurück und wurde dort Professor für Dogmatik, bis zu seiner Wahl zum Abt von Metten im Jahr 1966. Ab 1949 war er auch Rektor der Hochschule und Prior von Sant'Anselmo. Darüber hinaus wurde er von der Römischen Kurie für verschiedene Aufgaben herangezogen, nicht zuletzt im Zusammenhang mit dem Zweiten Vatikanischen Konzil (1962–1965). Die starke Inanspruchnahme Mayers durch akademische Verwaltungsaufgaben und Funktionen außerhalb der Hochschule war wohl der ausschlaggebende Grund dafür, dass sein forscherischer und fachpublizistischer Beitrag in der Theologie doch begrenzt geblieben ist. Die weitere kirchliche Laufbahn hat Augustinus Mayer zur Bischofswürde und zum Kardinalat geführt; im Zusammenhang mit seiner akademischen Arbeit ist indes darüber nicht zu handeln.

Nach dem Zweiten Weltkrieg hat P. Basilius Binder (1910–1947) kurzzeitig als Dozent der Moraltheologie an der Theologischen Fakultät Salzburg gewirkt (1946/47). Binder war aufgrund einer liturgiegeschichtlichen Studie zum Ehesegen 1938 an der Universität Freiburg im Breisgau zum Dr. theol. promoviert worden und hatte damit seine wissenschaftliche Qualifikation unter Beweis gestellt. In den Jahren 1939 bis 1942 hat er an der vorübergehend eingerichteten Studienanstalt im niederösterreichischen Kloster Seitenstetten die Fächer Apologetik und Liturgik gelesen. Sein früher Tod verhinderte die vorgesehene Ernennung zum Professor der Moraltheologie in Salzburg. Anstelle Basilius Binders erhielt Dr. Franz König (1905–2004), der spätere Erzbischof von Wien und Kardinal, diese Professur.

Um der sachlichen Vollständigkeit willen ist am Ende dieses Abschnitts noch die gegenwärtige Tätigkeit des Verfassers dieser Zeilen an der Ludwig-Maximilians-Universität München anzuführen. Nach der Habilitation für das Fachgebiet Kirchenrecht und kirchliche Rechtsgeschichte 1996 in München hat er 1997 den Lehrstuhl für Kirchenrecht der Theologischen Fakultät der Julius-Maximilians-Universität Würzburg übernommen. 2001 kehrte er nach München und an die Ludwig-Maximilians-Universität zurück und übernahm dort den Lehrstuhl für Kirchenrecht, insbesondere für Verwaltungsrecht sowie kirchliche Rechtsgeschichte, den er bis heute innehat. Auf seinem Fachgebiet ist er forscherisch und publizistisch tätig.

Kardinal Augustin Mayer mit Abt Emmeram Geser und Prior P. Benedikt Busch (1985)

Mitarbeit in der Bayerischen Benediktinerakademie

1921 rief das Generalkapitel der Bayerischen Benediktinerkongregation eine wissenschaftliche Gesellschaft ins Leben, die sich der Pflege aller wissenschaftlichen Bemühungen im Interesse des Benediktinerordens widmen sollte. Die Gründung dieser Institution, die Bayerische Benediktinerakademie genannt wurde, ging auf eine Anregung von P. Laurentius Hanser (1875–1929) aus dem Kloster Scheyern zurück. Im Rahmen dieser Akademie entwickelten sich schon bald rege Aktivitäten, insbesondere bezüglich der ordensgeschichtlichen Forschung. Die Benediktinerakademie besteht bis heute und ist gegenwärtig in vier Sektionen (Theologie, Geschichte, Philosophie, Künste) gegliedert. Sie zählt derzeit rund 180 Mitglieder, unter denen sich auch zahlreiche Personen befinden, die nicht dem Orden angehören, aber den Zielen der Akademiearbeit verbunden sind und an den Projekten mitwirken.

Zu den Akademiemitgliedern der ersten Stunde gehörten die Mettener Patres Benno Linderbauer, Wilhelm Fink und Alfons M. Zimmermann, die durch ihre philologischen Arbeiten oder durch ihre Interessen als Historiker auf sich aufmerksam gemacht hatten. Im weiteren Verlauf wurden mehrere andere Met-

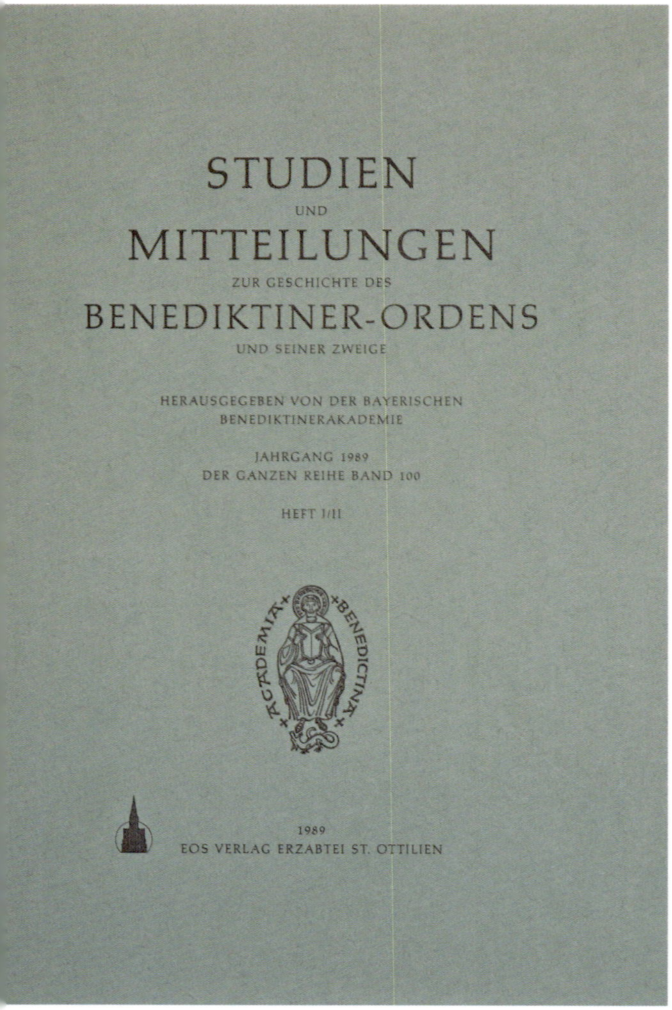

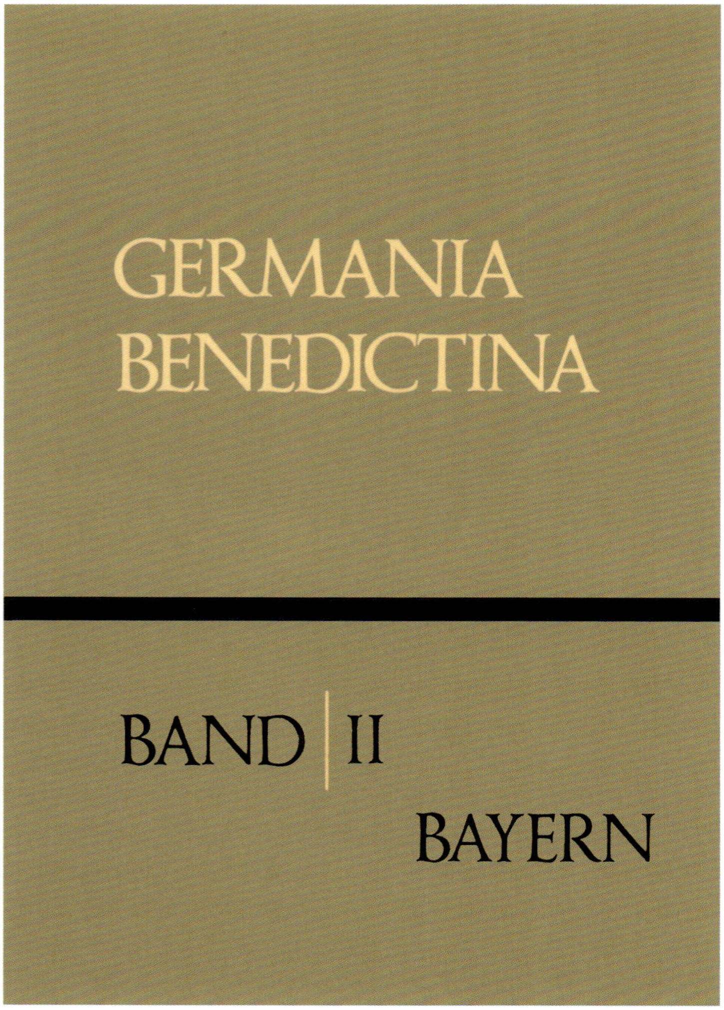

Umschläge der Publikationen „Studien und Mitteilungen“ und „Germania Benedictina“

tener Mönche in die Akademie aufgenommen und haben teilweise auch verschiedene leitende Funktionen ausgeübt. Exemplarisch seien hier nur P. Wilhelm Fink und P. Michael Kaufmann namentlich genannt, die sich besonders eingesetzt haben. P. Wilhelm nahm als Nachfolger des verstorbenen Gründungssekretärs Laurentius Hanser mehr als zwei Jahrzehnte, von 1931 bis 1953, die Aufgabe des Sekretärs der Akademie wahr. P. Michael amtierte von 2002 bis 2014 als deren Präsident.

Insgesamt wurden bislang mehr als zwanzig Mettener Patres als Mitglieder in die Benediktinerakademie gewählt. Im Rahmen ihrer individuellen Voraussetzungen und Bedingungen haben sie die Vorhaben der Akademie mitgetragen und daran mitgewirkt. In der Zeitschrift „Studien und Mitteilungen zur Geschichte des Benediktinerordens und seiner Zweige", die seit 1926 in der Obhut der Akademie herausgegeben wird, finden sich zahlreiche Publikationen von Autoren aus der Abtei Metten. Auch an dem umfassenden Langzeitprojekt der „Germania Benedictina", einem mehrbändigen ordenshistorischen Handbuch zu den benediktinischen Klöstern im deutschen Sprachgebiet, haben Mettener Mönche mitgearbeitet.

Die Bayerische Benediktinerakademie hat also seit ihrer Gründung einen nützlichen Rahmen für das wissenschaftliche Engagement von Mettener Mönchen geboten und ein wertvolles Forum geschaffen, das den Austausch mit anderen Interessierten innerhalb und außerhalb des Ordens erleichtert. Diese Funktionen kann die Benediktinerakademie auch künftig erfüllen.

Mettener Hauszeitschrift

Seit 1926 publiziert die Abtei Metten eine eigene Zeitschrift. Das Periodikum trägt den Titel „Alt- und Jung-Metten" und hat von ihrer Gründungsidee her die Aufgabe, die Verbindung des Klosters zu den ehemaligen Schülern zu pflegen. Inzwischen wendet sich das Organ aber, über den Kreis der Altmettener hinaus, an alle Freunde der Abtei Metten.

Gegenwärtig erscheint die Zeitschrift im 82. Jahrgang mit jeweils zwei Heften jährlich. Zwischen dem 14. und 15. Jahrgang liegt wegen zeitbedingter Umstände eine Unterbrechung von acht Jahren (1940–1948). „Alt- und Jung-Metten" ist, seiner Konzeption und seinem Auftrag entsprechend, natürlich kein wissenschaftliches Organ. Es bietet aber immer wieder auch Raum für die Präsentation neu gewonnener Erkenntnisse, die irgendwie mit dem Kloster Metten und seinem Umfeld zusammenhängen.

Mönchtum, Wissenschaft und Publizistik: Abschließende Bemerkungen

Bei diesem Durchgang durch die Mettener Klostergeschichte besonders der jüngeren Vergangenheit unter dem Aspekt der Forschungen und der Bekanntmachung der Ergebnisse in Veröffentlichungen kann man der Gefahr eines „name dropping", wie man im Englischen sagt, d. h. einer Aufzählung von Namen, wohl nicht vollständig entgehen. Trotz allen Bemühens, bei dem begrenzten Umfang des Beitrags vor allem das Wichtigste auszuwählen und zu nennen und gleichzeitig die Bandbreite der Themen und Arbeitsfelder angemessen zu berücksichtigen, bleibt am Ende doch ein gewisses Unbehagen beim Verfasser. Wären nicht auch noch andere Leistungen zu berücksichtigen gewesen, etwa die philologischen Beiträge eines P. Amand Bielmeier (1902–1969) oder die historischen Aufsätze eines P. Benedikt Busch (1909–1990)? Müsste man nicht auch auf die aus Metten stammenden verstreuten Beiträge zur Pädagogik oder Didaktik eingehen? Hätten nicht andere Autoren von relevanten Veröffentlichungen in der Hauszeitschrift „Alt- und Jung-Metten" stärker einbezogen werden müssen? Wo wäre der weitaus auflagenstärkste Mettener Autor,

P. Adalbert Seipolt (1929–2009) einzuordnen, dessen Bücher aber keinem wissenschaftlichen Genre angehören? Fragen solcher Art müssen hier offenbleiben, können aber wenigstens einen Hinweis auf weitere Bereiche geben.

Einige wenige Beobachtungen und Eindrücke können dennoch festgehalten werden. Zum Ersten ist man beeindruckt von dem großen Einsatz und dem zähen Fleiß, mit denen die einzelnen Mönche ihren forscherischen und publizistischen Vorhaben nachgegangen sind. Man muss sich vor Augen halten, dass die weit überwiegende Zahl der Genannten diese Projekte neben ihrer normalen, regelmäßig den ganzen Mann fordernden Aufgabe in Seelsorge, Unterricht oder Verwaltung zu verfolgen hatte. Dazu kommen die Verpflichtungen des klösterlichen Alltags mit seiner strengen Tagesordnung. Unter diesen Umständen konnten die Vorhaben nur mittels einer sorgfältigen Planung und konsequenten Nutzung der Zeit durchgeführt und zum guten Ende gebracht werden. Dagegen besaßen nur sehr wenige der erwähnten Personen als akademische Lehrer das Privileg, die Wissenschaft als Beruf zu betreiben und so über größere Freiräume für ihre Forschungen zu verfügen. Fleiß und Schaffensfreude aber haben alle Genannten gezeigt.

Zum Zweiten ist man von der – im Allgemeinen festzustellenden – großen Sorgfalt angetan, mit der die Arbeiten durchgeführt worden sind. Es mag gewiss vieles von dem, was seinerzeit vorgelegt worden ist, nicht mehr einem gegenwärtig aktuellen Standard und heutigen inhaltlichen Erwartungen entsprechen. Insgesamt aber kann man den Mettener Forschern und Autoren eine sorgfältige Arbeitsweise bescheinigen.

Schließlich sei noch ein besonders wichtiger Gesichtspunkt hervorgehoben: Die Forschungen und Veröffentlichungen der Mettener Mönche zeigen, dass klösterliches Leben nur in gewisser Weise ein Dasein der Weltabgewandtheit bedeutet. Diese Lebensform will die Konzentration auf Wesentliches fördern und ist, wie Benedikt von Nursia es formuliert, auf die Gottsuche ausgerichtet. Es tötet jedoch nicht das Interesse an dieser Welt und an der Lösung jener Fragen und Probleme ab, die sich in ihr stellen und ergeben. Die Welt wird vielmehr auch von Mönchen in ihrer Vielgestaltigkeit wahrgenommen und forscherisch aufgegriffen. Gerade ein aus dem christlichen Glauben lebender Mensch kann aufgrund der verbürgten Hoffnung, die er in sich trägt, sich auch schwieriger Themen und Fragen in Gelassenheit annehmen.

Umschlag der Zeitschrift „Alt und Jung Metten“

Abschließend kann man festhalten: Die Erwartungen, die König Ludwig I. seinerzeit mit der Wiedererrichtung von Benediktinerabteien in Bayern verknüpft hat, haben sich im Blick auf Metten nicht nur hinsichtlich der Leistungen in der Seelsorge und der Bildungsarbeit erfüllt, sondern auch bezüglich des wissenschaftlichen Engagements der Mönche.

Literatur (Auswahl)

AJM = Alt- und Jung-Metten
SMGB = Studien und Mitteilungen zur Geschichte des Benediktinerordens und seiner Zweige

Benedikt Busch, Schrifttum von P. Wilhelm Fink, in: Ostbairische Grenzmarken. Passauer Jahrbuch für Geschichte, Kunst und Volkskunde 8 (1966), S. 323–329.

Ders., Metten, in: Bibliographie der deutschsprachigen Benediktiner 1880–1980, Bd. 1 (SMGB.E 29/I), St. Ottilien 1985, S. 33–55.

Wilhelm Fink, Wissenschaftliche Bestrebungen im Benediktinerstifte Metten 1275–1803, in: SMGB 50 (1932), S. 5–53.

Pius Engelbert, Augustin Mayer und St. Anselm, in: AJM 77 (2010/2011), S. 168–172.

Hansjörg Gaggermeier/Anton Schmidt, Das Leben ist bunt. Botanisierende Mönche aus der Abtei Metten, in: AJM 71 (2004/05), S. 216–229.

Maurus Gandershofer, Die Verdienste der Benediktiner von Metten um die Pflege der Wissenschaften und Künste, Landshut 1841.

Stephan Haering, Pater Alfons M. Zimmermann OSB (1891–1962). Leben und Werk eines benediktinischen Hagiologen, in: SMGB 102 (1991), S. 405–426.

Ders., In memoriam Edmund Beck, in: SMGB 103 (1992), S. 438–440.

Ders., Bibliographie von Prof. Dr. P. Edmund Beck OSB, in: Oriens christianus 77 (1993), S. 236–240.

Ders., Sieben Jahrzehnte „Alt und Jung Metten". Der Werdegang einer klösterlichen Hauszeitschrift, in: AJM 64 (1997/98), S. 167–206; 65 (1998/99), S. 58 f.

Ders., Academia Benedictina. Zur Geschichte der Bayerischen Benediktinerakademie im 20. Jahrhundert, in: SMGB 112 (2001), S. 467–487.

Ders., Die gedruckten Schriften von Beda Kuno Thum OSB, in: AJM 68 (2001/02), S. 31–46.

Ders., Pater Benedikt Busch OSB (1909–1990) als Autor, in: AJM 76 (2009/2010), S. 114–137.

Ders., In memoriam Kardinal Augustinus Mayer OSB, in: SMGB 122 (2011), S. 508–511.

Gerhard Holotik, Die Salzburger Moraltheologen von der Jahrhundertwende bis zum II. Vatikanum, in: Mitteilungen der Gesellschaft für Salzburger Landeskunde 135 (1995), S. 231–253.

Michael Kaufmann, Benedikt Braunmüller OSB (1825–1898). Abt von Metten, in: Lebensbilder aus der Geschichte des Bistums Regensburg, hg. von Georg Schwaiger (Beiträge zur Geschichte des Bistums Regensburg 23/24), Regensburg 1989, S. 774–784; wieder abgedruckt und mit Abb. illustriert in: AJM 64 (1997/98), S. 213–236.

Ders., Anselm Thaddäus Rixner (1766–1838), Benediktiner von Metten, in: SMGB 122 (2011), S. 481–499.

Ders., Klosterreform und Buchkunst. Notizen zu einer Neuausgabe über die zwei wertvollsten Mettener Handschriften in der Bayerischen Staatsbibliothek München, in: AJM 79 (2012/2013), S. 84–91.

Ders., Metten, in: Die Männer- und Frauenklöster der Benediktiner in Bayern, bearb. von Michael Kaufmann, Helmut Flachenecker, Wolfgang Wüst und Manfred Heim. Redaktion: Maria Hildebrandt (Germania Benedictina 2), St. Ottilien 2014, S. 1117–1150.

Ders., Chronik der Abtei Metten 766–2016, St. Ottilien 2016.

August Lindner, Die Schriftsteller und die um Wissenschaft und Kunst verdienten Mitglieder des Benediktiner-Ordens im heutigen Königreich Bayern vom Jahre 1750 bis zur Gegenwart, Bd. II, Regensburg 1880, S. 30–54 (zur Abtei Metten).

Ders., Die Schriftsteller und die um Wissenschaft und Kunst verdienten Mitglieder des Benediktiner-Ordens im heutigen Königreich Bayern vom Jahre 1750 bis zur Gegenwart. Nachträge, Regensburg 1884, S. 41–48 (zur Abtei Metten).

Heinrich Rumphorst, Schule ist nicht alles – P. Rupert Fischer zum 60. Geburtstag, in: AJM 66 (1999/2000), S. 34–54; wieder abgedruckt in: Beiträge zur Gregorianik 30 (2000), S. 61–76.

Uwe Scharfenecker, Von Gießen nach Metten. Das Leben des Johann Josef Benno Müller (1803–1860), in: AJM 65 (1998/99), S. 208–232.

Abbildungsnachweis

Alle Aufnahmen stammen von Anton J. Brandl, München, ausgenommen die folgenden (die Zahlen geben die Buchseiten an):

Abtei Metten: 23, 28, 29, 30, 31, 32, 33, 35, 37, 38, 42, 59 l., 72 l. u. r., 74, 136, 150, 153, 176, 186, 257, 259 u., 261, 265, 266 l. u. r.

Abtei St. Stephan, Augsburg: 50 o.

Archiv der Abtei Metten: 47 u. r., 48, 49 l. u. r., 81, 84, 86, 87, 88, 89, 91, 92, 93 u., 94, 95 u., 96 u. u. o., 97 u. und o., 98, 99 o., 101, 102, 105, 112, 113, 114, 138, 140 (Foto Scholz), 141, 143 l. u. r., 148, 149 (Foto Eiglsperger), 151, 152, 154 (Foto W. Tomosch), 210 l.

ALFoto Alexandra Feuchtmeier, Bernried: 123, 129, 130, 131, 133

altrofoto, Regensburg: 210 r.

Bayerische Staatsbibliothek, München: 175 (Clm 8201 d, fol. 1v), 255 (Clm 8201, Vorderdeckel)

Bayern-Atlas, geoportal.bayern.de, historische Karten: 99 u.

Foto Sepp Eder, Grafenau: 6

Franz X. Bogner, Parsberg: 76

https://commons.wikimedia.org: 47 o. r., 47 u. l., 51 (CC BY-SA 3.0, Digital cat), 53 (CC BY-SA 3.0, Dguendel), 253 (Foto Cybershot800i)

Klosterbibliothek Metten: 60, 65, 66 l.

Kurpfälzisches Museum der Stadt Heidelberg: 47 o. l.

Michael Heimer, Edenstetten: 193 o.

Michael Kaufmann, Memento mori. Zum Gedenken an die verstorbenen Konventualen der Benediktinerabtei Metten seit der Wiedererrichtung 1830, Metten 2008: 64 l. u. r., 73 o., 258, 259 o., 260, 262, 263, 264

Norbert Neuhofer, Deggendorf: 159, 180, 181, 182

Romain Diederich, Roding: 168, 188, 189, 190, 192, 193 u., 200, 201, 202 u., 203, 204, 205, 206

Sammlung Ernst Schütz, Offenberg: 52, 54, 55 o. u. u., 56 u., 57, 59 r., 62, S. 66 r., 70, 71, 73 u., 77

Schnabel Architekten, Bad Kötzting: 83, 85, 90, 93 o., 95 o., 106

Staatsarchiv Landshut, LG ä.O. Briefprotokolle Nr. 319: 58

Stadtarchiv Deggendorf: 63

Saint Vincent Archabbey Archives: 68

Zeitschrift „Alt und Jung Metten"
8. Jahrgang, 1933/34: 115
12. Jahrgang, 1937/38: 56, 187
27. Jahrgang, 1960/61: 117
30. Jahrgang, 1963/64: 110
32. Jahrgang, 1965/66: 111, 202 o.
35. Jahrgang, 1968/69: 116
37. Jahrgang, 1970/71: 119
50. Jahrgang, 1983/84: 184
63. Jahrgang, 1996/97: 194
67. Jahrgang, 2000/01: 183
73. Jahrgang, 2006/07: 179
78. Jahrgang, 2011/12: 268
80. Jahrgang, 2013/14: 185

Verzeichnis der Autoren

Berggold, Pater Athanasius OSB,
Mag. theol., Kantor, Lehrer und Schulseelsorger am St.-Michaels-Gymnasium Metten

Haering, Pater Markus OSB,
Dipl.-Kfm., Mag. theol., Dipl.-Soz.-Päd. (FH), Cellerar, Lehrer am St.-Michaels-Gymnasium Metten

Haering, Pater Stephan OSB,
Dr. theol., Dr. iur. can. habil., M. A., Professor für Kirchenrecht an der Ludwig-Maximilians-Universität München

Hagl, Abt Wolfgang M. OSB,
Mag. theol., Abt von Metten, Lehrer am St.-Michaels-Gymnasium Metten

Hinrainer, Pater Erhard OSB,
Dipl.-Theol., Klaustralprior, Direktor des St.-Michaels-Gymnasiums Metten

Jung, Florian,
Heimatpfleger des Landkreises Deggendorf, 1. Vorsitzender des Geschichtsvereins für den Landkreis Deggendorf, Realschullehrer, Metten

Schütz, Ernst,
Dr. phil., Oberstudienrat, Neuhausen

Schuller, Frater Gregor OSB,
Dipl.-Kirchenmusiker (A), Student der Theologie an der Universität Regensburg